"桥头堡"战略与滇池泛亚合作
系列丛书之三

The Series of "Bridgehead" Strategy and
Dianchi Cooperation for an Opening Asia(Part Three)

昆明泛亚金融服务中心建设
蓝皮书（2010—2011）
——战略目标与实施框架

主　编：刘光溪
EDITOR:LIU GUANGXI

执行主编：胡列曲
EXECUTIVE EDITOR:HU LIEQU

中国金融出版社

责任编辑：张翠华
责任校对：孙　蕊
责任印制：丁淮宾

图书在版编目（CIP）数据

昆明泛亚金融服务中心建设蓝皮书（2010—2011）（Kunming Fanya Jinrong Fuwu Zhongxin Jianshe Lanpishu）:战略目标与实施框架/刘光溪主编，胡列曲执行主编—北京：中国金融出版社，2011.8

ISBN 978-7-5049-6006-1

Ⅰ.①昆… Ⅱ.①刘… ②胡… Ⅲ.① 金融事业—经济发展战略—研究—云南省—2010 Ⅳ.①F832.774

中国版本图书馆 CIP 数据核字（2011）第 132067 号

出版
发行　中国金融出版社

社址　北京市丰台区益泽路2号
市场开发部　（010）63266347，63805472，63439533（传真）
网上书店　http://www.chinafph.com
　　　　　（010）63286832，63365686（传真）
读者服务部　（010）66070833，62568380
邮编　100071
经销　新华书店
印刷　北京松源印刷有限公司
装订　平阳装订厂
尺寸　169毫米×239毫米
印张　31.25
字数　418千
版次　2011年8月第1版
印次　2011年8月第1次印刷
定价　49.00元
ISBN 978-7-5049-6006-1/F.5566
如出现印装错误本社负责调换　联系电话（010）63263947

"桥头堡"战略与滇池泛亚合作系列丛书编委会名单

编委名誉主任：仇　和　牛绍尧

编委主任：张祖林

主　　编：刘光溪

编　　委（按姓氏笔画排序）：

王义明　王道兴　田云翔　阮凤斌　何　波
何天淳　张　宁　张　锐　李　茜　李　喜
李文荣　李邑飞　李肇圣　杨远翔　汪　戎
陈　勇　陈世波　陈全季　周　荣　周小琪
罗建宾　保建彬　洪维智　胡列曲　赵学锋
赵德光　黄云波　程　烽　董保同　谢新松
廖晓珊

编写人员（按姓氏笔画排序）：

刘金鑫　张百舸　李　坤　肖建明　陈　浩
陈南新　林丹青　洪　莺　胡志乾　胡炜彤
徐　潍　徐长春　喻淑妹　熊　晶

The Name List of Editorial Board of Series of Bridgehead and Dianchi Cooperation for An Opening Asia (DCOA)

Honorary Director of Editorial Board: Qiu He Niu Shaoyao

Director of Editorial Board: Zhang Zulin

Editor-in-Chief: Liu Guangxi

Members of Editorial Board: Wang Yiming Wang Daoxing Tian Yunxiang Ruan Fengbin He Bo He Tianchun Zhang Ning Zhang Rui Li Qian Li Xi Li Wenrong Li Yifei Li Zhaosheng Yang Yuanxiang Wang Rong Chen Yong Chen Shibo Chen Quanji Zhou Rong Zhou Xiaoqi Luo Jianbin Bao Jianbin Hong Weizhi Hu Liequ Zhao Xuefeng Zhao Deguang Huang Yunbo Cheng Feng Dong Baotong Xie Xinsong Liao Xiaoshan

Writers: Liu Jinxin Zhang Baige Li Kun Xiao Jianming Chen Hao Chen Nanxin Lin Danqing Hong Ying Hu Zhiqian Hu Weitong Xu Wei Xu Changchun Yu Shushu Xiong Jing

本书编写组成员名单

主　　编：刘光溪
执行主编：胡列曲
成　　员：周　跃　李肇圣　胡志乾　丁文丽
　　　　　夏　凡　郭晓曦　陆亚琴　王智勇
　　　　　刘志强　傅　新　张百舸　李文利
　　　　　王　璇　卢　鹏

COMPILING GROUP

Editor: Liu Guangxi

Excutive Editor: Hu Liequ

Members: Zhou Yue　Li Zhaosheng　Hu Zhiqian
　　　　　Ding Wenli　Xia Fan　Guo Xiaoxi
　　　　　Lu Yaqin　Wang Zhiyong　Liu Zhiqiang
　　　　　Fu Xin　Zhang Baige　Li Wenli
　　　　　Wang Xuan　Lu Peng

丛书编者按

2009年7月胡锦涛总书记在云南考察工作时明确提出"把云南建成面向西南开放的重要桥头堡",紧接着,云南省委、省政府作出了"二强一堡"的发展战略决策。作为云南省唯一特大型城市,昆明责无旁贷地肩负起"桥头堡"战略实施的"排头兵"。为此,2010年1月7日,昆明市委九届六次全会提出了"要把昆明建成云南绿色经济强省的龙头、民族文化强省的枢纽、中国面向西南开放的国际化门户和桥头堡城市"的战略定位。

对于昆明而言,"桥头堡"战略既是重大机遇,亦是艰巨挑战。一年多来,围绕如何实施"桥头堡"战略,我们一直在思索、一直在行动……

2010年10月25日,在传达贯彻中央十七届五中全会精神的昆明市干部大会上,基于对昆明"十二五"期间所面临内外形势和机遇的研判以及现状的分析,我们提出了"昆明着力建设引领中国面向西南开放的区域性国际城市"的较长期发展目标。其中,到2015年,昆明要基本建成中国面向西南开放的国际化门户和重要"桥头堡"城市。可以说,"桥头堡"战略已然成为昆明市"十二五"发展规划的重要组成部分。

实施"桥头堡"战略是一项意义深远而复杂的系统工程,需要集思广益、群策群力。我们应遵循"思想—方案—行动"的思维模式,积极想、大胆想、科学想,循序而扎实推进昆明"桥头堡"战略。从这个方面来讲,我们认为思想引导行动。

《桥头堡战略与滇池泛亚合作系列丛书》既是我们在实施昆明"桥头堡"战略过程中思想的记录和行动的小结,又是启迪我们深入推进"桥头堡"战略的智慧之光。这些思想既来自外部的专家学者、政界名人等，又来自我们自己。

丛书之一是对昆明泛亚金融服务中心建设和人民币"向南"战略系列思想、观点和政策建议等方面的整理，丛书之二是对昆明"加快建设引领中国面向西南开放的区域性国际城市"发展目标和昆明"大通道、大物流、大市场、大产业、大都市、大开放、大开发"建设专题等方面思考内容的整理。随着昆明"桥头堡"战略实施的深入，未来将陆续有丛书之三、之四……

在这里，我要非常感谢参与该丛书编写的所有人员，尤其是滇池泛亚合作秘书处的同志们，你们卓有成效和富有智慧的工作，将会使该丛书成为理解、把握昆明"桥头堡"战略及其推进方略的思想之钥。

我们相信，思想引导行动。

中共云南省委常委、昆明市委书记
仇和
2010年11月17日

Editor's Note

When CPC General Secretary Hu Jintao visited Yunnan Province for work inspection in July 2009, he clearly brought forward an important strategy to build Yunnan Province into an important "bridge knot" opening up towards the southwest in China. Soon after that, Yunnan party committee and the Provincial Government worked out a development strategy, namely "strong province in two aspects and bridge knot". As the only large city in Yunnan Province, Kunming will play a role of "pacesetter" in the implementation of the "bridge knot" strategy. To this end, Kunming party committee brought forward a strategic positioning in its 6th plenum of the 9th party committee on January 7, 2010 that is to build Kunming into the "leader for the strong Yunnan Province in green economy, a hub for the strong Yunnan Province in national culture and an international gateway and bridge knot city opening up towards the Southwest in China".

As for the city of Kunming, the "bridge knot" strategy means not only great opportunities, but also daunting challenges. Over the past year, focusing on how to implement the "bridge knot" strategy, we have been thinking and acting...

At the city's cadres meeting which was held on October 25, 2010 to convey the spirit of the Fifth Plenum of the 17th Central Committee of the CPC, we proposed the long-term development goals of building "Kunming into a regional international city opening up towards the Southwest", on the basis of analyzing the internal and external situations and opportunities as well as the status quo faced by Kunming during the 12th Five Year Plan. Among them, we plan to complete the building of Kunming into an international gateway city and important "bridge knot" opening up towards the Southwest in China in 2015. It can be said, "bridge knot" strategy has become an important part of Kunming's 12th Five Year Plan.

The implementation of the "bridge knot" strategy is far-reaching significant and also complex system which needs collective wisdom and efforts. We should follow the mode, namely, "thinking-plan-action", thinking positively, boldly and scientifically. We will push forward the implementation of Kunming "bridge knot" strategy in a progressive and solid way. From this perspective, we believe that thinking guide action.

The "Series of Bridge Knot Strategy in Dianchi Cooperation for an Opening Asia" is not only our record of thinking and summary of action in the implementation of Kunming "bridge knot" strategy, but also the light of wisdom enlightening and inspiring us to better implement the "bridge knot" strategy. These ideas come from not only outside experts and scholars and political celebrities, but also from our own.

The first part of the series is the compilation of thoughts, opinions and policy proposals concerning the construction of Kunming cross-border RMB financial service center and the "southward" development strategy of RMB. The second part contains the contents of ideas and thoughts concerning development goals of "accelerating the building of Kunming into a regional international city opening up towards the Southwest" and the construction of "Thoroughfares, important logistics, a large market, a huge industry, a big city, grand opening and the large-scale development". With the deepening of the implementation of the Kunming "bridge knot" strategy, the following parts of the series will be published continuously in the future.

Here, I want to thank all staff who has been involved in the series compilation, especially those comrades in the secretariat of

Dianchi Cooperation for an Opening Asia. I am sure your fruitful and intelligent work will make the series a key of thought which can be used to have a better understanding and mastery of Kunming "bridge knot" strategy and its implementation strategy.

We believe that thinking guide action.

Member of the Standing Committee of the CPC Yunnan Provincial Committee and Secretary of CPC Kunming Municipal Committee
Qiu He
2010-11-17

深入贯彻落实科学发展观 加快建设中国面向西南开放的区域性国际城市
（代序）

云南省委常委、昆明市委书记 仇和

"十二五"时期，是世界大发展、大变革、大调整的重要时期，是我国全面建设小康社会的关键时期和深化改革开放、加快转变经济发展方式的攻坚时期，也是城市竞争日趋激烈、竞合格局加速调整、综合实力重新排序的重要时期。站在新的历史起点上，面对复杂多变的国际、国内环境和日趋激烈的区域竞争，我们一直在思考：昆明未来的发展究竟应该如何去定位，中央和省委赋予我们的使命应该如何去完成，人民对我们的要求和期盼应该如何去实现。在科学研判国际、国内形势，准确把握昆明所处发展阶段、未来走向的基础上，我们提出要把昆明建设成为中国面向西南开放的区域性国际城市。

第一，我们对区域性国际城市的理解和认识。 从世界范围城市发展的历程来看，国际城市具有非常丰富的理论体系和实践内涵，而且还处在不断演进和完善的过程中。从概念来看，国际城市最早是由苏格兰城市规划师格迪斯在1915年提出的，主要是指集中了世界上绝大部分商务活动的城市。1966年，英国学者霍尔在《世界城市》一书中，首次对国际城市进行了系统诠释。之后，包括美国学者弗里德曼在内的众多国际著名专家学者对国际城市进行了更为深入的研究，从不同角度提出了许多新的理论观点。从内涵来看，国际城市具有一些明显的共同特征：一是城市功能的辐射效应具有国际关联性，是全球经济体系的连接点，经济、政治、金融、商贸、科技、文化等方面的辐射半径超出国界，具有明显的国际影响力。二是资源要素配置效应具有国际关联性，资本、商品、信息、人才等资源的输出输入具有国际性，是全球性资源配置的枢纽。三是综合实力排位具有国际关联性，经济实力排位不论在国内还是在某一国际区域内，都位居前列，而且文化科技实力排位也相对靠前。四是城市基础设施具有国际关联性，不仅有完善的城市基础设施和市政服务设施，而且与区域内城市互联互通、通达性良好。五是第三产业具有国际关联性，是许多国际政府组织、国际非政府组织、跨国公司、著名高校、著名文化机构所在地。六是交流合作具有国际关联性，涉外经济、商务和民事管理法规、管理手段符合惯例，国际通行。从类别来看，国际城市一般分为世界城市、全球性枢纽城市、区域性国际城市、国际性区域中心城市和单一功能国际城市五个等级。其中最高层级是世界城市，具有全球影响力，是全球生产服务业的主要集中地。国际公认的世界城市是纽约、伦敦和东京。我们所提出的区域性国际城市处于五个层级的中间层次，是指与某一国际区域内其他城市之间具有较高经济、政治、文化交往程度的国际化城市。从经济综合发展、社会综合发展、环境和基础设施、国际开放程度等指标综合分析来看，昆明目前正处在第四个层次，属于国际性区域中心城市，现在就是如何向第三个层次，即区域性国际城市跃升。应该说，区域性国际城市定位最能代表昆明未来的城市理想和价值目标，最能反映群众对美好生活的向往和追求，符合昆明城市未来的发展愿景，也是通过努力可以达到的目标。

　　第二，把昆明建设成为中国面向西南开放的区域性国际城市的重大意义。国际城市是世界经济发展的产物。从世界范围来看，19世纪初，蒸汽技术革命使伦敦成长为最早的国际城市。20世纪初，电力技术革命推动纽约成为美国经济帝国之都，成长为世界级中心城市。20世纪中叶，得益于电子技术革命的迅速发展，日本东京成为世界驰名的国际城市。20世纪70年代以来，亚太地区经济的飞速发展和城市化的快速推进，造就了新加坡、香港、首尔等一批新的国际化大都市。实践证明，随着经济全球化、区域一体化进程的不断加快，商品服务的提供、生产要素的配置和经济管理运行的体制机制越来越国际化，世界日益变为一个统一的大市场，没有哪一个国家、地区和城市能够置身其外，城市国际化已经成为城市现代化发展的必然趋势。从我国来看，改革开放以来，中国经济之所以能够持续增长，一个很重要的原因就是得益于我国沿海、沿江中心城市实行对外开放、推行国际化发展战略。在这些城市中，最早提出创建现代化国际城市的是大连。特别是进入21世纪初，又有近百个城市相继提出建设国际城市的设想，虽然大多只停留在概念性规划上，但却真实地反映了那个时期国际化浪潮对中国的强烈冲击和深刻影响。面对即将进入的"十二五"规划，伴随经济全球化程度的持续加深以及基础条件的日趋成熟，各个城市又掀起了新一轮建设国际城市的竞争热潮，目标定位更加理性、政策举措更加务实、工作推进更加扎实。如北京提出要建设世界城市，南京提出要建设现代化国际性人文绿都，成都提出要建设世界现代田园城市，西安提出要建设区域性、专业性、国际化大都市等。可以说，国际化是大势所趋。谁不积极融入世界，谁就会被边缘化；谁抢到了国际化先机，谁就能拥有未来发展的主动权。从昆明来看，2003年5月，云南省委、省政府作出了建设现代新昆明的重大战略决策，明确提出要加快昆明的现代化和国际化进程。2009年7月，胡锦涛总书记在云南考察时指出，要把云南建设成为我国面向西南开放的重要"桥头堡"。随后，省委召开八届八次全会，提出了"两强一堡"的发展战略。省委八届九次全会进一步明确了把云南建设成为我国面向西南开放的"桥头堡"的基本路径和具体目标。可以说，在现代新昆明建设进入国际化拓展的新阶段，我们提出建设区域性国际城市，既是在更高起点上推进现代新昆明建设的必然选择，也是昆明对"桥头堡"战略的响应、呼应、策应、接应和实施"桥头堡"战略最重要的抓手和最具体的实践，更是历史和时代赋予我们的重任。

第三，昆明建设区域性国际城市具备的基础和条件。昆明具有三万多年的人类生活史、两千四百多年的滇中文化史、一千两百四十多年的建城史，拥有独特的历史文化之美、高原风光之美、民族风情之美和都市时尚之美。今天的昆明，不仅具备所有省会城市和自治区首府的共同优势，还具备"五个五"的独特优势。一是五个面向优势。云南是亚洲的地理中心，昆明是亚洲5小时航空圈的中心，处在南北国际大通道和以深圳为起点的第三座东西向亚欧大陆桥的交汇点,是中国面向南亚、东南亚、西亚、南欧和非洲五大区域开放的前沿通道。二是五度加权优势。昆明发展首位度、产业支撑度、经济集中度、文化多维度、社会集聚度"五度"加权高,经济发展的市场体系覆盖全省,经济发展触角延伸全省,资源运作半径辐射全省。三是五大出行优势。公务出行、商务出行、打工出行、探亲出行、旅游出行"五大出行"频率位居全国前列,发展活力和动力强劲。四是五大交通优势。公路、铁路、民航、管道、航运"五大交通"起步虽晚,但起点很高,"五通互联"的现代化综合交通体系和区域性国际交通枢纽正在形成。五是五大环境优势。大气环境、水环境、土壤环境、山体环境、生物环境"五大环境"条件优越,是不能移动、不可克隆的宝贵财富。同时,随着国家西部大开发战略深入实施,特别是明确提出要加快培育滇中经济区,形成对周边地区具有辐射和带动作用的战略新高地,昆明作为省域发展龙头和滇中区域核心的地位和作用更加凸显。随着中国—东盟自由贸易区全面建成,特别是"桥头堡"建设进程不断加快,昆明对外开放的优势和特色更加凸显。随着现代新昆明建设的深入推进,特别是以丰富的自然资源、健全的产业基础、广阔的市场空间和日臻完善的基础设施为依托,昆明作为发达地区产业转移的重要承载地,对发展性资源的吸引力和聚集力更加凸显。只要我们充分发挥比较优势,坚持走差别竞争、特色取胜之路,就一定能够在激烈的区域竞争中后发快进、跨越发展,创新机制、接轨市场,走向世界、赢得未来。

第四,昆明建设区域性国际城市存在的差距和不足。经过多年的发展,特别是近年来的快速发展,昆明虽然具备了一定的基础条件,但对照国际城市标准,仍然存在明显差距。目前,从人均GDP看,区域性国际城市人均生产总值在10 000美元以上,而昆明市为5 000美元,相差5 000美元。从第三产业增加值占GDP的比重看,国际城市都在60%以上,昆明市为49.0%。从外贸依存度看,国际城市一般为50%以上,昆明市为43.1%。从科技研发投入占GDP比重看,国际城市基本标准应为5%以上,昆明市仅为1.45%。从人文发展指数看,国际城市标准为0.9以上,昆明市为0.817。从恩格尔系数看，国际城市标准应该在35%以下，昆明市为42.4%。从城镇居民人均住房面积看，国际城市最低标准为25平方米，我昆明市达到31.56平方米。从高等教育毛入学率看，国际城市标准为不低于50%，昆明市仅为34%。从轨道交通客运比重看，国际城市一般为50%以上。到2018年，昆明市地铁系统将全面建成，届时轨道交通客运比重将大幅上升。从国际航线和旅客吞吐量看，国际城市的国际航线标准值应为50条以上，空港年旅客吞吐量应达到3 500万人次以上。昆明市有国际航线26条，空港年旅客吞吐量为1 894.5万人次。随着新机场的建成投入使用，到2020年昆明市开通的国际航线将达到60条，年旅客吞吐量将达到3 800万人次。从信息化综合指数看，国际城市标准是80以上，昆明市为66.14。从空气综合污染指数看，国际城市一般小于3，昆明市为1.916。从跨国公司进驻数量看，世界500强企业在国际城市设立的分支机构一般在200家以上，昆明市目前不到20家。从入境旅游人数占城市人口比重看，40%是国际城市的最低标准，昆明市占比仅为12.4%。从举办国际会议及经贸文化活动次数看，国际城市每年至少举办50次以上，2009年昆明市举办了80次。从外籍人口比例看，国际城市常驻外籍人口比重通常在5%以上，我昆明市仅为0.06%。从以上指标分析来看，昆明离区域性国际城市的标准还有很大差距，但差距就是方向、差距就是希望、差距就是潜力。只要我们坚定信心、克难奋进，就一定能够缩小差距、迎头赶上。

第五，昆明建设区域性国际城市的主要思路和阶段划分。区域性国际城市承载的是一种放眼世界、融入全球、赢得未来的城市理想。我们将按照"城市让生活更美好"的发展理念，紧紧围绕"两强一堡"战略，全面加快城市国际化进程，将现代新昆明建设成为以人的现代化为核心，以生产方式和生活方式进步为标志，独具湖光山色、滇池景观、春城新姿，融人文景色和自然风光为一体，使现代文明与历史文化交相辉映，森林式、园林化、环保型、可持续发展的高原湖滨生态城市，成为经济景气指数高、文化特色浓、人居环境好、投资环境佳、社会安定和谐的区域性国际城市。同时，我们也清醒地认识到，建设区域性国际城市是一个历史的、长期的、渐进的过程，既不可能一蹴而就，但也并非遥不可及，关键在于我们能否以科学的态度去把握，以高远的眼界去谋划，以务实的举措去实施。结合正在开展的"十二五"规划编制，按照"立足实际、前瞻未来，积极可行、稳妥推进"的原则，我们初步考虑分三个阶段推进区域性国际城市建设，即近期抓规划、夯实基础：到2015年，在全省率先基本实现全面建设小康社会的同时，同步基本建成中国面向西南开放的国际化门户和重要"桥头堡"城市。中期壮实力、基本达标：到2020年，在全省率先基本实现现代化的同时，同步基本建成中国面向西南开放的区域性国际城市。远期提品质、全面建成：再用十年左右时间，使昆明区域性国际城市特征更加明显、影响更加广泛，全面建成中国面向西南开放的区域性国际城市。

第六，昆明建设区域性国际城市的现实路径和关键举措。从国内外的实践经验来看，城市国际化的效率主要取决于以"五大交通"为主的基础设施条件，效益主要取决于城市的产业支撑力，效果主要体现在城市的宜居程度上。建设区域性国际城市，既要遵循一些共同的做法，又要从各自实际出发，走差别竞争、特色取胜之路。根据昆明目前的发展阶段、现实状况和外部条件，建设区域性国际城市，重点是要着力加快五个方面的国际化：一是加快城市品质国际化。切实找准城市发展的国际定位，以国际视野来规划城市。主动融入城市发展的国际潮流，用国际标准来建设城市。学习借鉴国际先进的经验和办法，按国际惯例来管理城市。大力提升城市品质，树国际形象来营销城市，全面构筑城市国际化的硬件基础、物质形象和功能内涵，倾力打造与世界名城相媲美的品质春城。二是加快产业发展国际化。充分利用城市国际化为产业发展带来的聚集效应、为产业转型提供的广阔空间、为产业升级注入的强大动力，积极参与国际分工，主动承接产业转移，全面加快"四中心、五基地"建设，不断提升昆明国际经济竞争力，把昆明建设成为中国面向西南开放的区域性国际商贸物流中心、金融服务中心、旅游会展中心、科教研发中心，以及重要的区域性先进制造业基地、资源深加工基地、新型能源产业基地、高新技术产业基地和都市型现代农业基地。三是加快市场体系国际化。按照"统一开放、竞争有序"的要求,充分发挥市场在资源配置中的基础性作用,建立健全与国际接轨的现代市场体系,基本形成有形市场与无形市场并存、国际市场与国内市场互通、要素市场与商品市场并举的多元化市场格局,不断提升国际要素集聚力,打造立足云南、面向西部、服务全国、辐射泛亚的区域性国际大市场。四是加快文化交流国际化。充分挖掘昆明丰厚的文化资源和文化底蕴,突出鲜明的地域特色和个性特征,加强对外文化交流与合作,实现多元文化兼收并蓄、融会贯通、交相辉映,不断提升昆明国际文化影响力,由在地文化向在场文化和在线文化转变,加快把昆明建设成为泛亚国际文化名城。五是加快社会管理国际化。顺应城市国际化发展大势,按国际惯例办事、按国际规则执行、按国际标准服务,创新社会管理方式,完善公共服务体系,提升昆明国际事务参与力。更加注重人文素质国际化,倡导与城市国际化相适应的社会公德、职业道德、家庭美德,塑造昆明开放包容、诚信友善、文明好客的良好形象。

Further Implementing the Scientific Outlook on Development, Accelerating the Construction of China' Regional Global City Open Towards Southwest(Preface)

Member of the Standing Committee of CPC Yunnan Provincial Committee and Secretary of CPC Kunming Municipal Committee

Qiu He

The 12th Five-Year Plan period is an important phase featuring robust development and significant changes in the world; a milestone for China to construct a well-being society in an all round way; a turning point to deepen the reform & opening up and speed up the change of economic development method; and also the key period when competition is becoming increasingly fierce among cities, the adjustment on layout of competition and cooperation is accelerating, and the comprehensive strength is prioritized. Standing on a new jumping-off point of the history, we keep thinking how to position future development of Kunming, how to accomplish the mission from the central government and the CPC Yunnan Provincial Committee and how to meet the requirements and expectation of people on us. Based on scientific research and judgment on the domestic and international situations, accurate grasp of current development phase and future development direction of the city, we are planning to develop Kunming into China's regional global city open towards southwest.

First, we have profound understanding and knowledge about the regional global city. From the perspective of the urbanization development in the world, there are rich theoretic systems and practical meanings on global city, though, which are still in the course of development and improvement. Conceptually, the term "Global City" was brought out by Geddes, a Scottish City Planner in 1915, mainly referring to the cities centralizing most of commercial activities in the world. In 1966, Hall, a British scholar first made a systematic annotation in his book "The Global City". After then, a number of international famous experts and scholars including American scholar Friedman have made a number of deeper researches on global cities. Global cities have some clear common characteristics in connotation: 1. A global city should have international correlation of radiation effect of the urban function as the joints of economic system of the world with radiation radius in many aspects like economy, politics, finance, trade, technology and culture beyond the national boundary and remarkable international influence. 2. A global city should have international correlation of resource element configuration effect as the hub of global resource configuration with internationalized input and output of resources like capitals, commodities, information and human resources. 3. A global city should have international correlation of comprehensive strength rank with leading economic strength no matter in its own country or in any other region in the world and relatively powerful cultural and technological strength. 4. A global city should have international correlation of urban infrastructures and it should have not only sound urban infrastructures and utility facilities, but also good connection and cooperation with other cities in the region. 5. A global city should have international correlation of the third industry as the home to many international government organizations, international non-government organizations, trans-nationals, famous universities and well-known cultural institutions. 6. A global city should have international correlation of communication and cooperation with foreign economy, commercial and civil management laws and rules, and management methods in accordance with international practices. In terms of type, there are five classes of global city generally: world-class city, global central city, regional international city, international regional central city and single-functional international city. The top class is "world-class city" with global influence force as the hub of manufacturing and service industries in the world. The current internationally recognized world-class cities include New York, London and Tokyo. The regional international city that we brought out is in the middle in the five classes as an international city with relatively high exchange of economy, politics and culture with other cities in an international region. In terms of comprehensive analysis on indicators like comprehensive economic development, comprehensive social development, environment and infrastructure and the level of opening to the world, Kunming is in the fourth class-international regional central city. Now our problem is how to rise to the third class-regional international city. We should say the position of regional international city is the perfect symbol of urban ideal and value target of Kunming, the best reflection of desire and pursuit of people for better life, the outlook of the city and a goal that we can accomplish through efforts.

Secondly, the significant meanings of developing Kunming into a China's regional international city open towards southwest. The global cities are product of economic development of the world. Internationally, in the early period of the 19th century, the revolution of steam technology made London the first global city. At the beginning of the 20th century, the revolution of electrical technology boosted New York to become the capital of the economic empire-America and a world-class central city. In the middle period of the 20th century, thanks to the fast development of revolution of electronic technology, Tokyo in Japan became a leading international city in the world. From 1970s, the robust development of economy and fast advancement of urbanization in Asian-pacific area gave rise to a number of emerging global metropolises like Singapore, Hong Kong and Seoul. According to practices, with acceleration of economic globalization and regional integration, the supply of commodities and services, configuration of production elements and system and mechanism of economic management and operation are becoming internationalized and the world is becoming a huge united market, involving all countries, regions and cities. So, urban internationalization has been a necessary trend of urban modernization development. Domestically, since the reform and opening up, one of key reasons why Chinese economy can maintain a sustained growth is the implementation of strategy featuring opening up and internationalization development among the cities along the seas and the major rivers. Among these cities Dalian is the earliest city bringing out construction of a modernized global city. Especially in the early new century, nearly one hundred cities have taken out the plans on construction of global cities successively, truly reflecting the strong impact and deep influence of the internationalization trend in that period on the people, though most plans are just conceptive. Facing coming 12th Five-Year Plan, with further deepening of economic globalization and increasingly mature basic conditions, many cities have started a new round of competition in construction of global city with more rational target positioning, more practicable policies and measures and more reliable working process. For instance, Beijing brought out it was to construct itself into a world-class city, Nanjing brought out it was to build itself into a modernized internationalized humanistic green city, Chengdu brought out it was to develop itself into a world-class modern garden city and Xi'an brought forth it was to create a regional special international metropolis. So internationalization is the major tide in today's world. The one which refuse to positively integrate itself in the world will be marginalized; the one which seize the opportunities of internationalization will have the initiative in future development. Locally, in May, 2003 the Provincial Party Committee and Provincial Government jointly made a significant strategic decision on construction of modern new Kunming and clearly brought forth we should speed up the modernization and internationalization of Kunming. In July, 2009, Secretary General Hu Jintao pointed out during his visit to Yunnan, we should develop Yunnan into China's important bridge knot open towards Southwest. After then the 8th Plenary Meeting of the 8th Provincial Committee was held and brought forward the development strategy of "developing Yunnan into a strong province in green economy and national culture and China's 'bridge knot' open toward southwest"; the 9th Plenary Meeting of the 8th Provincial Committee further made clear the basic route and concrete goal of developing Yunnan into a "bridge knot" open towards Southwest. Therefore, while the construction of modern new Kunming is marching into in the new stage of the internationalization expansion, the construction of regional international city we brought out is not only a necessary choice to push for construction of modern new Kunming at a higher jumping-off point, but also the response of Kunming to "bridge knot" strategy, the most important measure and the most concrete practice to carry out this strategy, and the mission from the history and the time.

Thirdly, the basis and conditions of developing Kunming into a regional international city. With over 30 000 years of human living history, over 2 400 years of middle-Yunnan cultural history, over 1 240 years of city history, Kunming boasts unique beauty in historical culture, plateau landscapes, national features and city fashion. Today's Kunming has not only common advantages of all capitals of provinces and autonomous regions, but also five "five advantages". 1. Five location advantages. Yunnan is the geographic center of Asia and Kunming is the hub of 5-hour flight circle in Asia, the cross point of South-North International Passageway and the third East-West Asian-European Continental Bridge starting from Shenzhen and the frontier passageway of China open towards South Asia, Southeast Asia, West Asia, South Europe and Africa. 2. Five "level" weighted advantages. Kunming has very high weighted value of five levels-development leading level, industrial support level, economic centralization level, cultural multi-dimensional level and social concentration level, with a market system of economic development covering the whole province, the touch of economic development extending to the whole province and the radius of resource operation radiating the whole province. 3. Five trip advantages. The frequency of each of five trips-business trip, commercial trip, migrant trip, visit trip and tour trip-is leading the way in the country with strong vital force and driving force of development. 4. Five traffic advantages. Any of road, railway, civil aviation, pipeline and shipping in Kunming has a high jumping-off point, though starting later. A modernized comprehensive traffic system and a regional international traffic hub featuring "interconnection of five transport networks" are forming. 5. Five environmental advantages. Kunming boasts favorable "five environments"-atmosphere environment, water environment, soil environment, mountain environment and biological environment, which are our unmovable uncopiable treasures. Meanwhile, with further implementation of West Development strategy of the state, especially when central government brings forth that we should speed up cultivation of middle-Yunnan economic zone and form a new strategic commanding point radiating and driving neighboring areas, Kunming further consolidates its position and role as the leading city in the province and the center of middle Yunnan in economic development. With all-around completion of China and South-east Asia Free Trade Area, especially acceleration of construction of "bridge knot", Kunming draws more attentions for its advantages and features in opening up. With further boost of construction of modern new Kunming, especially in support of rich natural resources, complete industrial basis, broad market space and increasingly comprehensive infrastructures, as an important carrier of transferred industries from developed areas, Kunming shows more attraction and centripetal force to resources with potentials of development. Only if we take comparative advantages and go a different way to stand out in competition, we can definitely catch up with others, realize great-leap-forward development, accomplish mechanism innovation, gear the city to the market, go to global and see a bright tomorrow in furious regional competition.

Fourthly, the gap and disadvantages of Kunming as a regional international city. Kunming is equipped with certain basic conditions through development for years, especially fast development recently. However, there is a hug gap from the standard of a global city. Presently in terms of per capita GDP, the per capita GDP should exceed 10 000 dollars for a regional international city, but it is 5 000 dollars in Kunming, a gap of 5 000 dollars. In terms of proportion of value increased by the third industry in GDP, the figure is over 60% for a global city, but it is only 49.0% in Kunming. In terms of dependency on foreign trade, the figure is over 50% generally for a global city, but it is only 43.1% in Kunming. In terms of proportion of input in technological R & D in GDP, the basic standard is over 5% for a global city, but it is only 1.45% in Kunming. In terms of humanistic development indicator, the standard is over 0.9 for a global city, but it is only 0.817 in Kunming. In terms of Engel's coefficient, the standard is below 35% for a global city, but it is only 42.4% in Kunming. In terms of per capita housing area of urban residents, the minimal standard is 25 square meters for a global city, but it is only 31.56 square meters in Kunming. In terms of gross entrance rate of higher education, the minimal standard is 50% for a global city, but it is only 34% in Kunming. In terms of proportion of passenger transport of rail traffics, it is over 5% generally for a global city. By 2018 the subway system of Kunming will have been completed in an all round way, and the proportion of passenger transport of rail traffics will rise up greatly at that time. In terms of international lines and passenger capacity, the standard number of international lines is over 50 lines, and the annual airport passenger capacity is over 35 million passengers for a global city. While Kunming has 26 international lines and annual airport passenger capacity is 18.945 million passengers. With completion and use of new airport, by 2020 Kunming will have 60 international lines available and annual passenger capacity of 38 million passengers. In terms of comprehensive informationization indicator, it is over 80 for a global city, but is only 66.14 in Kunming. In terms of comprehensive Air pollution indicator, it is less than 3 generally for a global city, but it is 1.916 in Kunming. In terms of number of trans-nationals in the city, there should have over 200 branches of the world top 500 in a global city, but there are less than 20 in Kunming; in terms of proportion of inboard tourists in urban population, the minimal standard is 40% for a global city, but it is only 12.4% in Kunming. In terms of number of international meetings and trade and cultural activities, a normal global city should hold over 50 meetings and activities at least, but this figure was just 80 in 2009 in Kunming. In terms of proportion of foreign population, the proportion of permanent foreign residents is 5% usually for a global city, but this figure is only 0.06% in Kunming. According to indicator analysis foregoing, there is a huge gap for Kunming to become a regional international city. However, the gap indicates the direction, hope and our potential. We can narrow the gap and catch up only if we are confident to overcome all difficulties and keep moving forward.

Fifthly, the main thought and phases for developing Kunming into a regional international city. Regional international city carries an ideal of city-open to the world, integrated in the global and wining future. Following the conception of development of "city makes life better" and the strategy of " developing Yunnan into a strong province in green economy and national culture and China's bridge knot open toward southwest", We will speed up internationalization of the city, build the modern new Kunming into a forest-based, garden-like, environment-friendly, sustainable plateau lakeside ecological city based on modernized society and symbolized by advanced production method and lifestyle, in where the humanistic landscapes and natural sights like mountains and lakes, Dian Lake sights, new appearance of "City of Spring" are integrated together and modern civilization and historic culture add glories to each other, and make Kunming a regional international city featuring high economic prosperity indicator, rich cultural background, favorable habitant environment, the best investment environment and peaceful harmonious society. Meanwhile we should see clear, the construction of a regional international city is a historic, long-term and advancing course. It can neither be completed over one night, nor be unreachable. The key is that if we can grasp it with a scientific attitude, plan it from a far-reaching view and carry out with practicable measures. In combination with the ongoing preparation of 12th Five-Year Plan, following the principle of "starting from the actual conditions, with foresight, by taking positive feasible measures, we advance steadily", we primarily consider pushing for the construction of the regional international city in three phases: put priority to planning and lay a foundation in short term: by 2015, while we have basically realized a well-being society in the whole province as the pioneer in China, we should have also basically developed Kunming into an internationalization portal and China's important "bridge knot" opening towards southwest. Strong strength and meet standard generally in middle term: by 2020, when we have basically realized modernization in the whole province as the pioneer in China, we should have also completed the construction of China's regional international city open toward southwest. Enhance quality and comprehensively complete construction in long term: with another decade, develop Kunming into China's regional international city open toward Southwest in an all round way with clearer features and wider influence of a regional international city.

Sixthly, the realistic approach and key measures of developing Kunming into a regional international city. According to practical experience at home and abroad, the efficiency of urban internationalization mainly depends in infrastructure conditions around "five major traffic conditions", the benefit mainly relies on industrial support force of the city and the effect is mainly reflected on habitant level of the city. The construction of a regional international city needs not only some common approaches, but also a different way to stand out in competition. In consideration of current development phase, realistic conditions and external conditions of Kunming, the key to construction of a regional international city is to speed up internationalization in five ways: 1. speed up internationalization of urban quality. Effectively grasp international positioning of urban development and make a plan on city with an international view; take initiative to integrate the city in the international tide of urban development and construct city with international standard; learn and use advanced experience and methods in the world and manage city according to international practices; make great effort to enhance urban quality, market city by international image, comprehensively construct hardware basis, physical image and functional connotation of urban internationalization and spare no effort to build a quality "City of Spring" comparable with other famous cities in the world. 2. Speed up internationalization of industrial development. Fully use centripetal force of industrial development, broad space for industrial transformation and powerful driving force injecting to industrial upgrade brought by urban internationalization, positively take part in global division, actively takeover industries transferred, comprehensively speed up construction "Four centers and five bases", keep enhancing internationally economic competitiveness of Kunming and develop Kunming into a Southwest-towards open regional international trade & logistic center, financial service center, tourism and exhibition center, scientific and educational R & D center, and an important regional advanced manufacturing base, resource deep processing center, new energy industry base, high-tech industry base and city-oriented modern agricultural base in China. 3. Speed up international of market system. According to requirements of "united opening up and orderly competition", fully play the basic role of market in resource configuration, set up and complete a modern market system geared to the international practices, basically form a diversified market layout featuring co-existence of tangible and intangible markets, connection of domestic and international markets and emphasis on element and commodity markets, keep enhancing concentration force of elements in international market, and build a regional global market based on Yunnan, facing West, providing services all over the country and radiating Pan-Asian region. 4. Speed up internationalization of cultural communication. Fully dig out profound cultural resources and cultural background, give prominence to clear regional features and personalities, enhance cultural communication and cooperation between China and the rest of the world, realize diverse cultures which are integrated in each other and adding glories to each other, keep enhancing international cultural influence force of Kunming, shift Kunming's culture from regional culture to trans-regional culture and on-line culture and quicken building Kunming into a famous Pan-Asian global city. 5. Speed up internationalization of social management. Follow major trend of internationalized urban development, handle affairs according to international practices, provide services at international standards, make innovations of social management method, complete pubic service system, and enhance ability of Kunming to take part in international affairs. Pay more attentions to internationalization of humanistic quality, advocate social morality, professional ethics and family virtue conforming to urban internationalization and build a good image of Kunming—an open, tolerant, honest, friendly, civilized, hospitable city.

前 言

一、国际金融中心与国家战略

国际金融中心是世界经济和国际金融发展到一定程度的必然产物，综观整个国际金融中心的历史演变过程，可以发现，国际金融中心随着经济中心的转移而先后经历了从威尼斯到阿姆斯特丹再到伦敦、纽约的相互更替的发展历程。然而，20世纪70年代以来，除了原有的、在市场推动下自然发展起来的国际金融中心迅速扩张外，在政府推动下，一批新兴国际金融中心迅猛发展，这些新兴国际金融中心不止有全球性的金融中心，如新加坡和中国香港，也有一些中心城市根据自身条件和市场定位而致力于发展成为区域性国际金融中心，如苏黎世、泽西岛、迪拜、开曼、巴哈马等。随着各国金融中心建设的不断发展，在国际上逐步形成了伦敦、纽约、东京、香港、新加坡国际金融中心多足鼎立，世界各地区域性金融中心蓬勃发展的多元化、多层次的国际金融中心格局。

所谓新兴的国际金融中心，是指在"二战"后，由政府推动金融中心建设，并通过相关政策措施引导，满足多样化金融服务需求，使得金融机构聚集并迅速成长起来的国际金融中心。欧洲货币市场的出现及布雷顿森林体系的崩溃催生了新兴国际金融中心。与古典国际金融中心和传统国际金融中心相比，新兴国际金融中心不一定有坚强的本地经济实力做支撑，其建立和发展主要是依靠政府推动和政策扶持，依托得天独厚的区位优势，大多发展离岸金融业务，建设成为离岸型国际金融中心。

中国正处于伟大复兴及经济再崛起的关键历史时期，目前已是世界第二大经济体及第二大贸易体，但在国际金融体系中，中国处于较为被动的局面，使中国的经济发展受到了很大的制约，克服这一瓶颈的主要途径，就是建设完善的现代金融体系，提升人民币的国际地位，而建设国际金融中心是其中一个主要任务。虽然目前云南省的金融发展水平在全国并不突出，但是由于国家战略层面的需要、区域经贸合作的金融服务需求及云南和昆明所具备的各种优势，使昆明很有可能成为一个区域性国际金融中心。首先，符合国家战略布局上的需要。从我国区域性国际金融中心的布局来看，国家战略层面的国际性金融中心只有上海、深圳和香港，而上海、深圳和香港均位于沿海地区，而广大的西部和沿边地区尚无一个区域性国际金融中心，如果昆明建成区域性国际金融中心，将是我国西部和沿边地区第一个区域性国际金融中心，这一金融中心可以辐射到东盟和南盟，具有十分重要的战略意义。综观世界主要经济体，国内已出现多个分工不同、辐射范围不同的金融中心，如美国就有纽约、芝加哥、波士顿、旧金山、华盛顿；德国有法兰克福、慕尼黑；日本有东京、大阪；英国有伦敦、爱丁堡、格拉斯哥；加拿大有多伦多、温哥华、蒙特利尔；澳大利亚有悉尼、墨尔本。这些金融中心不但各具特色，且空间布局合理。其次，中国与东南亚、南亚国家区域经贸合作需要多层次、完善的、发达的现代金融服务，按照国内外历史经验，只有金融中心才能满足这一区域经贸合作的金融需求。最后，昆明具备成为区域性国际金融中心的潜力。随着金融全球化和资本流动的全球化，国际金融中心不再完全依附于经济中心和贸易中心，一些具备区位优势的地区与城市，完全有可能通过强有力的制度创新，成长为区域性的金融中心，苏黎世、卢森堡、迪拜、开曼、巴林、巴哈马等城市或地区就是典型的代表。凭借云南及昆明已有的基础与条件，关键要充分抓住当前的重大历史性机遇，通过政府的政策支持与制度创新，认真谋划，努力推动，云南完全有可能实现跨越式发展，建成全国第一个西部、沿边区域性国际金融中心。

二、昆明泛亚金融服务中心的历史使命

昆明泛亚金融服务中心将是一个金融机构集聚中心、金融创新中心、特色金融中心及资金腹地,主要服务于中国面向东南亚、南亚的对外开放,服务于人民币国际化,服务于云南"桥头堡"建设。

改革开放三十多年来,我国面向欧美的开放战略取得了巨大成就。随着我国经济社会的迅速发展和对外开放战略的深入实施,扩大对亚洲特别是东南亚及南亚地区开放的重要性日益显现,对亚洲西南方向的对外开放,成为中国全方位对外开放的重要组成部分。云南省建成我国面向西南开放的重要"桥头堡",体现了中国向西南开放的理念和思想,彰显了云南省在全国对外开放中的前沿性与重要性。在后金融危机时期背景下,中国将加快经济发展方式及发展战略的转变,在对外开放方面,亚洲区域及次区域经贸合作将日趋重要,昆明泛亚金融服务中心建设将是加强中国与东南亚及南亚国家区域经贸合作的关键步骤和重要支撑。

在对外开放的伟大实践中,为其提供现代化的金融服务体系,是对外开放成功与否的关键因素。跨境贸易人民币结算试点工作的全面推开,标志着金融体系支持全面对外开放新时期的到来,也意味着人民币国际化向纵深推进。云南应当紧紧抓住这一历史机遇,启动并积极推进昆明金融中心战略的实施。按照我们的构想,昆明金融中心建设的短期目标是建设区域性跨境人民币金融服务中心,中期目标是建设大湄公河次区域金融中心,长期目标是建设泛亚金融服务中心。

昆明区域性跨境人民币金融服务中心建设的第一步是实现跨境贸易人民币结算区域化。即在现有边境贸易的基础上,搭建与东盟国家人民币贸易结算渠道。由边境贸易扩大到一般贸易,由货物贸易扩大到服务贸易。第二步是在跨境贸易人民币结算的基础上,增加人民币跨境资金融通、人民币跨境直接投资、人民币跨境金融产品创新等服务内容,从而为各国的经贸合作提供全方位的金融服务。大湄公河次区域金融中心将形成昆明泛亚金融服务中心的雏形,在这一时期,昆明要建立具有行业主导力、区域辐射力、国际竞争力的多元化、现代化金融服务体系,使功能发达、交易

活跃、运行规范、多层次、现代化的金融市场体系基本形成。昆明泛亚金融服务中心是昆明金融中心建设的长远目标。这一阶段将可能是云南省由人民币跨境贸易结算试点省区向首批资本项目开放试点省区转变的关键时期,也是实现云南"桥头堡"战略,昆明"国际化门户"和"桥头堡"城市战略的关键时期,因此这一目标的实现关乎国家金融战略、关乎云南省和昆明市经济和社会发展大局。

最近发生在全球经济与金融中心的美国的金融危机,是对美元—华尔街为中心的后布雷顿森林体系的一个重大挑战,将引起全球金融体系的调整和经济结构的变革。这一变革对于正在和平崛起的中国来说机遇与挑战并存,一个重大的历史机遇就是进一步提升中国在亚洲乃至全球的影响力,使中国最终完成由经济大国向经济强国的转变。在此过程中,增强中国在国际货币体系中的话语权,改变现有国际货币体系的不公正、不合理方面,是作为一个经济和贸易大国的中国应有的战略考虑。人民币国际化是中国走向世界的重要方面,而中国可以预见的全球影响力首先在亚洲,中国—东盟自由贸易区则是中国推进亚洲战略的最重要通道。人民币国际化首先是人民币的区域化,在中国—东盟自由贸易区内,特别是大湄公河次区域境内人民币已经广泛流通,是人民币区域化的最佳区域。

货币国际化可以分为三个阶段:国际计价货币和结算货币阶段—国际金融工具阶段—国际储备货币阶段。国际计价货币和结算货币阶段主要指货币作为国际贸易的计价和结算货币;国际金融工具阶段主要指货币作为国际投融资的货币,是货币作为投资、借贷和外汇买卖的工具;国际储备货币阶段主要指货币作为国际官方储备货币。这一过程,既反映了国际货币从货币到资产的演变过程,也是一国货币由初级国际化到高级国际化的过程。与此相对应,国际货币依次经历了贸易货币—投资货币—储备货币三种形态。云南省是全国最早推进人民币区域化的省份,在贸易货币和投资货币两个方面早已走在了全国的最前沿。

云南省与周边国家贸易与经济往来历史悠久,云南省是全国最早在边境贸易中使用人民币结算的省份,也是最先尝试使用人民币进行跨境投资的省份。多年的区域性边贸合作以及使用人民币作为结算货币的尝试，使得云南省的政府部门和金融机构与东盟国家的政府部门和金融机构积累了宝贵的合作经验，并建立了以中越为代表的对开本币账户跨境结算和以中缅为代表的境内人民币转账结算两种银行结算模式。同时，数年前，云南省、市多个部门已从边境地区人民币跨境支付结算平台的建立开始，积极探索国内现代化支付系统承担跨境一般贸易使用人民币结算的系统对接问题。目前中国银行、中国农业银行、中国建设银行等金融机构的现代化支付结算体系已能够承担人民币跨境贸易结算的重任。这些先行优势均为云南跨境贸易人民币结算试点工作的顺利开展奠定了坚实的基础。2010年6月，我国扩大了跨境贸易人民币结算的试点范围，云南省已获批为第二批试点地区，云南省的人民币结算范围将从边境贸易扩大到一般贸易，由货物贸易扩展到服务贸易，省内地域由8个边境州、市扩大到全省辖区，境外地域由之前的对缅甸、老挝、越南、泰国4国扩大到对所有国家和地区。云南跨境贸易人民币结算试点政策的实施，必将有助于云南与东南亚、南亚国家之间的经贸往来，极大地促进云南省改革开放与现代化建设的进一步发展，从而将有力地推动云南面向西南开放的"桥头堡"战略的实施。云南省跨境贸易人民币结算的试点，将是昆明建设区域性跨境人民币金融服务中心的重大契机，也是昆明建设大湄公河次区域金融中心及泛亚金融服务中心的起点。

"桥头堡"建设过程中离不开金融服务与资本的支持，国内产业转移和国际产业转移需要金融资本和金融服务的转移，为此，云南省亟待建立现代金融服务体系以支撑"桥头堡"建设。显然，由于有"现代新昆明"建设的铺垫，省会昆明将在中国面向西南开放的"桥头堡"建设与现代金融服务体系的建设中处于中心地位，昆明应该成为服务于中国面向亚洲西南开放的金融中心。

改革开放三十多年来，云南省实现了从封闭、半封闭到全方位开放的历史性转变，经济发展实现了质的飞跃，各族人民生活水平大幅提高。云南省的改革开放虽然成绩卓著，但与其区位优势和资源优势相比，还有巨大的发展空间和提升潜力。当前，从国内环境来看，中国的改革开放已进入个性化时代，国家"十二五"规划实施在即，西部大开发战略向纵深推进，将云南省建成中国面向西南开放的"桥头堡"战略已经上升为国家区域规划；从国外环境来看，中国—东盟自由贸易区已于2010年全面建成，中国—东盟自由贸易区及大湄公河次区域金融合作即将全面展开，将昆明建成泛亚金融服务中心面临重大历史性机遇。

最近一些年来，云南省各级政府对金融问题十分重视。2008年4月29日云南省省长秦光荣在《云南日报》发表了题为"发展资本市场，促进资本流动，为云南经济又好又快发展注入新的活力"的重要文章，是云南改革开放以来首次将金融业提升到经济发展的战略高度。2010年3月，云南省省委书记白恩培和云南省省长秦光荣在全国"两会"期间提出，在推进"桥头堡"建设过程中，要打造多层次、多渠道、保障有力的金融支撑体系。同月，经昆明市人民政府与中国人民银行昆明中心支行充分协商，制定了《昆明市人民政府、中国人民银行昆明中心支行关于加快推进昆明区域性跨境人民币金融服务中心建设的实施意见》，并以《云南省人民政府关于转报昆明市建设区域性跨境人民币金融服务中心实施意见的函》上报中国人民银行，中国人民银行回复提出"我行原则上支持昆明市遵循市场规律，在国家政策的统一部署下开展跨境人民币业务，在区域金融合作方面发挥重要作用"。与此同时，中国人民银行昆明中心支行在其《云南金融专报》中就发挥金融业在"桥头堡"战略中的支撑作用，提出了要打造云南金融业对外开放的独特模式的建议；2010年4月，云南省省委书记白恩培在该《云南金融专报》上批示，要有完善繁荣的金融业支撑云南建设面向西南开放的"桥头堡"；昆明市市委书记仇和也批示，要认真学习研究省委白恩培书记的重要批示，提出具体实施意见和方案。昆明市也一贯高度重视金融业发展及其在区域经济发展中的战略性地位，2008年昆明市人民政府出台了《昆明市关于加快银行业发展的实施意见》等六个关于加快金融业发展的文件，是下一步昆明市金融体系建设及金融业发展的重要指针。总而言之，云南省各级政府对现代金融业发展的高度重视，为昆明金融中心建设提供了制度保障，也是昆明泛亚金融服务中心建设的关键条件。

三、主要研究内容

该书首先对昆明建设泛亚金融服务中心的重大历史性机遇进行了分析，阐述了昆明金融中心建设的背景。然后，锁定区域性国际金融中心的理论与实践，总结了区域性国际金融中心发展的规律与建设经验，并结合昆明城市功能定位，提出了昆明泛亚金融服务中心的构想。在此基础上，研究报告在充分吸收和借鉴已有评价指标体系优点的基础上，构建了区域性国际金融中心形成潜力的评估指标体系，以期通过该指标体系定量分析昆明在建设区域性国际金融中心过程中存在的优势和不足，从而有针对性地对其进行评价和改进。由于统计口径的一致性及评价指标的差异性，评价指标体系的构建主要包含两个部分的内容：国内城市评价指标体系的构建和国际城市评价指标体系的构建。国内城市区域性国际金融中心评价指标体系主要由5个一级指标和75个三级（四级）指标构成；国际城市区域性国际金融中心评价指标体系主要包括4个一级指标和40个三级指标，并选择了因子分析、聚类分析等方法来对各个城市进行评价。昆明建设泛亚金融服务中心相对于国内外周边城市所具备的优势是比较显著的，但同时也存在着一些劣势。昆明金融中心的建设要扬长避短，充分发挥优势，改善劣势。当然，这一比较与评价还只是静态的，今后我们将依据这一评价指标体系，动态评价昆明金融中心的地位与优劣势。在这一评价体系基础上，我们对昆明建设成为区域性国际金融中心的基础与条件进行了详细分析，论证了昆明金融中心的内涵和功能定位。昆明泛亚金融服务中心的建成不是一蹴而就的，我们提出了建设的目标、阶段与主要步骤，并就昆明泛亚金融服务中心建设的三个目标、三个阶段的五个主要方面：金融机构、金融市场、金融产品与工具、风险防范及政策与监管，详细提出了昆明金融中心建设的对策建议。

我们认为昆明既要做好长远规划，又要加快步伐实现跨越式发展。昆明泛亚金融服务中心的建设必须要突出重点，分阶段、有步骤的推进。既要发挥市场机制的自发作用，又要充分利用政府的推动和扶持。因此可以把昆明金融中心建设的目标划分为近期目标、中期目标和远期目标。近期目标是在2010—2015年，将昆明建成区域性跨境人民币金融服务中心；中期目标是在2016—2020年，将昆明建成大湄公河次区域金融中心；远期目标是将昆明建成泛亚金融服务中心。这三个阶段不是截然分离的，而是先易后难、有重点、交错进行，每一阶段只不过目标不同、重点不同，在第一个阶段就可以为第二、第三个阶段打基础，在第二个阶段就可以为第三个阶段打基础，而泛亚金融服务中心建成后，自然也就是跨境人民币金融服务中心和大湄公河次区域金融中心。

昆明泛亚金融服务中心的实体经济基础是优势产业、现代服务业和国际贸易与投资。以实体经济的金融需求引致金融集聚，从而实现区域性国际金融中心这一长远目标，是昆明金融中心发展的重要路径，可以实现优势产业、现代服务业和对外开放的良性互动以及实体经济发展与金融中心建设的相互需求和互利共赢。

本书有三个特色及创新之处：第一，在国内外最新理论与统计分析方法基础上，创建了评价区域性国际金融中心潜力的指标体系，并将这一体系用于评价周边主要城市；第二，基于国内外背景与云南及昆明实情，提出了昆明金融中心建设的近期、中期和远期目标及其相应的三个阶段；第三，论证了"七个中心、三个示范区"为主要内容的昆明泛亚金融服务中心的内涵，并就昆明泛亚金融服务中心建设各个阶段的金融机构、金融市场、金融产品与工具、风险防范、政策与监管五个主要方面提出了具体的对策建议。

昆明泛亚金融服务中心的功能定位，是立足中国西南、面向亚洲西南的区域性国际金融中心，主要任务是要建设"七个中心，三个示范区"，最终形成一个功能完善、层次完整和特色鲜明的金融体系。七个中心分别为：跨境人民币金融服务中心、绿色金融中心、国际矿权交易中心、资源性商品跨国期货交易中心、依托于"走出去"的离岸金融中心、私募股权投资中心、华人金融中心；三个示范区分别为：供应链金融示范区、农村金融示范区、开发性金融示范区。因此，昆明泛亚金融服务中心将是一个庞大的金融系统工程，需要中央和地方的共同努力，社会各界的积极行动，夯实基础，稳步推进，才能使昆明泛亚金融服务中心跻身为区域性国际金融中心行列，成为新兴国际金融中心。

四、致谢与展望

我最早关注昆明金融中心问题是在2003年，在提交给云南省政府的一份咨询报告《中国—东盟自由贸易区启动后对云南省"引进来、走出去"战略的新思考》中提到，"通过10—15年的努力，将昆明市建成区域性金融中心"。但当时没有得到响应，这有客观条件使然，当时中国—东盟自由贸易区建设刚刚启动，云南的经济发展基础还较薄弱，对外开放度很低。在2009年提交给省委的一份报告中，我又提出"关于将昆明建成大湄公河次区域金融中心的建议"，此建议受到了昆明市仇和书记和刘光溪副市长的高度重视，并迅即立项研究。没有他们的关心和支持，就不会有后面的课题研究报告，该书即是修改自该课题研究的总报告。刘光溪副市长（现任云南省人民政府金融办主任）不但担任了课题领导小组的组长，还提出了许多创新性的观点，使课题研究小组受到了许多启发。他们是课题研究小组首先要特别感谢的。

该课题研究经费由中国银行云南省分行独家提供赞助，在此我代表课题组全体成员表示深深的谢意！

该课题研究报告是集体智慧的结晶，是课题组成员近一年努力的结果，其中在研究报告写作过程中，我们走访了北京、上海、昆明等地的政府部门、金融机构和企业，听取了各方面的意见和建议，特别要感谢中国银行首席经济学家曹远征教授，中国银行云南省分行的谭炯行长、周洪源副行长、李文利副总经理，中信证券的孙稳存研究员，中国社会科学院世界经济与政治研究所的高恒研究员，中国国际问题研究所的沈世顺研究员，云南省委宣传部的张瑞才副部长、杨安兴主任，云南财经大学的汪戎书记、周跃副校长，昆明市政府的李肇圣副秘书长，昆明市金融办的胡志乾副主任，云南省社科院的贺圣达研究员，云南省人民政府政策研究室的王德堂处长，中国人民银行昆明中心支行的雷一忠处长、李亚玲处长，云南省商务厅的徐海清处长、杨静副处长和刘顺昆主任。该书在撰写过程中，除了编写组成员的努力工作外，研究生吴淑静、刘方、贾润崧、阮家臣、吴德晖、聂博、吕珂、李传文、王冰还参与了资料收集及部分初稿的写作工作。当然，我是该课题研究报告的研究小组组长、总撰及书稿的执行主编，所有文责应由我个人承担。由于昆明泛亚金融服务中心研究是一新生事物，衷心希望社会各界给予关心及批评指正，使我们的后续研究更加完善。

2011年5月，《国务院关于支持云南省加快建设面向西南开放重要桥头堡的意见》出台，文中提到，"支持把昆明建成面向东南亚、南亚的区域性金融中心"，昆明金融中心建设从此开始上升到了国家层面，这使我们倍受鼓舞！

昆明金融中心建设将是一项长期而艰巨的任务，同时这一任务又是无上光荣的一项历史任务，云南对外金融合作研究基地和昆明泛亚金融合作战略研究院将一如既往地开展昆明金融中心的研究工作，从今年起今后将每年定期出版和发布昆明金融中心建设的研究报告，努力为昆明金融中心建设提供决策咨询及参考的作用，该研究基地和研究院也为能在昆明金融中心建设中发挥我们的才智而深感欣慰。

云南对外金融合作研究基地首席专家召集人
昆明泛亚金融合作战略研究院执行院长
云南财经大学教授
胡列曲
2011年5月于昆明

PREFACE

1. The International Financial Centre (IFC) and National Strategies

To a certain extent, the international financial centre (IFC) is the product of the development of world econom and international finance. Throughout the history of IFC evolution, we can see that the IFC altered with the shift of the economic centre from Venice to Amsterdam and then to London, New York. However, since 1970s, in addition to the rapidly expanding original IFCs which were developed in the market driven, there are also a number of rapidly developing emerging IFCs under the Government's encouragement. These emerging IFCs include not only the global IFCs such as Singapore and Hong Kong, some central cities such as Zurich, Jersey, Dubai,Cayman, Bahamas also became the regional IFCs according to their own conditions and market positioning . With the development of the IFCs in the world , Nowadays, there not only exist IFCs such as London, New York, Tokyo, Hong Kong and Singapore simultaneously in the world. the regional financial centres are also booming up. The diversified multi-level IFC pattern is gradually formed.The so-called emerging IFC is formed after world war II. To meet the diversified financial services financial institutions gathered and quickly grew up driven by the government and guided by relevant policies. The emergence of the European currency markets and the collapse of the Bretton Woods system accelerate the formation of the emerging IFC. Compared with the classical and traditional IFC, the emerging IFC does not necessarily have a strong support of local economy. The establishment and development of emerging IFC mainly depends on the government's encouragement and policy support. Relying on the unique geographical advantages, most of the emerging IFC develops offshore financial services to be an offshore-based IFC.

It's a great revival and economic re-rise critical period to China, and China is already the second largest economy and second largest trade body in the world. However, our situation is more passive in the international financial system, which extremely retricts the Chinese economic development. Building a comprehensive modern financial system and enhancing the international status of RMB are the main way to overcome this bottleneck. However, IFC construction is one of the major tasks. Although the financial development in Yunnan is not prominent in China, Kunming might become a regional IFC due to the national strategies, the regional economic and trade cooperation, and all kinds of available advantages of Yunnan and Kunming. First, it meets the national strategic layout needs. From the view of our regional IFC layout, the only national strategic IFCs in China are Shanghai, Shenzhen and Hong Kong. And all the three cities are located in coastal areas, there is no regional IFC in the vast Westen and border regions. It will have first regional IFC in the Westen and border regions if Kunming is established a regional IFC, which have a very important strategic significance since this financial centre can radiate ASEAN and SAARC. Throughout the main economies in the world, there are a number of IFCs with different divisions and different radiating areas. For example New York, Chicago, Boston, San Francisco and Washington DC in USA, Frankfurt and Munich in Germany; Tokyo and Osaka in Japan, London, Edinburgh and

Glasgow in UK, Toronto, Vancouver and Montreal in Canada, Sydney and Melbourne in Australia. These financial centers are not only distinctive, but also reasonable in the spatial layout. Second, the regional economic and trade cooperation between China and South-east Asian countries requires to provide multi-level, comprehensive, well-developed modern financial services. According to the domestic and foreign historical experiences, only the financial center can meet the requirements. Finally, Kunming has the potential to become a regional IFC. With financial globalization and globalization of capital flows, IFC no longer completely depens on economic center and trade center. Some regions and cities with location advantages entirely might grow into regional IFCs by a strong system innovation. Such typical cities or regions are Zurich, Luxembourg, Dubai, Cayman, Bahrain and Bahamas. With the existing foundations and conditions of Yunnan and Kunming, Yunnan might realize great-leap-forward development and become the first regional IFC in the Westen and border regions. In order to achieve this goal, the key is to seize the great historical opportunity, obtain the government's policy support and system innovation, and thoughtfully planning.

2. The Mission of Kunming Pan-Asian Financial Service Center (KPAFSC)

KPAFSC will be the center of a gathering of financial institutions and financial innovation. It will also be a characteristic financial and capital center, which is mainly serving the opening up towards South East Asia and South Asia, serving the internationalization of RMB, serving the construction of "bridge knot" of Yunnan.

China has made great achievements from the opening-up strategy towards European and America in the last 30 years from the reform and opening up. with the rapid economic development and furcher implementation of the opening up strategy.

expanding opening strategy towards Asia, especially Southeast Asia and South Asia is becoming more and more important, It's an important part of China's open and reform policy in an all round way to open towards Southwest Asia. The construction of "bridge knot" of Yunnan opening up towards Southwest reflects the idea of opening towards Southwest. It also highlights Yunnan's importance and frontier position in the whole country. During the post-financial crisis period, China will speed up the conversion of economic development style and development strategy. The economic and trade cooperation with Asian regions and sub-regions will become increasingly important. The construction of KPAFSC will be the critical step and important support to strengthen the economic and trade cooperation between China and the Southeast Asian countries.

In the great practice of opening up, the key factor to make success is providing a modern financial service system. The pilot project of RMB settlement of cross-border trade is carrying out in an all round way, which marked that the new era of financial system supporting the full opening up is coming up. It also means that the internationalization of RMB is promoting further. Yunnan should firmly seize this great opportunity to launch and actively promote the implementation of the strategy of Kunming financial center. According to our scheme, the short-term goal of Kunming financial service center is to construct RMB cross-border financial service center. The medium-term goal is to construct the Greater Mekong Sub-regional financial service center (GMSFSC). The long-term goal is to construct the Pan-Asian financial service center.The first step to construct Kunming regional RMB cross-border financial service center is to achieve the regionalization of RMB settlement of cross-border trade, which is to expand RMB settlement of trade with ASEAN countries based on the existing border trade. It's a process of expanding border trade to normal trade, and expanding commodity trade to service trade. The second step is to provide some services including increasing RMB cross-border financing, RMB cross-border direct investment, RMB cross-border financial product innovation, etc..Thus, Kunming financial services center will provides comprehensive financial service for the national economic and trade cooperation. GMSFSC will be the prototype of the KPAFSC. In this period, a multi-level, modern financial service system with industry leading, regional radiation, international competitiveness will be established in Kunming. A function well-developed, trade-active, operations-standard, multi-level, and modern financial marketing system is basically formed.KPAFSC is the long-term goal of Kunming financial center construction.It might be a critical phase for Yunnan to achieve the conversion from a pilot province of RMB settlement of cross-border trade to a first pilot province of capital account opening up. It's also a critical period for Yunnan to achieve the "bridge knot" and Kunming "internationalization portal city" strategy. Therefore, achieving this objective relate to the national financial strategies and the overall economic and social development of Kunming and Yunnan.

It's a tremendous challenge to the dollar-wall street centered post- Bretton Woods system that the financial crisis recently happened to global economy and financial centers, which may cause the adjustment of the global financial system and change in the economic structure. This change brings both opportunities and challenges to China. A huge opportunity is to further enhance China's influence in Asia and the whole world, so that China will finally accomplish the change from major economy to strong economy. In this process, as a major economy, the Chinese strategy is to strengthen the power and to change the injustice and unreasonable aspects in the international monetary system. RMB internationalization is an important aspect, and Asia will be the first response to China's influence. The most important channel to influence Asia is China - ASEAN Free Trade Area (CAFTA). RMB regionalization is the first step to realize RMB internationalization. CAFTA, especially GMS, is the optimal area of RMB regionalization since RMB is widely circulated in this area.

There are three phases to realize currency internationalization: international invoicing currency — international financial instrument — international reserve currency. The first phase mainly means that the currency can be used in the invoicing and settlement for the international trades. The second phase is mainly about that the currency can be used as international financing instrument for investment, credit and foreign exchange trading. The third phase is mainly about international official reserve currency. This is an evolution process of an international currency from currency to asset, it's also a process of a currency changing from primary internationalization to senior internationalization. Correspondingly, international currency also successively goes through three phases: trade currency, investment currency, and reserve currency. Yunnan is the first province to promote RMB regionalization in the whole country. It's already in the forefront in the first two phases.

It's been a long history of the trade and economic activity between Yunnan and the neighboring countries. Yunnan is the first province of using RMB in the border trade. It's also the first province of using RMB in cross-border investment. Both governments and the financial institutes of Yunnan have accumulated valuable experiences with ASEAN conntries from the attempt of using RMB in the regional trade. Two modes of settlement are established, one is the mutual currency accounts of cross-border settlement represented by Vietnam and China, the other is RMB transfer settlement represented by Myanmar and China. Meanwhile, a number of departments in Yunnan have actively explored how to connect a domestic modern payment system to RMB settlement system in cross-border trade since RMB cross-border payment and settlement platform was established a few years ago. So far, the modern payment and settlement system of Bank of China, Agricultural Bank of China, China Construction Bank and other financial institutions has been able to undertake the important task of the RMB settlement of cross-border trade. These advantages are solid foundation of RMB settlement of cross-border trade in Yunnan. China has expanded the pilots of RMB settlement of cross-border trade since June 2010. Yunnan was approved to be the pilot area, too. The range of the RMB settlement in Yunnan will be extended from border trade to general trade, from commodity trade to service trade. The area of Yunnan was expanded from 8 border cities to the whole province, and the outside area was expanded from only Myanmar, Laos, Vietnam, Thailand four countries to all countries and regions. The implementation of the RMB settlement of cross-border trade must be benefcial to the economic and trade activities among Yunnan and Southeast Asian countries. It will also greatly promote the open-and-reform policy and modernization construction in Yunnan, which will greatly push the implementation of the "bridge knot" strategy of opening towards southwest. The Yunnan pilot of RMB settlement of cross-border trade will provide a huge opportunity to the construction of regional cross-border RMB financial service center in Kunming. It will also be a starting point to construct GMSFSC and KPAFSC.

  The construction of "bridge knot" cannot be fulfilled without financial services and capital support. The domestic and international industry transfer requires financial capital and financial services transfer. So in order to support the construction of the "bridge knot", a modern financial service system should be established urgently in Yunnan. Clearly, because there is "New Kunming construction", the provincial capital Kunming will be at the center of the "bridge knot" construction and the modern financial service system construction. Kunming should be the financial center providing services to the opening up policy towards southwest Asia.

Yunnan has realized the tremendous conversion from a closed and semi-closed to a full open province in the last 30 years since the reform and opening up, achieved rapid economic development and the living standard was substantially increased. The reform and opening up in Yunnan is outstanding, but there are still huge potentials because of the location and resource advantages. Nowadays, from the view of the internal environment, China's reform and opening up has entered the era of personalization. The national 12th five-year plan is coming, with further implementation of West Development strategy. Constructing Yunnan as a "bridge knot" opening towards southwest is one of the national regional plan. From the view of the external environment, the China-ASEAN Free Trade Area was fully completed in 2010, then the financial cooperation among China-ASEAN Free Trade Area and GMS countries will be carried out in an around way.

In recent years, Yunnan government has been paying more attention on the financial issues. Qin Guangrong, the Yunnan Governor, published one important article, "Developing the capital market, promoting capital flows, injecting new vitality into the Yunnan economic development", on the Yunnan Daily on 29. April, 2008. This is the first time to enhance the financial industry to the level of economic development strategy since the Yunnan reform and opening up. March 2010, During the NPC and CPPCC, Bai Enpei, the Secretary Provincial Committee of the CPC, and Qin Guangrong, the Governor, proposed a multi-level, multi-channel and secure financial support system should be established during promoting the "bridge knot" construction. The same month, after a full consultation between the People's Government of Kunming, and the Kunming center branch of

People's Bank of China, "The implementation proposal on People's Government of Kunming, and the Kunming center branch of People's Bank of China to accelerate the construction of regional cross-border RMB financial services center in Kunming " was developed. And "the letter of the implementation proposal" was submitted to the People's Bank of China. People's Bank of China replyed as follows:"In principle, People's Bank of China supports the Kunming city to Carry out the cross-border RMB business under the unified arrangements of the national policy under the market law,to play an important role on the regional financial cooperation." At the same time, the Kunming center branch of People's Bank of China suggested to build a unique mode of Yunnan financial industry opening up according to the supporting role of financial industry in the "bridge knot" construction. April 2010, Bai Enpei, the Secretary Provincial Committee of the CPC, said that Yunnan should have a comprehensive financial industry to support the construction of "bridge knot". Qiuhe, the secretary of a municipal committee of the CPC, also said that we should conscientiously study Bai Enpei's instructions and propose the specific implementation suggestion and scheme. Kunming has been paying more attention on the development of financial industry and its strategic position in the regional economic development. in 2008, People's Government of Kunming launched six documents about accelerating the development of financial industry, such as "The implementation suggestion of accelerating the banking development in Kunming". These policies provide the leading direction of the construction of financial system and the development of the financial industry. All in all, the construction of the Kunming financial center is guaranteed by the policies launched by Yunnan government, which are also the critical conditions to construct KPAFSC.

3. The Main Contents

In this book, first of all, we analyze the great historic opportunity and the background to constructing KFAFSC. Then, we summarize the discipline of the development of regional IFC and the experience of regional IFC construction based on the theory and practice. we also propose the idea of KPAFSC combined with the function positioning of Kunming city. On this basis, in order to analyze quantitatively the strengths and weaknesses of constructing regional IFC in Kunming, the study builds an evaluation index system (EIS) of the formation potential of regional IFC based on the existing evaluation index systems (EISs). So assessment and improvement can be done respectively. Because of the consistency of statistical standards and the differences of evaluation index systems (EISs), the evaluation index system (EIS) proposed in this study mainly consists of two elements: the construction of evaluation index system (EIS) in the domestic cities and the construction of evaluation index system (EIS) in the international cities. The EIS of regional IFC in domestic cities is composed of 5 first level indexes and 75 third (fourth) level indexes. The EIS of regional IFC in international cities is composed of 4 first level indexes and 40 third level indexes. And the methods of factor analysis and cluster analysis are chosen to evaluate each city. There are obvious strengths to construct PAFSC in Kunming compared with the surrounding domestic and abroad cities. However, there are also weaknesses at the same time. The construction of KPAFSC should avoid and improve the weaknesses and develop the strengths. Of course, it is only a static comparison and evaluation. We will evaluate the position, advantages, and disadvantages of Kunming financial center dynamically using the static EIS. Based on this EIS, we analyze the foundations and conditions to construct Kunming regional IFC in detail. We also demonstrate the contents and function positioning of Kunming financial center. KPAFSC is not built overnight, we propose the construction target, three phases, and five main steps: Financial institutions, financial markets, financial products and instruments, risk prevention, and policy and regulation, we propose the corresponding suggestions in detail.

In our opinion, Kunming should make a long-term plan and also speed up to realize the great-leap-forward development. The construction of KPAFSC must be promoted in steps and prominently. We should make the market mechanism play the role of spontaneous and use the support from government sufficiently.So we can divide the target of KFSC construction into short-term target, medium-term target and long-term target. The short-term target is to construct Kunming as a regional cross-border RMB financial service center during 2010-2015; The medium-term target is to construct Kunming as a GMS financial service center during 2016-2020; The medium-term target is to construct Kunming as a GMS financial service center during 2016-2020; The long-term target is to construct KPAFSC. These three phases are not completely separated, but from easier to harder, focused and staggered. There is different target and emphasis at each phase. The first phase can be the foundation of the second and the third phases. And the second phase can become the foundation of the third phase. It is natural that Kunming is cross-border RMB financial service center and GMS financial center when KPAFSC is established.

The foundation of real economy of KPAFSC is the competitive industry, modern service industry international trade and investment. The financial needs of the real economy attract the financial cluster, and then the long-term target, regional IFC, is realized. This is the important path of the development of KFSC, which can achieve the benign interaction among the competitive industry, modern service industry and opening up. The mutual needs and mutual benefits between the real economic development and the financial center construction can be achieved.

This study has three features and innovations: 1. we build an index system to evaluate the potential of regional IFC based on the latest theories and statistical analysis methods at home and abroad. And this system is used to evaluate the surrounding main cities. 2. based on the domestic and international background and the actual situations of Yunnan, we propose near-term, medium-and long-term targets and three corresponding phases to construct Kunming financial center. 3. We demonstrate the contents of KPAFSC which can be mainly summarized as "seven centers, three demonstration areas". we propose specific suggestions corresponding to financial institutions, financial markets, financial products and instruments, risk prevention, policy and regulation at each phase of the construction of KPAFSC.

The functional positioning of KPAFSC is a regional IFC based in the southwest China, opening up towards southwest Asia. The main task is to construct "seven centers, three demonstration areas" and eventually form a comprehensive, complete, and distinctive financial system. Seven centers are: cross-border RMB financial services center, green financial center, international mining rights trading center, transnational futures trading center of resource commodities, offshore financial center relying on the "going out", private equity investment center, Chinese financial center. Three demonstration areas are: supply chain finance demonstration area, demonstration areas of rural finance, development of finance demonstration area. Therefore, KPAFSC will be a giant financial system project, which needs the joint efforts of the central and local governments. It depends on the whole society, laying foundation, promoting steadily, then KPAFSC could become one of the emerging regional IFCs.

4. Acknowledgements and Prospects

The first time I paid attention on the issue of Kunming financial center is 2003. It was mentioned on a consultation report, "The new strategic thinking about the "bringing in and going out" of Yunnan province after starting China-ASEAN Free Trade Area", submitted to Yunnan provincial government. But this idea did not get a response because of the objective conditions. Since China-ASEAN Free Trade Area was just started, the economic foundation was relatively weak and the degree of openness was low at that time. I proposed the suggestion to construct Kunming as a GMS financial center again in a report to Provincial Committee in 2009. This suggestion got greatly attention from Qiuhe, the secretary of a municipal committee of the CPC, and Liu Guangxi, the Vice Mayor, and they made a project proposal immediately. There is no this research report without their concern and support. This book is also the revised general report of the project research. As a team leader of the project research, Liu Guangxi, the Vice Mayor (the current director of the Yunan provincial government financial office), also proposed a number of innovative ideas which enlightened the research team. Firstly, we give many special thanks to them.

The research is exclusively funded by the Yunnan provincial branch of Bank of China. On behalf of the entire team, I would like to express our deep appreciation!

This research report is collective wisdom. It's half-year's efforts of the team numbers. During the report writing period, I visited some local government sectors, financial institutes, and enterprises in Beijing, Shanghai, and Kunming, etc. I Listened different opinions and suggestions. Specially, I would like to thank professor Cao Yuanzheng, the Chief Economist of BOC, Tan Jiong, the president of the Yunnan provincial branch of BOC, Zhou Hongyuan, the vice president of Yunnan provincial branch of BOC, Li Wenli, the Vice manager of Yunnan provincial branch of BOC, Sun Wencun, the researcher of CITIC Securities. Gaoheng, the researcher of Institute of World Economics & Politics CACC, Shen Shishun, the researcher of China Institute of International Studies, Zhang Ruicai, Deputy Minister of Department of Propaganda of Yunnan provincial committee of the CPC, Yang Anxing director, Wang Ron, the Secretary of Yunnan University of Finance and Economics, Zhou Yue, the Vice President, Li Zhaosheng, the deputy Secretary of Kunming government, Hu Zhiqian, the deputy director of Kunming Financial Office, He Shengda, the researcher of Yunnan Provincial Academy of Social Sciences, Wang Detang, the division Chief of the policy research office of People's Government of Yunnan, Lei Yizhong, the division Chief, and Li Yaling, the division Chief of Kunming Center Branch of People's Bank of China, Xu Haiqing, the division Chief, Yang Jing, the deputy division Chief, and Liu Shunkun, the director of the Department of Commerce of Yunnan Province. In the book writing process, in addition to the hard work of the writing group members, the post-graduates also take part in the material collecting and part of the first draft writing who are Wu Shujing, Liu Fang, Jia Runsong, Ruan Jiachen, Wu Dehui, Nie Bo, Lv Ke, Li Chuanwen, Wang Bing. Of course, as the leader of the research team and the excutive editor, I have all the responsibility personally. Since the research of KPAFSC is a new project, I sincerely hope a public concern and criticism, which could greatly improve our further study.

May 2011,"The Views of the State Council on the Support of Yunnan Province to Accelerate the Construction as an Important Bridgehead for the Opening up to the Southwest,"was issued. The paper said,"To support the construction of Kunming into a regional financial center forward South-East Asia and South Asia,"the Kunming financial center begins to rise to the national level, which makes us encouraged greatly!

The construction of Kunming Financial Center is a long-term and arduous task. Meanwhile, it's also a supreme glorious historic task. Yunnan external financial cooperation research base and the Institute of the Strategy Kunming Pan-Asian Financial Cooperation will alnays carry out the research of Kunming financial center. We will annually publish and issue the study reports about the construction of Kunming financial center from now on. We will try our best to provide decision-making advice and reference for the Kunming financial center construction. We are also very pleased to contribute our talent to the construction of Kunming financial center.

The Convener of Chief Expert of Yunnan Research Institute of Foreign Financial Cooperation (RIFFC)
The Excutive Directer of Kunming Academy for the Strategy of Pan-Asian Financial Cooperation (ASPAFC)
Professor of Yunnan University of Finance and Economics
Hu Liequ
May 2011. Kunming

目录

1. 昆明建设泛亚金融服务中心面临的重大历史性机遇 ……… 1
   - 1.1 改革开放以来云南省经济发展面临的四次战略性机遇 …… 1
     - 1.1.1 全力支援对越南自卫反击战 ……………………… 3
     - 1.1.2 1992年邓小平南方谈话与社会主义市场经济体制的确立 …… 3
     - 1.1.3 西部大开发战略的实施及中国加入世贸组织 ………… 4
     - 1.1.4 打造"面向西南开放的桥头堡",促进经济向更高阶段迈进 ……………………………………………………… 5
   - 1.2 将昆明建成泛亚金融服务中心面临的重大机遇 ………… 7
     - 1.2.1 中国—东盟自由贸易区为昆明建设泛亚金融服务中心营造良好的外部环境 ………………………………… 7
     - 1.2.2 人民币国际化及其在东盟自由贸易区中的实现 ……… 22
     - 1.2.3 国际及国内产业向云南转移需要金融服务与金融深化 …… 25
   - 1.3 将昆明建成泛亚金融服务中心的重大意义 ……………… 30
     - 1.3.1 服务于中国的周边外交战略,维护国家安全 ………… 30
     - 1.3.2 服务于中国的对外开放战略 ……………………… 34
     - 1.3.3 发挥金融杠杆作用,促进云南的经济发展与改革开放 … 36
     - 1.3.4 对现代新昆明建设提供具体目标与方向 …………… 40

2. 区域性国际金融中心的理论 ………………………………… 44
   - 2.1 金融中心的定义 ……………………………………… 44
   - 2.2 金融中心的分类 ……………………………………… 46

1

2.3 金融中心形成的理论基础 · 49
2.3.1 需求反映论与供给引导论 · 49
2.3.2 金融集聚理论和规模经济 · 52
2.3.3 区位理论 · 55
2.3.4 新经济地理学 · 57
2.3.5 金融生态理论 · 60

2.4 区域性国际金融中心的功能 · 62
2.4.1 服务功能和中介功能 · 62
2.4.2 资金腹地和辐射功能 · 63
2.4.3 信息腹地功能 · 63
2.4.4 风险管理功能 · 63
2.4.5 地理整合功能 · 64

3. 区域性国际金融中心的历史演变与经验借鉴 · 65

3.1 国际金融中心的历史演变过程 · 65
3.1.1 古典的国际金融中心 · 65
3.1.2 传统的国际金融中心 · 66
3.1.3 新兴的国际金融中心 · 67

3.2 当前国际金融中心的格局与现状 · 68

3.3 国际金融中心的案例分析 · 69
3.3.1 香港国际金融中心 · 70
3.3.2 新加坡国际金融中心 · 71
3.3.3 迪拜国际金融中心 · 74
3.3.4 开曼国际金融中心 · 76
3.3.5 孟买国际金融中心 · 77
3.3.6 苏黎世国际金融中心 · 78
3.3.7 法兰克福国际金融中心 · 79

3.4 国际金融中心发展的规律 · 80
3.4.1 国际金融中心的发展趋势 · 80

    3.4.2 国际金融中心发展的共同特征 ········· 82
    3.4.3 国际金融中心的差异化发展 ··········· 83
  3.5 区域性国际金融中心建设的经验借鉴 ········· 85
    3.5.1 建设区域性国际金融中心的必备条件 ········ 85
    3.5.2 区域性国际金融中心建设的特色经验 ········ 87
    3.5.3 区域性国际金融中心建设的共同经验 ········ 98
    3.5.4 区域性国际金融中心建设中的政府职能 ······· 100

4. 昆明城市功能定位与泛亚金融服务中心建设 ········ 103
  4.1 昆明城市发展的基础条件与潜力 ·········· 103
    4.1.1 昆明城市发展的基础条件 ············ 103
    4.1.2 昆明城市发展的潜力优势 ············ 108
  4.2 昆明城市功能定位调整的战略选择 ········· 111
    4.2.1 城市功能发展的一般规律 ············ 111
    4.2.2 昆明城市功能定位的原则 ············ 114
    4.2.3 昆明城市功能定位的战略选择 ·········· 115
  4.3 昆明城市功能定位中的泛亚金融服务中心建设构想 ···· 119
    4.3.1 建设泛亚金融服务中心的必要性 ········· 119
    4.3.2 泛亚金融服务中心建设与"龙头"、"枢纽"、"国际化
        门户和桥头堡城市"的关系 ············ 122

5. 区域性国际金融中心的评价指标体系及其对周边主要
  城市的评价 ····················· 126
  5.1 区域性国际金融中心的评价指标体系 ········· 126
    5.1.1 文献综述 ·················· 126
    5.1.2 区域性国际金融中心评价指标体系的构建 ····· 131
  5.2 昆明周边主要城市的比较 ·············· 135
    5.2.1 比较城市的选择 ················ 135

5.2.2 数据来源和比较方法ᆢᆢᆢᆢᆢᆢᆢᆢᆢᆢᆢᆢᆢᆢᆢᆢᆢᆢᆢᆢ136

　　　5.2.3 比较结果ᆢᆢᆢᆢᆢᆢᆢᆢᆢᆢᆢᆢᆢᆢᆢᆢᆢᆢᆢᆢᆢᆢᆢᆢᆢᆢ138

　附录5A：国内4个城市一级指标聚类结果ᆢᆢᆢᆢᆢᆢᆢᆢᆢᆢᆢᆢᆢ144

　附录5B：国际7个城市一级指标聚类结果ᆢᆢᆢᆢᆢᆢᆢᆢᆢᆢᆢᆢᆢ147

6. 昆明建设泛亚金融服务中心的基础与条件ᆢᆢᆢᆢᆢᆢᆢᆢᆢ149

　6.1 昆明建设泛亚金融服务中心的历史基础ᆢᆢᆢᆢᆢᆢᆢᆢᆢᆢ149

　　　6.1.1 云南省与周边国家金融合作的历史沿革ᆢᆢᆢᆢᆢᆢᆢ149

　　　6.1.2 滇越金融合作的历史沿革ᆢᆢᆢᆢᆢᆢᆢᆢᆢᆢᆢᆢᆢᆢᆢ152

　　　6.1.3 滇缅金融合作的历史沿革ᆢᆢᆢᆢᆢᆢᆢᆢᆢᆢᆢᆢᆢᆢᆢ157

　　　6.1.4 滇老金融合作的历史沿革ᆢᆢᆢᆢᆢᆢᆢᆢᆢᆢᆢᆢᆢᆢᆢ159

　6.2 昆明建设泛亚金融服务中心的现有条件ᆢᆢᆢᆢᆢᆢᆢᆢᆢᆢ161

　　　6.2.1 金融环境ᆢᆢᆢᆢᆢᆢᆢᆢᆢᆢᆢᆢᆢᆢᆢᆢᆢᆢᆢᆢᆢᆢᆢᆢᆢ161

　　　6.2.2 金融系统ᆢᆢᆢᆢᆢᆢᆢᆢᆢᆢᆢᆢᆢᆢᆢᆢᆢᆢᆢᆢᆢᆢᆢᆢᆢ169

　　　6.2.3 区位优势ᆢᆢᆢᆢᆢᆢᆢᆢᆢᆢᆢᆢᆢᆢᆢᆢᆢᆢᆢᆢᆢᆢᆢᆢᆢ171

　　　6.2.4 金融制度ᆢᆢᆢᆢᆢᆢᆢᆢᆢᆢᆢᆢᆢᆢᆢᆢᆢᆢᆢᆢᆢᆢᆢᆢᆢ178

　6.3 昆明建设泛亚金融服务中心的制约因素ᆢᆢᆢᆢᆢᆢᆢᆢᆢᆢ181

　　　6.3.1 金融环境ᆢᆢᆢᆢᆢᆢᆢᆢᆢᆢᆢᆢᆢᆢᆢᆢᆢᆢᆢᆢᆢᆢᆢᆢᆢ181

　　　6.3.2 金融系统ᆢᆢᆢᆢᆢᆢᆢᆢᆢᆢᆢᆢᆢᆢᆢᆢᆢᆢᆢᆢᆢᆢᆢᆢᆢ183

　　　6.3.3 区位优势ᆢᆢᆢᆢᆢᆢᆢᆢᆢᆢᆢᆢᆢᆢᆢᆢᆢᆢᆢᆢᆢᆢᆢᆢᆢ185

　　　6.3.4 金融制度ᆢᆢᆢᆢᆢᆢᆢᆢᆢᆢᆢᆢᆢᆢᆢᆢᆢᆢᆢᆢᆢᆢᆢᆢᆢ187

7. 昆明泛亚金融服务中心的内涵及功能定位ᆢᆢᆢᆢᆢᆢᆢᆢᆢ190

　7.1 昆明泛亚金融服务中心的内涵ᆢᆢᆢᆢᆢᆢᆢᆢᆢᆢᆢᆢᆢᆢᆢ190

　7.2 昆明泛亚金融服务中心功能定位的SWOT分析ᆢᆢᆢᆢᆢᆢ207

　　　7.2.1 昆明建设泛亚金融服务中心的SWOT表ᆢᆢᆢᆢᆢᆢᆢ207

　　　7.2.2 昆明泛亚金融服务中心的功能定位ᆢᆢᆢᆢᆢᆢᆢᆢᆢ208

　7.3 昆明建设成为泛亚金融服务中心面临的挑战ᆢᆢᆢᆢᆢᆢᆢ211

　　　7.3.1 昆明面临周边主要城市的竞争ᆢᆢᆢᆢᆢᆢᆢᆢᆢᆢᆢᆢ211

7.3.2 昆明面临地区经济发展差异较大的局面 ……………… 213
7.3.3 昆明面临国家金融政策的不确定性 …………………… 214

8. 昆明泛亚金融服务中心建设的指导思想、目标与阶段 …… 215
8.1 昆明泛亚金融服务中心建设的指导思想与原则 …………… 215
8.1.1 建设泛亚金融服务中心的指导思想 …………………… 215
8.1.2 建设泛亚金融服务中心的基本原则 …………………… 215
8.2 昆明泛亚金融服务中心建设的目标与阶段 ………………… 216
8.2.1 近期目标（2010—2015年）：区域性跨境人民币金融服务中心 ……………………………………………………… 217
8.2.2 中期目标（2016—2020年）：大湄公河次区域金融中心 …………………………………………………………… 224
8.2.3 远期目标（2021年以后）：立足中国西南、面向亚洲西南的泛亚金融服务中心 ………………………… 225
8.3 昆明泛亚金融服务中心建设的步骤 ………………………… 227
8.3.1 做好规划，争取政策突破和政策支持 ………………… 228
8.3.2 发挥云南省政府在创造良好金融发展环境中的作用 … 231
8.3.3 夯实区域性国际金融中心的实体经济基础 …………… 233
8.3.4 加强国内外金融合作 …………………………………… 235
8.3.5 实现昆明泛亚金融服务中心的长远目标 ……………… 238

9. 昆明建设区域性跨境人民币金融服务中心的对策 ………… 240
9.1 金融机构 ……………………………………………………… 242
9.1.1 机构设置 ………………………………………………… 242
9.1.2 加强与周边国家金融机构的合作 ……………………… 242
9.2 金融市场 ……………………………………………………… 245
9.2.1 提升城市综合服务功能 ………………………………… 245
9.2.2 发展以票据市场为主的区域性货币市场 ……………… 245
9.2.3 发展以企业债券为主的区域性资本市场 ……………… 245

9.2.4 培育壮大跨境人民币保险市场 ·················· 246

9.2.5 大力发展跨境人民币信托业 ···················· 246

9.2.6 推进境内境外人民币担保体系建设 ·············· 246

9.2.7 积极扩张境外投资功能 ························ 247

9.3 金融产品与工具 ···································· 247

9.3.1 整合现有产品 ································ 247

9.3.2 以技术创新推动产品创新 ······················ 247

9.3.3 开发人民币综合产品 ·························· 248

9.3.4 大力发展金融衍生产品 ························ 248

9.3.5 面向东南亚、南亚有序开放人民币债券市场 ······ 248

9.3.6 进行境外人民币基金发行试点工作 ·············· 248

9.4 风险防范 ·· 249

9.4.1 系统性风险防范 ······························ 249

9.4.2 非系统性风险防范 ···························· 252

9.5 政策与监管 ·· 253

9.5.1 加快政府信息化建设步伐 ······················ 253

9.5.2 加大软硬件的资金投入 ························ 253

9.5.3 提升国有资产管理和经营水平 ·················· 253

9.5.4 扩大政府的对外援助力度 ······················ 253

9.5.5 出台吸引人才、培养人才的优惠政策 ············ 254

9.5.6 尽快签订中国同东盟和南亚国家之间的货币互换协定 ·· 254

9.5.7 积极推进人民币跨境对外投资 ·················· 254

10. 昆明建设大湄公河次区域金融中心的对策 ·············· 256

10.1 金融机构 ··· 256

10.1.1 政府要给予各种支持,吸引各类金融机构集聚昆明 ···· 256

10.1.2 专业性中介服务机构及新闻媒体的集聚 ·········· 259

10.1.3 组建云南省金融控股集团 ····················· 260

10.1.4 提升云南省金融机构实力 ····················· 261

10.2 金融市场 ·· 262
10.2.1 建设GMS资源性商品期货交易中心 ·································· 262
10.2.2 建设国际矿权交易中心 ··· 263
10.2.3 建设离岸金融市场 ··· 263
10.2.4 建设绿色金融中心 ··· 264
10.2.5 建设华人金融市场 ··· 265
10.2.6 建设私募股权投资中心 ··· 265
10.2.7 建设三大金融示范区 ··· 267

10.3 金融产品与工具 ·· 269
10.3.1 银行业的金融产品与工具创新 ······································ 269
10.3.2 保险业的金融产品与工具创新 ······································ 272

10.4 风险防范 ·· 272
10.4.1 系统性风险防范 ··· 272
10.4.2 非系统性风险防范 ··· 274

10.5 政策与监管 ·· 274
10.5.1 建设良好的金融生态环境 ··· 274
10.5.2 加强法律法规制度建设 ··· 275
10.5.3 组建云南省金融业同业公会 ·· 275

11. 昆明建设泛亚金融服务中心的对策建议 ···································· 278

11.1 金融机构 ·· 278
11.1.1 银行机构 ·· 278
11.1.2 保险机构 ·· 279
11.1.3 证券机构 ·· 279
11.1.4 基金机构 ·· 279
11.1.5 私募股权基金 ·· 279

11.2 金融市场 ·· 280
11.2.1 货币市场 ·· 280

11.2.2 股票市场……281
　　11.2.3 债券市场……281
　　11.2.4 基金市场……281
　　11.2.5 外汇市场……281
　　11.2.6 黄金市场……282
　　11.2.7 衍生品市场……282
　　11.2.8 离岸市场……282
　　11.2.9 绿色金融交易市场……283
　11.3 金融产品与工具……284
　　11.3.1 银行业务的发展与创新……284
　　11.3.2 股票类相关产品与市场的发展与创新……286
　　11.3.3 债券类相关产品的发展与创新……286
　　11.3.4 基金类相关产品的发展与创新……287
　　11.3.5 货币市场工具与利率、汇率衍生产品的发展与创新……287
　　11.3.6 期货交易所产品的发展与创新……287
　11.4 风险防范……287
　　11.4.1 系统性风险防范……287
　　11.4.2 非系统性风险防范……289
　11.5 政策与监管……290
　　11.5.1 积极探索综合经营试点……290
　　11.5.2 构建完善的金融机构信息披露机制……290
　　11.5.3 昆明泛亚金融服务中心的法制环境建设……292
　　11.5.4 建立存款保险制度……294
　　11.5.5 拟定并组织实施人才发展战略……295

参考文献……298

附件：关于昆明泛亚金融服务中心建设的相关政策、法规和规范性文件……304

CONTENTS

1. To construct PAFSC in Kunming is facing a great historic oppor tunity······1
   1.1 The economic development of Yunnan has had four strategic opportunities since the reform and opening up opening up······1
      1.1.1 Fully Suport Counterattach against Vietnam in Self Defence······3
      1.1.2 Deng Xiaoping's southern tour speech in 1992 and the establishment of socialist market economy······3
      1.1.3 Implementation of the Western development strategy and China joined WTO······4
      1.1.4 To create "a brige knot opening towards the Southwest", to promote the economy to a higher level······5
   1.2 A huge opportunity to construct Kunming as a Pan-Asian Financial Service Center······7
      1.2.1 China-ASEAN Free Trade Area creates a favorable external envirnment for the construction of KPAFSC······7
      1.2.2 Internationalization of RMB and its reali zaiton in ASEAN Free Trade Area······22

- 1.2.3 The transfer of the international and domestic industry to Kunming needs financial services and deepening finance··········25
- 1.3 The significance to construct Kunming as a financial service center··········30
  - 1.3.1 To serve the surrounding diplomatic strategy, to safeguard national security··········30
  - 1.3.2 To serve China's opening up strategy··········34
  - 1.3.3 To play an important role in financial leverage, to promote the economic development and reform and opening up in Yunnan··········36
  - 1.3.4 To provide specific target and direction for the construction of new Kunming··········40
2. Theory of regional IFC··········44
  - 2.1 The difinition of a financial center··········44
  - 2.2 Classification of a financial center··········46
  - 2.3 Theoretical foundation for the formation of a financial center··········49
    - 2.3.1 Theory of demand reflection and theory of supplyguide··········49
    - 2.3.2 Financial agglomeration theory and scale economy··········52
    - 2.3.3 Location theory··········55
    - 2.3.4 New economic geography··········57
    - 2.3.5 Financial ecological theory··········60
  - 2.4 Function of regional IFC··········62
    - 2.4.1 Services and intermediation··········62
    - 2.4.2 Hinterland of funds and radiation function··········63
    - 2.4.3 Hinterland of information··········63
    - 2.4.4 Risk management··········63
    - 2.4.5 Geographical integration function··········64
3. The historical evolution and experiences of regional IFC··········65
  - 3.1 The process of historical evolution of IFC··········65
    - 3.1.1 Classical IFC··········65

  3.1.2 Traditional IFC ··66
  3.1.3 Emerging IFC ··67
 3.2 The pattern and present situation of the current IFC ····68
 3.3 A case study of IFC ··69
  3.3.1 Hong Kong IFC ··70
  3.3.2 Singapore IFC ··71
  3.3.3 Dubai IFC ··74
  3.3.4 Cayman IFC ··76
  3.3.5 Mumbai IFC ··77
  3.3.6 Zurich IFC ··78
  3.3.7 Frankfurt IFC ··79
 3.4 Law of development of IFC ······································80
  3.4.1 Trend of development of IFC ·······························80
  3.4.2 Common feature of development of IFC ···············82
  3.4.3 Difference in development of IFC ························83
 3.5 Experiences in the construction of regional IFC ············85
  3.5.1 The necessary condition to construct a
    regional IFC ··85
  3.5.2 Characteristic experience in consruction of
    regional IFC ··87
  3.5.3 Common experience in construction of regional
    IFC ··98
  3.5.4 Government function in constructing a regional
    IFC ··100
4. The functional positioning of Kunming city and the
construction of PAFSC ··103
 4.1 The basic conditions and potential of Kunming city
  development ··103
  4.1.1 The basic conditions of Kunming city
    development ··103
  4.1.2 The potential advantages of Kunming city
    development ·· 108
 4.2 The strategic choice to adjust the functional
  positioning of Kunming city ···································· 111

- 4.2.1 The general law of development of urban functions ··········111
- 4.2.2 The principle of the functional positioning of Kunming city ··········114
- 4.2.3 The strategic choice of the functional positioning of Kunming city ··········115
- 4.3 The scheme of the construction of PAFSC among the functional positioning of Kunming city ··········119
  - 4.3.1 The necessity to construct PAFSC ··········119
  - 4.3.2 The relationship between the construction of PAFSC and "leading", "pivot", and "international gateway and bridge knot" ··········122
- 5. The evaluation index system of regional IFC and to evaluate the surrounding main cities using the evaluation index system ··········126
  - 5.1 The evaluation index system of regional IFC ··········126
    - 5.1.1 Literature review ··········126
    - 5.1.2 The construction of the evaluation index system of regional IFC ··········131
  - 5.2 Comparison of major cities around Kunming ··········135
    - 5.2.1 Comparison the choices of the cities ··········135
    - 5.2.2 Data sources and comparision methods ··········136
    - 5.2.3 Comparision results ··········138
  - Appendix 5A: The clustering results of the first level index for the four domestic cities ··········144
  - Appendix 5B: The clustering results of the first level index for the seven international cities ··········147
- 6. The foundations and conditions to construct PAFSC in Kunming ··········149
  - 6.1 The historical foundations to construct PAFSC in Kunming ··········149
    - 6.1.1 The history of the financial cooperation between Yunnan province and the neighboring countries ··········149

6.1.2 The history of the financial cooperation between Yunnan and Vietnam··············152

6.1.3 The history of the financial cooperation between Yunnan and Myanmar··············157

6.1.4 The history of the financial cooperation between Yunnan and Laos··············159

6.2 The existing conditions to construct PAFSC in Kunming··············161

 6.2.1 Financial environment··············161

 6.2.2 Financial system··············169

 6.2.3 Regional advantages··············171

 6.2.4 Financial regime··············178

6.3 The constraints to construct PAFSC in Kunming·······181

 6.3.1 Financial environment··············181

 6.3.2 Financial system··············183

 6.3.3 Regional advantages··············185

 6.3.4 Financial regime··············187

7. The contents and functional positioning of KPAFSC············190

7.1 The contents of KPAFSC··············190

7.2 SWOT analysis of functional positioning of KPAFSC····207

 7.2.1 SWOT table of KPAFSC··············207

 7.2.2 Functional positioning of KPAFSC··············208

7.3 The challenges to construct Kunming as a PAFSC······211

 7.3.1 The competition from major cities around Kunming··············211

 7.3.2 The situation of the regional economic development quite different··············213

 7.3.3 The uncertainty of the national financial policy ··············214

8. The guiding ideology, goals and stages to construct KPAFSC ··············215

8.1 The guiding ideology and principles to construct KPAFSC··············215

    8.1.1 The guiding ideology to construct KPAFSC······ 215
    8.1.2 The basic principles to construct KPAFSC·········215
  8.2 The goals and stages to construct KPAFSC···············216
    8.2.1 The short-term goal（2010—2015）：Regional
        RMB cross-border financial service center·········217
    8.2.2 The medium-term goal（2016—2020）：
        Greater Mekong Sub-regional financial center···224
    8.2.3 The long-term goal（After 2021）：PAFSC to
        the Southwest Asia, based in Southwest
        China···225
  8.3 The steps to construct KPAFSC································227
    8.3.1 To make a good plan and compete for policy
        breakthrough and policy support·····················228
    8.3.2 To perform Yunnan provincial government's
        function to create favorable financial
        development environment······························231
    8.3.3 To lay the real economic foundation of the
        regional IFC··233
    8.3.4 To strengthen domestic and international
        financial cooperation····································235
    8.3.5 To achieve the long-term objective of KPAFSC
       ··238
9. The strategy to construct regional cross-border RMB
financial service center in Kunming·································240
  9.1 Financial institutions···242
    9.1.1 Institutional arrangements·····························242
    9.1.2 To strengthen cooperation with the financial
        institutions from the surrounding countries······242
  9.2 Financial market··245
    9.2.1 To enhance the comprehensive services
        function of the city······································245
    9.2.2 To develop the regional monetary market with
        bill market oriented····································· 245

- 9.2.3 To develop the regional capital market with enterprise bond oriented ·················· 245
- 9.2.4 To foster and strengthen cross-border RMB insurance market ·················· 246
- 9.2.5 To develop the trust of cross-border RMB ·········· 246
- 9.2.6 To promote the construction of inside and outside RMB guarantee system ·················· 246
- 9.2.7 To expend the overseas investment function actively ·················· 247
- 9.3 Financial products and instruments ·················· 247
  - 9.3.1 To integrate the existing products ·················· 247
  - 9.3.2 To drive the product innovation by technology innovation ·················· 247
  - 9.3.3 To develop RMB integrated products ·················· 248
  - 9.3.4 To develop financial dirivatives ·················· 248
  - 9.3.5 To open up RMB bong market towards Southeast Asia and South Asia ·················· 248
  - 9.3.6 To carry out the pilot of offering overseas RMB fund ·················· 248
- 9.4 Risk prevention ·················· 249
  - 9.4.1 Systematic risk prevention ·················· 249
  - 9.4.2 non-systematic risk prevention ·················· 252
- 9.5 Policies and regulations ·················· 253
  - 9.5.1 To accelerate the pace of constructing government informationization ·················· 253
  - 9.5.2 To increase capital investment in hardware and software ·················· 253
  - 9.5.3 To enhance the level of management and operation to the state-oened assetes ·················· 253
  - 9.5.4 To expand the foreign aid from government ······· 253
  - 9.5.5 To make favorable policies to attact and forster talents ·················· 254
  - 9.5.6 To sign the swap agreement with ASEAN and South Asian countries ·················· 254

  9.5.7 To promote RMB cross-border foreign investment actively ································ 254
10. The stragety to construct GMS financial center in Kunming ·· 256
  10.1 Financial institutes ·· 256
    10.1.1 The government should provide all kinds of support to attract a variety of financial institutions gather in Kunming ···················· 256
    10.1.2 Gathering the professional intermediary service institutions and the medias ················ 259
    10.1.3 To enhance the strength of the financial institutions in Yunnan ······································ 260
    10.1.4 To enhance the strength of financial institutions in Yunnan Province ································ 261
  10.2 Financial markets ··· 262
    10.2.1 To constuct GMS future trading center of resource mmodity ··· 262
    10.2.2 To construc international mineral rights trading center ·· 263
    10.2.3 To construct offshore financial market ············ 263
    10.2.4 To construct green financial center ················ 264
    10.2.5 To construct financial market of Chinese people ··· 265
    10.2.6 To construct private equity investment center ··· 265
    10.2.7 To construct three finanical model areas ········ 267
  10.3 Financial products and instruments ······················· 269
    10.3.1 The innovation of banking financial products and instruments ·· 269
    10.3.2 The innovation of insurance financial products and instruments ·· 272
  10.4 Risk prevention ·· 272
    10.4.1 Systematic risk prevention ······························ 272

  10.4.2 Non-systematic risk prevention··············274
 10.5 Policies and regulations···························274
  10.5.1 To construct favorable financial ecological environment·····················274
  10.5.2 To strength the system construction of laws and regulations················275
  10.5.3 To set up Finance Association of Yunnan Province······················275
11. The strategies and suggestions to construct PAFSC in Kunming························· 278
 11.1 Financial institues································278
  11.1.1 Banking institutions·······················278
  11.1.2 Insurance institutions······················279
  11.1.3 Security institutions························279
  11.1.4 Fund institutions·························279
  11.1.5 Private equity fund························279
 11.2 Financial markets·································280
  11.2.1 Monetary market·························280
  11.2.2 Stock market····························281
  11.2.3 Bond market····························281
  11.2.4 Fund market····························281
  11.2.5 Foreign exchange market····················281
  11.2.6 Gold market····························282
  11.2.7 Dirivatives market·······················282
  11.2.8 Offshore market·························282
  11.2.9 Green financial trade market·················283
 11.3 Financial products and instruments··················284
  11.3.1 The banking development and innovation······284
  11.3.2 The stock-related products and the development and innovation of the market····286
  11.3.3 The development and innovation of the bomdrelated ducts··················286

　　　　11.3.4 The development and innovation of the
　　　　　　　fundrelated products ················287
　　　　11.3.5 The development and innovation of the
　　　　　　　monetary market instruments and the pro-
　　　　　　　ducts of interest rate and exchange ate ········287
　　　　11.3.6 The development and innovation of the future
　　　　　　　trading products ··················287
　　11.4 Risk prevention ························287
　　　　11.4.1 Systematic risk prevention ··············287
　　　　11.4.2 Non-systematic risk prevention ············289
　　11.5 Policies and regulations ····················290
　　　　11.5.1 To explore the comprehensive pilot of
　　　　　　　management ·····················290
　　　　11.5.2 To establish a comprehensive information
　　　　　　　disclosure system of financial institutes ········290
　　　　11.5.3 The Legal environment construction of
　　　　　　　KPAFSC ·······················292
　　　　11.5.4 To establish the deposit insurance system ······294
　　　　11.5.5 To propose and implement the strategy of
　　　　　　　human resource development ············295
References ·····························298
Attachment: On the relevant policies, regulations, and
　　　　　rstandard documents of the construction of
　　　　　KPAFSC ··························304

1. 昆明建设泛亚金融服务中心面临的重大历史性机遇

1.1 改革开放以来云南省经济发展面临的四次战略性机遇

我国幅员辽阔，各地区之间发展极不平衡，新中国成立后，为了改变失衡的经济格局，中央政府采取了"均衡区域发展战略"，在工业布局上向广大内陆地区倾斜，中西部地区社会生产力获得了迅速发展。改革开放初期，邓小平同志提出了"两个大局"的区域发展战略，基于这样的认识，区域战略政策的重心转变为注重效率与生产力的发展，形成了改革开放初期的"非均衡区域发展战略"，这一战略一直持续到20世纪90年代。1992年召开的党的"十四大"正式提出建立社会主义市场经济体制为我国经济体制改革的目标，东部、中部、西部经济发展进入又一个经济快速增长期。随着社会主义市场经济体制的逐步建立，市场在资源配置中开始起着基础性作用，但是市场的极化作用也导致全国区域发展日益失衡。中西部地区由于经济基础薄弱、市场化改革进程起步较慢、区位条件不佳等原因，在区域经济发展中与东部地区的差距越拉越大。严重偏斜的经济发展格局引起了党中央的高度重视，出于区域协调发展的战略考虑，以及扩大内需、生态保护等方面的全面统筹，拉开了西部大开发的序幕。在实施西部大开发战略的同时，在科学发展观的指导下，为统筹区域发展，中央先后实施了振兴东北老工业基地、促进中部崛起等重大战略举措，形成了一套有机结合的统一的区域整体发展战略。

云南省地处祖国西南边疆，经济发展水平不仅落后于东部发达区域，也落后于一些中西部较发达地区。在改革开放30多年的发展历史中，云南省社会经济发展面临四次战略性机遇，第一次是20世纪70年代末80年代初全力支援对越南自卫反击战，第二次是1992年邓小平南方谈话与社会主义市场经济体制的确立，第三次是在世纪之交西部大开发战略的实施及中国加入世贸组织，第四次是当前云南省建设我国面向西南开放的"桥头堡"上升为国家战略。支援对越自卫反击战虽然对"文革"后的云南经济恢复发展起了一定促进作用，但是传统僵化的计划经济体制没有根本改变，故而当时的经济发展并未出现根本性改观；社会主义市场经济体制改革目标的确立为云南省经济体制改革扫清了障碍，省委、省政府带领全省人民努力探索符合省情的市场化改革之路，但由于起点较低，改革滞后，当时改革提出的目标依然任重道远；建设中国连接东南亚、南亚的国际大通道是云南省的战略目标之一，近10年来，云南省围绕"大通道"建设目标全面推进公路、铁路、航空和水运基础设施建设，使对外开放规模不断扩大，西南边陲逐步变为西南开放前沿；西部大开发战略实施的这十年是全省经济增长速度最快、发展质量最好、城乡面貌变化最大、人民群众受惠最多的十年。站在新的历史起点，省委、省政府明确了新的发展战略——努力把云南省建设成为中国面向西南开放的"桥头堡"，这一战略已上升为国家战略区域规划。由于各种原因，前三次机遇对云南省经济的促进较为有限。当前的"桥头堡"战略对于促进云南省的改革开放与经济发展具有十分重要的意义，是云南省社会经济发展面临的一次重大战略性机遇，将引领云南经济的再一次腾飞。

改革开放30多年来，云南省实现了从封闭、半封闭到全方位开放的历史性转变，经济发展实现了质的飞跃，各族人民生活水平大幅提高。云南省的改革开放虽然成绩卓著，但与其区位优势和资源优势相比，还有很大的发展空间和提升潜力。当前，从国内环境来看，中国的改革开放已进入个性化时代，国家"十二五"规划制定在即，西部大开发战略向纵深推进；从国外环境来看，中国—东盟自由贸易区已于2010年建成，中国—东盟自由贸易区及大湄公河次区域金融合作即将全面展开，将昆明建成泛亚金融服务中心面临重大历史性机遇。

1.1.1 全力支援对越南自卫反击战

自1979年2月17日起，中国人民解放军边防部队在广西和云南省边境地区开始对越自卫反击作战。这场保卫边疆的战斗前后共10年之久，后几年主要在云南边境展开。

战争过程中，全省上下努力，全力保证了部队各个战役阶段的物资供应和战勤服务的需要，同时加强了交通运输和邮电设施的建设，为战后经济发展做了准备。除此之外，云南省为了使战区保持良好的社会秩序，大力加强了战区管理和法制建设。[①]

对越自卫反击战发生在我国初步提出实行改革开放政策之际，战争为云南省的经济发展产生了一定促进作用，但是由于十年"文革"动乱刚刚结束，云南省整个经济社会百废待兴，僵化的经济体制极大地限制了经济的快速发展，使战争对当时云南省经济的促进作用非常有限。

1.1.2 1992年邓小平南方谈话与社会主义市场经济体制的确立

20世纪90年代初，"东欧剧变"与苏联解体使得国际共产主义运动陷入低谷，与此同时，1989年国内发生的一系列风波使人民对当时进行的社会主义改革开放方针政策提出了质疑。在这一背景下，1992年，邓小平南方谈话发表，深刻地总结了10多年改革开放的经验教训，在一系列重大的理论和实践问题上提出了新思路，将建设有中国特色社会主义理论大大地向前推进了一步。在邓小平同志"南方谈话"的鼓舞下，同年，党的"十四大"召开，正式提出我国经济体制改革的目标是建立社会主义经济体制，由此经济体制改革从根本上摆脱传统的计划经济体制模式，进入一个崭新的发展阶段。云南省根据中央部署，以国有企业改革为中心，在各个领域进行了重大改革。

到2000年，国家提出的大多数国有企业3年内基本脱困和初步建立现

---

① 当代云南编辑委员会：《当代云南简史》，北京，当代中国出版社，2004。

代企业制度有两个目标基本在云南省实现，但取得的成果只是阶段性的，仍有不少企业没有完成改革目标和脱困。已建立的现代企业制度仍不够完善，有的效果不明显，已初步脱困的企业靠政策性的措施多，靠制度创新、技术创新和管理创新来提高企业生产水平、增加经济效益明显不足，改革脱困的任务仍然非常艰巨。①

"十四大"提出以公有制为主体、多种经济成分共同发展的方针后，在1994年4月召开的全省县委书记会议上，省委提出要把现有云南省工业产值中国有、集体和个体私营的7:2:1的比例，逐步调整到各占1/3。截至2000年，全省非公有制经济占全省生产总值的比重仍比全国平均值低5.7个百分点，距省委提出的"三分天下有其一"的要求还有很大差距。

1.1.3 西部大开发战略的实施及中国加入世贸组织

在世纪之交，中国经济一方面保持了高速增长，另一方面，区际与省际差异却不断扩大（贺灿飞、梁进社，2004）。在实行西部大开发战略之前，西部地区与东部地区相比，在产出规模、城乡居民收入、产业结构层次、劳动生产率、市场竞争力、对外开放与引进外资规模等方面都存在较大差距（陈栋生，2001），且差距并未出现缩小的趋势，或者缩小趋势很微小。为了缩小中国愈演愈烈的区际差异，同时也为了贯彻小平同志提出的"两个大局"思想和促进国民经济协调发展，中央在1999年制定了西部大开发的战略并于次年1月份正式启动。

从国家的区域格局来看，云南省是西部大开发的重点省份之一，云南省处于西部大开发区域、泛珠三角区域经济合作区、大湄公河次区域经济合作圈以及中国—东盟自由贸易区的结合点，因而云南省的区位优势决定了它是西部大开发的重点开发区域之一，但从目前云南的产业结构来看，区位优势并未得到充分发挥和利用。云南省目前的几大支柱产业主要是靠自身丰富的自然资源禀赋发展起来的，②自身的区位优势利用不够。

---

① 当代云南编辑委员会：《当代云南简史》，北京，当代中国出版社，2004。
② 根据2009年《云南统计年鉴》，截至2008年，云南省已形成烟草、矿业、旅游、生物资源和医药制造五大支柱产业。

2001年中国加入世贸组织为云南省带来了改革开放后的又一次历史性机遇。加入世贸组织后，中国经济进一步融入世界经济，云南省的对外开放也得到极大发展。加入世贸组织为云南省的产业结构调整、对外贸易和吸引外资产生了不同程度的影响。反观加入世贸组织的9年间，云南省的对外开放度与全国平均水平相比依然差距很大。2001年云南省的对外开放度为0.061，全国平均水平是0.38；到了2007年，云南省开放水平上升到0.13，全国平均水平则达到0.67，对外开放水平依然不足。[①] 在利用外资方面，魏后凯（2002）的研究表明，1985—1999年东部地区与西部地区GDP增长率之间的差异，大约有90%是由外商直接投资（FDI）引起的。云南省2001年外商直接投资在全国占比只有0.14%，吸引外资水平非常低；2009年，云南省实际利用外资水平占全国比重为1%，相比2001年虽已有大幅提升，但是与云南省的区位优势还非常不匹配。

1.1.4 打造"面向西南开放的桥头堡"，促进经济向更高阶段迈进

2010年是西部大开发战略实施10周年，西部各个省份都在为地方经济发展寻找新的增长点。2009年，胡锦涛总书记视察云南，提出要把云南省建设成为"中国面向西南开放的桥头堡"。"桥头堡"战略内涵十分丰富，包括大通道、大基地和大开放，按照省委、省政府的解读，"桥"就是友好往来的通道，"头"就是对外开放的前沿，"堡"就是加强合作的基地。[②] "桥头堡"战略是中央对云南的战略定位，是中央根据云南的区位优势为云南量身定做的发展战略，成为云南省加快发展的又一新型历史性机遇，加之2010年1月中国—东盟自由贸易区正式建成，云南省目前加快改革开放的机遇非常宝贵。根据昆明海关统计，2010年第一季度，云南省对东盟贸易呈现快速增长的良好局面，贸易额达8.7亿美元，较上年同期（下同）增

---

① 考虑到始于2008年的国际金融危机对我国的对外贸易产生巨大冲击，故这里我们选取2007年数据而不是2008年或者2009年的数据。

② http://news.163.com/10/0606/00/68F3J60G00014AEE.html。

长58.9%。出口方面，机电产品、农产品、电力大幅增长；进口方面，农产品、金属矿砂增长非常迅速。

按照现在社会各界对"桥头堡"战略的解释，建设国际大通道是"桥头堡"建设最为迫切的战略任务，云南省交通基础设施不足一直严重制约着云南与外部的联系，始终是影响云南经济社会发展的一大瓶颈问题。基础设施建设不足导致的高额运输成本严重制约了云南市场规模的扩大。研究表明，市场规模不仅是中国各个省区的产业报酬递增的重要源泉和长期增长的重要动力（黄玖立、黄俊立，2008），也在FDI的区位选择中起到了非常关键的作用（黄肖琦、柴敏，2006），故云南省通过积极加强基础设施建设，增强与周边地区尤其是东盟国家地区的联系对缩小与其他省份差距和提高对FDI吸引力都有积极促进作用。

东连黔桂通沿海，北经川渝进中原。"桥头堡"背后就是中国广大的经济腹地，北部湾地区、成渝经济区、珠三角、长三角甚至更远的地方都会因"桥头堡"建设受益，而中国内陆省区经云南通往东盟国家的陆上运输通道，比经海上通道平均可缩短运距3 000公里，可降低运输成本40%到60%。所以，"桥头堡"建设也为与国内其他地区的经济协作与产业转移与分工提供了难得机遇。

把云南省建设成为中国面向西南开放的"桥头堡"，将进一步改善云南省对外开放条件，有利于更好发挥毗邻东南亚、南亚的区位优势，不断深化与东南亚、南亚各国的全方位开放合作，增强云南在全国对外开放格局中的地位和作用；将有力推动云南省加快对外经济发展方式转变，调整进出口贸易结构，加快"走出去"步伐，提高利用外资质量、水平，扩大利用外资规模，加快改变云南边疆民族贫困地区封闭落后面貌。①

展望未来，"桥头堡"建设为将来云南省经济发展和对外开放提出了新要求，这既是机遇又是挑战，当前，云南省推进"桥头堡"建设的主要任务就是"建立通道、建设基地、搭建平台、打造窗口"。目前急需推动

---

① http://politics.people.com.cn/GB/8198/73046/73047/11112679.html.

的主要工作有：第一，加快面向西南开放的对外基础设施建设。抓紧做好泛亚、南亚等国际运输通道规划研究和建设，使云南省成为西南陆上最便利的进出口基地，并具备畅通的国际物流体系和良好的保税区基础设施。第二，立足两个次区域，充分利用边贸口岸大力发展边境贸易。2009年云南省边境贸易总额达到12.61亿美元，占全省对外贸易总额的15.7%，其中出口7.07亿美元，进口5.54亿美元。在云南省建设"桥头堡"战略的促动下，未来这一数字还会稳步增长。第三，利用国际区域合作组织的平台作用，加大引进国际产业资本和金融资本力度，提高利用外资的质量和水平。第四，发挥沿边开放双向互动优势，加强对内对外联动。一是建立互动机制和平台。建立健全区域协调互动机制，促进各类生产要素合理流动，形成东中西部地区协调互动、相互促进、共同发展的新格局。二是建立产业联系链。推动建立东西部地区互动产业合作示范园区。同时，依托对内对外交通枢纽和经贸关系，深化与周边国家的互利合作。2010年是"桥头堡"建设的起步之年，云南省将重点突出以下八个方面的建设：通道建设、现代物流体系建设、能源建设、产业基地建设、旅游合作、金融支撑体系建设、平台和环境建设、教育国际合作建设。

"桥头堡"建设过程中离不开金融服务与资本的支持，国内产业转移和国际产业转移需要金融资本和金融服务的转移，为此，云南省亟待建立现代金融服务体系以支撑"桥头堡"建设。显然，由于有"新昆明建设"的铺垫，省会昆明将在云南面向西南开放的"桥头堡"建设与现代金融服务体系的建立中处于中心地位，昆明有望成为中国面向西南开放的经济枢纽与增长极。

1.2 将昆明建成泛亚金融服务中心面临的重大机遇

1.2.1 中国—东盟自由贸易区为昆明建设泛亚金融服务中心营造良好的外部环境

和平与发展仍是当前世界发展的主旋律，经济全球化和区域一体化仍方兴未艾，东盟一体化进程不断加快，中国与东盟关系也正在一种相互依赖、互利共存的友好环境中不断演进。2010年中国—东盟自由贸易区正式建立，中国与东南亚10国将在一个更广阔的领域进行结构调整与资源整合，两者经济之间的相互融合必将大大增强，中国与东盟唇齿相依的关系将更加凸显。

1．中国—东盟国家间梯度经济格局。中国—东盟自由贸易区11个国家发展水平极不平衡，既有像新加坡、文莱人均收入超过2万美元的高收入国家，也有像缅甸人均收入在500美元的低收入国家，区域发展极不平衡。如图1-1所示，马来西亚2008年人均收入6 970美元，接近世界银行归类中的中等偏上收入（Upper Middle Income）国家；中国经过30年的改革开放，人均收入提高很快，2008年人均收入已超过泰国，和泰国一同算做中等收入（Middle Income）国家；而柬埔寨、印尼、老挝、菲律宾、越南人均收入介于524—2 078美元，处于中等偏下收入（Lower Middle Income）国家行列。

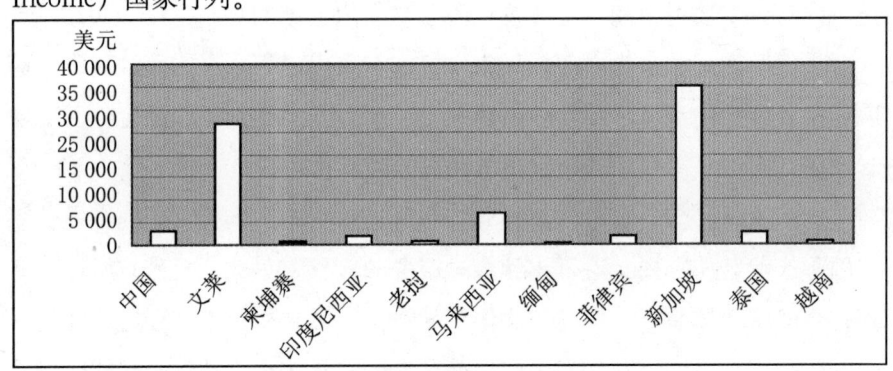

资料来源：世界银行数据与统计（http://www.worldbank.org, Data & Statistics）。

图1-1　2008年世界银行阿特拉斯方法衡量的各国人均国民收入（GNI）

经济发展水平的梯度格局构成中国—东盟国家合作的基础，也决定了本地区产业结构的层次性分布。新加坡的产业结构高度化非常明显，第三产业是其主导产业，出口的商品结构以资本密集型和知识密集型为主；马来西亚的经济地位在区域中处于中间偏上位置，是区域经济层次的中坚力量；中国与泰国具有劳动密集型产业优势，而中国正面临着产业结构不断升级的压力，产业可塑性比较强；柬埔寨、印尼、老挝、菲律宾、越南则具有廉价劳动力和丰富的自然资源优势。多层次的经济发展水平无疑会通过产业间和产业内贸易把区域内国家紧密地连接在一起。

2008年源于美国的次贷危机最终演化为席卷全球的金融危机,对全球经济格局造成重大影响,西方发达国家在经济上遭受重大打击,亚洲各国的复苏脚步远远快于西方发达国家。以购买力评价（PPP）测算的亚洲GDP占全世界GDP的比重从1980年的18%上升到2009年的34%,在过去的10年里,全球经济增长率有一半要归功于亚洲,①金融危机为全球经济重心东移提供了历史性机遇。

世界经济论坛（World Economic Forum）发布的《全球竞争力报告2009—2010》(*Global Competitiveness Report* 2009—2010,GCR)为我们考察金融危机背景下的各国竞争力变化提供了一个参考。该报告将竞争力定义为一国决定生产率发展的制度、政策、要素的总和,并列出3类共12个影响竞争力的关键因素（见图1-2）,由此定义了经济发展的驱动力。

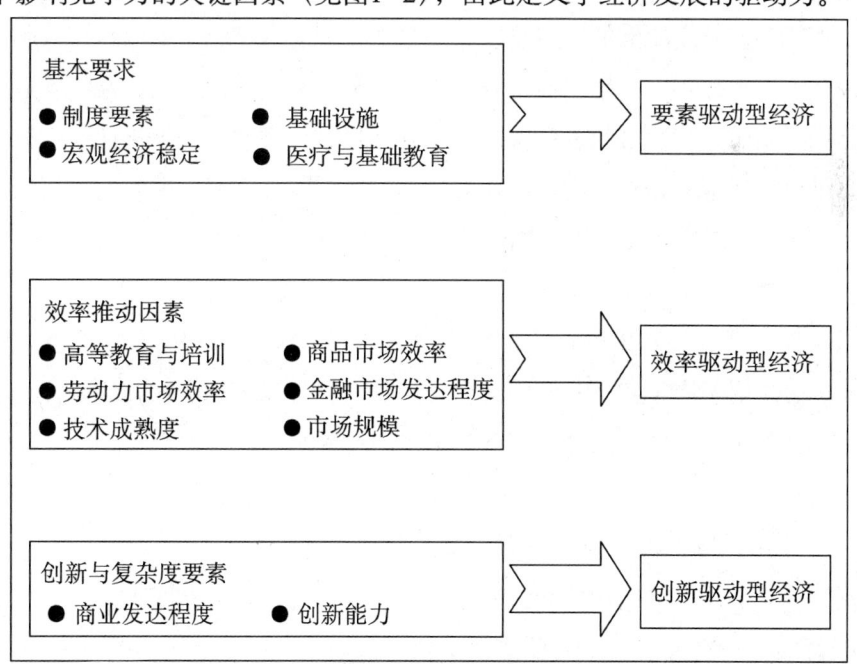

资料来源:世界经济论坛(http://www.weforum.org),《全球竞争力报告2009—2010》。

图1-2 经济发展要素与经济发展驱动力关系

---

① http://www.economist.com/business-finance/displaystory.cfm?story_id=15579727.

在经济的不同发展阶段,经济发展的驱动力是不同的,按照该报告给出的标准,人均GDP低于2 000美元的属于要素驱动型经济,人均GDP介于3 000—9 000美元的属于效率驱动型经济,人均GDP大于17 000美元的属于创新驱动型经济,中间阶段属于转型期(见表1-1)。

表1-1 以收入水平来衡量的不同发展阶段

发展阶段	人均GDP(美元)
第一阶段:要素驱动	<2 000
转型阶段:从第一阶段到第二阶段	2 000~3 000
第二阶段:效率驱动	3 000~9 000
转型阶段:从第二阶段到第三阶段	9 000~17 000
第三阶段:创新驱动	>17 000

资料来源:世界经济论坛(http://www.weforum.org),《全球竞争力报告2009—2010》。

按照图1-2所示[①],柬埔寨、老挝、缅甸、菲律宾、越南处于以要素驱动为经济主要推动力的发展阶段,中国、印度尼西亚、泰国则是处于从要素驱动向效率驱动的转型阶段,马来西亚处于效率驱动,而新加坡和文莱已经进入靠创新来推动经济发展阶段。从这里也可以看出,经济发展的驱动力不同造成发展的多层次性,有利于形成梯度发展,促进产业转移和升级。发达地区如新加坡可以通过转移夕阳产业,拓展发展空间,进行产业升级,而较落后国家可以通过承接产业转移,加快工业化进程。

此次全球竞争力排名中,新加坡是区域排名最靠前的,名列全球第三,仅次于瑞士和美国,中国排在第29位。在中国—东盟自由贸易区的成员国中除了中等偏下收入的几个国家外,其他国家均进入前50名,为中国—东盟合作的进一步开展打下了坚实的物质基础。

2.国家层面的贸易与投资深化。

(1)贸易规模扩大。从贸易依存度来看[②],东盟10国的贸易依存度普遍较高,除了缅甸和老挝以外(低于50%),皆属外向型国家(见表1-2),截至2008年,ASEAN贸易依存度为113.5%,其中出口占GDP比

---

① 世界银行是以人均GNI来衡量发展水平,而《全球竞争力报告》则是以人均GDP来衡量经济的驱动力特征,二者有细微差别,对这些国家而言,人均GDP略微高于人均GNI。

② 贸易依存度定义为进出口总值占GDP的比重。

重为58.4%，进口占GDP比重为55.2%。分国别来看，从1997年亚洲金融危机以来，各个国家的贸易依存度呈现增长趋势，外向程度进一步提高，贸易对区域国家经济的贡献率已显得十分重要。

表1-2　1998—2008年东盟10国对外贸易依存度　　　单位：%

国家 年份	文莱	柬埔寨	印度尼西亚	老挝	马来西亚	缅甸	菲律宾	新加坡	泰国	越南
1998	79.8		72.2		191.1		90.2	256.3	78.2	
2000	54.0	76.6	57.8		196.9	35.5	97.0	294.6	106.2	
2003	69.8	108.4	39.8	22.6	181.3	53.7	92.6	320.6	109.3	
2006	79.5	88.7	44.4	28.1	181.6	42.7	84.4	385.6	120.3	126.7
2007	79.2	87.8	43.8	26.5	173.3	45.6	72.2	336.4	119.3	155.0
2008	83.8	79.2	52.1	49.7	152.6	38.3	63.4	259.3	128.8	155.8

资料来源：东盟贸易统计数据库（2009年7月）。

中国—东盟自由贸易区建设启动以来，双边贸易额增长迅速。1998—2008年，中国与东盟贸易额从204.14亿美元增加到1 926.72亿美元，2008年数额是1998年的9倍，年均复合增长率高达25.17%，照此速度发展下去，东盟有望成为中国第三大贸易伙伴。[①]截至2008年，中国已成为东盟第四大出口市场和第一大进口市场，[②]在东盟出口与进口市场中分别拥有9.73%和12.89%的份额。我们从东盟前五大贸易伙伴的市场份额动态变化来看（见图1-3），中国从1998年帮助东南亚度过金融危机后，与东盟的贸易额占东盟总贸易的比重年年攀升，从1998年的3.5%增长到2008年的11.3%，同期与日本、欧盟、美国三个传统贸易伙伴的比重逐年下降，2008年3国占比与中国基本相同，可以预计，中国—东盟自贸区的建设将进一步提升中国在东盟的贸易地位，有望成为东盟第一大贸易伙伴，两者的外部联系将更加紧密。

---

① 2005年东盟成为我国第四大贸易伙伴。
② 这里的排序除去东盟国家内部（Intra-ASEAN）贸易。

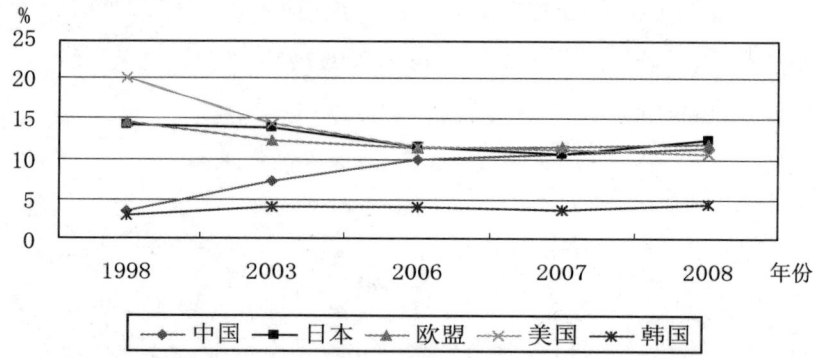

资料来源：东盟贸易统计数据库（2009年7月）。

图1-3 东盟前五大贸易伙伴贸易占其总贸易额比重（以2008年数值计算）

（2）投资规模扩大。与此同时，中国与东盟10国之间的相互投资规模亦是逐年扩大。1998—2008年，中国对东盟外商直接投资以年均复合增长17.83%的速度增长，2008年的数额几乎是1998年的7倍，增长速度非常快，截至2008年底，中国对东盟投资总规模为14.96亿美元（见表1-3）。从此表我们也可以看出，虽然中国对东盟的投资增速很快，但是绝对金额和在东盟外商投资占比却不大，中国对东盟FDI的比重远远落后于东盟内部国家、日本、欧盟和美国，2008年仅是欧盟的1/10，日本的1/6，美国的1/2，显然，外商直接投资不足是中国—东盟自由贸易区建设未来面临的挑战之一，但挑战同时蕴藏着机遇，自由贸易区为中国企业"走出去"提出更高要求。

表1-3 1998—2008年主要经济体对东盟FDI　　　　单位：百万美元

年份＼国家	中国	ASEAN	韩国	日本	欧盟	美国
1998	290	2 728	91	3 944	5 553	3 712
2000	-133	762	-42	503	13 469	7 293
2003	187	2 702	550	3 908	6 679	1 495
2006	1 016	7 596	1 254	10 230	10 672	3 419
2007	1 227	9 409	3 125	8 382	18 384	6 346
2008	1 496	10 913	1 412	7 233	13 118	3 380
2008年所占份额（%）	2.5	18.3	2.4	12.1	22.0	5.7

资料来源：东盟秘书处投资统计数据库（2009年10月）。

中国对东盟投资主要分布在老挝、越南、泰国、新加坡和柬埔寨等国家,这些国家大多仍处于前工业化和工业化初期阶段,制造业相对落后,而且本地区基础设施建设严重制约了地区经济发展。如果分行业分析,可以看出,电力、煤气及水的生产和供应业、制造业、交通运输、仓储和邮政业、批发零售业、建筑与采矿以及金融业是投资的重点(见表1-4),这是符合这些国家的发展阶段需要的,对当地经济发展起到了积极作用。

表1-4 2008年中国对东盟直接投资的主要行业

行业	流量(万美元)	所占比重(%)	存量(万美元)	所占比重(%)
电力、煤气及水的生产和供应业	117 571	47.3	138 546	21.4
交通运输/仓储和邮政业	27 975	11.3	60 058	9.3
租赁和商务服务业	16 132	6.5	86 726	13.4
批发和零售业	9 207	3.7	70 430	10.9
建筑业	16 286	6.6	48 988	7.6
采矿业	24 175	9.7	43 838	6.7
科学研究、技术服务和地质勘查业	2 307	0.9	12 060	1.9
信息传输、计算机服务和软件业	2 169	0.9	3 521	0.5
农林牧渔业	4 224	1.7	19 143	3.0
房地产业	59	—	2 445	0.4
居民服务和其他服务业	513	0.2	1 344	0.2
住宿和餐饮业	2	0.0	1 244	0.2
制造业	23 715	9.5	114 148	17.5
金融业	4 100	1.7	45 400	6.9
其他行业	0		808	0.1

资料来源:2008年度中国对外直接投资统计公报。

与此同时,东盟对中国的FDI则呈现出以下几个特点:第一,1998—2008年,先是由于亚洲金融危机的影响,东盟对外投资能力大大下降,对华投资逐年下降,至2003年达到最低值,从2004年起开始稳步上升,2008年全球金融危机不但没有使投资额下降,反而逆势上升,增长势头强劲,显然,东盟国家已经成为中国吸引外资的重要来源地之一(见图1-4)。第二,从2008年东盟对中国投资的行业分布情况看,制造业占61.2%,房地产业占19.1%,其次是租赁和商务服务业、交通运输、仓储和邮政业、电力、燃气及水的生产和供应业,所占比重分别是4.0%、3.8%和2.9%,其他行业占9.0%。东盟老六国（新加坡、马来西亚、泰国、菲律宾、印度尼西亚、文莱）占东盟对华投资的比重在97%以上。中国与东盟相互投资行业类似，有利于产业资源整合和产生规模经济效应。第三，东盟对华直接投资积极推动了中国与东盟贸易的发展，增强我国产品的外贸竞争力，[①]发展外贸和吸引外资相辅相成，相互促进。

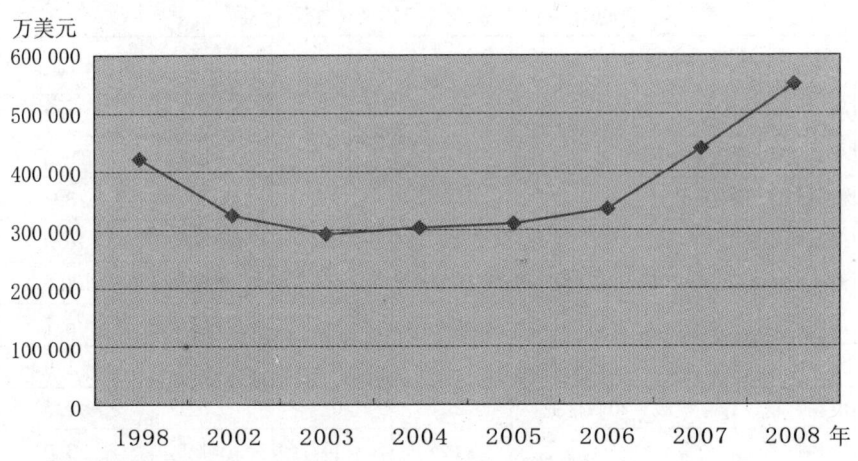

资料来源：国家统计局网站。

图1-4　1998—2008年东盟对华实际投资金额

快速扩张的双边贸易和相互投资使得企业对投融资服务的需求加大，企业作为市场主体，对各国的金融发展与金融服务提出了更高要求，中国—东盟贸易与投资深化需要配套金融服务支持。同时，面对美元疲软，东盟各国与我国贸易中使用人民币进行计价结算的需求也随着贸易扩张不断增加。由于东盟国家货币大多不可自由兑换，并主要以美元结算为主，所以在与我国贸易结算中就存在两次兑换问题，交易成本很高，如果将人民币直接用于国际结算，将促进双边贸易发展。另外，中国—东盟的经济合作不仅仅是只局限于贸易与投资层面，双方在国际旅游、基础设施建设、人力资源开发、商务合作等方面都不断加强联系，中国—东盟区域

---

① 王洪庆、朱荣林：《东盟在华直接投资对中国与东盟贸易的影响》，载《经济问题探索》，2004（12）。

经济一体化建设需要国际金融服务,所以开展区域金融合作非常必要。而且,从理论上来讲,产品和要素要获得更大的流动性需要以分工精细化与金融合作为基础。

(3) 中国—东盟金融合作逐渐深入。1997年亚洲金融危机让东亚各国深切感受到本区域缺乏内部货币合作和金融支持的巨大风险。为解决资金短期流动性问题,2000年5月中国、日本、韩国与东盟成员国的财长在泰国清迈达成《双边互换网络和回购协议》,即《清迈协议》(*Chiang Mai Initiative*, CMI),协议不仅扩大了东盟互换协议的数量与金额,也建立了中国、日本、韩国与东盟国家的双边互换协议,是亚洲货币金融合作所取得的最为重要的制度性成果。在此基础上,2002年6月,东亚及太平洋中央银行行长会议组织(EMEAP)提出亚洲债券基金概念,并于次年正式启动。2006年5月,在亚洲开发银行的年会上,东盟与中国、日本、韩国"10+3"财长会议上开始正式探讨创立亚洲货币单位(ACU),亚洲货币单位根据各个经济体贸易额和购买力平价下的GDP相对份额确定其货币份额,对外则表示为这13合1货币对美元和欧元2合1货币的相对价值,各个亚洲国家可以让本国货币盯住它从而把汇率保持在一定范围内。2007年5月,东盟和中国、日本、韩国"10+3"财长会议正式提出设立共同外汇储备基金的构想,各成员国央行分别划分一定数量的外汇储备建立储备库,当成员国发生货币危机时,可以以贷款的方式提供短期流动性,增强国际投机性冲击的免疫能力。截至2009年2月,在东盟"10+3"框架下,东亚区域内国家和地区已签署了17份双边货币互换协议,总金额达1 180亿美元。2009年3月中国、日本、韩国"10+3"特别财长会议决定,将2008年5月计划筹建的800亿美元区域外汇储备资金规模扩大至1 200亿美元,以增强亚洲抵御投机性货币冲击的能力。2009年10月,在中国南宁召开的中国—东盟金融合作与发展领袖论坛通过了《中国—东盟金融合作与发展领袖论坛共同宣言》,为以后中国—东盟开展金融合作,加强中国—东盟各国友好合作关系的深入和发展制定了目标,明确了方向。

中国—东盟的金融合作离不开人民币区域化，自2009年7月6日跨境贸易人民币结算试点正式启动以来，国内银行已在东盟的多个国家进行了人民币结算。中国人民银行副行长苏宁出席中国—东盟金融合作与发展领袖论坛时表示，中国将稳步推进扩大跨境贸易人民币结算试点。广西社科院副院长古小松认为，中国与东盟国家之间的金融合作已经取得了政府间投资合作基金以及信贷、跨境贸易人民币结算试点、金融领域人才培养交流等多项可持续性成果，人民币区域化趋势愈发明显，在中国—东盟自由贸易区成立的推动下，双方的金融合作将逐步走向纵深。①

这些举措，不仅有助于维持东亚国家货币和经济的安全与稳定，建立东亚新的经济增长极，对于纠正欧美市场依赖症也都有着重大意义。中国与东南亚国家的货币与金融合作，是中国推动人民币国际化的重要前提。

面对中国—东盟在贸易投资与各项合作不断深化，云南省应积极按照胡锦涛总书记2009年7月视察云南时提出要"把云南建成中国面向西南开放的重要桥头堡"的要求，凭借与东盟国家地理距离相近的区位优势，力争把昆明建成国际性的陆港经济区和区域性国际金融中心。从以上分析可以看出，云南与东盟进一步拓展合作关系的国际国内环境非常优良。

3. 云南省层面的贸易与投资深化。

（1）云南省对外贸易与对外经济合作分析。云南省历来都不是一个很开放的省份。在加入世贸组织后，云南的开放度与中国平均开放度仍相差很远（见表1-5），②这与云南地处内陆、交通不便是分不开的。

表1-5　加入世贸组织后云南与中国开放度比较

年份	云南的开放度	中国的开放度
2001	0.061	0.38
2002	0.067	0.43
2003	0.073	0.52
2004	0.085	0.60
2005	0.096	0.64

---

① http://www.gov.cn/jrzg/2010-01/03/content_1502032.htm。
② 2008年的金融危机让中国及云南对外贸易均大幅减少，对外依存急剧下降。

续表

年份	云南的开放度	中国的开放度
2006	0.11	0.66
2007	0.13	0.67
2008	0.10	0.60

但是考虑到云南省自古就是中国连接东南亚各国的陆路通道这一天然优势，近年，双方的对外经济贸易得到了迅速发展。第一，2002—2007年，云南省与东盟10国的贸易额从8.24亿美元增至30.3亿美元，年均复合增长率达29.75%，其中与3个接壤国家缅甸、老挝、越南的贸易额年均复合增长分别为16.52%、38.19%和42.97%；第二，在此期间，与东盟各国的贸易额占全省贸易额的比重从37%略降到34.51%，维持在30%以上的比重；第三，与次区域5国（缅甸、老挝、越南、泰国、柬埔寨）的贸易额占全省贸易总额的比重从28.33%降到24.59%，维持在25%左右，而与缅甸、老挝、越南3国的贸易额在全省贸易额中的比重维持在20%以上。从中可以看出，云南省与东盟各国的合作重点是次区域5国，重中之重又是缅甸、老挝、越南3国。2007年，云南省10大贸易伙伴中越南和缅甸分别名列第1位和第2位，除此之外，另有两东盟国家上榜，它们是新加坡和印度尼西亚，分别名列第6位和第9位。2008年的金融危机使得云南省与东盟双边贸易额下降较大，全年实现贸易总额27.6亿美元，较2007年同期下降9.3%，是近五年来云南对东盟贸易的首度下降。2009年全省对东盟国家的贸易额逆势创新高，达到31.51亿美元，占全省贸易总额的比重达到39.3%，创下历史新高。由此可见，东盟在云南省的贸易中占有特殊的地位。

2010年1月1日，中国—东盟自由贸易区全面建成，这是世界人口最多、经济总量排名全球第三的自由贸易区。自由贸易区启动后，中国与东盟原6个老成员国（印度尼西亚、马来西亚、泰国、新加坡、文莱、菲律宾）之间超过90%的产品将实行零关税政策，与东盟4个新成员国（越南、老挝、柬埔寨、缅甸）也将在2015年实现90%的产品零关税，中国与东盟各国平均关税从9.8%降到0.1%，关税下降为中国—东盟各国的贸易发展提供了更广阔的空间。中国—东盟自由贸易区建成后，也将为云南省对外贸易带来巨大商机。根据昆明海关统计，2010年上半年云南省对东盟贸易额达到20亿美元，占全国对东盟贸易总额的1.5%，在全国各省市排名第11位，对东盟贸易占同期云南对外贸易总额的近1/3。其中，滇缅贸易占云南贸易总额的42.1%，滇越贸易额占比17%。已有研究表明，自由贸易区启动带来的贸易创造效应大于贸易转移效应，并大幅增加中国与东盟之间的贸易（郎永锋、尹翔硕，2009）。由于这些研究多采用国际贸易中的引力模型进行分析，其中地理距离接近程度是解释贸易增加的重要变量（姜书竹、张旭昆，2003；郎永锋、尹翔硕，2009），而云南省凭借着天然的地缘优势，与东盟各国之间的贸易潜力更大，自由贸易区建成后必将带动云南优势产品出口，促进云南与东盟各国的贸易深化。

中国—东盟自由贸易区的建立给云南省与东盟各国之间带来的贸易深化也体现在产品内分工上，而国际产品内分工情况实际上可由各国或地区所处的产品价值链位置高低反映出来。按照Lall等人（2005）的研究，一国的出口商品复杂度越高，则该国所处的价值链位置也越高，我们可以通过考察一国的出口商品复杂程度来衡量该国所处的价值链位置。借鉴唐海燕、张会清（2009）出口商品结构的相似度指数（Export Similarity Index，ESI），其主要思想是，通过比较发展中国家或地区与先进国家的出口商品结构，可以反映该国与全球价值链高端国家的相对距离。通过计算出2002—2007年中国、云南省和次区域五国的ESI值，对比二者所处价值链的位置，为二者进行产品内分工提供理论支持。ESI的数学表达式为

$$ESI_{i,t} = \sum_{j=1}^{n} Min(S_{i,j,t}, S_{r,j,t})$$

式中，S表示某一商品在出口总量中的比例，考虑到产品内分工主要发生在制造业部门，ESI式中的S用工业制成品的出口比例来表示，这里的工业制成品按照联合国标准国际贸易分类体系（SITC）中的Rev3首位代码为5~8类的商品，细分程度最高的5为代码进行核算。下标i表示发展中国家或地区，r表示参考国家，j表示出口商品，t表示年份。$ESI \in (0, 1)$，值越高，表明该国与参考国家的出口商品结构越相似，越接近全球价值链高端环节。考虑到美国在全球价值链的顶端位置，在本课题中将美国作为

参考国家。ESI的值见表1-6。

表1-6 2007年出口复杂度指数

国家	中国	云南	越南	泰国
ESI值	0.4435	0.84	0.2323	0.5047

注：云南省的数据根据云南省商务厅数据整理得到，次区域国家的数据来源于联合国Comtrade Database。需指出的是，由于缅甸、老挝的数据缺失，故只能测算中国、越南和泰国的ESI。至于云南的数据，云南商务厅的统计数据仅仅是将工业制成品总体加总，并未细分到5位核算，所以与联合国Comtrade Database的统计口径有差别。为弥补这一差别，我们将在下文进一步分析。

从近年来云南省与东盟的实际出口商品来看，云南省出口到东盟10国的核心产品有农产品、烟草、化工、化肥、电力、机械、冶金7个，占交易总量60%~70%，进口的主要商品有大米、矿石、木材、烟草、化工、橡胶、其他工业原料7类，占进口总额的80%以上，基本上都是各种原料和资源性产品，[①]可以看出，云南省与东盟的贸易往来中，云南省确实占据在价值链的相对高端的位置。

唐海燕、张会清（2009）在对出口复杂度指数决定因素的计量分析中发现，金融服务强化了生产要素与资金要素之间的联系，为本国企业提升价值链层次提供了资金保障，金融业的发展也有助于分工系统发挥作用，而分工可显著地提高出口复杂度指数。故政府在引导区域生产产品价值链升级的过程中，深化金融合作是必不可少的。

对外经济合作方面（见表1-7），云南省对外承包和对外劳务合作发展势头良好。对外承包工程完成营业额从2002年的2.19亿美元增加到2009年的7.37亿美元，年均复合增长18.93%，2009年对外承包完成营业额占比比较大的行业分别为电力、房屋建设和交通建设，分别占总营业额的31.43%、25%和22.77%；对外劳务合作完成营业额从2002年的77万美元增至2009年的440万美元，年均增幅28.27%，截至2009年12月底，全省累计派出劳务人员45 199人。目前，云南省对外承包工程在全国排第15位左右，对外经济合作业务总体在全国处于中上水平。

---

① 王士录：《东南亚报告2008—2009》，270~272页，昆明，云南大学出版社，2009。

表1-7 云南省对外承包工程和劳务合作情况　　　　　　　单位：万美元

项目 年份	承包工程			劳务合作			设计咨询		
	合同份数（份）	合同金额	完成营业额	合同份数（份）	合同金额	完成营业额	合同份数（份）	合同金额	完成营业额
2002	102	29 229	21 890	2	20	77	5	142	610
2003	62	30 335	24 152	2	106	49	9	336	223
2004	73	30 729	32 481	2	23	60	10	852	1 107
2005	120	53 181	38 502	1	4	35	11	181	229
2006	82	60 026	43 130			38	3	338	203
2007	90	68 260	49 485	2	51	176	6	1 787	367
2008	82	73 437	59 870	6	1498	355	12	4 546	1 808
2009	63	92 403	73 755	26	618	440			

资料来源：2009年《云南统计年鉴》，2009年数据来自云南省商务厅网站。

在国际经济合作的市场上，缅甸、老挝、越南3国的项目合同金额虽逐年下降，但仍是云南对外经济合作的重要市场，云南省与3国的合同金额占云南省业务总合同从2005年的81.28%，下降到2007年的24.5%，2007年3国新签合同额占全省比重为15.21%（见表1-8）。随着云南省"走出去"市场不断拓宽，云南省"走出去"模式也在不断丰富，从对外援助、境外设立办事处，到上市、参股、BOT等，云南省在周边国家树立了良好的形象，为下一阶段的对外贸易与对外经济合作打下了基础。

表1-8 2007年云南省对外工程承包市场分布

	新签项目数	新签合同额（万美元）	完成营业额（万美元）
总计	99	73 659	25 279
缅甸	13	9 291	8 083
老挝	4	1 370	901
越南	31	6 950	5 126
其他亚洲国家	42	47 225	10 246
边境经合业务	9	8 823	923

资料来源：2008年《云南经济年鉴》。

（2）双边投资规模扩大。从云南省实际利用外商情况来看（见表1-9），有以下几个特点：第一，在云南投资的东盟10国中只有菲律宾、泰国、新加坡、马来西亚属于中高收入的国家，缅甸属于低收入国家；第二，各年波动比较大，2003年占实际利用外资总额的24.8%，而2007年只有2.9%，2008年的金融危机对东盟投资冲击较大，对滇投资仅占全省实际利用外资总额的0.4%；第三，泰国和缅甸的投资近几年相对稳定，但新加坡和马来西亚在东盟成员国中投资额是最多的。

表1-9 云南省各年利用东盟外资情况　　　　　单位：万美元

国家 年份	菲律宾	泰国	新加坡	马来西亚	缅甸	利用外资总计
2002		357		108	727	11 166
2003		286	1 801	1628	440	16 752
2004		252	112	16	495	14 152
2005		737	1 094		180	17 352
2006		675	460	30	386	30 234
2007	1	305	777	9	68	39 453
2008		53	169	154		77 688

资料来源：2003—2009年《云南统计年鉴》。

与此同时，云南省境外投资业务发展速度非常迅猛（见图1-5），近10年来对外实际投资居全国第10位，居西部、沿边省份首位。2009年云南省境外投资金额是2003年的近107倍，年均增长218.08%，达到2.7亿美元。并呈现出以下几个特点：第一，投资国别中，老挝、缅甸和越南三个接壤国家依然是全省对外投资的主要目的地，2009年，对3国境外实际投资2.03亿美元，占投资总额的75%；第二，投资行业中，电力、能源矿产资源开发和农业投资是对外投资的主要行业；第三，中央驻滇企业是云南省境外投资的主力军，2009年开展境外投资业务的央企、省属国企、州市民企占全省投资总额的比重分别为45:38:17，显然，市场自发力量在云南参与东盟投资方面力度还不够。

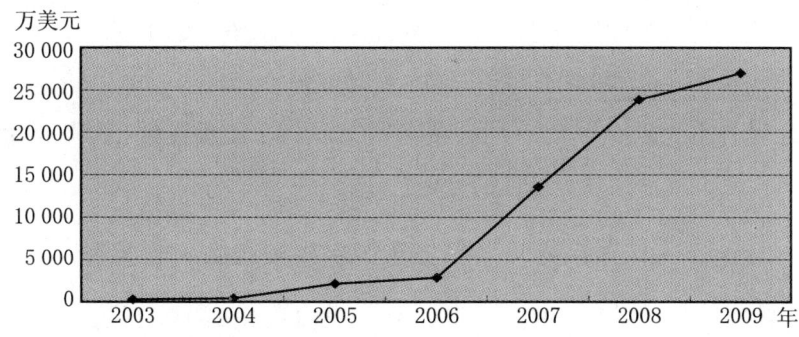

资料来源：2003—2007年数据来自《2008年度中国对外直接投资》，2008年和2009年数据来自云南省商务厅。

图1-5　2003—2009年云南省对外直接投资流量

根据2003—2008年《云南统计年鉴》，昆明的进口总额占云南全省的比重从66.53%升到76.12%，2007年达到66.8亿美元，其中与东盟国家的双边贸易额为14.23亿美元。昆明实际外商直接投资占全省比重从27.34%增至58.85%，2007年达到2.3亿美元。因此，在中国、云南省与周边国家贸易深化的背景下，将云南省的中心城市——昆明打造区域性国际金融中心有着坚实的基础与良好的机遇。

（3）云南省与大湄公河次区域国家合作进一步扩大。大湄公河次区域是连接中国和东南亚、南亚地区的陆路桥梁，地理位置十分重要。区域蕴藏着丰富的水资源、生物资源和矿产资源，具有很大的经济潜能和开发价值。1992年，在亚洲开发银行（ADB）倡议下，大湄公河次区域6国举行首次部长级会议，共同发起了大湄公河次区域合作（GMS）机制，以加强次区域各国间的经济联系，促进次区域的经济社会发展，实现共同繁荣。2002年GMS首次领导人会议在柬埔寨金边举行，批准了《次区域发展未来十年战略框架》，并决定其后每3年在成员国轮流举行一次GMS领导人会议。GMS合作开始上升到国家级，次区域合作从此进入一个新的发展阶段。2008年西方发达国家遭受了大萧条以来最严重的金融危机，在这一背景下，2009年3月GMS第三次领导人会议召开，与会领导人签署《领导人宣言》，充分肯定了过去几年次区域在能源、电信、旅游、农业、人力资源开发、环境、贸易投资各个领域所取得的重大成果。GMS合作机制为次区域经济的和谐与繁荣作出了巨大贡献。次区域合作不断深化将为云南省提供更加丰富多样的发展机遇，除此之外，GMS建设的强烈示范作用为云南与东盟各国的经济合作提供了宝贵经验，大湄公河次区域的经济发展呼唤着深层次的金融合作。

1.2.2 人民币国际化及其在东盟自由贸易区中的实现

截至2009年底，中国外汇储备总规模达到2.399万亿美元，其中有70%～80%为美元资产，是我国外汇储备资产的重要组成部分。近些年来，美国的"双赤字"局面为美元的前景蒙上了巨大的不确定性，根据国际货币基金组织公布的2008年度IFS（International Financial Statistics）的数据，美国经常项目赤字从2002年的461.28亿美元增加到2007年的731.21亿美元，占GDP比重从4.4%升至5.3%，巨额经常项目赤字不仅成为美元长期贬值的根本原因之一，考虑到美国在全球经济体系的作用，[①]赤字也为全球经济失衡埋下了巨大隐患，很多经济学家认为2008年的金融危机是这种失衡的大爆发。另外，美国联邦政府的财政赤字可以从美国国会预算办公室（Congressional Budget Office，CBO）公布的数据看出端倪。在2002财年，联邦政府出现了1 578亿美元赤字，结束了4年的财政盈余状况，从此，美国再也没恢复盈余。2008年次贷危机全面爆发，联邦政府为救市，出台了一系列刺激方案，实行了相当的量化宽松（Quantitative Easing）政策，2009年，美国政府财政赤字达到创纪录的1.42万亿美元，相当于美国GDP的10%，为第二次世界大战以来的最高水平。联邦政府的财政支出在2002—2007年也是逐年递增，2008年更是迅速增加，2009年政府支出达到了GDP的25%。按照CBO的预测，联邦赤字会从2010年起逐年减少，2019年占GDP比重缩减为1.7%，联邦支出将会继续维持在GDP的20%以上，公共债务占GDP比重将逐年递减，不过依然会维持在40%以上，但是奥巴马政府推行的医疗改革将为美国财政恢复正常增添很多困难。

美国长久的"双赤字"让美国曾经的强势美元政策很难继续实行下去，而且从具体实践来看，美国政府是支持美元贬值的，从2002年初到2007年，国际货币基金组织核算的美元年均实际有效汇率（Real Effective Exchange Rate）指数已从当初的105.2降到78.6[②]，美元对欧元、日元、人民币在这期间分别贬值31.24%、6.1%和8.1%。这里，我们可以分析一下美国政府的企图，一方面声称继续支持强势美元政策，另一方面指望通过美元的不断贬值借助出口帮助美国经济走出经济衰退，暗中推行以邻为壑政策，并同时指责中国人民币币值人为压低，对人民币升值施压，造成我国进口的原材料成本上升等一系列风险。与此同时，2002—2007年，美元在全球外汇储备资产所占的比例从71.62%减少到64.13%，2009年第三季度又进一步减至61.65%，而同期欧元在全球外汇储备资产所占的比例

---

① 总产出占全球总产出的1/3强，资本市场市值则超过全球资本市场市值的一半。
② 2000年的REER指数设为100。

则达到历史最高水平，达到27.75%。虽然环顾四周，美元仍然处于国际货币核心，美元和欧元在全球外汇储备资产所占的比例共约90%，对中国的经济崛起有很大的制约，但伴随着中国经济总量不断扩大，中国进口贸易占全球贸易比重不断上升，人民币应当担起维护国家金融安全的重任，并平衡美元和欧元在世界货币体系的霸主地位，人民币国际化是大势所趋，也将更加有利于国际金融市场和商品市场的安全与稳定，与东盟国家的跨境人民币试点结算即是朝这个方向迈出了第一步。①

当然，别国是否选择以人民币进行结算，不仅取决于当前主要交易货币（如美元）的衰落，更是取决于人民币本身的吸引力。具体来看，当前云南省边境贸易中使用人民币进行计价结算较为普遍。2004年，自国家批准在云南省试行与缅甸、老挝和越南的边境小额贸易以人民币结算予以办理出口退税政策以来，云南省边贸人民币结算逐步增加，累计办理人民币出口结算退免税金额达到12亿元，不仅促进了边境贸易的不断扩大，同时也为国家扩大试点范围、推进人民币区域化与国际化进程积累了宝贵经验。2002—2008年，云南的边境贸易总额从3.68亿美元增加到12.0亿美元，其中出口从2.31亿美元增加到5.72亿美元，进口则从1.37亿美元增加到6.29亿美元，年均复合增长率分别为21.77%、16.31%和28.92%。与此同时，2003—2008年，云南省边境贸易人民币结算占比分别为52.76%、62.84%、91.66%、92.06%、91.3%和90.2%，呈逐年增长的发展态势。2008年12月24日，国务院常务会议决定将广东和长三角地区、港澳地区、广西和云南列为与东盟货物进行人民币结算试点地区，云南省的边贸人民币结算退税试点范围进一步扩大到东盟10国。通过人民币在边境贸易充当结算货币这一途径，不断推动人民币的区域化，从而为人民币国际化做好了准备。

这里需指出一点是，很多学者也从理论的角度论证了人民币区域化的

---

① 根据陈雨露等（2005）的计算，若2010年人民币区域国际化，10年内可获得近7 500亿元人民币的货币国际化收益。参见陈雨露等：《作为国家竞争战略的货币国际化：美元的经验证据》，载《经济研究》，2005（2）。

可行性。如李绍荣、李四光（2010）论证了在中国—东盟自由贸易区开展人民币贸易结算理论上的可行性，并将改进整个经济体的福利；韩民春、袁秀林（2007）基于贸易视角的论证，说明了人民币区域化后，不仅会改善亚洲地区与中国具有竞争性贸易结构的国家与地区的贸易条件，同时也会增加那些与中国是互补性贸易结构国家对中国市场的出口而不至于引起严重的贸易条件恶化效应。除此之外，人民币区域化后也有利于亚洲其他国家的汇率稳定。尽管如此，在其他国家推进人民币结算，还涉及更深层次的国家主权协调，这条道路依然任重道远。

综上所述，美元疲软、中国产业竞争力的提升使人民币在中国与东南亚国家的贸易结算中地位凸显，作为这一进程的重要参与者与先行者，云南省具有推动人民币国际化进程的优良地域条件，作为云南省的中心城市，昆明应承担起这一历史重任。进一步讲，随着人民币跨境流通规模的不断扩大，中国需要为境外人民币持有者提供人民币投融资场所，以解决境外人民币流动性需求和投融资需求，这将为昆明建设区域人民币结算与投融资中心提供重大机遇。

1.2.3 国际及国内产业向云南转移需要金融服务与金融深化

1.国内产业转移的基础与现状。从国内范围看，改革开放初期，我国的非均衡发展战略使得东部地区凭借政策、区位与劳动力等相对优势，对国际劳动密集型产业进行大规模承接，经济得到飞速发展，产业结构也发生巨大变化，与中西部地区的差距也越来越大，以2007年为例，东部工业总产值占全国总产值60%以上，工业总产值地区变异系数约为1.15，地区发展差距很大。[1]经过近30年的高速发展，东部沿海地区的劳动密集型和低技术产业已经趋于成熟，受资源、劳动力成本、环境和市场等综合因素影响，部分产业开始逐步向省内发展中地区和国内中西部地区大规模的转移。[2]

---

[1] 国泰君安证券公司：《中国区域间产业转移专题研究》，2009-04。
[2] 王全春：《产业转移与中部地区产业结构研究》，127页，北京，人民出版社，2008。

面对2008年的金融危机，2009年3月5日，温家宝总理在《政府工作报告》里提出"抓紧研究制定中西部地区承接产业转移的具体政策"，这表明，国家正在从政策层面上试图引导产业转移，重塑地区发展模式。随着经济形势的不断变化，沿海地区制造工业的相对优势逐渐丧失，2008年金融危机以来，外部市场急剧萎缩，企业纷纷倒闭，国家正努力将发展的引擎更多地放在国内，2009年以来东部沿海地区劳动力价格的上涨加剧了当地制造业环境的恶化。在衰退时期，企业为了在市场中求生存，必须努力提高自己的核心竞争力，这也同时加剧了产业结构的调整。按照《国民经济和社会发展"九五"计划和2010年远景目标纲要》中提出的"有步骤地引导东部某些资源初级加工和劳动密集型产业转移到中西部地区"的精神，这一政策不仅可以使东西部两大地区根据自己的比较优势情况实行产业结构升级，服务于国家经济增长的宏观目标，也可有助于解决地区发展的差距问题。

产业转移问题涉及经济理论中的雁阵模型，1935年日本学者赤松要（Akamatsu）指出，战后东亚国家经济发展和产业结构调整是典型的雁阵模型发展形状：以日本为雁头，次为亚洲四小龙，再次是中国大陆与东盟各国。在这个"雁阵"中，日本首先发展某一产业，当这个产业的要素价格发生变化，技术成熟，这个产业在日本的竞争力下降，进而开始转移到亚洲四小龙国家，与此同时，日本产业结构升级到更高层次。同理，当该产业在四小龙国家的优势地位丧失时，又转移到中国大陆与东盟相对更落后的国家，亚洲四小龙的产业结构也相应升级。整个东亚经济呈现出先后有序的良性发展，雁尾国家经过自己的不断努力，与领头雁日本的经济发展水平差距不断缩小。雁阵模式的产业转移发展实质上是比较优势的动态发展，即随着一国经济的不断发展，收入水平不断提高，生产要素的相对价格改变，禀赋结构发生变化，从而在产业结构上形成相应的重新配置。蔡昉等人（2009）认为，由于中国地域广阔，人口众多，地区发展极为不平衡，雁阵模型完全可以成为中国各个地区之间产业转移的路径。根据熊彼特"创造性毁灭"理论，他们认为，2008年的金融危机产生的"创造性毁灭"为中国东部、中部、西部产业转移提供了难得机遇，同时，由于西部地区的劳动成本优势，西部承接劳动密集型产业具有可能性与可持续性。

蔡昉等人运用雁阵模型论证东中部产业转移的可行性方面，更多关注劳动力成本因素，如果从资本回报率、土地资源价格这两类要素方面，也可以看出中西部地区承接产业转移的优势。国泰君安证券公司2009年发布的产业转移专题报告指出，2004年以后中西部地区的资本回报率已经明显超过了东部地区，东部、中部、西部2008年工业企业总资产贡献率分别为17.40%、14.49%和11.71%，中西部地区的资本回报已经具有相当吸引力。土地价格方面，2007年，中西部房价约为东部的一半，而且中西部地区在煤炭、天然气、各类矿产资源拥有量上占有绝对优势。

2010年是中央实施西部大开发战略的第10年，经过10年发展，西部地区城乡面貌有了很大改善，承接东部产业转移也是西部大开发的应有之义。在这10年里，云南经济发展取得了丰硕成果，从2000年到2009年，全省生产总值从1 955亿元增长到6 168亿元，年均复合增长13.62%；固定资产投资从698亿元增长到4 527亿元，年均复合增长23.09%；财政总收入从433亿元增长到1 490.7亿元，年均复合增长14.72%；城镇居民人均可支配收入从6 325元增长到14 424元，年均复合增长9.63%；农民人均纯收入从1 478元增长到3 369元，年均复合增长9.59%。云南省依托自身的资源优势打造了生物、烟草、矿产、旅游、能源五大支柱产业，为云南省近年的快速发展作出了重要贡献，但是这些产业对自身的资源依赖比较大，产业结构仍显初级化，而且依靠资源开发来发展经济极易导致"资源诅咒"的情况出现。邵帅、齐中英（2008）在对中国西部地区的能源开发与经济增长的实证分析中发现，能源开发不但对经济增长具有直接负效应，还可以通过科技创新、人力资本投入和腐败三个间接传导机制阻碍经济增长。我们必须减少对资源产业的路径依赖以避免陷入资源优势陷阱。为此，2009年，云南省政府编制了云南产业发展的十大规划，突出"调轻、调软、调新、调特"，大力发展生物制药、制糖、制茶、丝麻、纺织等轻工业，利用先进的高新技术对传统产业进行升级改造，延伸产业链，发展精深加工;重点扶持培育新能源、新材料等新兴产业;大力发展旅游文化、珠宝玉石、金融和物流等现代服务业,走出一条具有云南特色的产业发展道路。① 产业转移的主要表现形式是资本流动,而这正是云南西部大开发向纵深推进的一个最主要障碍之一,产业转移无疑会与西部大开发一道为云南经济持续又好又快发展提供新的历史性机遇。

2.国内其他省区对云南省的产业投资分析。云南省地处祖国边陲,生产力落后,农业劳动人口在三次产业中的就业人口占多数,三次产业结构较为低级,仍然处在工业化的第一阶段向第二阶段过渡时期,工业内部轻重工业比例不协调,仍以重化工业为主,截至2009年,全省轻工业产值占全省规模以上工业总产值比重为46.45%,非烟轻工业产值占全省规模以上轻工业总产值比重为22%,重工业产值在整个工业中的比重为53.6%,东部沿海地区向西部产业转移为云南省进行产业结构调整与升级创造了契机。产业转移发生的主要方式是跨区域的直接投资(包括对外直接投资),实际中表现为东部沿海地区以及境外企业到西部地区直接投资行为。

以2008年为例,云南省共签订实施国内经济合作项目4 704项,协议总资金1 324.3亿元,到位总资金772.5亿元。省外到位资金在第一、第二、第三产业的分布比重为1.7:76.7:21.6,项目涉及电力、轻工、商贸、矿冶、建材、化工、农业、旅游、基础设施、生物资源开发、机械电子等十几个领域,在向西部的资金转移中,不仅包括东部的优势与潜在优势产业,还包括若干战略新兴产业,有力地促进了全省产业结构优化调整。从资金来源地看,泛珠三角、长三角、西南地区仍是云南省引进省外资金的主要来源地(见表1-10),它们或者来源于东部沿海地区,当地产业结构升级为传统产业腾出大量闲散资金,或者来源于与云南地缘文化接近的西南省份。东西合作项目的实施,不仅加强了云南省与东部、中部、西部相关省区市的经济合作与联系,也推动了云南扶贫攻坚的进程,

---

① http://www.yn.xinhuanet.com/newscenter/2010-02/01/content_18926847.htm.

促进了云南经济社会和谐发展。

表1-10 2008年各主要省区在滇投资情况

省区市	项目数	协议资金（万元）	到位资金（万元）
浙江省	428	3 093 000	958 000
广东省	261	3 121 912	777 536
四川省	495	3 376 857	548 897
福建省	281	2 213 685	464 225
湖南省	172	703 575	191 021
上海市	116	1 034 000	162 000
江苏省	94	457 000	146 000
江西省	79	474 614	136 572
贵州省	104	335 400	131 180
广西壮族自治区	64	466 373	118 909
重庆市	107	518 894	100 276
海南省	14	106 885	11 821
西藏自治区	3	9 759	165

资料来源：根据2009年《云南省统计年鉴》部分数据整理，北京市、湖北省数据不详。

3.外商对云南的产业投资分析。外商投资企业在相关行业的投资不仅带来了资本，同时带动了相关产业的技术进步，提高了经济效率。从表1-11可以看出，2002—2008年，云南省外商直接投资呈现以下几个特点：（1）外商对第一产业的投资有下降趋势，农林牧渔业在投资总额的份额中从6.9%下降到2.5%；（2）第二产业的投资稳步增长，其中制造业投资比重维持在30%以上，是外商投资的主要领域，而电力、煤气及水的生产和供应业的份额波动比较大，不过2007年达到25.5%，加上制造业，二者占据了外商投资的半壁江山，这对云南工业的加快发展形成了强大的推动效应，促进了工业化进程；（3）对第三产业的投资有较大幅度的增长，以投资额比较大的批发和零售贸易、餐饮业、社会服务业、科学研究和综合技术服务业为例，三者的总和占外商总投资比重保持在20%以上（2003年除外）。外商直接投资的行业结构符合云南当前发展阶段的实际情况，制造业领域投资的不断扩大将有力促进云南产业结构优化升级。

表1-11 云南省分行业利用外商直接投资情况（2002—2008年） 单位：万美元

行业 \ 年份	2002	2003	2004	2005	2006	2007	2008
房地产业	1 092	819	1 135	1 211	845	5 111	19 666
制造业	4 251	6 387	4 750	6 344	8 302	11 977	18 089
社会服务业	1 821	2 164	2 562	3 012	4 647	4 283	15 338

续表

行业 \ 年份	2002	2003	2004	2005	2006	2007	2008
农林牧渔业	775	865	2 100	588	847	972	7 226
批发和零售贸易餐饮业	1 111	213	841	2 486	711	3 206	5 928
电力、煤气及水的生产和供应业		4 381	355	1 100	10 106	10 080	5 829
采掘业	176	867	1 335	2 228	3 363	2 299	3 023
科学研究和综合技术服务业	303	83	43	208	904	1 490	1 590
建筑业		52	33		175	9	643
交通运输、仓储及邮电通信业	1 232	266	1 031		500	35	356
地质勘查、水利管理业							
卫生体育和社会福利业	187						
教育、文化艺术和广播电影电视业							
总计	11 000	16 078	14 152	17 352	30 234	39 453	77 688

资料来源：2003—2009年各年《云南统计年鉴》。

随着全省在基础设施、金融、通信、民航、旅游等在内的服务贸易市场的进一步开放和外商促进政策的相继出台，以及云南省工业化进程脚步不断加快，可以预计，产业转移带来的资金会更多流向云南新兴产业与特色产业。伴随着规模经济、产业成本优势和区位优势，全省产业竞争力将不断提高，产品出口与产业集群将得到更快发展，最终实现国内产业的有序转移和结构升级的目的。①

因此，国际、国内产业转移的大格局，为将昆明建成区域性国际金融中心提供了重要的战略机遇。

1.3 将昆明建成泛亚金融服务中心的重大意义

1.3.1 服务于中国的周边外交战略，维护国家安全

1.保障中国连接东南亚、南亚国际大通道建设。美元的衰落与美国经济的衰退密不可分，美国以及其众多盟友以一种很矛盾不安的心情面对中国崛起，在太平洋地区，美国构筑了从韩国、日本到菲律宾、新加坡的战略岛链以求实现对中国大陆形成钳制，而中国85%左右的能源进口是通过

---

① 郭元晞等：《全球金融危机：我国产业转移和产业升级的思考》，载《经济体制改革》，2009（4）。

海运实现的。中国的崛起不仅引起了美国等西方国家的特别关注，在这一国际利益重构过程中，每个利益相关者都试图从中分一杯羹，中国与东南亚国家的南海争端便是例证，南海不仅涉及中国领土主权问题，也是中国能源运输的咽喉，其中的马六甲海峡是中国能源进口的核心要塞。

马六甲海峡是亚洲、非洲、欧洲、大洋洲之间相互往来的海上枢纽，是印度洋与太平洋之间的重要通道，战略位置十分重要。对中国而言，马六甲海峡是中国海上石油运输的生命线，中国从中东、非洲、东南亚地区进口原油的80%是通过马六甲海峡运输来的。2009年中国石油对外依存度已经达到52%，已经超过国际公认50%的"警戒线"，石油是现代工业经济的血液，从这个意义上讲，马六甲海峡已经与中国经济安全息息相关。这个由新加坡、马来西亚和印度尼西亚3国共管的海峡，直接扼住中国的能源咽喉，而这3个国家皆为东盟成员国。另外，美国多年来打着"反恐"和打击海盗的幌子，试图在马六甲海峡立足，马六甲已成美国志在必得的一个海上战略要地，凭借着全球首屈一指的海军实力，马六甲海峡与台湾海峡一道成为中国崛起道路的"绊脚石"。面对这一困境，国内学者和中央高层给予了高度重视，学者们提出了各类解决方案，其中一个意见越来越得到学者和政府的广泛赞同，即建造一条从云南昆明出发，经大理、腾冲、瑞丽进入缅甸后，直达印度洋海岸的陆上大通道，进入印度洋是中国确保能源安全的前提。云南省是中国最靠近印度洋的省份，经缅甸到达印度洋，运距为2 000公里左右，比经我国东南沿海绕道马六甲海峡进入印度洋缩短运程3 000多公里，将来泛亚铁路西线以及中缅陆水联运通道开通以后，中缅运输成本将进一步降低，而云南省作为中国面向印度洋开放的桥梁地位将进一步得到提升。因此，考虑到21世纪能源安全的极端重要性与南海地缘危机，中国必须尽快摆脱对马六甲海峡的依赖，通过云南省与缅甸陆上通道的西进战略应尽快实施。为此，云南省省长秦光荣在2010年云南省两会的《政府工作报告》中提出，"2010年，要充分利用云南的独特区位，把服务国家周边外交大局与建设国际大通道相结合，实现对外开放的新局面"。

建设这样一条连贯中国、缅甸、印度的陆上大通道，巨额资金是首先必须解决的一个最大问题,为了筹集建设资金,云南省必须创新筹融资机制,如发行地方债筹资并积极争取东部沿海发达地区资金进入大通道的建设,国际方面可以通过对外承包工程、劳务合作、BOT等形式的对外经济合作业务并争取亚洲开发银行(ADB)、世界银行(World Bank)等机构给予援建资金支持,这些都将在很大程度上需要云南省区域金融的相关配套设施服务。近几年云南的对外经济合作开始从边境国家逐步走向柬埔寨、泰国等更远国家,昆明区域金融中心的建设将不仅深化云南在大湄公河次区域的经济合作,也会逐步提升我国在次区域的地位与影响力。需注意的一点是,区域金融中心建设不是一朝一夕之功,打通中国第三条陆上能源通道与区域金融中心建设相辅相成,互相促进。

2.深化与东盟国家合作,为国家营造一个和平稳定的周边环境。中国被东北亚、东南亚、南亚、中亚地区所包围,在这样一个环行地带,大小国交错,各种利益矛盾关系极其复杂,为了使周边环境更稳定,中国需要极高的外交技巧来协调各方利益。很明显,相比东北亚的朝核危机、南亚地区的印巴宿怨、中亚地区的恐怖主义与极端主义,东南亚地区的安全稳定性更高,自然成为中国周边外交战略的重要支撑点。

区域合作是我国周边外交的重点投入领域,云南省是中国面向东南亚、南亚的门户,昆明区域金融中心的建设将提升云南省在国家沿边开放战略的地位和作用,使之成为国家推行睦邻友好外交政策的载体。

按照金德尔伯格(Kingdleberger)1974年的定义,"金融中心不仅可以平衡私人、企业储蓄和投资以及将金融资本从存款人转向投资者,而且也可以影响地区之间的存款转移。银行与金融服务中心充当了交易功能和层际空间的价值储藏功能的媒介"。金融通过资金链将各个不同市场主体连在一起,构成一种利益共同体,通过它各个主体形成一种共生关系。昆明区域金融中心的建设无疑将会通过金融中心的集聚功能和辐射功能,并深化经贸合作关系,从而将中国与东盟国家更加紧密地联系起来。金融中心的资金融通与金融服务不仅降低了企业的交易成本,也使得东盟各国与我国通过经济合作构成利益共同体,对美国和日本在东南亚的势力形成有效制约,在亚洲西南方向为我国的改革与发展营造稳定的国际环境,促使东盟国家成为中国国家安全的缓冲带和战略依托。

3.推进替代种植,维护边疆安全。作为全球最为知名的毒品贩卖、罂粟种植地区——"金三角"地区,这个位于缅甸、老挝北部结合部的地区每年贩运的海洛因约占全球总量的60%—70%,从中流出的毒品不仅给世界人民的健康生活带来极大危害,也危及了中国边疆以及GMS国家的稳定与安全。"金三角"毒品屡禁不止,这有巨大的市场需求、得天独厚的种植条件和当地农民的赤贫状态等客观上的原因,中国政府自20世纪90年代推行的境外替代种植试图从源头上解决毒品问题,受到联合国与当地政府的支持与肯定,云南省由于地理位置特殊,势必在替代种植上发挥主导作用。

根据云南省商务厅公布的数据,2005—2008年,云南省共组织替代种植企业198户,累计投资超过13亿元人民币,开展替代项目231个,累计新增替代种植面积达219万亩。替代种植为当地政府提供了大量财政收入,解决了部分居民的就业问题,替代种植产业已现雏形,由此带动了云南与缅甸、老挝国家贸易和相关产业的发展,合作领域进一步拓宽。[①]但是,企业财力不足、当地经济极为落后、"金三角"地区混乱的政治局势等问题也给替代种植产业带来严峻挑战。

为把云南省建成中国面向西南开放的"桥头堡",一个稳定安全的周边环境是非常必要的。进一步推进替代种植工作需要从上至下的国际协调合作以及各种机制创新相配合,其中昆明区域金融中心建设无疑将为替代种植工作的开展提供新型资金投入机制。金融的本质在于资金融通,一旦国际机构(如亚洲开发银行、世界银行、联合国等)、发达国家的投资者以及我国东部沿海发达地区企业介入替代种植,一方面会大大促进昆明区域金融中心的建设,另一方面也会对替代种植事业提供巨大推动力,云南省以及我国在GMS次区域国家的合作中影响力会更大,作为一个正在崛

---

① 陈鸿雁、张义平:《云南在"金三角"毒源地发展"替代产业"存在的问题及对策研究》,载《云南警官学院学报》,2009(3)。

起的负责任的大国将为人类禁毒事业作出巨大贡献。

4.维护民族团结，促进边疆繁荣稳定。实践证明，边疆少数民族是巩固边疆、维护社会稳定的决定力量（郑群、魏娜，2009）。边疆地区是云南省扩大对外开放、开展区域合作的前沿，在云南省对外开放战略中起着举足轻重的作用。由于地理、历史、自然、文化等诸多方面的原因，边疆地区的经济社会发展水平与内地差距依然很大，存在大面积的贫困现状，在受教育程度、人均寿命、医疗卫生等各方面远落后于省内和国内的发达地区。没有边疆地区的繁荣团结，就不可能有全省乃至全国的繁荣与稳定。为了维护边疆少数民族的团结，发展经济以提高人民的物质生活水平是最核心的任务之一。昆明泛亚金融中心的建设在边疆特色产业和优势产业的发展、边疆农村发展、农业增效农民增收、生态文明建设、边疆对外开放等方面将起着积极的促进作用。只有让边疆地区同享改革开放的实惠，才能更加巩固民族团结，维护边疆稳定。

1.3.2 服务于中国的对外开放战略

改革开放30多年以来，我国的对外开放战略从充分利用国内资源优势开拓与占领国际市场逐步向整合国际资源来开发国内市场的方向转变。党的"十七大"报告提出，要拓展对外开放的广度和深度，提高开放型经济水平，并特别强调，要"完善内外联动、互利共赢、安全高效的开放型经济体系，形成经济全球化条件下参与国际经济合作和竞争新优势"新的开放战略，对内要充分整合国际资源来实现发展方式的转变，对外则是营造和平的周围环境，保障国家的和平崛起。

1.服务于中国的"走出去"战略。在世纪之交的关键时刻，中央提出要抓紧实施"走出去"的开放战略，把"引进来"与"走出去"紧密地结合起来，更好地利用国内外两种资源、两个市场。抓紧实施"走出去"的开放战略，既是进一步提高我国对外开放水平的内在要求，也是云南省为应对经济全球化挑战的必然选择。国际金融危机的爆发、近年来国际贸易争端频发以及人民币升值压力等一系列事件使我们认识到国际经济领域合作的复杂性，云南省出口企业当然不可能独善其身。长期以来，中国企业实施"走出去"的方式多以国际工程承包、劳务合作为主,这些方式已经越来越无法满足对外投资和合作进一步发展的要求,中国亟须创新对外投资和合作的新模式,开辟新的领域。

金融中心建设将有力促进实体企业与金融企业的合作,实现"走出去"方式的创新。在"走出去"的主体中,国有企业与民营企业各自具有不同的优劣势,在一段时间内,共同构成了"走出去"的主体,但是与此同时,须努力加强实体企业与金融企业的合作。先行工业化国家的经验告诉我们,金融保险、商业咨询、现代物流、广告设计等生产性服务业在现代经济增长中扮演了重要角色,全球每一家成功跨国企业的国际化进程无一不是有众多的生产性服务业为其保驾护航。金融业作为生产性服务业的核心,对于降低农业和制造业企业的生产成本和"走出去"的交易成本,提高对外投资效率都起到了重要作用。将实体企业与金融企业组成"走出去"的战略联盟,可以起到扬长避短、规避风险的作用。昆明泛亚金融服务中心的建设可以有效地带动金融业与农业和制造业企业的合作,有助于培养中国自己的跨国公司,有助于中国企业攀升全球价值链高端环节,提升"走出去"企业的对外竞争力,与"桥头堡"战略一道有助于中国从西南方向实现"走出去"战略。

2.服务于中国的自由贸易区战略。自由贸易区成为大国开展战略合作与竞争的重要手段。它通过更加优惠的贸易与投资条件,将自由贸易区各成员的经济利益紧密联系在一起。经济利益的融合又加强了成员之间的政治、外交、社会、文化的联系,形成某种利益共同体。很显然,自由贸易区战略已成为中国对外开放的新起点。中国—东盟自由贸易区的建成是我国对外开放战略新的里程碑。

云南省由于地处祖国的西南边疆,在国家的对外开放战略格局,尤其是沿边开放中扮演者非常重要的角色。中国—东盟自由贸易区建成后,让云南从祖国版图的边缘变成自由贸易区的中心,加之"桥头堡"战略的具体定位,云南省正处于加速构建云南省对外开放新格局的关键时期,扩大对外开放要紧紧抓住"桥头堡"建设新的历史机遇,全面提升云南省各领域的对外开放水平。

昆明泛亚金融服务中心的建设无疑会成为中国—东盟自由贸易区建设的加速器和催化剂,"金融是现代经济的核心",金融中心建设一方面会为参与到自由贸易区经济合作的各类个人、企业、银行等机构提供一个投融资平台,从而节约市场运行的交易成本,提升市场机制的效率,服务于自由贸易区的贸易创造、投资促进与金融合作。另一方面,金融中心建设也会推动西南地区乃至全国的产业升级,进一步促进自由贸易区内国际分工合理化,并可实现整合国际资源来转变发展方式的目标,服务于中国对外开放战略的总体要求。

1.3.3 发挥金融杠杆作用,促进云南的经济发展与改革开放

1.提升科技水平,促进工业化进程。云南省资源优势十分明显,2007年云南省资源竞争力综合排名全国第13位,处于中等偏上的水平,耕地、矿产、森林、水资源都排在全国前列。① 在西部的排名中,生活资源在西部各省区市资源静态竞争力排名第2位,其中水资源特别丰富,拥有长江、珠江、红河、澜沧江、怒江、伊洛瓦底江6大水系,占西部地区水资源总量的18.8%;植物资源排在第3位,其中森林面积占西部地区森林资源总量的18.4%;气候资源静态排名西部第1位,云南在资源静态综合排名中名列第5位。② 尽管拥有得天独厚的资源条件,但是事实上,一个地区经济发展的关键并不在于拥有多少潜在的生产要素,如果要素无法有效整合,形成符合当地资源禀赋条件的产业结构,那么比较优势就无法发挥作用,经济依然不能持续发展。多年来云南省在资源产业上依然只是以开采和输出为主,对资源的精细加工还不够,产业能耗高,当地生态环境已遭到不同程度破坏。2007年,云南省环境竞争力综合排名全国第27位,处于劣势地位,其中人均治理工业污染投资额和污染直接经济损失较大。

---

① 李建平、李闽榕、高燕京:《中国省域经济综合竞争力发展报告(2007—2008)》,北京,社会科学文献出版社,2009。

② 姚慧琴、任宗哲:《中国西部经济发展报告2008》,北京,社会科学文献出版社,2008。

在西部各省份的排名中，以2006年为例，云南的工业污染程度在西部11个省市中名列第6位，环境治理方面排在第5位，总体的环境竞争力排名也是第6名。如果从动态的角度来观察，云南近些年在控制污染、保护环境方面是取得了比较好的成绩的。改进云南省高投入、低产出的局面需要技术不断升级的支持，但云南本身的技术创新能力较弱（见表1-12），2007年云南省科技竞争力综合排名全国22位，处于劣势地位，其中万人科技活动人员、人均科技经费支出、高技术产业规模以上企业增加值等处于明显劣势；教育综合竞争力处于第28位，高等教育依然是云南省教育事业发展滞后的主要原因；文化竞争力在全国排名第29位；将科技、教育、文化竞争力综合起来的知识经济竞争力指标在全国排名处于第28位（见表1-12）。

表1-12 2007年云南省知识经济竞争力三级指标比较表

	科技竞争力	教育竞争力	文化竞争力	综合排位
2007年	22	28	29	28
优劣度	劣势	劣势	劣势	劣势

资料来源：《中国省域经济综合竞争力发展报告（2007-2008）》。

《中国西部经济发展报告（2008）》运用聚类分析法也发现云南省的科教与创新竞争力水平一般，对本地区的经济带动作用不明显，而且近几年的发展并未改变这一现状，这非常不利于云南省自我发展能力的提升。

如上所述，云南省当前的发展面临着一次历史性的机遇，东部发达地区土地和劳动力成本上升正在促进当地产业转移与升级，为了承接东部地区的产业转移，云南省必须发挥在生物、农林、水电、矿业、环境等资源优势，积极借鉴东部地区的先进生产技术与管理技能，发展壮大矿产、能源、生物、旅游等支柱产业，加快培育医药、新能源、文化、光电子、装备制造、石化、节能环保等战略新兴产业，推进产业结构调整与升级。按照科学发展观的要求，同时兼顾国家、地方、生态等多方面利益，建设环境友好型与资源节约型社会，实现又好又快发展。

决定沿海产业集群迁移的核心要素就是贸易成本的变动，[①] 而贸易成

[①] 陈耀、冯超：《贸易成本、本地关联与产业集群迁移》，载《中国工业经济》，2008（3）。

本中很大一部分是运输成本。2007年云南省基础设施建设竞争力综合排名全国第30名，处于极其劣势的地位；而投资软环境排第20名，处于中等偏下的位置；二者结合构成了发展环境竞争力指标，云南省排名第26位。云南省的发展环境竞争力总体上处于劣势。

随着中国—东盟自由贸易区的全面启动，市场竞争将进一步加剧，云南省企业将不得不努力引进新技术和先进的管理经验，吸纳优秀技术人才，实现技术创新与升级，并努力降低成本，在不断提高自身素质中带动整个产业结构的升级，实现云南经济实力的更大提升。同时，为了充分发挥云南省连接两大洋（太平洋、印度洋）和三大市场（中国国内市场、东南亚市场和南亚市场）的区位优势，使云南省成为三大市场的桥梁和枢纽，"桥头堡"建设尤为关键，这对金融服务业发展提出了巨大要求，要求有发达完善的金融服务体系作为支撑。昆明泛亚金融服务中心的建设将服务于云南省"桥头堡"建设，服务于全省的经济发展与对外开放，进而使云南省成为新的沿边增长极。

2.承接东部产业转移，促进产业结构升级。从大通道的连接作用讲，承接东部产业转移与云南省的开放是相互促进的。以泛珠三角"9+2"区域合作为例，云南可借助"9+2"合作平台，加快引进沿海发达省份资金、技术、人才的步伐，推动"9+2"区域开展物流、旅游、制造业等重大项目的合作，并为各省区开拓东南亚与南亚市场提供各类服务。①

在中国社会科学院中国地区金融生态环境评价课题组对云南省与昆明的金融生态环境评价中，云南省在全国30个省市中综合排名第23位，排在四川与广西之后（见表1-13），昆明在全国100个大中城市综合排名第35位，超过重庆与南宁，很显然，全省的金融资源大多集中在昆明（昆明的排名情况将在下一节给出）。

表1-13　2008年中国部分省份金融生态环境评价结果

省份	经济基础	金融发展	政府治理	制度与诚信文化	综合得分	综合排名
重庆	0.365	0.629	0.520	0.624	0.535	9
四川	0.180	0.448	0.658	0.596	0.470	10

① 杨建华：《2007年中国省区发展报告》，北京，社会科学文献出版社，2007。

续表

省份	经济基础	金融发展	政府治理	制度与诚信文化	综合得分	综合排名
广西	0.202	0.398	0.374	0.442	0.354	19
云南	0.144	0.525	0.372	0.228	0.322	23

资料来源：《中国地区金融生态环境评价（2008—2009）》。

云南省在金融生态环境综合排名上与成渝经济区还有一定差距，反映在具体指标上，主要是由于云南省的经济实力与制度建设与之存在差距，经济实力是金融赖以存在的基础之一，良好的制度环境也是金融业发展的重要前提，这是云南省金融生态的薄弱环节。但云南省的金融业发展良好，仅次于重庆，信贷资产质量评定排名全国第8位，与天津同处于BBB等级，也是仅次于重庆。①当然，建设区域金融中心不能单纯强调金融建设，金融业必须要与实体经济、制度环境建设共同形成合力，才能最大发挥其功效。

另外，金融业的不断深化构成了产业结构升级的推动力。运用1992—2006年有关中国金融发展和产业结构的时间序列数据，查奇芬等人（2009）不仅发现了金融深化程度与产业结构升级的相关关系，而且符合格兰杰因果检验，金融深化程度对产业结构升级有着明显的推动作用。以云南省发展最快的支柱产业——生物产业为例，云南省省长秦光荣指出，云南省是发展生物产业的一个"富矿"，云南省的生物资源非常丰富，但是考虑到生物产业的资本密集型的性质，而目前云南省生物产业融资渠道单一，多渠道资金聚集对产业投入的格局尚未形成，这已成为制约其发展的一个重要原因。②

不管是承接东部产业转移以带动产业结构升级、提升科技水平，实现云南省经济又好又快发展，还是云南"桥头堡"建设，都需要完善的金融服务体系。承接发达地区的产业转移与促进工业化进程是一致的。由于东部企业多生长于市场制度较为规范的环境中，如何以多种方式满足各类企业的金融服务需求，特别是提高投融资能力和效率，是云南金融业将来面

---

① 李扬、张涛：《中国地区金融生态环境评价（2008—2009）》，北京，中国金融出版社，2009。

② 《云南省生物产业发展规划纲要（2009—2015年）》。

临的挑战之一。另外，云南省经济未来发展的最大机遇在于与东南亚、南亚国家的合作方面，一旦人民币在东南亚、南亚结算试点成功，云南省对接中国内地与东南亚、南亚的金融合作中的作用愈发凸显，开放水平会进一步提高。因此，将昆明打造成泛亚金融服务中心，对云南省的产业升级和对外开放都具有重大的促进和推动作用。

1.3.4 对现代新昆明建设提供具体目标与方向

昆明作为云南省的省会，是云南省唯一的特大型城市。昆明区位优势独特，是"9+2"泛珠三角区域合作圈、中国—东盟自由贸易区经济圈和大湄公河次区域经济合作圈的交汇点，是中国面向东盟的重要门户及国际性旅游城市。如表1-14所示，2002—2009年昆明的生产总值年均复合增长率为13.75%，2009年达到1808.65亿元，占全省生产总值的近1/3。三次产业比重从2002年的7.7∶46.1∶46.2转变为2009年的6.3∶45.6∶48.1，昆明的第三产业发展势头良好，为建设区域金融中心打下了较好的基础。

表1-14　昆明各年生产总值　　　　　　　单位：万元

年份 \ 生产总值	地区生产总值	第一产业	第二产业	第三产业
2002	7 339 974	607 662	3 177 541	3 554 771
2003	8 182 598	650 417	3 543 658	3 988 523
2004	9 461 405	731 547	4 242 190	4 487 668
2005	10 615 544	773 080	4 767 479	5 074 985
2006	12 072 855	815 500	5 572 129	5 685 226
2007	14 050 473	939 467	6 465 495	6 645 511
2008	16 053 900	1 049 000	7 402 600	7 602 300
2009	18 086 500	1 140 900	8 245 900	8 699 700

资料来源：2003—2009年各年《昆明统计年鉴》，2009年数据来自中国统计信息网（http://www.tjcn.org/news/201002/4774.html）。

从中国社科院发布的《中国城市竞争力报告》可以看出（见表1-15），第一，西南地区四大城市竞争力中成都的综合竞争力最强，全国排名第24位，昆明未能进入前50名，南宁的综合竞争力最弱。第二，昆明和成都的产业层次竞争力都较强，进入全国前50名，昆明第三产业比重已快接近50%，说明二者在产业结构调整和产业结构升级上有较大进步。第三，昆明在云南省城市竞争力中拥有绝对优势，不管是经济规模、产业层次还是生活质量都较强，居全省第一。

表1-15 2008年西南四城市综合竞争力比较

排名 城市	综合竞争力		经济规模竞争力		产业层次竞争力		生活质量竞争力	
	国内	省内	国内	省内	国内	省内	国内	省内
成都	24	1	19	1	32	1	46	1
重庆	47		12		78		42	
昆明	53	1	38	1	34	1	48	1
南宁	66	1	51	1	44	1	125	4

资料来源：《中国城市竞争力报告No.7》，北京，社会科学文献出版社，2009-04。

2009年中国社科院发布的《中国地区金融生态环境评价（2008—2009）》中，昆明的金融生态环境建设在全国处于中上水平（见表1-16），综合排名全国第35位，介于成都与重庆之间，可以看出，昆明的经济基础与金融发展在这4个城市中优势较为明显，但制度与诚信文化建设稍显欠缺，应是昆明乃至云南未来发展要克服的"短板"。在信贷资产质量评定的排名中，昆明与重庆、南宁同处于A等级。[①]

表1-16 2008年中国100个大中城市金融生态环境评价结果

城市	经济基础	金融发展	政府治理	制度与诚信文化	综合得分	综合排名
成都	0.381	0.659	0.744	0.687	0.618	23
昆明	0.406	0.724	0.583	0.572	0.571	35
重庆	0.365	0.629	0.520	0.624	0.535	37
南宁	0.310	0.555	0.474	0.506	0.461	54

资料来源：《中国地区金融生态环境评价（2008—2009）》。

深居内陆地区、交通相对落后是西南地区实施"走出去"战略的最大障碍之一，而昆明正逐渐克服这一障碍，领跑西南外向型经济发展。昆明不仅东连东部沿海发达地区，有大西南作为腹地，并且各项指标的竞争力高于南宁，竞争优势较明显。这里值得指出的是，虽然南宁和昆明与东盟10国的直线距离相近（见表1-17），但由于云南是机场最多的省份，随着《昆明市"十二五"现代物流业发展规划》的实施，建设中国昆明国际

[①] 李扬、张涛：《中国地区金融生态环境评价（2008—2009）》，北京，中国金融出版社，2009。

内陆港经济区,把昆明建设成为辐射大西南,连接东部、中部、西部,面向东南亚、南亚、西亚、南欧、非洲的国际内陆港将使昆明区域竞争力进一步提升。

表1-17 南宁、昆明与东盟10国直线距离 单位:公里

	河内	曼谷	万象	仰光	金边	吉隆坡	雅加达	马尼拉	新加坡	文莱
南宁	319.73	1 306.01	803.28	1 430.32	1 294.88	2 296.87	3 212.68	1 604.34	2 426.04	2 100.70
昆明	548.93	1 270.28	781.43	1142	1 525.32	2 424.22	3 483.48	2 225.73	2 627.66	2 579.70

除此之外,《昆明市"十二五"现代物流业发展规划》还提出,昆明发展现代物流业要努力成为全国低碳经济示范城市,充分重视以太阳能等清洁能源为动力的城市配送车辆的开发和使用,面对低碳经济在国际社会上呼声越来越高,云南省适时提出这一发展思路,为清洁能源产业注入一针强心剂。2007年,"中国—东盟昆明物流中心"进入实质建设阶段。物流中心将建成集生产、运输、商贸、金融、通信、电子商务等部门为一体,连接中国、东南亚和南亚的人员、物资、资金、信息流动链中心。

金融处于现代服务业的核心位置,金融资本及其利用规模决定城市产业规模,建设金融业将会为昆明经济提供新的经济增长点。2007年全省金融业增加值达到169.27亿元,占到GDP和第三产业增加值的3.57%和9.34%。全省金融机构人民币各项存款余额达到7 170.87亿元,是2002年的2.3倍,其中昆明占比从2002年的47.07%增加到2007年50.7%[①];2007年全省人民币各项贷款余额为5 671.66亿元,是2002年的2.3倍,昆明占比从2002年的43.63%增至59.03%,昆明的存贷款占了全省存贷款总量的半壁江山。2007年的存贷款余额在全国省会城市分别排在第10名和第7名,西部第3位,仅落后于成都与西安。在深圳综合开发研究院(CDI)编制的"CDI中国金融中心指数"排名中,昆明、成都、重庆作为西南地区次级区域金融中心,昆明的综合竞争力排在全国第19位,介于成都与重庆之间。[②] 本次中国金融中心指数比较中,昆明在金融产业绩效方面有优

---

① 见2008年《云南金融年鉴》。
② 成都排在第14位,重庆排在第21位,南宁未参加排名。

1. 昆明建设泛亚金融服务中心面临的重大历史性机遇

势,但是无论是在教育、文化、交通方面,还是在专业服务、经济基础、社会保障等方面仍显薄弱。金融机构实力方面,除保险外,银行、证券类机构皆无明显优势,金融市场规模与另两个城市相比仍有一定距离(见表1-18)。

表1-18 CDI中国金融中心指数排名

指标 城市	综合竞争力	金融产业绩效	金融机构实力	金融市场规模	金融生态环境
昆明	19	17	17	17	21
成都	14	20	10	11	10
重庆	21	22	11	8	11

资料来源:CDI中国金融中心指数(CDI CFCI)报告(第一期)。

昆明建设泛亚金融服务中心将增强昆明地区整合国内外生产要素的能力,进而必定会产生各类金融机构的集聚。一旦国内外知名银行、保险、证券、基金、期货等各类金融机构入驻昆明,将会为境内外企业提供各种金融支持。同时,在资本密集的城市,资本密集型产业将会具有比较优势,大力发展资本密集型产业将提高其市场占有率,提升产业核心竞争力,导致城市的价值总量进一步扩大。区域金融中心的建设与物流中心建设相互促进,也将极大提升新昆明建设水平。

2. 区域性国际金融中心的理论

2.1 金融中心的定义

何为金融中心？现有的国内外文献中并没有一个被广泛接受的定义。在现有的文献中，学者们大多是通过对金融中心的特征描述来界定金融中心的。

较早对金融中心进行系统研究的是 Kindleberger (1974)，他认为金融中心不仅可以平衡私人、企业储蓄和投资以及将金融资本从存款人转向投资者，而且也可以影响地区之间的存款转移，提供专业化的国际支付和借贷服务。银行与金融服务中心充当了交易功能和层际空间的价值储藏 (Store-of-Value) 功能的媒介。Kindleberger (1974) 从功能的角度进一步指出，金融中心不但为国内区域间的支付提供场所，更典型的是它提供了专业化的国际支付和借贷服务。他对金融中心的定义没有提及地理标准，但是从他的定义可以看出，金融中心是一个银行等高度专业的金融中介大量集聚的区域。这一定义与 Nadler 等 (1995) 分析的类似，国际金融中心就像票据交换所一样处理着大量国际金融交易。Dufey 和 Giddy (1978) 认为国际性金融中心是一个国家金融中心的延伸，是国内中心城市凭借其区位优势、信息优势、人才优势和金融服务可获得的便利性等优势发展形成的金融聚集的大都市，是一个国家或是区域范围内的金融交易的结算地。Coakley (1992) 指出金融中心就是对金融交易和服务集中发生在某一个市场的描绘。Simo (2004) 等人强调金融中心的地理属性，金融中心一般体现为金融机构高度集中的大都市，在金融中心的核心功能区域内聚集了主要的银行、证券公司、证券交易所，大量的基金和保险公司。由于金融服务无法独立于其他专业的服务，在这个核心功能区域周围又围绕着大量的支持性服务业，如会计师、律师、信息出售商和出版商等。国际大都市提供包括国际性金融服务在内的各种高端服务。如果把一个金融中心看做是金融网络中的一个枢纽，则一个全球性城市可以看成世界经济组织和跨国公司网当中的一个战略控制点。金融服务是无法从国际事务中分离出去的，同样金融中心和国际大都市也是密不可分的。

饶余庆（1993）对金融中心的定义是一个金融机构和金融市场聚集，并进行各种金融活动与交易的地区或都市。曾康霖（1995）指出，当代所谓的金融中心就是融资枢纽，是指那些在市场经济进一步发展的基础上建立起来的金融机构集聚、金融市场发达、金融信息灵敏、金融设施先进、金融服务高效、金融影响面大的融资枢纽。唐旭（1996）认为金融中心是资金流动的枢纽，金融中心吸引的资金很大程度上非本地区使用，而是分配在最有效率的地区。干杏娣（2002）认为，金融中心是一定区域内金融业高度密集发达、资金融通与集散功能强、金融业务辐射半径远超出本地范围的经济中心城市，根据其辐射半径可以划分为某一地区、全国、大区域乃至全球的经济中心、金融中心。金融中心既是资金周转中心和资金融通中心，也是商业、贸易、运输、投资的清算中心，还是金融资产或金融工具的定价、信息中心。具体而言，金融中心的功能主要有枢纽作用、信息聚散功能、纽带作用、示范作用、资金清算功能、金融创新功能。党开宇、吴冲锋(2000)从网络经济背景下提出了对国际金融中心的再认识："国际金融中心是指拥有健全发达的金融机构网络，能提供各种有效的金融服务，经营国际性资本的借贷、有价证券交易和黄金交易等业务。全球主要国际金融中心是国际货币资本的集散地和国际金融业务的综合地，在国际资金的借贷、外汇头寸的调拨和买卖、国际债券的发行和摊销以及黄金价格的确定等方面起着重要的作用。"倪鹏飞、孙承平（2005）把金融中心定义为拥有收集、交换、重组和解释信息等特征的金融机构聚集的大都市，是金融产业发展和金融活动的中心和心脏带。谢太峰（2006）把金融中心定义为资金融通活动密集的地方，从现实中看这样的地方一般是城市。金融中心应该是交易成本最低、交易效率最高、交易量大的一个资金集散地。王力和黄育华(2004)较为系统地对国际金融中心进行了研究，他们认为，"金融中心在本质上承担的是金融中介的功能。其内涵是金融机构和金融中介集中交易的场所，是'中介的中介'"。孙工声（2007）认为金融中心是以国家银行或中央银行为总枢纽，以商业银行、储蓄、投资、信托等银行或公司为主体，证券交易所、货币市场、黄金市场和外汇市场为附属体的综合有机体，金融中心是金融集聚的结果。

结合以上学者对金融中心概念的界定，我们提出，金融中心是指以某一个经济发达的中心城市为依托建立起来的金融机构集中、金融市场发达、金融信息传递顺畅、金融设施先进、金融服务全面高效、金融辐射面较大的融资枢纽。

根据以上定义，可以将金融中心的基本特征归纳为五个方面：一是金融机构聚集，有足够多的银行、保险、证券和其他金融机构；二是要有发达的金融市场，如股票市场、债券市场、外汇市场及衍生品交易市场；三是具有资金集散与交易功能；四是金融制度完备，确立了金融交易、监管、司法以及信息流通的规范体系；五是金融人才充沛，集中并不断培育出大批的专业化人才。

2.2 金融中心的分类

金融中心有多种模式，可以根据不同的标准进行分类。

Reed（1981）按照金融腹地的范围大小把金融中心分为五个等级：地方性金融中心、区域性金融中心、国家性金融中心、区域性国际金融中心和全球性金融中心。Mark Yeandle（2005）等人发布了一个关于伦敦作为全球金融中心的竞争力报告。该报告认为人力资源素质、监管环境、商务成本与商务环境、政府效率、税收优惠以及法治环境等是考核一个国际金融中心的重要变量。根据这些指标，可以将金融中心分为五个级别：Global（全球）、International（国际）、Niche（利基：指大市场中的缝隙市场）、National（全国）、Regional（区域）。胡坚（1994）从金融业务涉及的地理范围把国际金融中心分为以下几种：（1）全球性金融中心。全球性的国际金融中心包括本地区在内的全球客户提供金融中介服务。作为中心所在地的东道国通常具有充足的资金和坚实的本地经济。此类金融中心的典型代表是伦敦和纽约。（2）区域性金融中心。区域性金融中心只为居住在本地区的居民提供金融服务，此类中心的典型代表是巴黎、日内瓦、新加坡、香港。（3）境外金融中心。境外金融中心又称离岸金融中心，是一个以减少或废除金融管制、减免租税等优惠条件吸引国际金融业者，从事以境外通货为交易中介，境外客户为交易对象的金融业务的国家、地区和城市。余秀荣（2009）从金融辐射半径的大小把金融中心界定为国际金融中心和国内金融中心，两者的区别及其分类如表2-1所示。

表2-1 国际金融中心与国内金融中心的区别及其分类

分类依据	金融聚集和辐射超过国界		金融聚集和辐射只在国内	
金融中心大类	国际金融中心		国内金融中心	
金融中心细分	世界性国际金融中心	区域性国际金融中心	全国金融中心	国内区域性金融中心
金融中心半径特点	全球发挥集聚和辐射功能	临近国家和地区发挥集聚和辐射功能	全国范围发挥集聚和辐射功能	国内区域范围发挥集聚和辐射功能
代表城市	伦敦、纽约、东京	香港、新加坡、巴林、法兰克福	19世纪70年代前的费城	休斯顿、旧金山、横滨

资料来源：余秀荣：《国际金融中心历史变迁与功能演进研究》（博士论文），2009。

倪鹏飞、孙承平（2005）将金融中心的资金来源与使用目的结合进行分类，并对全球金融中心进行了分类（见表2-2）。

表2-2 40个国际金融中心分类

	等级	资金集散	资本输出	离岸金融
基本集散中心	1	伦敦、纽约、东京、巴黎	苏黎世、法兰克福	香港、新加坡、卢森堡

续表

	等级	资金集散	资本输出	离岸金融
筹资内引中心	1	旧金山、芝加哥、布鲁塞尔、米兰		
	2	多伦多、维也纳、斯德哥尔摩、马德里、赫尔辛基、墨西哥城		
	3	奥斯陆、马尼拉、里约热内卢、墨尔本、圣地亚哥、首尔、约翰内斯堡、雅典、蒙德维亚、布宜诺斯艾利斯		
集资外输中心	1	阿姆斯特丹	阿拉伯联合酋长国	
	2	巴林群岛		
	3	哥本哈根、开罗、雅加达、里斯本、吉隆坡		
预约登记中心	1	巴哈马群岛		巴拿马城

资料来源：倪鹏飞、孙承平：《中国城市：金融中心的定位研究》，载《财贸经济》，2005（2）。

金融中心的分类还可以按照金融中心的功能划分。McCarthy（1979）认为集聚着大量在此地注册和记账，但并没有实际性的经营业务发生的国际金融机构的城市为名义金融中心，这种金融中心的主要功能是规避监管和避税。另外一种实际金融中心是指实际金融活动活跃，金融机构聚集，能够创造就业和收入的城市。在此基础上饶余庆（1993）将功能中心分为一体化中心（An Integrated Centre)和隔离性中心（A Segregated Centre）。前者是指对本国与国外金融机构同等对待，允许其进行任何境内或境外金融活动的中心。后者指将境内与境外的业务严格区分，只允许外国银行或金融机构进行境外业务的中心。隔离性金融中心通常又被称为离岸性金融中心(An Offshore Financial Center，OFC)。韩国学者Park（1982）综合了地理和功能的分类标准，将离岸金融中心分为四类：主要金融中心（Primary Center）、记账中心（Booking Center）、集资中心（Funding Center）和托收中心（Collection Center）。

Dufey 和Giddy（1978）根据国际金融中心的形成和发展阶段把金融中心划分成三类：传统中心、金融转口中心和离岸金融中心。传统中心是通过贷款、证券发行等方式输出资本成为国际净债权的中心。转口中心是指为本国、本地金融机构和金融市场服务，同时提供给出境居民和非居民，但不是净资本输出者。离岸金融中心主要为非居民提供金融中介的中心。这种划分主要是针对国际金融中心的成长和演变进行的，不具有金融中心形成发展的普遍规律。

黄解宇、杨再斌（2006）从金融中心发生的形态、市场结构、金融体系以及政府政策等方面考察，将金融中心划分为三类：经济拉动型中心、政策推动型中心和区位优势型中心，在政策推动型金融中心的构建过程中，由于目标城市的经济水平不同，政策的侧重点和力度也有不同，因此又可将政策推动型中心细分为政策主导型和政策辅助型（见表2-3）。

表2-3 金融中心形成动因分类法

类型	特征	典型代表	特点
经济拉动型	当地经济发展带动起来的金融中心。	伦敦、纽约、东京、法兰克福。	当地经济、贸易高度发达，现代化水平很高。
政策推动型	金融中心的形成不完全依赖当地经济的发展。	香港、巴林、巴哈马。	这些国家或地区初始时经济发展水平不高，但由于宽松的金融税收政策和经济政策，吸引世界许多银行和金融机构以及跨国企业的总部在此聚集，从而带动了本地经济发展。
区位优势型	借助于优越的地理位置和与周边国家或地区广泛的稳固的经济联系。	利雅得、开罗、马尼拉、曼谷。	经济金融水平不高、金融环境不宽松。

资料来源：黄解宇、杨再斌：《金融集聚论——金融中心的理论与实践解析》，北京，中国社会科学出版社，2006。

2.3 金融中心形成的理论基础

在金融中心形成的理论基础研究中，先后主要出现了供给与需求理论、金融集聚理论、区位理论、新经济地理学等理论，取得了丰硕的研究成果。

2.3.1 需求反映论与供给引导论

需求反映理论认为金融业的发展与经济增长存在着因果关系，金融中心的形成是顺应经济发展的自然结果与自然产物，并非政府意志和政策所造成。比较有代表性的是城市发展金融中心论和经济发展金融中心论。

城市发展金融中心论将专业金融机构提供的服务作为大城市的一项功能来研究，认为国际金融中心往往是经济发展较好或者具有特殊优势的大城市。经济史学家Grass（1922）把都市发展分为四个阶段，认为金融中心是集中度的一个标志,处于城市经济发展的最高阶段,是城市经济发展的自然结果。经济发展金融中心论则是从经济发展的产业结构调整而不是城市的发展阶段来阐述金融中心的形成。Clark、Kuzenets和Woffimann通过大量的统计分析得出:经济发展到高阶段时,第三产业将会占到经济的主导地位,金融业位于核心地位,相应的金融中心是这种核心地位的载体。Greenwood和Jovanovic(1990)以及Levin(1992)的研究指出金融中介体系的组建存在很高的固定成本,金融发展和经济增长之间有"门槛效应"的存在。只有经济规模达到一定的要求后,发展金融体系才会对经济发展起到推进作用。所以,低水平的经济发展限制金融体系的发展,这又反过来阻碍了经济资源的优化配置,限制经济增长。"门槛效应"很好地解释了发达国家与发展中国家金融发展水平的差异。

供给引导理论与需求反映论不同,该理论认为金融中心的形成并非经济发展的自然结果,而是相关地区的政府部门人为设计,靠政府力量强力推进产生的。这种理论强调三点:第一,金融体系在经济增长过程中动员储蓄、分配投资的主动性;第二,金融行业的发展对经济发展的先导性;第三,政府推动金融体系的主导性。供给引导理论认为政府应该在金融中心的形成过程中发挥主导作用,运用政策干预金融业的发展。

根据供给引导理论与需求反映论,唐旭(1996)在对世界金融中心进行历史考察的基础上,分析了金融中心形成的条件和金融中心的作用,指出金融中心的两种模式,并通过衡量相关条件指标来对我国金融中心进行了测定。这两种模式,一种是随着对需求的自动反应产生的自然集聚形成模式;另一种是在政府有意扶植下形成的政府推动形成模式。

1. 自然形成模式。自然形成模式又叫经济推动模式,即随着一国经济的发展尤其是随着一个城市经济的发展,对金融服务的需求不断增加,于是各种金融机构不断增加并不断创造出更多的金融产品,提供更多的金融服务,其金融业所服务的对象也随之扩大,从而自然地成为金融中心。

自然集聚形成的金融中心是市场经济长期自由发展的结果,其形成轨迹呈渐进式发展。自然集聚过程形成的金融中心的特点如表2-4所示。

表2-4 自然集聚形成的金融中心的特点

项目	描述
城市发展	城市长期自由发展，金融中心的形成和成长与经济发展相伴随，产生后会进一步促进经济发展。
经济贸易	国家（地区）经济贸易强大，企业跨国或跨地区投资与贸易活动活跃，金融体系健全，金融市场自由且发达，地理位置适中。
经济管理	多奉行自由放任的经济政策，经济上的自由程度和开放程度高，全方位开放，资金进出完全自由。

资料来源：黄解宇、杨再斌：《金融集聚论——金融中心的理论与实践解析》，北京，中国社会科学出版社，2006。

2.政府主导模式。政府主导模式的金融中心是指在经济发展尚未达到特定的水平下，抓住了金融市场发展调整的某一契机，利用相应城市或地区所在地理位置和经济环境等方面的某些优势，通过政府部门的主导和推动，实行优惠政策，在较短的时间内超前发展而形成的功能性金融中心。这一类金融中心，其所具备的条件是一国或地区有意识建设的结果，其中新加坡最为典型，其特点如表2-5所示。

表2-5 政府有效推动形成的金融中心的特点

项目	描述
具备条件	不是在经济发展和金融体系发展演变过程中自然形成，而是政府有意识建设的结果。
经济发展	经济发展处于起步阶段，金融体系尚不完善。
金融业市场化进程	以政府力量来启动金融业的市场化进程，从一开始便着眼于带动本区域经济金融的发展。
发展模式	政府推动金融业发展，以促进经济超越式发展。

资料来源：黄解宇、杨再斌：《金融集聚论——金融中心的理论与实践解析》，北京，中国社会科学出版社，2006。

3.两种模式的比较。自然形成的金融中心一般在老牌资本主义国家，是市场经济长期自由发展的结果，而政府主导形成的金融中心大多产生于第二次世界大战以后的新兴工业化国家(地区)。由此，产生了两类金融中心在目标任务、作用发挥、政策取向上的不同。自然形成的金融中心是与经济的发展相伴相随、亦步亦趋，是被动的产生，但其产生后也会进一步促进经济的发展。而政府主导形成的金融中心自一开始便着眼于带动整个国家经济及金融业的发展，实施的是超前式发展战略，其作用的发挥是主动的、积极的、目标明确的。在政策取向上，前者经济上的自由程度和开放程度高,多奉行自由放任的经济政策;后者政府对经济的干预程度高,多奉行积极干预的经济政策(见表2-6)。

表2-6 两种模式的比较

比较项目	自然形成模式	政府主导模式
发展动力	自然形成的原动力	人为产生的推动力
目标任务	与经济发展相伴相随	带动经济及金融发展
作用发挥	被动式的反作用	主动积极、目标明确
政策取向	自由度和开放度高	干预程度高
发展轨迹	渐进式	突破式

2.3.2 金融集聚理论和规模经济

金融集聚可以作为一个过程,也可以作为一个状态或结果[①]。前者指在时空动态变化过程中实现金融资源与地域条件多维体系下的优化组合、配置、协调,促使金融产业在一定地域空间成长、发展,进一步实现在一定地域空间生成金融地域密集新系统的变化过程。后者则指经过上述过程,使具有一定规模和密集程度的金融创新产品、机构、工具、制度、政策文化、法规实现在一定地域空间内的有机组合的现象和状态。金融集聚的规模效应(包括外部规模效应和内部规模效应)是金融机构集聚的直接原因。集聚经济[②]必然是以一定的规模为前提,通过微观主体的内在规模经济来实现,集聚经济作为外部的规模经济总是与区域的经济活动相联系,外部规模经济是促成金融机构空间集聚的主要动因之一。

利用金融集聚理论来研究金融中心问题的文献最早是英国学者Powell(1815)在其著作《货币市场的演进:1384—1915》描述银行业聚集到伦敦的过程。随后,Vernon(1960)认为产业集聚提供了近距离的交流和沟通便利,金融机构集聚的原始动力就是为了近距离地与客户交流和沟通,增进与客户的联系。Kindleberger(1974)运用金融集聚理论来系统地研究金融中心形成和发展的问题,他指出:"单一金融中心的效率性

---

① 黄解宇、杨再斌:《金融集聚论——金融中心的理论与实践解析》,北京,中国社会科学出版社,2006。

② 薛波、杨小军、彭晗蓉:《国际金融中心的理论研究》,上海,上海财经大学出版社,2009。

类似于增加单一法币的效用。每个地区在对外收付时,并不是分别与其他地区进行结算,而是与单一金融中心进行结算,如此,只需要n−1个渠道,而非n(n−1)/2个。对于货币支付来说,作为一国系统顶点的核心金融市场和作为各国金融中心顶点的单一国际金融市场的效率性是毋庸置疑的。"Kindleberger的研究还表明:随着支付体系的发展,把财务部门设立在金融中心区域可以运用较少的周转资金余额为更大规模的支付提供资金。金融中心所在地的证券市场由于金融集聚带来的激烈竞争,将以更低的价格发行证券。金融中心的集聚效益主要体现在跨地区支付效率和金融资源跨地区配置效率的提高上,金融市场组织中的规模经济是国际金融中心形成的主要向心力。Yoon S. Park(1982)从区位经济学的理论出发,认为国际金融中心在地理位置上拥有时区优势、地点优势、交通运输优势和政策优势等优势,从而吸引投资者和借款者的进入。他还将微观经济学的规模经济和聚集经济的理论应用于国际银行业的发展和国际金融中心的成因分析中,他认为,金融中心一旦形成,作为微观经济单位的各金融机构在空间上彼此接近所产生的外部经济的聚集效应(Economics of Agglomeration),既是规模经济的重要特征,又是金融中心存续下去的重要原因,会更进一步促成金融机构的空间聚集。这是因为,金融中心产生的聚集效应能加强金融机构之间的协调与配合,有效降低金融机构的运营成本,促进各金融机构及各行业的信息交流。同时金融机构的增加使金融中心通讯和交通等设施利用率提高,促进金融中心城市的技术装备、基础设施建设,这些进步又会进一步吸引更多的金融机构进驻。这样,金融中心城市的技术装备、基础设施建设和金融机构发展就会进入一个相互促进的良性循环中。Park的研究强调了在影响金融中心形成的诸多因素当中,集聚效应所带来的巨大效益,说明了金融中心的产生具有经济上的必然性。Economists Advisory Group(1984)在《城市2000年:伦敦作为国际金融中心的未来》中,对古典与现代国际金融中心的特点、条件、规模经济效应、经营地点对不同种类金融机构竞争能力的影响以及政府监管等问题作出了全面的分析,认为金融资产市场具有规模经济,金融中心的建立是一个积累的过程，倾向于金融业务集聚在少量的金融中心，新的金融中心成立将十分困难。Krugman（1991）认为在不完全竞争市场，一方面，市场的不确定性和技术快速进步将导致内部规模不经济和经济衰退；另一方面，集聚经济可以通过各种垂直和水平的链接以降低成本，因此更具有外部经济和范围经济的优势。这两种因素的合力决定了一个地区是否能够形成金融中心。Arthur（1994）通过路径依赖模型来描述下面情形：在外部经济盛行的情况下，一个企业的定位怎样比别的企业更加优越。他认为，一个特定种类的金融业务，一个有较小优势的国际金融中心能够吸引更多的银行来操作这项业务，这就使得该业务对于其他银行更加具有吸引力。这些规模递增收益有助于一个地理上的"锁定"。以Thrift（1994）为代表的演化经济学派提出"路径依赖"可以有效地解释为何金融产业向金融中心聚集，以及为何一个城市能长久地在区域内维持优势。根据"路径依赖"理论，金融产业倾向于向有成功经验，以及有较好的金融发展水平的地区聚集，对于某个特定种类的金融业务，一个有较小优势的地区能够吸引更多的银行来操作这项业务，这就使得该业务对于其他银行更加具有吸引力。而"信息不对称"理论和"信息腹地"论则能解释"路径依赖"优势如何会被改变甚或削弱。"信息流通"、"不对称信息"、"信息腹地"和"路径依赖"乃是金融中心形成的主要力量和度量某个金融中心在区内主宰能力的重要指标。Porteous（1995，1999），Martin（1999，2000）等运用金融集聚理论对国际金融中心形成的微观基础进行了研究，并强调信息流是金融中心发展的先决条件。Gehrig（1998）运用市场摩擦理论和大量的实证分析，证明了某些金融活动在地理上的集聚趋势与另外一些金融活动在地理上的分散趋势并存，信息外部性以及不对称信息不仅是塑造信息腹地和决定金融中心的重要因素，也是影响地区等级和全球层次的重要因素。Deida和Fttoouh（2000）发展了一个理论模型来研究国际金融中心的形成与发展，并且用香港的数据来检验。他们认为，由于金融中介规模经济的存在，一个国际金融中心具有为外国投资者提供相对于本国市场更高收益的能力。

杨小凯（1991）建立的关于城市化和分工演进关系的一般均衡模型显示，如果居民集中居住在一个城市，其交易效率将大大提高。金融中心作为一种产业集聚形式，有利于金融集聚效益的提高，主要表现在能提高交易效率和提供近距离交流与沟通便利两个方面。潘英丽（2003）通过对城市和金融中心的集聚效益与外部规模经济效益的理论分析来解释企业或金融机构为何愿意集中设立在某些大城市或从其他地区迁移到大城市，并从微观方面对金融中心的形成进行了探讨。但潘英丽（2001）同时认为金融机构的空间集聚也具有负效应，比如，信息成本增加，昂贵的办公楼租金，以及过度竞争所带来的低利润等。李扬（2003）分析了区位优势在金融中心的选择中所起到的决定作用以及金融聚集收益，得出了金融中心建立的几个重要条件。赵晓斌（2004）认为由于信息具有外部性、不对称性和信息腹地的存在，金融集聚除了机构、人才、技术的聚集外，也是信息的汇集地，金融机构为解决信息不对称而聚集是形成金融中心的关键因素。

2.3.3 区位理论

区位理论将地理学和金融学结合起来解释金融中心现象，特别是从区位与金融供给需求、区位与技术进步、区位与金融环境以及区位所在的时区优势等方面对金融中心的形成与发展进行解释。

Jeanlabasse（1955）最先用地理区位选址的视角来研究金融中心问题，描述了里昂地区银行网络的发展以及中心城市间的金融联系。Hepworth（1981）指出，区位优势是金融中心形成的主要原因，并构成国际金融中心的地理条件。Yoon S.Park（1982）将区域经济学中的区位理论应用于国际银行业的发展和国际金融中心的成因分析上，对区位理论在集聚经济效应方面进行了补充性的说明，强调了区位优势在对金融中心的形成过程中所起到的突出作用，他认为国际金融中心的区位优势——时区优势、地点优势、交通优势和政策优势是吸引金融活动的主要优势，有利于金融中心的形成。Jacobs（1985）指出，金融集聚发生的地理区域不只局限于国家范围，也可以是城市或者特定行政区域，也就是说核心大城市有特别好的经济发展动力与创新机制，这将影响其所在国家的繁荣。

当今世界经济增长的中心转移到了收益高的地区,同时也代表转移到了生产中心、贸易中心、金融中心,这必然与国际大城市相联系。韩国学者崔上林等(Choi,Tschoegl,Yu)分别在1986年、1996年和2002年连续的三次研究中,通过对全世界14个金融中心进行实证分析,研究了世界金融服务和金融中心的格局、动态以及金融中心具有集聚吸引力的原因。研究表明,城市吸引力主要由以下因素所决定:城市地区经济规模与经济活动、已有的银行总数、股票市场规模大小和交易头寸、与其他国家的双边贸易关系(如国际资本流动)、对外直接投资(FDI),以及银行企业的机密保护程度等。Davis(1990)在将产业区位理论应用到国际金融中心的形成和发展的解释方面作出了杰出贡献。他指出,国际金融中心是金融企业活动和聚集的中心。金融企业选址在何地,关键是看当地的综合条件与其他地区的相比较能否使金融企业获得更大的净收益。概括地讲,就是区域内是否存在外部规模经济来减少交易成本和优化信息流通。Risto Laulajainen(1998)通过对金融中心历史演变过程的分析和当时国际上大的国际金融中心的比较研究得出结论,决定一个金融中心形成和其国际地位的因素为政治地位、经济实力、监管环境与税收制度、时区优势、信息优势、人才优势。Bindemann(1999)也指出了区位理论在国际金融中心研究中的重要性。他认为,区位理论主要考察了供给、需求、沉没成本、内部和外部规模经济以及规模不经济、交通成本、信息和不确定问题等,这些对国际金融中心的研究有很大贡献。

姜天鹰(2002)研究了金融中心的形成机制和特点,指出金融机构所在地的经营成本、人力资源供给、电信设施的可靠性以及监管环境与税收制度和周边经济环境构成了影响金融中心竞争力的最重要的几大因素。赵晓斌(2002)在分析金融中心形成的影响因素时,根据金融地理学观点,指出金融中心是信息集聚地,总部经济和金融中心趋于一致。从金融地理学角度讲,总部最集中的地方就是最大的金融中心。因而对跨国公司地区总部所在地选址的因素进行统计,利用主因素方法寻求主要因素建立指标体系进而对不同城市进行比较,并主要运用路径依赖、不对称信息、信息腹地、信息流通等去说明区域金融中心的发展。倪鹏飞（2004）从全球视角审视金融中心的竞争和发展格局，提炼国际标准并运用空间经济学理论构建国际金融中心发展和竞争的解释框架，并运用该框架总结出具有规律性的经验和有价值的政策启示：国际金融中心的产生和发展有一些关键条件和标准，并非任何城市都能成为金融中心；金融中心的形成和发展是一个逐步积累的自然历史过程，一开始增长很慢，一旦形成，增长很快；全球的几个超级中心和较多的低级中心并存，一个经济大国的金融中心并非只能有一个；许多重要的金融中心地位在不断变化；政府监管制度和政策支持对金融中心具有重要的影响；政府对金融市场国际化的态度要积极，行动要谨慎；行政体制对金融中心的发展有重要影响；经济一体化有利于金融中心的巩固。

2.3.4 新经济地理学

新经济地理学是由Krugman等学者提出的相对于传统区位理论而言的经济地理学。所谓"新经济地理学"是指以空间经济现象为研究对象的区域经济学、城市经济学、经济区位论等传统经济学科统一起来所构建的一门学科（张文忠，2003）。新经济地理学的理论和方法在国际金融中心研究中的应用主要体现在对国际金融中心形成和发展的"离心力"和"向心力"的探讨，实际上是对金融聚集理论的再拓展。

Krugman（1991）指出行业的地理运动主要受三种效应的驱动：市场准入效应、生活成本效应、市场挤出效应。市场准入效应是指生产厂商倾向于在需求市场大的地方生产并向小市场出口。生活成本效应表明在大量生产厂商聚集的地区，产品的价格较低，消费者选择在这样的地区居住可以减少生活成本。这两种效应的合力就叫做"向心力"。市场挤出效应是指厂商喜欢向竞争相对较少的地区集中，就是所谓的"离心力"。他还指出，"向心力"和"离心力"的大小还取决于贸易成本和贸易自由化水平。

Gehrig（1998）和Porteous（1995）等人在Krugman（1991）有关中心—外围模型和聚集理论的基础上，通过对影响国际金融中心形成和发展的"向心因素"和"离心因素"进行论述，揭示了国际金融中心的变化本质（见表2-7）。

表2-7 国际金融中心形成和发展的向心力与离心力文献综述

作者	向心力	离心力
Marshall（1980）	劳动力市场共享、中间产品投入、技术外溢。	不作为重点分析。
Kindleberger（1974）	规模经济和集聚经济。	局部化信息、不同时区、有差别实践。
Krugman（1991）	关联效应、厚市场、知识外溢和其他纯外部经济。	不可流动的要素、土地租金/运输成本、拥挤和其他纯不经济。
Porteous（1995）	回顾Marshall提出的三个因素，还加上信息外溢、社会机构和文化因素、宽松的监管框架和结构。	较高的运营成本、交通阻塞和生活不适、信息外部性、不同时区。
Gehrig（1998）	支付机制中的规模经济、信息外溢、市场流动性和厚市场外部性。	市场进入成本和协调成本、寻租政治干预、局部化信息。
Lelyveld和Donker（2001）	对Marshall、Kindleberger、Gehrig所提的因素进行扩展。	定位高成本和交通阻塞、市场进入成本、信息外溢。

资料来源：薛波、杨晓军、彭晗荣，《国际金融中心的理论研究》，上海，上海财经大学出版社，2009。

通过对现有文献的梳理，我们可以发现金融市场的向心因素主要包括以下方面：（1）支付机制的规模经济。金融集聚的主要向心力之一是规模经济。Kindleberger（1974）认为跨地区支付效率的提高和金融资源跨地区配置效率的提高充分反映了金融中心的聚集效益。他根据节约周转资金余额、融资和投资便利的原理，深入分析了金融机构集聚的规模经济效应对金融中心形成的促进机理[①]。Kindleberger认为，对于n个数量金融中心来说，所有的支付集中于单一的金融中心是最有效率的结算体系。因为这只需要n-1个交流渠道，而在双边支付机制下则需要n(n-1)/2个。

（2）信息外溢。Bossone等人(2003)认为信息的溢出导致了金融集聚，金融中介的参与保障了投资者与通过银行借贷而经营的企业家之间信息交流充分，进而大大地提高了价值投资链的利润，在提供投资活动信息的同时

[①] 薛波：《国际金融中心研究的初步发展和"理论衰落"》，载《上海经济研究》，2007（1）。

金融中介可以通过对信息的定价分享一部分利润。对于那些支付手段复杂而且信息灵敏度高的股票和金融衍生工具来说,投资者和券商在地理位置的接近有利于掌握更加丰富的金融信息[①]。

　　金融业作为生产专业化信息的行业,其交易成本主要是信息处理成本,包括信息获取、信息转移、信息传播和信息积累的成本。虽然金融产业集聚区的出现降低了集聚区内的信息处理成本,但是集聚区外的信息处理成本却随着距离的增加而增长。虽然信息技术的发展会降低信息处理成本,但是面对面的接触来传递信息仍旧是必不可少的,因此,距离仍旧是影响信息处理成本的重要因素,随距离而增加的交易成本构成了集聚的制约因素。虽然集聚能够带来的递增收益和外部经济的好处,但是集聚不可能不受限制地得到发展,受距离影响的交易成本决定了集聚的范围。金融市场的离心力体现在三个方面:(1)市场接近成本与协调。Pagano(1989)将市场进入成本视为交易成本的一种特殊形式。交易前的高市场进入成本,投资者需要决定进入哪一个市场,并且比较扣除各自市场进入成本的市场参与的期望效用。Pagano发现,在对称市场进入成本下,由于流动性外部因素的影响,交易通常会集中于一个市场,而在市场进入成本相异时,分割的市场均衡可能会存在,此时大交易商比如期望大量交易的投资者会选择具有较高进入成本的市场而小交易商会选择具有较低进入成本的市场。在这种均衡下,基于其他大的交易商也会参与高进入成本市场的理性预期以及他们不会从与低成本市场的偏离中获益,大交易商能够享受在高进入成本市场中应对价格波动的较好保险。Economides 和Siow(1988)明确地分析了在空间背景下流动性和市场进入成本之间的权衡。基于流动性的考虑,投资者偏好在单一地点交易,然而随着市场所在地距离的增加市场进入成本提高。必须向投资者提供交通成本的补偿,否则他们宁愿不交易。因此,有许多交易商的高流动性市场能够吸引来自更广范围的投资者,而弱的市场只有少数投资者。然而如果流动性市场距离很

---

① 梁琦:《金融集聚的宏观动因》,载《南京社会科学》,2006(11)。

远，投资者为了降低交通成本宁愿在低流动性市场交易甚至待在家里。这个流动性和交通成本之间的权衡导致了投资者进入不同的市场。市场协调问题也是同样的道理，由于在流动性和交通成本之间的权衡，会存在多元市场均衡。（2）寻租和政治干预。由于金融中心的集聚优势，有兴趣的第三方会试图参与分享这些中心产生的收入。财政当局可能试图进行税收交易，工会也努力确保更高的工资。自然，这些寻租活动减少甚至消灭了金融中心的吸引力同时增强了市场分割的机会。（3）地方化信息。金融活动第二个主要的离心力是信息的地方化。实际活动的空间地理分布意味着实际活动、生产和政策在各地产生。虽然许多上述信息都可以收集和传递，但很难想象所有的投资者和公司管理的相关信息能够无成本地被聚集和传达给任何地点。

对于金融产业集聚来说，递增收益带来的向心力促使金融产业向金融中心地集聚，交易成本增加所导致的离心力使得金融产业的区域分割。金融产业集聚在这两种力量驱使下，在集聚与分散之间互相转化，它们的合力决定了金融中心的形成与衰退。

2.3.5 金融生态理论

国际金融中心不仅仅是独立地创造金融产品和提供金融服务的一个集中场所，它的运行不仅涉及赖以活动区域的政治、经济、文化、法律制度等基本环境要素，还涉及环境的具体构成及变化，及由此引致的主体行为异化对金融中心内部金融生态系统产生的影响。在我国，"金融生态"这个概念最早是由中国人民银行行长周小川在2004年12月2日的"中国经济50人论坛"上提出，他率先对金融生态的若干问题进行了系统的分析，为我们提供了一个认识和分析金融问题的全新角度和方法论。之后，在理论界和实务界的共同推动下，金融生态学研究成果同国际金融中心建设紧密地联系起来。徐诺金（2005）提出，"金融生态"是指各种金融组织为了生存和发展，与其生存环境之间及内部金融组织之间在长期密切联系和相互作用过程中，通过分工、合作形成的具有一定结构特征，执行一定功能作用的动态平衡系统。这一定义具有两个重点：一是金融生态是一个动态平衡的系统,二是金融生态的内部组织和外部环境是金融生态的两大构成部分。但是这一概念对于金融生态系统各部分在金融生态系统中的角色没有给出清晰的界定。因此,李扬(2005)参照生态学对生态系统的分析,进一步发展了金融生态的概念,把金融生态系统定义为由金融主体及其赖以生存和发展的金融生态环境构成,两者之间彼此依存、相互影响、共同发展,形成一个动态的平衡系统。而金融生态环境是指由居民、企业、政府和国外等部门构成的金融产品和金融服务的消费群体,以及金融主体在其中生成、运行和发展的经济、社会、法治、文化、习俗等体制、制度和传统环境。这样就明确界定了金融生态环境是金融生态的一个构成部分,它们之间是包含与被包含的关系,清晰了金融系统各部分的角色。金融生态理论在金融中心研究中的应用大多是从地区层面出发,关注各地区金融生态环境的差异以及这种差异对金融行业的影响。胡平西(2005)在对金融生态定义的基础上,指出上海金融中心在金融生态环境方面存在融资方式失调、贷款投向集中、金融法规滞后、社会诚信缺失等问题,并针对这些问题给出政策建议。中国人民银行上海分行课题组(2005)指出,若对一个地区金融生态进行评价,金融机构不良资产比率、金融机构资本回报率、本地金融资源占全国的比重这三个指标十分关键。但是,上海作为一个以建设国际金融中心为目标的城市,与世界主要金融中心城市相比在金融生态环境方面还存在很多不足。金永红和张立(2006)认为,支撑国际金融中心运行的金融生态系统是一个内涵丰富的有机系统,主要包括市场化建设、法制化建设、国际化建设、科技化建设、金融文化建设等。一个优良的金融生态系统可以营造适应金融中心生存和发展的环境,是金融中心建设的前提条件。郑扬(2006)则认为,金融法制环境在金融生态环境诸多要素中最为关键,它影响着金融生态环境的有序性、稳定性、平衡性和创新性,并且决定着金融生态环境的生存发展空间。一个城市能否成为金融中心以及这个金融中心的地位如何,与金融法制环境息息相关。伦敦能够成为全球金融中心,很大程度上是凭借英国金融法律环境的优越性。张惠文(2007)从微观、中观、宏观三个层面描述了平衡与和谐的金融生态环境，认为这三个方面共同构成金融发展的支撑体系，包含了影响金融业生存发展的各种因素。在这些因素中，国际金融中心的人才集聚无疑是焦点和核心，金融中心的建设只有不断留住和吸引人才，才能具备人才集聚优势，为金融生态改善提供智力支持。胡兆量（2007）指出，香港具备发展世界金融中心的区位条件和制度条件，同时香港还具有发展金融业的基本要素和优良的金融生态环境，是我国城市中建设国际金融中心的最优选择。以上学者的研究成果把金融生态学理论与金融中心研究很好地结合起来，极大地丰富了国际金融中心研究的理论与方法。

2.4 区域性国际金融中心的功能

金融是现代经济的核心，是经济发展的润滑济和重要动力。金融中心作为金融服务业高度集聚和高水平发展的中心城市，其对于所在区域经济社会发展的推动和支撑作用已毋庸置疑。关于国际金融中心功能的文献可零散的见诸于多种学术刊物，而对于区域性国际金融中心功能进行论述的文献甚少，比如，曾康霖教授（2003）概括了国际金融中心的六大功能：融资功能、筹资功能、投资功能、交易功能、创新功能和综合服务功能。Robert（2003）认为国际金融中心就是发生金融流量的中介或者将储藏者的资金供给与借款人的需求相匹配的城市。胡坚（1996）认为金融中心的最终功能是融资和贷款中心。高长春（2007）认为国际金融中心的主要功能体现在优化资源配置、金融信息集散、价格发现和风险管理四个方面。显然这些文献对于区域性国际金融中心功能的研究是不够的。考虑到区域性金融中心受制于其业务服务范围和辐射力度，主要为某一区域经济和社会发展服务，其功能具体体现在以下几个方面。

2.4.1 服务功能和中介功能

当一个城市的金融业迅速发展进入金融中心阶段，金融机构大量集聚在金融中心城市，这必然会大幅提高金融服务和金融中介的效率，扩展金融服务和中介的范围，金融服务中介的内容不仅仅只是传统的汇兑、结算、保管、资金融通等，还将包括信托、证券投资、资产管理、管理咨询等新的领域。提供综合性的服务和中介已经成为区域性国际金融中心的基础功能。

2.4.2 资金腹地和辐射功能

集聚具有资金集散能力的金融机构,通过这些金融机构将金融活动集中于金融中心城市的中心网络,促进区域内社会储蓄向资本转化,实现区域资本积聚和辐射,为区域经济发展提供充足资本,继而实现资源在本地区内的优化配置;并且金融作为一种相对独立于其他产业的战略资源,会持续带来金融中心所在城市及周边地区投资的繁荣,形成产业的扩张和交易的集聚,创造大量的就业机会和政府财政收入。

2.4.3 信息腹地功能

区域性国际金融中心吸引大量的经营相似资金筹集和投资业务的金融机构集聚在中心区域。一般认为,金融中心从两个方面降低交易成本,增强金融产品流动性:(1)国际区域金融中心作为金融中介的集聚地,由于资产评估固定成本的存在,金融机构比个人更容易分摊成本,大量的金融机构间的激烈竞争会使既定的成本分摊力度加大,投资者可以选择对自己最有利的一家机构进行交易。(2)国际区域金融中心不仅是金融机构、人才和技术的集聚地,同时还是区域内的信息腹地,在此中心内交易双方更加容易获取相关的交易信息,降低信息不对称性和信息的搜索成本。因此,国际区域金融中心具有金融价格发现和信息集聚功能,促进区域资源的优化配置,提高区域经济发展效率。

2.4.4 风险管理功能

区域性国际金融中心集中借贷、证券、期货、外汇、信托、保险和黄金交易于一体,为投资者提供了多样化的投资产品,能够使投资者既可以通过风险产品直接对风险进行交易,也可以利用多样化的投资组合来降低风险,为区域内微观经济主体提供更好的风险管理工具,帮助其实现利益最大化,因而具有风险管理功能。

2.4.5 地理整合功能

国际区域金融中心在对接国内金融市场与国外金融市场方面起到桥梁和纽带的作用，汇集大量所在区域内的国内业务和国外业务，为国内机构和企业参加国际金融市场活动提供途径和窗口，同时也为国外资金向国内区域投资提供服务和便利，最终形成一个统一的国际性区域金融市场。因此建立区域性国际金融中心，对于整合优化区域资源和国际资源配置，增强区域金融业的自主创新能力和金融机构核心竞争力，促进区域经济的发展，具有重大的意义。

3. 区域性国际金融中心的历史演变与经验借鉴

国际性金融中心（International Finance Centre）是指聚集了大量金融机构和相关服务产业，全面集中地开展国际资本借贷、债券发行、外汇交易、保险等金融服务业的城市或地区，根据国际性金融中心的规模和影响辐射力的不同可以把它划分为全球性和区域性国际金融中心。

3.1 国际金融中心的历史演变过程

国际金融中心是世界经济和国际金融发展到一定程度的必然产物，综观整个国际金融中心的历史演变过程，可以发现，国际金融中心随着经济中心的转移而先后经历了从威尼斯到阿姆斯特丹再到伦敦、纽约的相互更替的发展历程，到了20世纪中叶，除了原有的、自然发展起来的国际金融中心迅速扩张外，在政府推动下，一批新型的国际金融中心也就是我们通常说的现代国际金融中心也迅猛发展，这些现代国际金融中心不止有全球性的金融中心，也有一些地区根据自身条件和市场定位而致力于发展成为区域性的金融中心，随着各国金融中心建设的不断发展，在国际上逐步形成了伦敦、纽约、东京国际金融中心三足鼎立，世界各地区域性金融中心蓬勃发展的多元化、多层次的国际金融中心格局。

3.1.1 古典的国际金融中心

古典的国际金融中心是在资产阶级革命发生之前，资本主义社会尚未建立成功之时，由于社会经济水平的提高以及国际贸易发展的需要而自发形成,主要依托于当地经济发展实力,主要发展在岸金融业务的国际金融中心。古典的国际金融中心早在中世纪已在人类的经济生活中发挥着重要作用,且不断发挥它的影响力。

13世纪的威尼斯就以其优越的地理位置——地处欧、亚、非三大洲贸易交汇的要冲,以及相对民主的政治氛围和实用主义的价值取向和重商主义思想的影响,大力发展了兴旺的国际贸易和对君主的信贷,成为当时整个西方世界的贸易中心和金融中心。14世纪至15世纪,国际金融中心还是分布在地中海沿岸城市,包括威尼斯、热那亚、佛罗伦萨等商业城市,在这一时期,这些城市的银行业、票据交换、货币兑换等行业已经非常发达。到了17世纪,由于欧洲经济中心的转移以及荷兰海上贸易的兴旺发展,荷兰一举成为当时欧洲的海上霸主,凭借荷兰雄厚的经济力量的支持,以及拥有整个欧洲商业和信息交换中心的优势,作为荷兰首都和第二大港口的阿姆斯特丹后来居上,跃升成为当时世界上最重要的国际金融中心。在17世纪,阿姆斯特丹金融业已经非常发达了,1609年成立的阿姆斯特丹银行是历史上第一家取消金属币兑换义务而发行纸币的银行,同时它也是第一家现代意义上的中央银行。与此同时,阿姆斯特丹作为17世纪世界金融中心的一个突出特征是其拥有了发达的金融市场。1609年,阿姆斯特丹成立了股票交易所,这也是历史上第一个股票交易所。然而,在阿姆斯特丹金融业取得飞速发展的同时,资产泡沫也急剧膨胀,"郁金香泡沫"事件就是在这个时期发生的。受此影响,荷兰经济受到了严重打击,阿姆斯特丹也从此丧失了国际金融中心的地位。

3.1.2 传统的国际金融中心

传统的国际金融中心是指资本主义社会制度建立之后,随着国际贸易和国际投资的发展而自然形成的、与其经济实力相对称的为经济贸易服务的金融中心。17世纪英国通过资产阶级革命进入了资本主义社会,综合国力和经济实力得到了巨大发展,国力逐渐开始强于其他封建国家,并逐渐成为欧洲的经济霸主,这一时期的英国开始推行海外殖民扩张,拥有广阔的海外殖民地和海外市场,再加上资本主义得到更充分的发展和18世纪的圈地运动的发生,使得18世纪的英国最先爆发了工业革命并在19世纪中期完成工业革命,成为世界上最早的工业国。在19世纪,随着英国在全世界范围的殖民扩张并在全世界范围内建立起"日不落"帝国,以及国际贸易和国际投资的发展,对金融服务的跨国需求也都大大加强,国际性的融资、保险、外汇交易活动规模日趋扩大,此时伦敦城已经取代阿姆斯特丹成为了举世瞩目的第一金融中心。然而,在20世纪30—40年代,第二次世界大战在欧洲爆发。作为主要参战国的英国,经济受到严重的打击,金融环境也极为不稳定,伦敦国际金融中心的地位受到严重威胁。从此伦敦金融城进入了萧条时期。一直到20世纪80年代,英国进行了两次号称"金融大爆炸"的重大金融改革,奠定了目前英国金融业繁荣的坚实基础,重拾伦敦"国际金融之都"的地位。

作为传统的金融中心的另一个典型代表的纽约,在19世纪七八十年代,即美国南北战争结束后不久,美国的经济实力就超过了英国,其金融业也开始发展,特别是经过两次世界大战,美国由于远离战火的干扰,并在战争中通过出售武器大发"战争财",一啄一饮之下使得美国在第二次世界大战后无论在经济上还是军事上都全面超越了英国成为当时世界上最为发达的国家。尤其是在第二次世界大战后布雷顿森林体系的建立、"马歇尔计划"的实施,美元最终取代了英镑,确定了其国际金融体系的中心地位。依靠美国强大的经济实力和美元霸权地位以及最完善的全球金融体系使得纽约成为全球最重要的国际金融中心之一。

3.1.3 新兴的国际金融中心

所谓新兴的国际金融中心,是指在第二次世界大战后,由政府推动金融中心建设,并通过相关政策措施引导,使得金融机构聚集并迅速成长起来的国际金融中心。欧洲货币市场的出现及布雷顿森林体系的崩溃催生了新兴国际金融中心。与古典和传统国际中心相比,新兴的国际金融中心不一定有坚强的本地经济实力作支撑,其建立和发展主要是依靠政府推动、政策扶持及区位优势,大多发展离岸金融业务,建设成为离岸型国际金融中心。

在20世纪60—70年代,随着许多发达国家开放资本账户和金融创新的日新月异，跨国投融资规模迅速扩大，原有的一两个国际金融中心已经不能满足国际贸易和国际投资的需求。在这一时期，除了原有的、自然发展起来的国际金融中心，如伦敦、纽约、巴黎、苏黎世、法兰克福等开始迅速扩张外，在政府推动下又新建了一批国际金融中心，如新加坡、巴林、巴哈马、开曼群岛等。世界各地呈现出一番金融中心蓬勃发展的繁荣景象。也正是这个时期，第二次世界大战后得到美国大力扶植的日本，经济实力也是迅猛发展，经过近30年的持续增长，日本也迅速发展成全球第二大经济大国，雄厚的经济实力加之20世纪80年代的日本"金融大爆炸"使东京迅速超越其他国际金融中心，在20世纪80年代成为仅次于纽约和伦敦的国际金融中心。但伴随着日本经济的持续衰退，目前东京国际金融中心的总体地位已不及20世纪80年代，不仅与伦敦、纽约这些顶级国际金融中心的差距在拉大，而且某些细分金融市场如财富管理市场等还被新加坡或香港所超越。

进入20世纪90年代，世界各地都在利用其独特的区位优势积极发展国际金融中心，如巴哈马联邦利用其传统的"避税港"地位打造成世界上举足轻重的离岸型国际金融中心，迪拜则依托于其独特的中东地理优势和中东石油贸易开辟出填补中西交易"金融真空"的迪拜在岸型国际金融中心，一些亚洲国家城市如曼谷、马尼拉、吉隆坡等也开始致力于建设区域性国际金融中心并取得显著成效。至此，国际上已开始形成多元化、多层次的国际金融中心格局，并且这种格局一直持续至今。

3.2 当前国际金融中心的格局与现状

国际金融中心是一个国家经济与金融实力的集中体现，同时为维护与增强一国经济与金融地位扮演的重要角色。2007年，美国次贷危机引起的华尔街风暴，继而逐渐演变为全球性的金融危机，这场史无前例的"金融海啸"给世界经济造成了灾难性的打击，不可避免的，金融环境也变得极其不稳定，很多地方的金融中心地位受到了严重的动摇，如迪拜的债务危机几乎摧毁了其作为区域性国际金融中心的地位。但是，虽然英美等主要发达国家在此次金融危机中深受重创,但其世界金融中心地位却并未发生改变,伦敦和纽约继续占据前两位世界金融中心的位置。当前国际金融中心的大格局没有根本性改变,但是一些局部地区还是在逐步调整当中,根据伦敦金融城在2010年3月公布的全球金融中心指数排名,伦敦和纽约首次并列第1位,香港和新加坡分列第3位、第4位,全球前15大金融中心依次是:伦敦、纽约、香港、新加坡、东京、芝加哥、苏黎世、日内瓦、悉尼、上海、多伦多、法兰克福、波士顿、北京与旧金山[①]。

通过这份国际金融中心的排名的整理,我们大致可以把当前的国际金融中心分为六个层次,第一层是伦敦、纽约和香港,第二层次为新加坡、东京、芝加哥、苏黎世,第三层次为日内瓦、深圳与悉尼、上海、多伦多、法兰克福、波士顿、北京与旧金山,第四层次为巴黎、华盛顿、迪拜、都柏林、台北、爱尔兰、开曼群岛、爱丁堡、汉密尔顿、慕尼黑和阿姆斯特丹,第五层次为蒙特利尔、布鲁塞尔、英属维尔京群岛、墨尔本、首尔、斯德哥尔摩、布鲁塞尔、摩洛哥、马德里、圣保罗和哥本哈根,第六层次为卡塔尔、巴林、吉隆坡、维也纳、米兰、孟买、布达佩斯、惠灵顿、罗马、曼谷、里约热内卢、马尼拉、莫斯科、华沙和里斯本等。

根据这份国际金融中心的排名我们可以看出,国际金融中心空间分布的层级结构不断扩大,高层级与低层级国际金融中心之间的差距有所拉大,低层级金融中心之间的竞争更趋激烈,以及亚洲地区金融中心的竞争力逐步提高,越来越多的亚洲城市加入国际金融中心竞争的行列,这也正反映了当今国际金融中心的格局逐渐向多元化的方向发展,这使得国际金融中心之间的竞争更趋激烈。全球金融中心格局呈现多极化的趋势。

3.3 国际金融中心的案例分析

国际上有很多发展区域性国际金融中心的成功案例,下面我们选取几个较有代表性意义的实例进行分析,剖析它们的发展历程和演变规律。

---

① 资料来源:2010年3月伦敦金融城全球性金融中心指数的研究报告。

3.3.1 香港国际金融中心

香港地处亚太地区中心，是亚太地区南北通道和内地及东南亚国家联系的交通枢纽，尤其具有时区优势，成为联系东西两半球金融交易的接力站。香港作为国际金融中心，经历了复杂的发展历程，由于发展过程中的内部和外部因素作用，使香港从区域金融中心发展为国际金融中心。

香港的现代金融业起始于19世纪中叶。1845年英国在香港开办了第一家具有现代意义的银行——金宝银行（又名东方银行）；1859年英国渣打银行开办了香港分行；1864年又成立了香港汇丰银行，并在次年正式营业。接着，美洲银行、法国东方汇理银行、美国大通银行等几十家外国银行先后在香港开业。1891年香港成立了证券交易所，1910年成立了金银贸易场。第二次世界大战后，香港在以中英贸易为中心的转口贸易的基础上开始着手经济复苏，金融业也主要服务于转口贸易，为其提供资金融通业务并以此为基础形成了香港银行体系的雏型。从20世纪50年代初期开始，香港产业结构出现改变，从转口贸易转到以发展纺织工业为先导的出口型制造业。20世纪60年代，香港经济开始起飞，制造业和其他产业的迅猛发展，使金融业也从为转口贸易提供金融服务转为以促进工业化为宗旨，融资对象转向制造业、地产业、运输业、建筑业等，使金融业逐步地与各产业融为一体，为了适应经济迅速增长的需要，银行业、外汇市场和黄金市场也得到较快发展，并且开始成为地区性的金融市场和金融中心[①]。20世纪70年代以后，香港金融业进入了国际化和多元化的发展时期，这一时期，香港开始一连串的金融自由化措施：1972年7月，放弃英镑汇兑制度，实行港元与美元的首次挂钩；1973年香港取消外汇管制；1974年开始开放环境自由进口；1974年11月，实行自由浮动汇率制；1978年，恢复颁发银行牌照，对外资银行一视同仁，引进大量外资银行进驻香港；1982年2月及1983年10月，先后撤销外币存款利息税及港元存款利息税。20世纪90年代以来，香港积极挖掘香港金融市场的"中国因素"，加强与内地金

---

① 俞可兴：《浅析香港国际金融中心的发展前景》，载《世界经济》，1998(7)。

融合作。香港也逐渐成为中国内地企业在海外上市筹资的主要场所。内地企业在香港发行H股集资,通过香港把海外资金转到内地进行投资。1993年,首只H股——青岛啤酒在香港联交所上市,这是内地企业第一次在香港公开发行股票,其后,交通银行、中国建设银行、中国银行、中国工商银行等内地国有大银行纷纷在香港上市。截至2010年2月,中国内地企业在港发行H股156只,红筹股97只,非H股内地民营企业普通股274只,其市价总值占整体市价总值的57.7%,成交金额占整体股份成交金额的68.2%[1]。与此同时,利用背靠中国的优势,香港首次成为全球最大募资场所。银行制度日趋健全,银行业务迅速扩展,股票市场、黄金市场、期货市场、保险市场逐步成熟,金融市场交易十分活跃,成为重要的新兴国际金融中心[2]。

如今,随着中国内地和香港的经济联系更加紧密,特别是深港金融合作的加强,2009年《深圳综合配套改革试验总体方案》获得国务院批复,方案明确指出,通过"深港联动"、实现两地共建"五大中心"的战略构想,明确了深港共建全球性的金融中心、物流中心、贸易中心、创新中心和国际文化创意产业中心,使得香港国际金融中心的地位不断加强。截至2010年2月,香港拥有银行机构共199家,这包括持牌银行145家(其中,在港注册的持牌银行23家,香港境外注册持牌银行122家),有限持牌银行26家(在港注册的14家,香港境外注册的12家),接受存款公司8家;驻港代表办事处70家[3]。根据伦敦金融城公布的全球金融中心指数排名,2009年9月及2010年3月香港均名列第3位,超越东京、新加坡等成为亚洲最佳金融中心。

3.3.2 新加坡国际金融中心

新加坡于1965年独立,独立后的新加坡,正值国际资本和产业大转移的时期,此时的新加坡把握住这个千载难逢的机遇,先是引进外资技

---

[1] 资料来源于香港交易所统计资料。
[2] 怀谷、郑紫衡:《香港国际金融中心的发展趋势》,北京,中国学术期刊电子出版社。
[3] 资料来源于香港金融管理局统计资料。

术,发展劳动密集型产业;其后适时调整经济战略,发展高新技术产业,并积极参与国际经济竞争,发展外向型经济,确立了发展成为区域性国际金融中心的战略。为了成为一个区域性的金融中心,新加坡在20世纪60年代采取和东南亚其他国家不同的路线,即外向型金融发展策略。在接下来的30年里,新加坡政府通过实行金融部门的改革,开放新的金融市场,制定监管和财政刺激政策来吸引国外投资。这些策略被证明是非常成功的。在这段时期金融机构的数量得到了迅速的增加,金融机构的数量从20世纪70年代中期的不到100家增加到20世纪90年代的450家。银行业竞争者数量的增加迫使当地的银行提升它们金融产品和服务的水平及管理水平。新加坡还吸引了高技术外国工人和其他服务如会计、律师、管理咨询和信息技术。新加坡金融中心的定位是发展成为具有国际影响力的离岸型金融中心,为发展离岸金融业务,新加坡在20世纪70年代提出和实施了"金融立市"战略与开展金融中心建设,成功地利用了当时刚兴起的离岸金融潮流与金融衍生市场创新潮流,出台了许多政策和措施进行大力扶持,迅速调整了新加坡的经济金融结构,以此来增加新加坡金融的国际竞争力。在20世纪70年代初,新加坡的金融系统形成了两个金融机构——国内银行联盟(DBUs)和亚洲货币联盟(ACUs)以区分国内和国际银行事务。新加坡政府希望看到国内银行金融机构都合并在两个"超级金融机构"即国内银行联盟(DBUs)和亚洲货币联盟(ACUs)内,以图保护国内银行不受到更大和更复杂的外国金融机构的冲击并扩大国内金融机构在本地区业务活动,鼓励国内银行进行联合以加强与外国银行的竞争,加快新加坡成为国际金融中心的步伐。在1968年,新加坡政府批准美国银行首次在新加坡建立了亚洲货币单位,以接受非常住居民的美元和其他主要外币的存款,与此同时,新加坡为刺激离岸业务发展,推出了一系列的税收优惠政策,在1968年取消了非新加坡居民的高达40%的利率预扣税,允许经营亚洲货币单位的资金相对流动;1970年的《银行法》规定外国银行可以在新加坡建立分支机构;1972年,新加坡货币当局取消了亚洲货币单位必须保持20%的流动准备金率的要求;1973年规定所有来自于离岸贷款和其他离岸活动所得的公司净收入税从40%下降到10%，并且给予外国银行离岸银行牌照，允许其进行离岸金融业务，1977年，新加坡再次让利，对亚洲货币单位各项离岸所得仅征收10%的所得税；到1983年，干脆对当地银行金融机构采用亚洲货币单位提供的银行贷款收入免征所得税。同时授权亚洲货币联盟（ACUs）能够在亚洲美元市场交易。

新加坡是亚洲区域第一个允许外国银行经营海外银行机构和操作离岸银行单位如亚洲货币单位的国家，亚洲货币市场在1970年到1980年得到了快速发展。其优越的地理位置和所在时区（东八区），填补了伦敦和纽约的金融"交易真空"，使得交易者能够全天24小时在金融市场进行外汇交易[1]。亚洲货币市场的成功使得新加坡成为继伦敦、纽约、东京后全球第4大外汇交易市场，毫无疑问对新加坡发展为区域性国际金融中心具有突出贡献，奠定了新加坡在国际金融中心格局中的地位。另外，新加坡的股票交易所（SES）成立于1973年，在马来西亚和新加坡股票交易市场（SEMS）分成两个独立的交易所后，新加坡股票交易所成为了东亚最大和最发达的证券交易所之一。在1999年的12月，新加坡的股票交易所（SES）和新加坡国际金融交易所（SIMEX）合并形成SGX。新加坡交易所证券市场的交易活动由其属下的两家子企业——新加坡证券交易有限企业和中央托收私人有限企业共同负责管理。新加坡交易所已于2000年11月成为亚太地区首家通过公开募股和私募配售方式上市的交易所，同时也是继1998年澳大利亚证券交易所和2000年6月香港联交所上市后，亚太地区第3家上市的交易所。新加坡股票市场资产额在20世纪80年代得到了极大增加，1987年新加坡股票交易所通过放开对外国所有者的限制来增加外国投资者，放松外资企业的上市要求，同时引入国际会员制度，允许成员与非居民用新加坡债券自由交易。同年，设立新加坡交易自动报价系统，使得小企业特别是那些具有较短利润记录的高技术企业可以通过股票市场融资。到2001年，外国公司的资产额占到了新加坡交易所主板市场总资产额的1/3。

---

[1] Zoran Hodjera. The Asian Currency Market: Singapore as a Regional Financial Center. Staff Papers, International Monetary Fund.

进入21世纪，新加坡的金融衍生品业务也得到了巨大发展，2001年6月新加坡交易所发行5年期政府债券期货合约和3个月的新加坡货币利率期货合约，为投资者提供包括短期和中期的基准收益率曲线的风险管理工具。目前，新加坡衍生产品交易包括17种交易工具，包括利率期货（欧洲美元期货）、货币期货、股票指数期货、商品期货等。2006年10月通过引入欧洲日元合约的电子交易系统和公开喊价系统，提供延长了不同时区交易的间隔时间，增加了投资机会和灵活性，使得新加坡交易所的旗舰合约——日经和MSCI台湾指数合约的交易量和收益大幅飙升，同时赢得了台湾和日经指数期货海外市场的很大份额，交易所70%的交易量都来自海外的投资者[①]。

新加坡是全球社会风险最小的国际金融中心，有较为优越的时区位置和便利的自然地理位置。到2008年12月，新加坡的金融部门拥有113家商业银行（6家国内银行和107家国外银行），158种亚洲货币单位，3家金融公司，49家证券银行，151家保险公司，65家保险经纪公司，45个外国银行代理处，93家证券经纪公司，69家投资咨询公司和10个国际货币经纪公司[②]。根据伦敦金融城公布的全球金融中心指数排名，新加坡由2008年的第10位跃升至2009年9月的第4位，2010年3月新加坡也排名第4位，成为全球举足轻重的国际金融中心。

3.3.3 迪拜国际金融中心

迪拜国际金融中心（DIFC）始于21世纪初期。建立迪拜国际金融中心的第一步就是《阿拉伯联合酋长国宪法》的第121条的修正案的提出。这一修正案允许联邦政府制定一条金融自由区域的法规，从而允许在每一个酋长国内建立金融自由区。因此，现在的《阿拉伯联合酋长国宪法》的第121条规定在银行、保险等金融事务中，联邦拥有完全的立法权[③]。2003年7月，阿拉伯联合酋长国的联邦内阁通过了2004年的第35条联邦法

---

① Denis Hew. Singapore as a Regional Financial Centre. AT10 Research Conference.
② 资料来源：根据2009年《新加坡统计年鉴》资料整理。
③ 引文摘自《阿拉伯联合酋长国临时宪法》（1971年）。

规，允许建立迪拜国际金融中心，使其从阿拉伯联合酋长国的中央银行那里分得一定的主权。同时在联邦法规中指出"建立金融自由区的法律和方式以及这些区域的边界必须符合阿拉伯联合酋长国的法律法规"。之后，阿拉伯联合酋长国制定了金融自由区的联邦法律——2004年的第8号法规——允许在阿拉伯联合酋长国任一联邦内建立金融自由区。这一法规规定金融自由区不受阿拉伯联合酋长国的所有的联邦法律——民法和商法的约束，但阿拉伯联合酋长国的《刑法》除外。因此，每个金融自由区可以制定它们自己的法律法规来处理民事和商业案件。随后，迪拜国际金融中心2004年第9条法规在2004年9月被通过，这一法规结束了建立迪拜国际金融中心的法律程序，正式建立了财政和行政独立的迪拜国际金融中心。2005年，一个世界级的证交所"迪拜国际金融交易所"（DIFC）宣告成立。

迪拜国际金融中心的业务范围主要集中在六个领域：银行服务业务，这主要包括投资银行、企业银行和私人银行业务；资本市场业务，这包括证券化业务股票、债券、衍生工具等和商品贸易；资产管理和基金注册登记业务，包括注册资金和基金管理业务；保险和再保险业务；伊斯兰金融以及后台专业金融服务业务等。为将迪拜建设成为国际性的金融中心，迪拜政府在政策和制度上推出了许多优惠条件。第一，DIFC实行零税收策略，即迪拜政府对迪拜金融企业实行零所得税和营业税政策。第二是迪拜政府在外汇管理方面取消外汇管制，让市场来自发调节。第三是迪拜政府允许外资企业的资本及利润可100%汇回外国。第四，迪拜国际金融中心实行以美元为主的交易体制，这样方便外资机构的进驻。第五，迪拜政府为迪拜国际金融中心交易提供高标准、透明的操作环境以及严格的监管制度，对洗钱进行严格监管。第六，在基础设施上，迪拜为吸引外国金融机构的进驻，努力创造现代的办公设施、高效率的基础设施、安全的客户资料保护、专业的服务、与所在国无缝连接等。

不过，迪拜国际金融中心还刚刚起步，无法与法兰克福、东京、伦敦、纽约等成熟的国际金融中心相比，在融资、基金管理、外国银行数量、保险市场规模、外汇交易量、金融衍生交易市场等许多方面,仍有很多尚待改进的地方,在这方面也很有潜力可挖。2009年,受国际金融危机的影响,迪拜深陷债务危机泥潭中,国际和国内金融环境发生了剧烈变化,这一事件尚未远去,其对未来迪拜国际金融中心在国际上的地位会产生什么变化尚难定论,但有一点毫无疑问,短时间内迪拜债务危机将对迪拜国际金融中心造成一定的负面影响。根据伦敦金融城公布的全球金融中心指数排名,2009年9月迪拜排名第21位,2010年3月排名第24位。

3.3.4 开曼国际金融中心

开曼群岛是中美洲加勒比海西北部的英国直辖殖民地,由大开曼(Grand Cayman)、小开曼(Little Cayman)和开曼布拉克(Cayman Brac)诸岛组成,面积260平方千米,其主要的两个经济部门是金融服务业和旅游业。开曼群岛属热带气候,终年气温温和,岛上风景秀丽。开曼群岛虽然是弹丸之地,但却是世界上重要的国际离岸金融中心,在这里注册的银行和信托公司就有500多家。开曼群岛是著名的离岸公司注册地,与英属维尔京群岛、百慕大并称为三大离岸注册地之一。

开曼群岛离岸金融业的发展建立在其"避税乐园"的历史基础上。20世纪60年代初期开曼群岛就已经出现一些国际银行。1953年巴克莱银行入驻开曼群岛,1964年加拿大皇家银行以及加拿大帝国商业银行也相继在开曼群岛设立分支机构。20世纪60年代是开曼奠定离岸金融业务政治与法律基础的时期。这一时期的开曼群岛内经过激烈的政治争论,决定继续保留在英联邦体系内,成为英直辖殖民地。新殖民地发展经济所采取的第一步措施就是确立金融发展框架。1966年开曼颁布了《银行与信托公司基本法》和《外汇管理法》。此外,开曼群岛在建设离岸金融中心时还重点加强了交通通讯基础设施建设,其中一个重要的举措就是开通了与美国的国际航线,一天之内可以数次直飞美国。到1972年,有3 000多个注册公司及300多个信托公司入驻开曼群岛,加拿大丰业银行、美国第一国家银行(现在的花旗银行)以及另外3家私人银行也在岛上登记注册。开曼群岛因此成为离岸金融中心,最初主要是离岸公司与信托业务,不久离岸银行业务也快速发展。

如今开曼群岛作为加勒比海的离岸金融中心，形成了很好的金融业基础以及相对多元化的离岸金融业务。在大开曼，有离岸公司及离岸银行、信托、自保险、离岸共同基金以及大量的混合性金融业务。但是，随着各国金融管制的放松，资本外逃为正常的国际资本流动所替代，同时洗钱等行为也影响了在开曼开户的国际银行的声誉，因此，开曼群岛的国际金融中心的地位呈下降的趋势[①]。根据伦敦金融城公布的全球金融中心指数排名，2009年9月开曼群岛排名第26位，2010年3月排名第28位。

3.3.5 孟买国际金融中心

孟买素有印度"商业首都"和"金融首都"之称，作为印度储备银行（央行）、进出口银行总部所在地，孟买集中了全国50%的现金流量，而印度92%的股票交易在孟买的股票交易所进行。孟买经济的发展特别是金融业的发展，源于先天的优势以及后天的努力。早在1865年时，孟买就已经有31家银行，20家保险公司，还有62家股份有限公司，构建起较为完备的金融业规模以及金融服务业体系。1875年，孟买证券交易所成立，比东京证交所还早3年，至今已有132年历史，堪称亚洲历史最悠久的股票交易所。在2000年，印度制订了把孟买建成国际金融中心的具体行动计划。为此，印度政府推行了一系列行之有效的措施，吸引了大量国际知名金融机构进驻，孟买资本市场日趋成熟，并且具备了较为完善的监管和运营框架。此外，近年来印度经济的高速发展，也进一步夯实了物质基础，成为孟买在金融中心排名迅速上升的一个重要背景。2007年是孟买国际金融中心最辉煌的时刻，孟买股票交易所的平均每日成交量达5亿美元，有700个会员，上市公司有6 000家之多，总市值达2 000多亿美元，该交易所的SENSEX-30指数几乎成了印度股市的代名词，根据万事达国际组织2007年公布的全球城市金融状况调查及全球金融城市排行榜排名，孟买首次入选全球10大金融城市。

---

① 李兵兵：《开曼群岛离岸金融中心的发展》，载《中国证券期货》，2009（2）。

然而，受到了来自宗教矛盾、极端主义者和那些卷入组织犯罪活动的不利影响，印度国内的政治局势极度不稳定，动荡的政治环境给孟买建设国际金融中心带来极其不利的副作用，2008年11月26日至27日，孟买陷入恐怖袭击的慌乱之中。恐怖分子袭击了孟买南部市中心最繁华的区域，造成188人死亡，这是美国"9·11"事件以来最严重的恐怖袭击事件，这对孟买国际金融中心造成了严重打击，再加之基础设施不完善、交通拥堵等，孟买国际金融中心正受到严峻的考验。其在伦敦金融城的全球金融中心指数排名也从2005年的前10位下跌至2009年9月的第53位，2010年3月的第58位。

3.3.6 苏黎世国际金融中心

苏黎世是瑞士最大的城市，也是瑞士的经济、金融及商业中心和全欧洲最富裕的城市。苏黎世地处从法国到东欧、从德国到意大利的商业要冲，是水陆空交通枢纽。苏黎世国际金融中心的发展依托于瑞士国内的政治经济稳定。瑞士从1815年起就成为永久中立国，没有受到历次战争的破坏，瑞士法郎又长期保持自由兑换，所以瑞士总给人以安全稳定、不受外界干扰的和平环境的印象。在瑞士，资本存放安全，资金移动自由，是始终保持货币兑换自由的国家，瑞士法郎曾是世界上最稳定的货币之一。第二次世界大战后苏黎世迅速发展成为重要的国际金融中心之一。

苏黎世的银行业十分发达，尤其在个人银行业务方面，更是居世界领先地位。苏黎世银行业以其严格的保密制度闻名于世，1934年制定的《银行保密法》在瑞士的大小银行中得到了严格的执行，成为瑞士金融业的立业之本，被誉为"银行守护神"。瑞士是世界上银行密度最大的国家，素有"银行之国"之称。截至2008年，瑞士共有银行327家，其中州立银行（Cantonal Banks）24家，大型银行（Big Banks）2家，地方储蓄银行（Regional and Saving Banks）75家，信用合作社（Raiffeisen Banks）1家，私人银行14家，国外银行154家，其他银行57家，总资产达30 790亿瑞士法郎[①]。苏黎世的黄金市场更是闻名遐迩，自1969年起，产

---

① The Swiss Banking Sector 2010-Swiss Banking.

金大国南非的黄金产量的80%通过苏黎世黄金市场销售。苏黎世黄金市场没有正式组织结构，由瑞士三大银行：瑞士银行、瑞士信贷银行和瑞士联合银行负责清算结账，三大银行不仅可为客户代理交易，而且黄金交易也是这三家银行本身的主要业务。苏黎世黄金交易以现货和零售为主，主要交易对象为金币，主要参与者是银行。交易规则采取无金价定盘制度，在每个交易日任一特定时间，根据供需状况议定当日交易金价，这一价格为苏黎世黄金官价。全日金价在此基础上的波动无涨停板限制。苏黎世黄金总库(Zurich Gold Pool)建立在瑞士三大银行非正式协商的基础上，不受政府管辖，作为交易商的联合体与清算系统混合体在市场上起中介作用，其统一买卖报价是国际金市价格的主要参考指标。货币性黄金由瑞士中央银行管理，其保有规模1 200多吨（2006年9月数据）。每年瑞士进口的黄金约1 200～1 400吨，同时每年约有1 000～1 200吨黄金出口，每年瑞士的黄金制造业和工业需求量在150吨左右波动[①]。如今的苏黎世已成为重要的国际资金集结地和周转站，也是世界上最大的黄金交易中心。根据伦敦金融城公布的全球金融中心指数排名，2009年9月苏黎世排名第6位，2010年3月第7位。

3.3.7 法兰克福国际金融中心

法兰克福金融业拥有悠久的发展历史，早在15世纪，法兰克福就开始兴起商业贸易了，1402年，法兰克福成立了第一个交换所，1546年，在麦茵市开始铸造硬币。1585年，法兰克福股票交易所诞生。从15世纪开始的商业贸易的发展为法兰克福于19世纪跃升为欧洲金融中心奠定了扎实的基础。1862年成立的法兰克福抵押银行是第一家以股份有限公司形式注册的企业。第二次世界大战后，德国战败，被分为东德和西德，而西德又主要为美国、英国、法国所控制，在1947年，法兰克福被指定为美国、英国与法国统一经济区域总部所在地。1948年，法兰克福市被选做中央银行——德意志州银行的所在地。该行拥有货币发行权，并负责制定、推行统一的

[①] 项俊波：《现代金融市场知识手册》，北京，中国金融出版社，2007。

货币和信贷政策,为后来法兰克福发展成金融中心奠定了基础。1957年,根据《德意志联邦银行法》建立了德意志联邦银行,即联邦德国的中央银行,总行地址仍设在法兰克福。1958年又在这里创办了交易所以及黄金市场。法兰克福是联邦德国中央银行和许多商业银行的所在地,吸引众多的外国银行参与该金融中心的业务活动。德国的三大商业银行,即德意志银行、德累斯顿银行和商业银行的总部全都设在此地。随着欧洲经济和政治统一的步伐,法兰克福越来越具有欧洲意义。1992年10月,在布鲁塞尔召开的欧盟高峰会议上,12个欧盟国家决定未来的欧洲中央银行设在法兰克福。1998年6月1日,欧洲中央银行正式成立。2002年1月1日,在这12个国家中正式引入了统一的欧洲货币欧元。

法兰克福股票交易所是继纽约和伦敦之后全球第三大交易所,能够提供各种各样有关票据、结账、托管的业务,法兰克福股票交易所交易量占全德90%的股市交易量。1997年引入计算机网络从事证券交易后,全世界18个国家的450家银行都与法兰克福的证券交易中心联网,全德85%的证券交易都通过这种方式进行,每天交易额相当于3 000亿欧元[①]。法兰克福还拥有400多家银行及分支机构(其中200家左右的外国银行),770家保险公司,也有全国唯一的黄金交易所。为此,法兰克福市被称为"莱茵河畔的曼哈顿"。法兰克福已成为整个欧洲经济的象征,成为名副其实的欧洲金融中心和世界上的重要金融中心之一。法兰克福在国际金融市场上的地位急骤上升,并对英国伦敦国际金融中心的地位产生重大的影响,尤其是1999年欧元的面世,使得这种影响更加明显。根据伦敦金融城全球金融中心指数排名,在2009年9月法兰克福排在第12位,2010年3月排在第13位。

3.4 国际金融中心发展的规律

3.4.1 国际金融中心的发展趋势

综观国际金融中心的发展史和几个典型的金融中心的发展历程,我们

---

① 项俊波:《现代金融市场知识手册》,北京,中国金融出版社,2007。

可以总结出当前国际金融中心的一些发展趋势。

1. 金融中心格局多极化趋势加强。在当前的国际金融中心格局中，除了纽约、伦敦等传统的国际金融中心发展稳定外，一些新兴的金融中心如香港、新加坡等地位急剧上升，各大洲呈现相互竞争又合作的态势，特别是2008年的金融危机，导致"美元—华尔街"模式改变，欧洲、亚洲等国家的国际金融中心地位上升，逐步形成以纽约为中心的北美金融中心群和以伦敦中心的欧洲金融中心群以及亚洲金融中心群三足鼎立的局面，全球金融中心格局呈现向多极化方向发展的趋势。

2. 区域金融中心蓬勃发展。从国际金融中心的现状格局来看，区域金融中心呈现出蓬勃发展的态势，各国都在努力推动金融中心建设，特别是新兴市场国家创建金融中心得到了更多的认同与准入空间。区域金融中心在国际金融中心体系中将占据越来越重要的位置。

3. 金融中心的合作不断加强。由于各个金融中心的禀赋能力有限，在业务内容上各有侧重，辐射区域也有所差别，基于业务分工和区域分工的优势互补能够产生外部经济性，各金融中心努力在合作中提高自己的竞争力。例如，在欧洲内部，尽管欧盟内部各个金融中心的竞争日趋激烈，但是各国并未就此忽视合作的重要性，而是通过协调金融税收制度、组建泛欧金融市场、开展金融业务交流等途径，加强相互间多层次的紧密合作，在各自发展的基础上形成了互有分工、相互合作和有序竞争的基本格局。

4. 全球金融监管更加严格。2008年的金融危机后金融监管更加严格，并且随着各金融中心的合作加强，在金融监管方面的国际合作也显得尤为重要，"超主权监管"思路将成为未来全球监管体系改革的发展思路，"跨中心化"的金融监管将是今后改革目标。

5. 全球金融中心将更加注重实体经济发展。在经历了过度创新的大灾难后，世界金融已回归理性，更加注重与实体经济的合理关系，金融"去杠杆化"将逐渐加深，国际金融中心、航运中心、贸易中心和科技中心等已显现更加紧密结合的趋势，平衡虚拟经济与实体经济将成为金融中心的主旋律[①]。

---

① 陆红军：《全球金融中心七大新趋势》，载《国际金融报》，2009。

3.4.2 国际金融中心发展的共同特征

国际金融中心可以概括为传统的、自然形成的金融中心和现代的、政府推动的金融中心两种类型。传统的金融中心是通过经济发展带动金融市场的发展，引起金融制度和金融结构的变化，最终自然形成金融中心。而具有现代的、由政府主导推动形成的金融中心是指随着国际经济金融形势的变化，金融中心在经济体系中的地位越来越显著，由此政府推动金融中心建设，通过政策措施引导，引进金融机构入驻形成聚集，并迅速成长为国际金融中心。虽然自然形成型金融中心和政府推导型金融中心的发展路径有所不同，但是，通过它们的发展历程，可以总结国际金融中心发展的共同特征。

1. 区位优势——优越的地理位置、便利的交通和发达的基础设施。综观世界各国金融中心建设的发展历程，我们可以看出，一方面，优越的地理位置和便利的交通是形成金融中心的基本条件。目前世界主要的国际金融中心，无不同时是国际、国家或者地区上的经济、贸易和航运中心，而这些贸易和航运中心又为金融中心的建设和发展提供有力支撑。另一方面，优越的地理位置还包括其时区地理位置，一个好的时区位置能够有效填补金融交易的时间真空，确保金融市场24小时不间断的交易。所以这些优越的地理位置、便利的交通和发达的基础设施优势是金融中心形成和发展的地理基础。

2. 政局稳定——安定的社会环境和稳定的政治局面。社会的安定性对金融中心的发展至关重要，社会的不安定，将直接损害金融环境和影响金融业务的开展，最终将影响金融中心的发展，孟买就是一个深刻的例子[①]。

3. 金融发展——完备的金融市场结构和发达的金融业务。一个成功的金融中心，其市场结构需要非常完善，资本市场、货币市场、外汇市场、黄金市场和衍生品市场等都需要充分发育，只有这样才能形成金融集聚效

---

① 胡方荣、张恒安：《国际金融中心发展及特征》，载《合作经济与科技》，2005（3）。

应,扩大金融中心的辐射深度与广度。所以繁荣的金融业是建设金融中心的业务基础。

4.政策条件——宽松、自由和开放的金融和其他的相关政策。不管是传统的金融中心如伦敦、纽约,还是现代意义政府推动的金融中心如东京、新加坡等,它们都制定了共同的金融政策,在这样一个宽松、自由的政策环境中,人才、资本、外汇甚至黄金的流入流出不受限制,货币可自由兑换,这样才能够吸引众多的国际投资者和银行到这里来经营。所以宽松、自由和开放的金融和其他的相关政策是金融中心形成的政策基础。

5.法律保障——健全的法规体系和监管体系。从国际金融中心发展历史上看,一方面政府都进行严格的市场监管,防范金融风险,以保障金融安全;另一方面,又从法律法规上提供相对宽松的金融环境,形成一个健全的法律体系和监管体系。因此,一个宽松而严格的法规体系和完善的监管体系是金融中心形成和发展的制度基础。

3.4.3 国际金融中心的差异化发展

当然,国际金融中心的发展模式也不是一成不变的,每个金融中心的运行都有其独特的内涵,下面是一些典型的国际金融中心的差异化特色。

1.香港——金融自由港。香港是全球资金流动最自由的国际金融中心。香港的经济体系活跃,腹地经济规模大、增长快;金融市场体系完善,通过及时、多样化的结算支付系统,建立起了一个安全高效的国际金融交易平台;并以法律形式架构起了一个比较公平、合理、严格、缜密的金融监管体系,为所有参与市场的成员提供公平竞争的环境;金融从业人数多、素质高;交易场所设备齐全,拥有世界上最发达的电讯系统和四通八达的运输路线等,能够与其他国际金融中心时刻保持密切的联系,掌握最新的金融信息。政治与社会秩序一直保持基本稳定,是亚洲各国政府与个人选择存放资金与财产的比较理想的场所[①]。

2.新加坡——亚洲美元市场。新加坡作为区域性国际金融中心,它既

---

① 周天芸:《香港国际金融中心研究》,81~98页,北京,北京大学出版社,2008。

涉及国内投资和借贷市场,也涉及国际投资和借贷市场。新加坡金融市场由相互隔离的境内金融市场和离岸金融市场组成。它的金融市场包括国内资金市场、亚洲美元市场、外汇市场和黄金市场,其中,亚洲美元市场和离岸金融业务是新加坡国际金融中心的发展特色。但是作为一个区域性国际金融中心,它的业务量和国际化程度与世界级金融中心相比还是有一定差距。

3.迪拜——伊斯兰金融中心。迪拜国际金融中心的市场定位完全是陆地金融中心,全力打造成为伊斯兰世界的金融中心。据统计,阿拉伯人在海外的资产至少在2万亿美元,迪拜国际金融中心无疑可以吸引这些资产回流,有助于阿拉伯经济的发展。

4.开曼群岛——避税天堂。开曼群岛是世界著名的离岸金融中心,它以减少或废除金融管制、减免租税等优惠条件吸引国际金融业者,从事以境外通货为交易中介、境外客户为交易对象的金融业务的国家、地区或城市,为国际金融机构提供注册和记账场所,充当"避税天堂"。它只涉及境外投资者、境外存款者与境外借款者之间的金融中介服务,使用的货币是境外货币,业务仅为境外金融业务市场。因此,没有银行监管、外汇储备和极其优惠的税收条件是开曼群岛离岸型国际金融中心的发展特色,其本地的经济实力和繁荣的金融市场形成了不对称发展,因此,随着国际金融形势的变化,各国金融管制的放松,开曼群岛的国际金融地位也呈下降趋势。

5.孟买——国内金融中心。国内金融中心是指主要为国内或国内某一区域的客户提供金融中介服务,金融交易使用的是本币,业务范围为国内市场的金融中心。虽然孟买立志建设成为国际性的金融中心,但是,由于其动荡的社会环境、脆弱的基础设施建设和周围遍布的贫民窟,导致孟买要成为国际性金融中心还有很长的路要走,但是,毫无疑问,孟买绝对是印度国内的金融中心,孟买集中了全国50%的现金流量,而印度92%的股票交易在孟买的股票交易所进行[①]。

---

① 高长春:《战略金融——国际金融中心生存报告》,10~16页,北京,机械工业出版社,2007。

6. 苏黎世——黄金市场。苏黎世不仅是瑞士最大的金融中心,而且是重要的国际金融中心和黄金市场之一。苏黎世黄金市场,是第二次世界大战后发展起来的国际黄金市场。由于瑞士特殊的银行体系和辅助性的黄金交易服务体系,为黄金买卖提供了一个既自由又保密的环境,加上瑞士与南非也有优惠协议,获得了80%的南非金,以及前苏联的黄金也聚集于此,使得瑞士不仅是世界上新增黄金的最大中转站,也是世界上最大的私人黄金的存储中心。苏黎世黄金市场在国际黄金市场上的地位仅次于伦敦。

7. 法兰克福——股票交易市场。当今的法兰克福股票交易所是继纽约和伦敦之后全球第三大交易所,已经完全国际化了,且全德90%的股市交易是在法兰克福的证券交易所完成。1997年引入计算机网络从事证券交易后,全世界18个国家的450家银行都与法兰克福的证券交易中心联网,全德85%的证券交易都通过这种方式进行,每天交易额相当于300亿欧元。

3.5 区域性国际金融中心建设的经验借鉴

本部分阐述当前已建成的金融中心特别是一些区域性国际金融中心的成功经验和特色,以资为昆明建设金融中心提供相应的借鉴。

3.5.1 建设区域性国际金融中心的必备条件[①]

从国际经验来看,一个城市能否称为区域性金融中心,必须具备以下基本条件:

1. 拥有规模强大的经济实力。经济发达的城市本身就能够吸引大量的企业入驻,而且还会带动企业之间大量频繁的交易,在现代市场经济中,这些交易都要通过金融中介的协助才能完成,这就从客观上形成了实体经济部门对金融服务的强烈需求。同时,许多处于不同发展阶段的企业,它们既是资金的供给者又是资金的需求者,在很大程度上为金融业的发展提供了广阔的市场空间,而且还能够充分发挥金融业资源配置功能。另外,

---

① 王元龙:《加快推进金融中心的建设》,载《今日中国论坛》,82~83页,2008(9)。
张旭路:《我国区域金融中心建设研究》,载《区域经济》,59~60页,2009(6)。

经济实力强大的中心城市往往是该地区进行对外贸易、交流与合作和对外开放的枢纽。除了能够吸引国内资本进入外,还能吸引大量的外国资本进入,为区域金融中心的形成和发展提供资金保障。这些区位优势的存在很大程度上对于加快金融中心建设速度,降低建设成本,起着积极而深刻的作用。

2.稳定的经济政治和市场运行环境。一旦金融中心形成,就会按市场机制的要求配置资源,这就要求在构建区域金融中心的进程中创造一个相对合理宽松的政策环境:一是要制定自由的金融制度,确保资金能自由地、有效地在金融中心融通与配置;二是要适当放松金融管制。但宽松只代表政府对金融中心的构建和发展给予一定的优惠和支持,并不能代表金融机构可以完全不遵守政府的宏观政策而一意孤行,所以这就要求政府必须承担起立法、执法的重担,不断健全金融法治和监管体系,以此防范金融风险,维持金融市场秩序,既为区域金融中心的发展提供足够的自由空间,又为其正常运行创造一个法制健全环境。

3.发达的金融市场和高度集中的金融机构,具备筹措和运用资金的能力。金融市场不仅作为金融体系的基础,而且还是货币资金融通的场所,承载了金融工具、货币资金流动、金融产品交易等许多行为及活动。发达的金融市场不但可以提高资金的使用效率,聚集资金并引导储蓄向投资转化,而且还可以提供良好的投资机会,以提高金融资产的收益率,有利于金融机构的发展。可以激励、约束金融主体,减少其投机行为,降低市场风险,灵活地反映经济、金融市场信息,有助于形成区域金融中心的市场优势。

4.完善的金融法规和管理制度,实施宽松的金融管制政策。金融监管对于完善金融体系具有重要的作用,金融监管是金融体系良好运行的保障,要构建金融中心,不仅要具备基本的资金优化配置和金融交易等职能,还要建立健全市场监管体系。金融市场监管体系是区域金融中心发展的重要协同力量,有效、适度的监管可以使金融活动的各个环节能够有效衔接,各个部门默契配合,从而优化金融资源配置,有效利用金融环境,使得金融机构的交易费用和运营成本得到降低,进而提高金融机构的竞争力,因此合意的金融监管对于区域金融中心的构建是一个应具备的非常重要且有标志性的条件。

5. 优越的地理位置,便利的交通条件。城市的地理位置对于区域金融中心的发展起着至关重要的作用。优越的地理位置和便利的交通条件可以减少交易的成本和机会成本,减少不必要的损失。而且在一定程度上会推动该地区的国际化发展如贸易、旅游、对外合作与交流和参与国际事务等。同时会带来许多商机,使得该地区有可能成为商贸中心,进而促进金融中心的形成。

6. 现代化的通讯设施和信息技术产业。拥有现代化的通讯设施是金融中心得以良好运行的重要保障,信息技术的支持可以便捷地获得各种各样的信息,信息技术产业的崛起支撑着金融中心的长久运行,金融中心的发展离不开信息技术的支持,更离不开信息产业发展所带来的巨大推动作用。

7. 专业化的高级金融专门人才。信息是金融行业的核心资源,但是信息的收集和转化过程就需要大量高端人才和研究机构提供服务。金融中心也是金融创新的发源地,而金融创新需要大量高级金融专门人才合作才能得以实现。可见人力资源对金融服务业至关重要,人才的优势也是区域金融中心最重要的竞争优势。在区域金融中心的构建过程中,人力资本发挥着重要的作用,而且人力资本的水平、规模还可以影响区域金融中心的竞争优势。一个拥有多种类型人才资源供给的地区,对金融机构总部或各业务部门都具有吸引力。

3.5.2 区域性国际金融中心建设的特色经验

1. 新加坡[①]。

(1) 具有良好的经济发展环境。20世纪60年代,随着众多亚洲国家经济的快速增长、直接投资的增加以及跨国公司的更多渗透,私人部门持有

---

① 参见: Zoran Hodjera. The Asian Currency Market: Singapore as a Regional Financial Center. StaffPapers, International Monetary Fund.Vol.25, No.2.p222-224; Denis Hew. Singapore As a Regional Financial Center. At 10 Research Conference.7-8 March 2002: 1-22; 天津发改委:《新加坡建设金融中心的经验与启示》,载《天津经济》,29~30页, 2005 (3); 叶耀明、高平平:《上海建成国际金融中心的国际经验借鉴》,载《华东理工大学学报(社科版)》,28~29页, 2002 (4)。

的外币存量不断扩大。许多银行的分支机构也纷纷建立起地区性的机构办事处,为其不断增长的金融机构服务。而1967—1968年美国信贷市场的萎缩,提高了欧洲美元市场利率,因而亚洲太平洋地区成为吸引主要的国际银行特别是来自美国的银行最活跃的地区。

(2)政府的积极引导和优惠政策措施的不断出台。基于以上的经济发展环境,新加坡货币当局为吸引国际银行业和其他金融机构入驻新加坡提供了很多的优惠政策,并且通过财政补贴的方式来减少交易的成本,解除对非居民外币交易的限制。1968年10月美洲银行拟在香港发行亚洲货币单位但遭拒。新加坡政府则准许该行新加坡分行发行亚洲货币单位,由此亚洲货币市场就建立起来。为了分离本地居民和外国居民在新加坡进行交易的记账问题,所有牌照银行都必须为非居民交易建立一个特别的记账单位,即亚洲货币单位,而且还废除了非居民持有外币存款10%的利息税。接下来的几年也废除了亚洲债券收入税;1970年的银行法规定外国银行可以在新加坡建立分支机构;1972年,新加坡货币当局取消了20%的最低储备率要求;1973年规定所有来自于离岸贷款和其他离岸活动所得的公司净收入税从40%下降到10%,并且给予外国银行离岸银行牌照,允许其进行离岸金融业务;1987年,新加坡股票交易所放松对外国投资者的限制,增加外国投资者数量,放松外资企业的上市要求,同时引入国际会员,允许成员与非居民在新加坡自由贸易;政府当局还在新加坡交易所设立交易自动报价系统,为小企业特别是高新技术企业提高短期跟踪报价。

(3)活跃的金融市场奠定其区域中心的地位。新加坡除了证券交易市场外,还有衍生产品交易,包括17种交易工具:利率期货(欧洲美元期货)、货币期货、股票指数期货、商品期货等,公开报价系统和电子交易系统延长了不同时区交易的间隔时间,增加了投资机会和灵活性。在债券市场方面,新加坡政府积极促进新加坡这一城市型国家作为债券发行和交易的区域中心,1998年又颁布了一系列的税收补贴政策以扩大债券市场。2001年6月29日,新加坡交易所发行5年期政府债券合约,3个月期的货币利率期货合约。

(4）健全的法律和监管体系及治理结构。新加坡货币当局于1971年通过货币当局法案建立法律委员会，其监管体系由一系列的法律法规组成，包括银行法、金融公司法、保险法、证券法、期货交易法、发展信贷法、国库券法等；1999年12月，新加坡金融部门律师协会组建了公司监管和治理政策委员会；2001年3月，公司治理评论委员会发布了公司治理法规，规定了在新加坡上市的公司的规则和程序；2003年2月，发布了关于建议指导和监管的咨文，为当地非银行公司和直接保险公司提供公司治理方面的建议及政策。1999年5月17日，新加坡货币当局启动了一个5年计划来开放新加坡的银行业和加快本地银行的发展，其措施一是授予外资银行新的牌照，准许进入国内市场，二是改变外国投资者对本地银行持有资本份额的限制。

（5）适时稳妥推进金融国际化和自由化。新加坡对金融市场的国际化和自由化持积极审慎的态度。一方面，欢迎经营业绩突出、风险很低、综合实力很强的外国银行入驻新加坡开设分支机构；另一方面，对进入新加坡的外国银行经营的业务进行限制，只允许这些银行开展离岸业务，不开展本币业务。由于考虑到本国的经济实力状况，新加坡政府决定不宜实行新加坡元的国际化，境外机构在新加坡使用新加坡元始终受到限制。在证券市场国际化方面以其灵活的上市准入条件，吸引大批外国企业纷纷到新加坡上市，而且新加坡证券交易所与美国NASDAQ系统联网，使得在新加坡的投资者能够同时交易美国场外交易市场的股票。1990年底，新加坡货币当局允许经纪公司中外国合伙人的份额由47%增加到70%。新加坡政府稳妥的金融政策使其在亚洲金融危机中未受到很大的打击。

（6）积极有序的推动金融机构的整合。为了增强本地区银行的竞争力，新加坡政府适时鼓励银行的重组和整合，提高本地银行的竞争力。政府希望这些银行合并成两个"超级银行"，从而能够在全球化时代竞争成功，扩大本地区银行的业务范围。新加坡政府还积极推动把新加坡打造为国际基金管理中心，高储蓄率和CPF计划将吸引许多全球基金管理公司落户新加坡。

2. 巴拿马[①]。

(1) 依托得天独厚的地理优势。巴拿马地处南美洲和中美洲之间,而巴拿马运河是连接太平洋和加勒比海的重要通道,泛美高速公路纵贯全国,在巴拿马注册的国内外商船有4 000多艘,通讯、运输等现代化基础设施便捷发达。

(2) 特殊的货币政策和财政政策。这些政策主要包括:巴拿马货币巴波亚与美元等值,实行美元的自由流通;减少对外币兑换、汇款、投资的货币管制;对定期及储蓄账户利息免税;对定期及储蓄账户市场取消管制;对本地银行及外资银行分支机构给予灵活的政策;充分利用国内外金融资源;实施银行保密法;对金融服务、信息产业、旅游业等活动给予税收和金融方面的优惠条件。

(3) 政府牵头积极鼓励投资促进发展。1984年9月,巴拿马政府发表公告,准备建立证券交易所,允许债券、国内外股票等各种信贷工具在这里进行交易,注册资本不得少于100万美元,整个运营过程是保密的。同时,证交所每月末还要发布所有交易的报告,包括股票的交易、价格、数量以及投资者及公众感兴趣的其他统计数据。拥有独立的注册会计师认证合同或任何合法的商业运作并保存其详细而系统的记录。此外,在每个财政年度末,必须向国家证券委员会提交财政报告。股份有限公司及其他上市公司也必须向国家证券委员会提交年度审计报告。巴拿马政府还规定所有的投资者均享有相等的权利与义务,并且不断要求确保税收的稳定和一致性,而且还为投资者提供金融担保,鼓励对外贸易,加强国家间的贸易平衡,扩大城市建设,打造现代化服务城市中心。

3. 开曼。

---

① 参见:Harry G. Johnson. Panama As a Regional Financial Center: A Preliminary Analysis of Development Contribution. Economic Development and Cultural Change, Vol.24, No.2. p262;陈中苏:《巴拿马——拉丁美洲的境外国际金融中心》,载《中国金融》,53页,1985(12)。

（1）依托避税和旅游优势发展金融业务。开曼群岛主要的两个经济部门是金融服务业和旅游业。由于清洁安全的环境和一流的海洋环境使得开曼群岛一直是世界上顶级的潜水目的地，而且现代化的基础设施也加快了开曼的发展。开曼岛上没有与财产权、资本收益和收入有关的税收，一直以来都是实行免税政策，是真正的"避税之都"。

（2）独特的运营监管模式。与其他离岸金融中心不同的是，开曼因其在银行、共同基金、专属保险业、特殊目的融资等诸领域的领导角色而处于独特地位。在金融监管方面，除了按照巴塞尔委员会提出的《有效银行监管的核心原则》外，对保险的监管实行保险机构监管会员原则；对投资业务的监管实行的则是国际证监会组织原则；在信托和公司服务监管领域对反洗钱的最好实践就是实施所谓的40条建议。开曼群岛货币当局作为开曼主要的金融监管者，也不定期地参加国际监管论坛、离岸银行监管组织和离岸保险监管组织会议。

4.巴林。

（1）特殊的地理区位和优惠措施。由于西有英国伦敦，东有中国香港这两大国际金融中心，巴林金融中心连接英国伦敦、美国纽约、日本东京、中国香港的证券交易所成为国际24小时资本市场上的一个环节，还具有南亚、北非、西亚和中亚等众多国家不具备的高透明度和最先进的监管制度，其优惠政策包括允许入驻企业100%独资和拥有房地产权，实行零税收，资金和利润自由出入等。巴林政府推出了"巴林金融港"计划后，巴林货币局将实行新的金融行业从业执照管理体系，旨在为有意在巴林从事金融业务的公司提供更多的服务。

（2）发展完善的金融体制。巴林货币局对洗钱加大法律制裁力度和打击力度，不断出台多项法律抑制洗钱活动；还要求所有在巴林经营的银行除了留足信誉风险资本金外，还要留足市场风险金；一些获得牌照的离岸银行，都可以不受商业银行规定的约束，允许其做离岸的预支和储蓄业务；商业银行、投资银行、伊斯兰银行、住宅银行和巴林开发银行迅猛发展，从业人员不断增加；保险公司、投资咨询公司、货币外汇经纪公司异军突起为巴林金融服务提供了很大的便利。

5. 巴哈马[①]。

(1) 传统避税港和特别优惠的税收制度。巴哈马是世界头号离岸金融中心,同阿拉伯地区的巴林等被称为世界上最主要的离岸金融业集中地带。由于巴哈马在20世纪60年代以前没有银行法,对许多银行都没有监督和开业的规定,由此形成了它的避税港地位。而且还有特别的税收优惠包括不征收财产税、个人所得税、公司所得税、资本收益税和利息收入预扣税等。

(2) 不断创新金融监管,打造稳健环境。1983年,巴哈马与世界各个大的离岸金融中心批准了巴塞尔委员会关于银行业监督和管理的各项原则,扩大监督范围和提高监督的质量,并在各个监督当局之间进行有利的协作,保障监督的有效运行。此外,巴哈马央行还参加了加勒比和拉美银行监督和检查机构委员会和离岸监督者组织,以便能在国际性和地区性监督机构的帮助支持下,使本地区所有金融机构都得到很好的监督。巴哈马央行认为,不能依靠取消银行客户法定保密权的办法而滥用离岸金融机构,但要求各个银行要了解自己的客户,并要求采取一切措施防止利用金融机构从事犯罪活动。此外还加强了对新开业银行许可证的严格管理,任何金融机构没有资深金融机构的联系和介绍是不能在巴哈马开业的。

(3) 利用自身优势开展国际业务。1981年12月,纽约设立IBF开展欧洲货币业务,导致许多机构撤到纽约。但是像巴哈马这样的离岸金融中心却发挥自身优势吸引金融客户把资金留在巴哈马。如提供一些纽约所没有的业务以及一些具有吸引力的税收和保密制度。

6. 迪拜[②]。

(1) 优越的区位条件。迪拜地理位置和时区也得天独厚,位于阿拉伯联合酋长国东北沿海,濒临海湾的南侧,地处亚、欧、非三大洲的交汇

[①] 高梓:《巴哈马离岸金融中心的发展及其利弊》,载《拉丁美洲研究》,14~16页,1985(6);郑强、杨瑞:《加勒比海地区离岸金融业的发展与趋势分析》,载《北方经济》,2010(9)。

[②] 张望:《金融争霸》,36~37页,上海,上海人民出版社,2008。

点，与伦敦有4小时的时差，与北京也有4小时的时差，一天之内可以覆盖东西两个市场，从而能够填补东西方交易市场上的"金融真空"。

（2）优惠的税收政策和严格的管理体制。迪拜国际金融中心是岸上"金融中心"，其优越性表现为，不仅具备大型国际金融中心的法律规范及操作标准，还拥有"离岸"金融中心的税收优惠：零所得税和营业税，无外汇管制，资本及利润可以100%的汇回；迪拜金融中心实行以美元为主的交易体制，其规则、监管体制完全按照世界标准来运行；对反洗钱法实行严格监管和实施。

（3）具备现代化金融基础设施。迪拜金融中心拥有超现代化的办公环境，先进的技术和现代化，高效的基础设施，安全的资料保护和专业化服务，可与所在国实现无缝对接。现代化的金融基础设施为迪拜金融中心的国际化发展奠定了坚实的基础，使之更好地服务于东西方之间的广阔地区。

（4）金融机构的集聚。迪拜可以向包括海湾国家、中东国家、伊朗和中亚国家等25个国家提供金融服务，截至2009年，其国内生产总值达到750亿美元，是一个巨大的资本市场。据不完全统计，国际上进入迪拜的热钱已超过了8 000亿美元，这一因素进一步促使迪拜加速成为国际金融市场和资本链上的重要一环，正是看到了迪拜的独特性，各国机构加速进入这个"聚宝盆"。迄今为止，已有数百家来自世界各国的公司进驻，德意志银行、瑞士信贷银行最早在金融中心挂牌营业，摩根士丹利、美林等都陆续设立了分部。

（5）独特的金融产业。与其海湾地区的几座邻近城市一样，迪拜受益于政府对伊斯兰金融业的支持、有利的监管环境以及国内与伊斯兰教的紧密联系。该城市比其他地方拥有更多上市交易的伊斯兰债券，即基于伊斯兰法则的债券型投资凭证。作为阿联酋的一部分，迪拜将继续在短期内大力推动伊斯兰金融业的发展。

7. 苏黎世①。

(1) 金融机构的聚集。1856年瑞士信贷银行的建立，奠定了其金融中心的发展。随着工业化步伐的加快，苏黎世一度成为瑞士主要的工业中心，由此吸引大量的金融机构入驻于此。1892年伯尔尼联邦银行总部迁到苏黎世，1912年SBG总部也迁入苏黎世，1905年国家银行设在苏黎世。19世纪末，共有625家银行和金融公司在瑞士开办了业务，其分支机构超过4 300个。这些银行包括州立银行、大银行、地方和储蓄银行、信用合作银行、私人银行和其他银行，其中包括有126家外国银行。

(2) 高效的资产管理部门和稳健的运行环境。苏黎世成为世界上主要的金融中心之一是由于它具有高效的资产管理部门，对客户资料进行保密，而且不受任何战争的影响。最重要的是稳定的银行体系，较好的总体经济条件，稳定的政治经济环境，健全的法律，高素质劳动力的易得性，税收优惠及稳定的货币。

(3) 努力创建更加优惠的金融环境。为了再次提升苏黎世的金融地位，瑞士金融中心基础设施集团主席提出要创建更加优惠的金融环境，第一，在私人银行领域必须继续保持世界的领先地位；第二，政府要不断加强对金融业的法律援助，监管部门必须制定相应的程序，加强对市场的规范；第三，降低税收，扩大优惠范围；第四，树立具有特色的金融服务业；第五，不断加强银行业自身调控的能力。

8. 法兰克福②。法兰克福作为世界金融中心之一，不仅有大量的银行及分支机构，还是欧洲中央银行总部所在地，德意志银行和德国债券交易所也都设在法兰克福。

(1) 历史机遇和金融机构的集聚。第二次世界大战时期，法兰克福是美国在德国的军事总部，美国不顾英国、法国之意，将德意志联邦银行设在法兰克福。战后，德国的其他政策银行也纷纷搬迁至法兰克福，如德国复兴开发银行。此后德国放宽了对银行集中的限制，许多商业银行也随之

---

① 张望：《金融争霸》，41～41页，上海，上海人民出版社，2008。
② 张望：《金融争霸》，37～38页，上海，上海人民出版社，2008。

将总部搬到法兰克福。正是历史的机遇和金融机构纷纷入驻，才为其发展为金融中心铺平了道路。

（2）不断创新，提升金融中心竞争力。2003年德国财政部、德国证券交易所、德意志联邦银行及位于慕尼黑和法兰克福的多家金融机构共同发起成立了德国金融中心动议案，旨在为提升法兰克福金融中心的竞争力献计献策，提出了以下建议：一是进一步加快德国房地产市场的发展和改善欧元的支付体系；二是扩大德国在欧盟金融一体化进程参与度，不断改善税收机制；三是加强金融教育，改善养老金的支付体系及扩展中小企业的融资渠道。

9.香港[①]。

（1）不断创新提高金融开放度吸引外资。1978年3月，香港当局向外资银行颁发银行牌照，使得外资银行机构数目急剧增加；1982年2月又取消了外币存款15%的利息税；1983年10月取消了港币存款利息税；1989年所有非金融机构对贷款者或是存款者所付的利息均可免税。

（2）打造高知名度和专业化的服务公司。香港凭借其特有的地理区位，在机场、道路、通讯设施、铁路、海港等方面具有很大的优势，国际货币基金组织称香港为"全球透明度最高、管制得最好、干预最少的营商地点之一"，《经济自由度指数报告》将香港评为全球最自由的经济体系，国际著名评级机构一再调高香港的长期外汇主权信用评级。香港已经具有世界知名度，多项具有重大影响的国际经济会议都在香港举行。同时，香港拥有大批的专业化服务公司和金融机构从业人员，汇集了经济师、会计师、统计师、系统分析师等一大批专业化人员。

（3）打造现代化基础设施，提升金融服务水平。香港联合交易所在1992年6月通过逐步实施中央结算及交收系统，实现结算电子化；1996年12月，香港金融管理局和香港金融工会合作，推出实时结算系统，以减

---

① 张幼文：《国际金融中心发展的经验教训——世界若干案例的启示》，载《社会科学》，27~28页，2003（1）。刘继燕：《借鉴香港经验发展深圳总部经济》，载《集团经济研究》，309~310页，2007（3）。

少风险和结算手续;1990年建立债务工具中央结算系统服务(CMU);2002年11月又与布鲁塞尔的欧洲结算系统联网,2003年1月与Clearstream Banking Luxembourg 联网,使亚洲和欧洲投资者能够交收及持有国际及香港债券;2004年4月与中央国债登记结算公司联网,使内地获批的金融机构投资于港元债券;在2006年1月推出CMU债券报价网站等。此外,香港的交通通讯发达,拥有全球货运量最高的集装箱货运港、全球最繁忙的机场之一、高度现代化的电讯系统以及全球领先的通讯设备使用率。

10.孟买[①]。

孟买建设金融中心的经验主要表现为:

(1)建立适应其国情的金融管理体制。印度建立了以中央储备银行为核心,以商业银行为主导,其他金融机构和专业银行为基础的金融管理体制。其中,印度中央储备银行的职能是管理和控制全国的金融活动,是政府的银行,执行货币发行、控制货币流通量、制定和执行国家货币政策等职能,同时还代理国库、管理政府各项收支;商业银行包括私人银行、国有化商业银行、农村银行和外国银行;其他金融机构主要是指专业信贷机构,它是印度为优先发展工业而设立的专业信贷机构,而专业银行是指农村信用合作组织,是在全国范围内建立的一种社会性质的银行合作组织。印度资本市场在很大程度上可以与发达国家相比,特别是印度在结算制度、风险防范、信息披露和清算制度、经纪人的实时临控、直接交易处理等方面。印度现代和高效的金融制度体系吸引了许多投资者,而且印度资本市场的繁盛得益于政府通过制定了完善的法律制度和市场规则的基本框架之后,但是印度政府仅仅是充当金融市场服务者的角色。这样的金融管理体制,有利于促进印度银行和其他金融机构的发展,进而促进金融业和区域金融中心的长远发展。

(2)积极主动地参与国际金融市场。根据金融国际化的要求,印度取消了外汇管制,实行统一汇率。印度中央储备银行允许市场汇率在5%的

---

① 唐高原:《印度区域金融中心构建的演绎路径及其启示》,载《南亚研究季刊》,65~67页,2008(4)。

幅度内浮动，允许贸易账户项下的卢比自由兑换，允许出口商将100%的外汇按市场汇率自由兑换，改变了1993年实行双重汇率制度的一些做法。除此之外，印度合理地简化和调节利率结构，不再为银行规定存款利率上限，提高市场借款利率，使之接近国际市场利率水平。这些措施为印度实现区域金融中心的国际化奠定了坚实基础。印度在进行金融改革中所采取的一系列融入国际金融市场的措施是印度区域金融中心发展的关键。

（3）储备了大量金融高级专门人才。任何区域性或国际性金融中心的发展，必须拥有大量金融和其他有关的高级人才和专业人员的储备。事实上，印度不断地增加教育投入，培养了大批高级金融专业技术人才，而且其金融市场高管人员还具备处理全球市场复杂问题的技能，就连美国金融机构也成为印度软件外包业务的主要客户之一。因此，大量金融专业技术人才储备正推动印度国际性金融中心的不断发展。

（4）金融促进政策措施的不断出台。出台的金融促进政策措施包括：①改革金融监管制度，采用灵活自由的"原则性监管"模式，取消对金融业的监管分割；②积极发展货币、债券和衍生品市场，以及取消一些有关利率衍生品的限制性政策措施；③通过兼并收购等方式进行重组，建立几家大型的金融机构；④尽快开放资本项目；⑤改革相应税制，将征税的重点从收入转移到消费上来等；⑥改善金融法治体系建立金融业专门法庭；⑦加强基础设施建设。

（5）金融机构集中。孟买是一个金融监管中心、金融市场中心和金融机构中心"三合一"的城市。印度央行、印度证券监管委员会、证券交易所、印度国家银行等大型金融机构总部都设在孟买。这种金融格局缩小了监管当局和市场的距离，增强了监管者和金融机构之间的沟通，使孟买产生巨大的金融机构集聚效应，对整个印度的金融业产生了巨大的影响力。而相对集中的金融机构使得孟买在建设金融中心中占据优势。

孟买建设区域金融中心的不足表现为：

（1）金融发展不平衡，贫困地区陷入恶性循环。由于地区发展差距很大，区域金融中心的形成和发展大都处在印度较为发达的大城市，对资金的聚集效应大于其扩散效应。由于资金存在"反梯度"的流动特性，使得区域金融中心周边地区的资金流入金融中心，使得缺乏资金的贫困地区更加陷入资金匮乏的恶性循环。如印度恒河中下游的比哈尔邦和东北部的阿萨姆、曼尼普尔、特里普拉、那加等地，长期处于落后状况，而随着孟买等印度区域金融中心的发展，这些地区与印度发达地区差距逐渐扩大。

(2) 基础设施落后制约了孟买金融中心的快速发展。孟买只有一条贯穿南北的交通动脉，连接北部的机场和南部的商业中心。孟买的街道狭而不平、满地坑洼，两旁的楼房也显得破烂，各式各样的卡车、汽车、三轮脚踏车以及电动车在混乱的道路上往来穿行，而且在孟买的河道、铁道以及围墙边随处都可以看到贫民窟。由于孟买把注意力过分集中在公交车网络上，建造了大量的立交桥，而城郊铁路的建设却丝毫未动，使得上班高峰期交通仍然十分拥挤。

(3) 严重的社会安全隐患不利于金融中心的良性发展。任何国家金融中心的建设均离不开稳定的社会治安环境，相反印度金融中心却在其发展过程中受到了社会安全问题的严重挑战。例如，1993年在孟买由穆斯林制造的爆炸案造成了250人丧生的惨剧。2003年8月25日孟买发生了多起爆炸事件，造成百余人死伤。由此可见，印度金融中心发展进程中受到了来自宗教矛盾、极端主义者和那些卷入组织犯罪活动的不利影响。

(4) 金融产品与金融服务缺乏多样性。随着印度居民消费者偏好的多样性和易变性的不断提高与增强，对印度金融产品的需求必将呈多样化趋势。但是目前孟买金融产品缺乏多样性，它不但不利于规避金融风险和满足市场需求，反而会对其金融中心的快速发展产生不利的影响。

3.5.3 区域性国际金融中心建设的共同经验

如何有效地借鉴区域性国际金融中心建设的成功经验，对于建设昆明金融中心、提升金融中心的竞争力具有重要的指导作用。总结上述经验，具体有：

1. 制定金融中心发展规划，营造良好的金融生态环境。致力于国际金融中心发展的城市，需要政府作出长远的战略规划，把地区经济发展与金融中心建设紧密地结合起来,提出金融业发展的战略目标,显示出地方政府建设金融中心的信心与决心,有助于在建设进程中调动各方积极性,形成合力,并能够产生很好的宣传效应,有助于吸引区域内外金融机构的入驻。

国际金融中心要能成为金融机构和金融服务的集聚地,还取决于金融机构和金融服务赖以生成、运行和发展的外部环境,即金融生态环境的优劣,特别是政治、经济、文化、法制、信用等基本环境因素,在构建优良金融生态环境方面政府应该大有作为。

2.必须充分发挥本地区的地理区位优势。综观许多区域性金融中心的建设,无不首先体现的是其优越的地理优势,如巴林、巴哈马、巴拿马等都是依托其地理优势,再有如丰富的旅游资源,传统"避税天堂"等优势都为其发展区域金融中心作出很大贡献。地理优势在很大程度上决定金融中心发展的进程速度,因为地理优势的存在,使得贸易、旅游、航空、航海等活动的成本大大降低,逐渐演变成活跃的贸易金融地区,从而更好地为金融中心的发展奠定坚实的基础。

3.国家层面的政策支持。一个好的金融中心的建成,离不开中央政府的政策支持。如日本政府就出台很多政策措施加快其金融改革步伐,实施金融自由化和国际化,不断强化东京的国际金融中心的地位。香港、新加坡、巴拿马等金融中心,无不是在政策措施上下大功夫,通过一系列的优惠措施,吸引大批金融机构的入驻,开展金融服务,进而带动其他机构也纷纷落户于此,如会计师事务所、律师事务所等,而且还通过这些机构的入驻,吸引大批金融人才、经济人才、高级管理人才,为打造真正的金融中心创造了人才条件。所以要建设地区性的金融中心一定要得到政府的高度重视和大力支持,中央政府积极推动,而且要不断出台许多优惠措施,优化投资和金融环境,提升本地区金融服务的知名度等。

4.建立完善的金融市场体系。没有一个完善的金融市场体系,是不能发展成为金融中心的。如巴林在短时间内就建立了许多金融机构,形成金融市场体系。如新加坡,也一样通过不断完善金融市场体系奠定其国际金融中心的地位等。金融市场的发展水平是决定金融中心成功与否的关键，没有完善的金融市场体系，是不能建成金融中心的。金融中心的成功必须依赖庞大的金融市场体系作为支撑，失去金融市场体系，整个金融中心的建设就如同空中楼阁。

5.建设现代化高水平的金融设施。金融中心的发展离不开现代化的金融设施和技术，只有不断进行技术创新，提升技术水准，才能在激烈的市场竞争中提升竞争力，对金融中心的发展来说，提升金融中心现代化技术水平如通讯设备、清算系统、报价系统、交易结算系统以及建设一批具有现代化的金融产业基地，形成包括电传、电话、传真、卫星通讯及快邮网等在内的金融基础设施，着力打造具有国际视野的金融服务网是至关重要的。如香港证交所不断进行创新，使得香港金融中心的交易流程既简便又快捷。

6.完善金融法规和监管体制。任何一个发达的金融中心的运行，都离不开金融监管和一系列金融法规的约束。金融中心只有在这些完善的金融法规和监管的条件下才得以健康运行和发展，否则将陷入混乱之中。保障金融中心稳健运行的关键就是要建立一系列金融法规。因此区域金融中心建成后也必须有完善的金融法规和监管体制的出台，以便能够保障金融中心的健康运行和发展。

总之，建设区域性国际金融中心，要根据本地区，甚至是本国的经济发展状况因地制宜，切不可盲目照搬照抄别国甚至是其他地区性金融中心成功的经验，只有深刻认识到这些金融中心成功背后的一系列教训与不足，有效借鉴、成功运用，才能发挥建设性作用。

3.5.4 区域性国际金融中心建设中的政府职能

新兴区域性国际金融中心的建设，政府起到至关重要的作用，政府应该发挥应有的职能，推动金融中心建设稳步地向前发展。

1.管理规划职能——制定金融中心发展战略，规划金融中心蓝图。在建设金融中心过程中，需要政府行使管理规划职能，把区域经济发展、中心城市发展与金融中心建设紧密地结合起来，明确金融业发展的战略目标，为金融中心建设明确思想，清晰思路，推动金融业发展。显示出地方政府建设金融中心的信心与决心，有助于在建设进程中调动各方积极性，形成合力，并能够产生很好的宣传效应。20世纪70年代，新加坡政府为把新加坡发展成为具有国际影响力的离岸型金融中心，提出和实施了"金融立市"战略，成功地利用了当时刚兴起的离岸金融潮流与金融衍生市场创新潮流，并出台了许多政策和措施进行大力扶持，为新加坡金融中心的建设规划了美好的蓝图。

2. 政策引导职能——出台相应配套措施，吸引金融机构和人才流入。金融中心的建设，离不开政府的政策扶持和推动，政府通过建设金融区、拨款设立专项资金、出台许多税收优惠政策、降低金融机构的置业成本等措施，吸引金融机构和企业的入驻，形成金融集聚；同时不断优化人才环境，制定完善的引进和培养金融人才的激励机制，着重加大对金融高端人才和急需人才的吸引聚集力度，提高金融人才的生活质量，提高人力资源的素质，引导和促进金融中心的发展。在全球绝大多数金融中心特别是现代金融中心的建设过程中，政府都充分行使了这一职能。

3. 市场监管职能——防范金融风险，建立健全金融监管制度。金融中心的稳健运行需要政府建立一整套金融法规以及监管制度，抵御金融投机活动，确保金融活动在良好、健康的环境中运行。如1983年，巴哈马政府批准了在巴哈马境内实行巴塞尔委员会关于银行业监督和管理的各项原则，扩大监督范围和提高监督的质量，并在各个监督当局之间进行有效的协作，保障监督的有效运行。此外，巴哈马央行还参加了加勒比和拉美银行监督和检查机构委员会和离岸监督者组织，以便能在国际性和地区性监督机构的帮助支持下，实现本地区所有金融机构都得到很好的监督。

4. 公共服务职能——组建专门的机构，加强工作协调。金融中心建设过程中，涉及许多复杂的环节，需要政府部门成立有关机构进行协调，负责分配各个部门工作，协调解决金融中心规划建设中的重大事项，形成统一领导、分工明确、各负其责、协调运作的工作机制，使整个金融中心建设有序推进。同时建设金融中心需要提供一系列完善的通讯设施，建立健全高科技的金融服务网络。

此外，公共服务职能还表现在积极主动招商，做好区域宣传推介。对于建设金融中心的城市政府部门，需要采取积极主动的姿态，做好招商引资工作的同时注重城市的宣传推介工作，采取"走出去"和"请进来"以及网络化等不同方式为金融中心建设造势。

4. 昆明城市功能定位与泛亚金融服务中心建设

4.1 昆明城市发展的基础条件与潜力

昆明是云南省的省会，也是全省政治、经济、文化中心。全市地域面积有2.1万平方公里，辖5区1市8县，聚居着26个民族，是云南省唯一人口超过600万人的特大型城市。21世纪以来，昆明的经济、社会、文化都发生了巨大的变化。1998年，昆明国内生产总值达545亿元，10年后的2008年，昆明市全年GDP完成1 605亿元，是10年前的近3倍，2009年全市GDP为1 808.61亿元，形成了粮、烟、花、菜、畜、果等优势农业产业，特别是花卉产业，建成了中国花卉种苗繁育中心和亚洲最大的花卉市场，60%的蔬菜远销东南亚和欧美等地。制造业方面形成了以卷烟、光机电、冶金、化工、建材、生物制药等为主导产业的生产体系，精密机床、光学仪器、磷化工产品、天然香料、名优卷烟、云南白药等驰名中外。第三产业也蓬勃发展，现代新昆明的建设紧锣密鼓，大经贸、大流通的格局初步形成，金融保险业、交通运输、仓储及邮电通信业、批发和零售业均发展较为迅速，投资环境进一步改善，山水园林城市初步显现。昆明已步入了经济较快发展时期。

4.1.1 昆明城市发展的基础条件

1. 昆明城市发展的政治条件。

（1）政治经济环境稳定。对于一个城市，或者一个省甚至一个国家的发展而言，政局稳定是至关重要的。在一定程度上，稳定的政局比经济发展的速度更加重要。在参与中国—东盟自由贸易区区域合作的国家中,特别是在大湄公河次区域合作的六个国家中,中国的政治经济条件最为优越,政治最为稳定。自1978年实施改革开放以来中国就始终处于政治、经济和文化发展最好的历史时期,而东南亚地区至今仍是全世界政局最不稳定的动荡地区之一,不时发生社会动乱、政治抗议、暴力冲突、社会阶层之间的对抗甚至是权力集团之间的大规模对抗。因此稳定的政局为中国社会各方面的发展提供了良好的机遇和保障。昆明依托整个国家,政局非常稳定。这让很多国家羡慕不已,也是曼谷、河内等城市所不具有的突出优势。

(2) 社会主义制度优越性突出。中国所实行的是社会主义制度,有着强大"政治合力"和"向心力"。政党关系和谐、政党政治清明,社会各政治团体与力量和谐,并且能够集中大国力量办大事,能以国家和人民利益为最高目标,动员和调配全国、全社会相关的力量和资源,建立了解决某些特别重大项目或事项的工作体系和运行机制。这是无论是共和制的新加坡、印度尼西亚、菲律宾还是君主立宪制的泰国、马来西亚以及其他任何一个国家都不具备的社会制度优势。

2.昆明城市发展的经济条件。

(1) 区位独特。从地理位置看,云南省与东南亚的越南、老挝、缅甸有着4 060公里的边境线,昆明南达中越边境515公里,西抵中缅边境760公里,西南至中老边境792公里,是中国毗邻东盟国家最多、距离最近和开放程度最高的中心城市。随着中国—东盟自由贸易区的启动,以及国家门户枢纽机场、泛亚铁路和昆曼、昆仰公路等一批重大基础设施的建成,"东连黔桂通沿海,北经川渝进中原,南下越老达泰柬,西接缅甸连印巴"的独特区位更加凸显昆明的战略地位。昆明作为我国面向东南亚和南亚的"桥头堡",将在我国新能源通道建设、西南地区面对东南亚、南亚大经贸通道建设中发挥重要作用。

从国家经济区域合作的布局来看,昆明处于中国—东盟自由贸易区、大湄公河次区域经济合作区、"泛珠三角9+2"区域经济合作区的交会点，向东是昆明—河口—河内—海防经济走廊；向西是昆明—瑞丽—曼德勒—内比都—皎漂黄金油气经济走廊，中部沿1 800公里的昆曼公路形成昆明—景洪—会晒—曼谷—吉隆坡—新加坡黄金经济走廊。从2010年1月1日起，中国—东盟自由贸易区内90%的商品从此步入零关税时代。区域内有近19亿人口，接近6万亿美元国民生产总值、4.5万亿美元贸易总额。该经济圈可能发生的资金、人才、技术、商品的流通或流动，将大部分通过昆明这个黄金经济走廊的关键结点来实现，昆明对外开放的空间日益广阔。

从云南省城市群的布局来看，作为全省唯一的特大城市，昆明承担着云南省政治、经济、文化、教育、科技、信息、物流中心和交通枢纽的功能，是全省资本、人力和技术的高度密集地区，也是滇中城市群的核心城市和先导城市。昆明处于滇中城市群的中心，东邻曲靖、昭通，南接玉溪，西与楚雄相连。目前，昆明—玉溪—曲靖—楚雄城市一体化建设步伐加快，基本形成了多极带动的网络城市框架。昆明2小时以内就能够到达玉溪、楚雄及曲靖市等中心城市。随着昆明经济的飞速发展，昆明在滇中城市群中引领、带动、辐射和示范的效应日益强化。

从西部大开发的区域来看，昆明处于川滇经济走廊、贵昆经济走廊、滇藏经济走廊的交会点，随着西部大开发战略向纵深推进，作为边境地区开发和对外开放的前沿，有潜力成为引领和带动西部大开发的战略高地。

(2) 交通枢纽。昆明虽然是内陆省份，但经过改革开放以来的建设，昆明出入境的水、陆、空通道都得到不同程度的发展，已经成为一个四通八达的立体交通枢纽。水路通道澜沧江—湄公河航道完全通畅，陆路通道中昆明有多条铁路干线通往国内各地和邻国。目前已经形成通达南宁、成都、贵阳、河口、大理、内江的6条国内铁路，未来将形成中缅、中越、中老、中缅印4条出境铁路，即4条出境及6条国内铁路的"四出六进"格局。作为"泛亚铁路"起点的昆明，将成为中国继哈尔滨之后第二个内陆铁路口岸，云南省也将从一直位于全国铁路网末梢的省份，跃为中国—东盟自由贸易区的国际物流中枢。在公路方面，昆明—万象—曼谷1 800公里的高等级公路已经通车；在航空方面，昆明已有国际、国内航线200多条，通往曼谷、河内、仰光、新加坡、加尔各答、首尔、吉隆坡、大阪和中国香港以及内地和省内主要城市。2011年即将建成使用的昆明新机场将是中国第四大枢纽机场，机场国际航线主要面向东南亚、南亚地区，届时以昆明为中心，5小时飞行圈覆盖了亚洲大部分区域，预计2012年旅客吞吐量可达2 600万人次，货邮吞吐量130万吨；2020年旅客吞吐量将达到3 800万人次。因此，昆明处于亚洲公路网、泛亚铁路、东南亚、南亚国际航线的交会点，届时，航空、铁路和公路建设一起，形成立体、便捷的现代交通大网络，依托11个国家级口岸和10个省级口岸，以及近百条通道的条件，使昆明成为连接太平洋和印度洋，辐射我国西部和东南亚、南亚三大区域近30亿人口的中心枢纽城市。

(3) 资源丰富。昆明的自然资源、人文资源、旅游资源都是得天独厚的。昆明有丰富的磷、盐、铜、铁、钛、煤、石英砂、黏土等矿产资源，其中，以磷、盐最为富饶，磷矿总储量约46亿吨，盐矿储量约138亿吨，居中国内陆第2位。同时昆明市区年平均气温15.1℃，年均降雨量1 075毫米，夏无酷暑，冬无严寒，素有"春城"之美誉，适宜多种植物生长，昆明有1 200余种野生植物，400多种传统花卉，是我国冬春早菜三大基地之一。此外，有石林世界地质公园、滇池、安宁温泉、九乡、阳宗海、轿子雪山等国家级、省级重点风景名胜区和人文景观，是著名的优秀旅游城市。

(4) 经济快速发展。近几年来，昆明充分发挥自身的独特优势，不断加快发展步伐，经济实力不断增强。2009年，昆明实现地区生产总值1 808.61亿美元，占云南省的28.9%，实现工业增加值632.36亿美元，占全省的30.3%；吸引外商直接投资7.28亿美元，占全省的80%；外贸进出口额50亿美元，占全省的62.3%；社会零售商品总额864.61亿元，占全省的42.2%。全社会固定资产投资、地方财政收入、工业增加值约占全省的1/3；文化产业占全省的比重为43.54%；城镇化达60%。昆明的高校和研究机构约占全省的90%（见表4-1）。因此无论是经济发展总量、产业集聚程度还是科学文化技术的集中度都占全省的半壁江山,昆明已经成为全省经济集聚程度最高,规模最大,产业结构转换相对较快的区域,对云南省的经济发展和对外开放具有较强的引领、带动和辐射作用。

表4-1 2009年昆明经济发展在云南省中的比重

年度	GDP（亿美元）	占全省的比重（%）	工业增加值（亿美元）	占全省的比重（%）	吸引FDI（亿美元）	占全省的比重（%）	外贸进出口额（亿美元）	占全省的比重（%）	社会零售商品总额（亿美元）	占全省的比重（%）	全社会固定资产投资（亿美元）	占全省的比重（%）
2009	1 808.61	28.9	632.36	30.3	7.28	80	50	62.3	864.61	42.2	1 600.66	35
2008	1 605	28	595.26	35	6.02	77	73.08	76	700.74	41	1 053.16	30
2007	1 393.69	30	524.06	31	3.0	76	66.83	76	569.42	41	818	29

资料来源：根据《昆明市统计公报》和《云南省统计年鉴》计算。

改革开放以来,昆明建立了经济技术开发区、高新技术产业开发区、滇池国家旅游度假区三个国家级开发区以及一个出口加工区来吸引外资,发展信息产业、现代制造业、高新技术产业和现代服务业。目前,昆明已经形成了较强的产业配套能力,以光电子技术、信息技术、生物医药技术等为主的高新技术产业群体,以机械制造、烟草加工、绿色食品等为主的传统产业群体。昆明正着力做大做强高新技术产业,提升改造传统产业,引导和鼓励发展现代服务业,努力形成配套发展的完善产业链。为承接东部产业转移,还建设了深圳工业园、信息产业园、黄土坡装备制造产业园、王家营现代物流产业园、清水生物科技产业园等现代化的工业园区,园区经济成为昆明的一个新的经济增长点。

3.昆明城市发展的文化条件。昆明和东南亚国家在历史上都同属于中华文明圈。从宗教的角度看,由印度传入中国的佛教曾受强大的汉文化影响后才传入越南等东南亚国家,因此东南亚国家在宗教影响下,绘画、医学、建筑、音乐、人物、思维都带有强烈的中国文化特色。而更为典型的是在越南,儒学的很多观念根深蒂固地影响到他们的生活方式、伦理观念甚至政治体制。尽管马来西亚和印度尼西亚都是回教国家,但其遵循的原则反而与伊斯兰教的发源地——阿拉伯国家有一定的差距,而与云南和昆明的回族更为相似。

从民族文化的角度看,云南少数民族与东盟各国民族有着浓厚的同源文化的优势。昆明具有26个少数民族，其中大约有16个民族在云南省和东南亚国家长达4 000多公里的边境线上跨境而居。由于共同的历史渊源、语言和文化习俗，以及通婚、互市等关系，东南亚国家的各种土著民族都能在昆明找到与其同宗或相似的民族。因此这种同源文化和亲缘民族关系，成为紧密联系云南省与东盟国家友好往来的天然纽带。

从文化交流的历史来看，云南省和昆明最早的贸易与文化交流可以追溯到公元前2世纪的古代"南方丝绸之路"，它见证着云南省在沟通中国与东南亚国家的贸易与文化交流中所发挥的交通走廊的重要作用。明朝昆明著名的航海家郑和下西洋时，曾经多次到达加里曼丹岛的马来西亚、菲律宾、印度尼西亚、文莱、柬埔寨、泰国等，并与他们有着密切的经济、贸易和文化来往。如今新加坡的牛车水、马来西亚的马六甲市等东南亚国家著名的"唐人街"，都还保留着明显的汉文化特征。而云南省和昆明也长期受东南亚海洋文化的渗透影响，与地方民族文化和中原文化相互交融，形成了独具特色的滇云文化。

因此，东南亚地区和昆明长期共处、交流促进了昆明与东南亚地区的文化融合，东南亚国家和地区与云南和昆明在文化上有许多的共同性和相似性，在价值观上更加容易找到协同性。

4.1.2 昆明城市发展的潜力优势

1. 中缅油气通道的建设将突出昆明中国新能源通道和基地的战略地位。中国是一个能源消费大国，而中国进口的油气资源约有五分之四一直是从马六甲海峡经太平洋运到中国，随着马六甲海峡的日益繁忙，在一定程度上成为了我国能源消费的瓶颈，因而开辟新的石油通道关乎我国未来能源安全。国家拟建设的中缅石油通道西起缅甸西海岸的皎漂，途经缅甸第二大城市曼德勒，从瑞丽市进入中国境内，最后抵达昆明即将建设的千万吨级的石油炼化基地。一旦中缅能源通道打通，来自缅甸的油气将辐射四川、重庆、贵州、广西等地。目前中国石油集团已经与缅甸政府和大宇联合体在缅甸首都内比都签署了缅甸海上A1、A3区块天然气销售和运输谅解备忘录。该谅解备忘录的签署标志着中缅天然气合作项目全面展开。云南省将配合国家做好中缅石油管道及炼化、天然气管道等项目的推进工作。随着云南省内成品油管道和石油储备库以及国家级石油炼化基地的建设,一年将有2 000万吨的原油、1 000万吨的炼油、80万吨乙烯将从昆明源源不断运往我国的各省区,届时昆明将成为中国第四大石油储备库,中国重要能源中心的战略地位将更加显著,有助于破解中国能源"马六甲困局",并将迎来国家对能源基地的投入和国家能源储备与安全的政策支持。同时,中国大西南能源通道和昆明石油储备库的建设也将成为昆明发展的新的经济增长极,以石油的输送、炼化为中心的石化产业链将带动、辐射整个云南省、西南乃至"9+2"经济合作圈经济的飞速发展。

2. 昆明投资软环境改善力度较大。最近几年,昆明的城市发展软环境不断改善。昆明市委、市政府高度重视投资软环境建设,以创建服务型政府为目标,把提高办事效率作为改善投资环境的重要工作来抓,不断深化行政审批制度改革。2008年,市政府将506项市级行政审批项目压缩为197项,大大压缩行政审批时限;推行"阳光政务",实行"一窗式受理、一站式办结、一条龙服务";建立严厉的问责制度、严格的限时办结制度和严肃的服务承诺制度,打造"创业最宽松、社会最文明、人居最安全和低交易成本、低生产成本、低行政成本、低社会成本"的投资发展软环境。特别地,为配合中国—东盟自由贸易区建设,昆明市提出推动建立"属地申报、口岸验放"的通关模式,实行"一次申报、一次查验、一次放行",降低进出口货物通关成本,力图把昆明打造成面向东盟最便捷的国际内陆港,并取得了一系列有效的成果,使昆明的城市发展软环境得到很大程度的改善。同时,金融生态环境也提升较快,据中国社科院《中国地区金融生态环境评价(2008—2009)》报告,昆明的金融生态环境在西部地区大中城市中名列第二,仅次于成都,而"经济基础"和"金融发展"两项子指标已位居西部城市第一。

同时,昆明投资自由度也不断加大。昆明进一步放开投资领域和投资方式,相继出台了《中共昆明市委昆明市人民政府关于加快非公有制经济发展的实施意见》、《中共昆明市委昆明市人民政府关于加快开发区及工业园区发展的意见》，国家法律法规未明令禁止的行业和领域、垄断行业和领域、公共事业和基础设施领域、教育卫生等社会事业领域、金融物流等现代服务业领域、现代农业和新农村建设领域、国有经济结构调整和国企改革等领域，各类资本都可平等进入。为此，昆明荣获"中国最具创新力城市"、"中国最具软实力城市"、"中国十佳投资创业城市"、"苏商投资中国首选城市"、"浙商投资(中国)最佳城市"等称号。2009年昆明市实际利用外资7.28亿美元，同比增长20.9%；全市实际引进市外到位资金706亿元，同比增长33.1%。同时，通过坚持不懈的招商引资工作，仅2009年又有包括世界500强企业在内的许多重大项目在昆明投资。

3. 昆明城市宜居性特点将迎来其更加广阔的发展空间。21世纪城市发展的一个趋势就是宜居。宜居的最基本的要求就是环境优美、社会安定、文明进步、生活舒适、经济和谐、美誉度高。宜居城市建设是城市发展到后工业化阶段的产物。通常，宜居性较强的城市，都具有良好的居住和空间环境、人文社会环境、生态与自然环境和清洁高效的生产环境。昆明四季如春的气候及丰富的旅游资源在全国、全世界都有突出的优势。随着现代新昆明城市发展战略的实现，昆明市的总人口将从现在的578万人增加到800万人，城镇人口由300万人发展到650万人，城镇化率由52%提高到81%，主城和呈贡新区新增绿地1 595公顷，绿地率和绿化覆盖率分别达36.8%和40.5%。预计2015年，昆明绿地率可达到40%，人均公共绿地达到11平方米，中心区人均公共绿地大于6平方米。同时，昆明非常重视节能减排，单位生产总值能耗、二氧化硫排放量、化学需氧量均实现低排目标。截至2009年12月31日，昆明主城区环境空气质量优级天数已达105天，良好260天，优级天数比2008年全年增加了17天，优良率100%，昆明的生活环境和质量进一步得到了提升，昆明已成为"绿色春城"。近年来昆明荣获"联合国宜居生态城市"、"中国最佳休闲宜居绿色生态城市"、"中国最具幸福感城市"、"中国全面小康十大民生决策城市"、"全国社会治安综合治理先进集体"称号。

4.2 昆明城市功能定位调整的战略选择

城市是生产、生活、休闲和学习等各种活动高度积聚的空间，是工业、交通、商业、金融、信息业和科教文化事业的集中地，具有对周边地区进行辐射和主导作用。城市是社会发展的产物，有着深刻的社会经济和历史根源。它的形成与发展是人类经济发展的标志之一。同时，一个城市的形成，往往要经过漫长的历史过程的演化。

当今世界，经济全球化和区域化成为世界经济的两大特征。世界经济的这两大主流活动一方面促使跨国公司的飞速发展，另一方面促使部分城市纷纷国际化，表现区域中心城市与世界经济的发展相互联系甚至相互渗透。在一定程度上城市成为区域发展的增长极，与区域相互联系、相互依赖并相互促进，共同发展。而封闭性的、单纯区域内的城市已经很少。

所谓城市功能是指一个城市在一定时期、一定区域范围内所承载的政治、经济、文化、社会的功能和所起的作用。城市是一个开放、复杂的多功能的综合体系。当代城市复杂的多样化的功能，是历史上的城市功能不断累积、综合、优化的结果，从而构成一个完整、有序的系统。城市功能体现为城市要素的集聚、扩散、协调和辐射作用，是城市与区域可持续发展的重要支撑，从而形成城市与区域的综合竞争力。城市功能定位就是在一定的空间范围内和特定的经济背景下，以城市的基本条件（包括自然、区位、交通经济、社会）为基础，动态地把握一个城市一定时期、一定区域范围内的性质和作用，以确定城市未来的发展方向，明确城市的发展思路。因此，城市功能定位准确，则能够使城市经济总量迅速上升，城市功能的辐射力迅速增强，区域地位不断提高。在当今，培育与发展城市功能是拓展城市发展空间，提升城市综合实力，实现城市优化发展，确立区域竞争优势的关键和重点。

4.2.1 城市功能发展的一般规律

1.城市功能具有主导性。一般情况下，每个城市都承担着政治、经济、文化和社会的共同功能，即作为城市的生产、流通、分配、消费、文化、教育、社会、政治等服务的并且每个城市都存在的那些基本职能。共同功能使城市区别于农村。但同时，由于每个城市有着不同于其他城市的发展历史、不同自然禀赋条件、不同的区位优势以及处于不同发展历史阶段，因此，对于具体的城市而言，除了承担城市区别于农村的共同功能以外，每一个城市都还会有着它特有的城市功能，如港口功能、贸易中心功能、交通枢纽功能、旅游中心功能等，这个功能即为城市的主导功能。主导功能决定着一个城市的性质和一定时期的发展方向，表明的是城市的个性，区分的是城市之间的界限。城市只有在一般功能的基础上才能有主导功能，才能更好地发挥其在社会经济生活中的中心地位和作用。而主导功能则是一个城市的优势所在，是城市能够起飞的动力，通过城市主导功能的发挥，建立城市在区域市场体系中的优势地位。以辽宁的鞍山市为例，它的主导功能就是钢铁生产中心，因此它的所有产业都围绕这一功能来发挥。又如桂林是以旅游城市来定位，其城市的发展都围绕旅游产业的布局来展开。

2.城市功能具有动态性。城市的功能不是一成不变的，而是不断发展变化的。也就是说，城市的功能随着经济和社会的发展也会发生变化，具有动态性。城市的主导功能由城市在区域中的分工体系来决定的，同时也和城市所处的发展历史阶段具有高度的相关性。每个城市在不同的发展阶段，由于所处的社会、经济和历史机遇的不同，城市的主导功能也会随之发生相应的变化。古往今来很多城市的主导功能在历史长河中发生着潜移默化的变迁，同时也正是由于主导功能的变化使一个个城市兴盛衰亡命运迥然不同。

城市主导功能的变化一般与经济的发达程度高度相关。众所周知，纽约是主宰着美国、影响着世界的国际金融中心，但其主导功能也是不断演进和变化的。早在17世纪，纽约仅仅是一个以港口为依托的区域性贸易集散地；到了19世纪，优良的港口、优越的地理位置以及陆上和海上交通运输工具的改进，使纽约成为主要的对外贸易口岸；到了19世纪末，纽约的人口已达300多万人，成为美国第一大城市和最主要的经济中心。随后制造业开始衰落,同时银行、证券交易所和金融管理机构快速发展,纽约开始成为全国主要的银行业中心;20世纪初,美国联邦储蓄系统将总部设于纽约,从而奠定了纽约作为全国"银行之都"的地位。"二战"后布雷顿森林体系的实施,由于美元同黄金固有的联系,使纽约在国际金融市场上的地位更加巩固,跃居世界最大的国际金融中心。从纽约的发展可以看出一个城市的功能是随着经济的发展而不断升华和演进的。

但是,我们同时也发现,在城市的发展过程中城市所承载的功能也并非和经济的发展呈现出一一对应的线性关系,有时也会呈现出惊人的突变性。有时会由于自然优势的变异、地理区位优势的变化、产业结构的调整或者是国家政策的推动导致一个城市的功能发生突变从而改变城市的命运。这种例子古往今来不能说是比比皆是,但也不乏出现,我们可以管窥一斑。建国以前,石家庄仅仅是河北省一个小镇,由于京广铁路的全面贯通,一个曾经不起眼的小镇石家庄借助交通枢纽的历史机遇,一下子就走在了发展的前沿,承担起河北政治、经济、文化中心的历史地位。再如深圳,改革开放以前仅仅是一个鲜有人知的荒凉渔村,在当时会有多少人能够预见今天在世人面前所展示的惊人魅力。短短的30年,深圳从一个小渔村发展成为全国第四大城市,全球第五大金融中心,创造了世界城市化、工业化和现代化的奇迹。这正是国家政策对其赋予的沿海经济开放城市的功能定位以及强大的国家政策推动的结果。再如世界经济论坛的主办地——达沃斯,原来仅是瑞士东部阿尔卑斯山的一个山谷小镇。可谓山高路远,五谷不出。由于著名边缘性、创新学者施瓦布先生对它的独具匠心的策划、定位与经营,使其发展成为研讨世界经济问题的最重要的非官方聚会、私人会晤、商务谈判的重要场所,成为掌握全球来年经济走势、制定全球经济进程的游戏规则最权威的地方,每年撼动着世界多少顶尖人物的眼球和神经。再如迪拜,最初只是波斯湾的一个小渔村,且到19世纪初才开始有村庄的记录,一直到20世纪30年代,它都仅以珍珠出口而闻名。1969年第一桶原油的出口带来了机遇,迪拜的领导人充分运用其占据海湾的独特战略性区位,以巨额石油外汇收入推动迪拜的经济和城市基础建设的快速发展。经过70年的努力，如今迪拜已经成为这一地区最重要的贸易、交通运输、旅游和购物中心和著名的"沙漠中的华尔街"，随着"9·11"事件导致的美元持续贬值，大量资金、各国金融机构纷纷进入迪拜，更加奠定了它在伊斯兰世界的金融中心地位。由此可以看出，一个城市的功能定位对城市的兴衰成败起到了关键性的作用。

随着中国—东盟自由贸易区建设的推动，昆明是中国面向东南亚、南亚开放的"桥头堡"城市。西部大开发的深度推进，作为边境地区开发和对外开放的前沿，有机遇成为引领和带动西部大开发的战略高地。因此，昆明的发展进入了一个重要的历史时期，用科学发展观来领导全局，结合国家和历史赋予昆明作为面向东南亚、南亚开放的核心城市和中国石油第四大储备基地的发展机遇，在顺应和遵从发展规律的基础上，重新认识和把握昆明城市发展定位、调整和优化，找寻和培育城市新的经济增长极，实现昆明的持续和跨越式发展就显得犹为重要。

4.2.2 昆明城市功能定位的原则

昆明的功能定位不仅要依据自身的发展基础，而且要依据发展环境的变化以及现代城市发展的基本趋势进行科学的规划。

首先，昆明城市功能的定位要有前瞻性。风物长宜放眼量，昆明城市功能定位调整的战略选择一定要体现一种战略眼光。功能定位需要思考和制定宏观性、系统性、前瞻性的发展战略。发展的远见所及，不仅要立足西南省份，面向全国，还要面向大西南（东南亚、南亚、西亚和非洲）。昆明城市功能定位应该更加注重潜在的资源条件、产业发展前景、未来的区域和区际联系等有可能推动城市发展的潜在性优势，因此对昆明城市定位的前瞻性要体现昆明发展面临的几大变化。

一是国家"十二五"规划实施在即。一个城市和地区乃至一个国家的兴衰历史，很大程度上是国家发展战略演变的记录。我们从石家庄、深圳的发展都可以看出城市发展中国家推动的历史轨迹：一个城市的脱颖而出，其历史发展机遇和发展空间的大小在很大程度上是得益于国家战略的推动。如果昆明在新时期的城市功能定位能够写入国家"桥头堡"区域发展规划,对于昆明的发展来说,将迎来昆明腾飞的千年未遇的机遇,在国家战略的推动下,能够有先行先试或特事特办的优惠条件,深圳超常规发展的机遇和奇迹将有可能降临于昆明。

二是2010年中国—东盟自由贸易区的建成将形成一个世界上最大自由贸易区,区域内将涵盖19亿人口、6万亿美元国民生产总值以及4.5万亿美元贸易额。自贸区内将陆续实现90%商品零关税的目标,为各国带来双边贸易的进一步扩张和产业、投资等领域的密切合作。而中缅石油通道的建设,昆明作为国家第四大能源储备基地的建设等国家战略规划的调整对于作为面向东盟门户城市的历史战略定位都是昆明城市发展不得不利用的重大机遇。

三是西部大开发新10年发展规划正在启动。国务院正拟定在延续现有优惠政策的基础上将建设若干个特色产业经济区,将对边疆地区探索开发和对外开放的新模式予以支持。这对于云南和昆明的定位都将进入一个新的发展阶段,现有的滇中城市群是国家重点发展的12个城市群之一,将使昆明这座边陲城市成为中国面向西南开放的前沿阵地,为西部大开发战略的纵深推进提供原动力。

其次,昆明城市功能的定位要体现世界城市发展的趋势。当今世界城市出现几大特征:一是城市产业结构正变得越来越软化,服务业的比重不断上升,许多城市的服务产值占其国内生产总值的70%以上,有的超过80%;二是城市的社会活动呈现国际化趋势,现代化的国际大都市通常都是开放度很大、国际化程度很高的城市区域;三是城市发展区域特征一体化突出,区域内所有城市优势互补、联动发展的态势,形成更大范围更高层次的都市圈甚至跨国都市圈;四是城市的便利化和自由化程度越来越高。

4.2.3 昆明城市功能定位的战略选择

2003年,云南省提出建设现代新昆明的发展定位,如今7年过去了,新昆明战略的实施取得了重大的进展。2009年12月,云南省省委八届八次全会提出,云南省要建设绿色经济强省、民族文化强省和中国面向西南开放的"桥头堡"。"两强一堡"为今后一定时期云南省的经济和社会发展进行了高瞻远瞩的定位并指明了发展方向。2010年,昆明市九届六次会议提出:昆明作为云南的省会城市,"必须加快建成云南绿色经济强省的龙头、民族文化强省的枢纽、中国面向西南开放的国际化门户和桥头堡城市"。这是昆明市委根据国家和云南省的战略部署,充分前瞻了昆明所面临的发展机遇和世界城市发展的趋势作出的对昆明城市发展的功能定位。作为"云南绿色经济强省的龙头、民族文化强省的枢纽、中国面向西南开放的国际化门户和桥头堡"的定位是现代新昆明战略在新的发展机遇下的进一步升华和推进,将对昆明今后的深度开发、进一步对外开放和实现昆明的跨越式发展具有重要的指导意义,将决定着昆明城市未来发展的方向和性质。

按照"绿色经济强省的龙头、民族文化强省的枢纽、中国面向西南开放的国际化门户和桥头堡城市"的功能定位,我们认为,具体要做好五大中心的建设以使功能定位具有可操作性。

1.区域性国际金融中心。加快建设昆明泛亚金融服务中心,并以此作为昆明城市功能定位的龙头。其中总体目标包括:建设我国立足西南、面向东盟10国、聚焦大湄公河次区域的区域性金融中心,形成东南亚、南亚和我国国内外投资者共同参与、国际化程度较高,交易、定价和信息功能齐备的多层次金融市场体系;基本形成以面向东南亚和南亚的跨境人民币国际结算中心、国际投资融资中心为主体,涉外金融和保险为两翼,包括以替代种植为依托的离岸金融业务、以优势资源为主的矿权交易体系、以REDD(减少森林砍伐和退化造成的温室气体排放)为核心的碳金融交易体系、金融后台服务和中介服务为依托的区域性国际金融中心。

2.国际性区域商贸中心和物流中心。随着中国—东盟自由贸易区的逐步建成,中国与东盟诸国的贸易量不断增加,这也为昆明发展面向东南亚、南亚的商贸和物流提供了巨大机遇。按照中国面向西南开放的"桥头堡"城市的功能定位,利用昆明独特区位条件,以发达而庞大的交通体系为基础,从东南亚大量进口各类初级产品,汇总、分级、包装后再行出口，形成了以东盟各国商品为主、以转口贸易和航空运输业为主体的区域性分销中心和集散中心，同时商贸的发展离不开物流业的支持。因此通过进一步加快物流基础设施和信息化建设，以官渡金马—阿拉现代物流中心、呈贡国际现代物流中心、空港物流园区和安宁磷煤化工产品物流园区为重点，促进现代化综合运输体系和专业化物流服务网络建设，形成以昆明为中心，辐射玉溪、曲靖、楚雄的滇中城市群，贯通以东南亚的国际公路、铁路、航空为依托的5小时的国际性区域物流体系，通过高效率、高质量、现代快捷的物流服务将昆明建设成为重要的国际物流枢纽和商贸城市。

3.国际旅居城市。昆明是知名的国际旅游城市，配合昆明泛亚金融服务中心、现代商贸和物流中心的建设，依托昆明得天独厚的自然风光及融自然环境于一体的人文景观，成熟完善的城际交通网线、便利快速多样的交通工具以及完善的金融、商业、贸易以及旅游的城市功能，把昆明建设成为以休闲、商务会议、娱乐、购物、游览观光、度假、疗养、人居等为发展主题的休闲型城市。吸引东南亚和南亚的游客到昆明来旅游、休闲、度假、旅居甚至投资，使昆明达到国际商贸城市与生态旅游居住城市的有机结合。人居互补、和谐发展，使昆明成为现代的，生态健康的，适合现代人旅游、居住、投资的国际性旅居城市，让海内外来昆明旅游的人们不仅来观光、旅游，而且还在这里住下来、安居乐业。

4.区域性总部经济中心。根据把昆明建设成为国际化城市和面向西南的"门户"的定位，把昆明建设成为GMS甚至是东南亚地区跨国公司总部和国内企业高度集中的面向西南（东南亚、南亚、西亚）的重要总部经济区。昆明是云南省重要的制造业聚集区、科技创新中心、高新技术产业聚集区、对外贸易和承接服务外包的主要基地，有条件吸纳和承接跨国公司和国内优秀企业投资，可以成为机制创新的、面向GMS甚至东南亚、南亚区域的跨国公司分区管理中的一个总部。区域性经济总部基地建成后，不仅能成为聚集企业、人才、信息、资金、科研等的基地，还能对云南的经济和社会发展及当地的产业、就业、税收、消费产生重要而积极的影响。建立东盟经济总部基地对提升城市形象、提升合作层次、各国各地区间建立更紧密的合作关系都起着十分重要的作用。早在《中国与东盟全面合作框架协议》中就提到"通过未来设定的特定程序与机制，指定东盟成员国与中国的联络点，作为推动与促进各缔约方之间贸易与投资发展的中心"。因此，可以先争取建立东盟国家在中国的联络点，然后在昆明构建中国与东盟各国合作办事的公共事务平台和商贸企业办事机构平台，使昆明建成执行中国—东盟合作框架的组织机构常设地和东南亚、南亚区域性的国际组织的长驻地，随后以政府职能中心的效应来推动东盟国家经济总部经济的建设。

5.国际空港保税区。根据把昆明建设成为"中国面向西南开放的国际化门户和桥头堡城市"功能定位，结合我国东部向西部和东盟国家向我国产业转移的进程，依托昆明新机场，整合现有的昆明出口加工区，建立昆明国际空港保税区。其功能是配合产业转移，直接服务于周边的加工制造业，为企业提供更为全面的功能平台，满足加工贸易的各种需求。在保税区内实行比其他开放地区更为灵活优惠的政策，做到"境内关外"，国外货物入区保税；国内货物入区视同出口，实行退税；区内企业之间的货物交易不征增值税和消费税。实现与国际市场接轨，建设货物、资金、人员进出自由和投资经营自由、高度开放的特殊区域，形成依托昆明、辐射云南和东南亚的现代物流和加工贸易运营示范区和中国与国际市场接轨的"桥头堡"。

其中，国际性区域商贸中心、国际物流中心、国际旅居城市、区域性总部经济中心、国际空港保税区的建设是昆明实体经济发展的有机组成部分，与区域性国际金融中心的建设可形成金融发展与实体经济两者的良性互动发展。金融是现代经济的灵魂，因此，区域性国际金融中心是国际性区域商贸中心、国际物流中心、国际旅居城市、区域性总部经济中心、国际空港保税区建设的基础和灵魂。通过区域性国际金融中心的建设，有利于促进资源优化配置，提高实体经济效率与效益。区域性国际金融中心的建设可吸引社会闲置和零散资本，促进实体经济发展所需的资本形成，提高实体经济的资金融通能力,满足实体经济发展的资金需要。而这种发展资金如仅仅靠实体经济本身的积累是很缓慢的,也是远远不够用的,国际性金融中心的建立,有利于提高昆明为中心的金融市场的运行效率,加强中国—东盟区域市场一体化的进程,有利于云南与东南亚国家特别是GMS各国金融市场间信息传递和价格反应的能力,有利于金融资源在这几大中心不同实体产业部门间的优化。同时国际性区域商贸中心、国际物流中心、国际旅居城市、区域性总部经济中心、国际空港保税区的建设是国际性金融中心的实体经济基础,也影响着区域性国际金融中心发展的规模。在一定程度上这些中心的规模影响着区域内资本的需要量和金融深化的程度,从而影响着国际性金融中心发展的深度和广度。

4.3 昆明城市功能定位中的泛亚金融服务中心建设构想

4.3.1 建设泛亚金融服务中心的必要性

1.建设昆明泛亚金融服务中心对于国家的必要性。

(1) 有利于加强中国与东南亚国家的睦邻友好关系。东南亚地处印度洋到太平洋和亚洲到大洋洲的十字路口,不仅是沟通亚洲、非洲、欧洲以及大洋洲的枢纽,而且是我国海上和陆上通道的重要组成部分,也是中国西南内陆地区对外联系的重要途径。特别是新国际能源通道的建设,将有效地破解"马六甲困境"的威胁,对中国在21世纪开发和利用海洋空间十分有利。因此,东南亚国家是中国的近邻,是我们可以长期进行合作的伙伴,也是中国稳定周边环境的重要屏障。而且,东盟国家作为一个整体,在国土、人口和国民经济实力方面都已相当于一个大国,在亚太地区已构成独立的一极,在中国的外交战略中占有非常重要的地位。东南亚地区的稳定与否,对中国会产生直接的影响。昆明建设区域性国际金融中心,有利于昆明将独特的区位优势转化为竞争优势,通过金融机构和资本的集聚效应,有效地集聚东南亚数量巨大的华人资本以及众多的伊斯兰金融资本,并发挥配置金融资本的枢纽功能,最大限度地利用和控制东南亚特别是GMS的资本流动,在一定程度上推进中国在东南亚国家的金融渗透而达到对东南亚国家金融的战略影响,从而进一步巩固中国作为"负责任大国"的形象,加强中国与东南亚国家的睦邻友好关系。

(2)有利于中国深化与东南亚国家区域经济合作。金融是现代经济的核心。随着中国—东盟自由贸易区的建成,贸易量将成倍增长,也将推动投融资、旅游、中介服务等一系列合作的深入开展,必然要求加快区域金融合作步伐,首要的是要有一个发达的区域性国际金融中心来为之提供更广泛的金融服务。同时,在大湄公河次区域合作中,资金缺乏是制约次区域经济发展的重要因素。区域内南北陆路通道和泛亚铁路等基础设施建设以及为提高劳动力素质而进行的人力资本培训、"金三角"地区禁毒替代种植等都需要大量的资金投入。据有关专家预测,未来10年,仅大湄公河次区域基础设施建设估计就高达上千亿美元,而目前中国和东盟国家除昆明外都尚没有一个城市可以承担起跨省范围,且能够立足西南、面向东盟10国、聚焦大湄公河次区域的区域性金融中心的职能。虽然南宁也定位为面向东南亚开放的"桥头堡",但南宁的各项经济指标,如GDP、城市规模及基础设施、外商投资额、贸易进出口额、物流运输、可持续发展的环境指标、国际影响力均没法与昆明相比,其在银行、保险等方面发展的规模和速度,还远不能发挥区域性国际金融中心的功能。如此巨大的人口和贸易量的经济圈内的国际性金融中心的缺失,制约着我国参与东南亚国家区域经济合作的深度和广度。

(3)有利于国家"沿边开放"的战略实施。我国作为最大的发展中国家,经济发展潜力巨大。但经济发展的不平衡必然带来资金分布的不均衡。目前国家战略层面的金融中心都是布局在东部地区,对西部和沿边经济的辐射能力相对较弱。沿边开放地区迫切需要建立一个区域性金融中心来对西部国内和来自异域的资本进行组织、融通和配置,而实现这一要求的现实路径就是把昆明建设成为区域性国际金融中心,在贸易结算、融资、银团贷款、股权投资等方面展开更加全面的金融服务。同时区域性国际金融中心的建设也有利于遏制西南边疆地区的"地下金融"活动,维护西南边疆地区的金融安全与稳定。

(4) 有利于国家"产业转移"战略的实施。20世纪80年代末以前,东部地区制造工业一直在国内和国际市场具有很强的竞争力。但随着时代变迁,沿海地区的劳动力优势和资源优势已逐渐丧失,目前,国家正把鼓励有步骤地引导东部某些资源初级加工和劳动密集型产业转移到中西部地区,作为解决地区差距问题的措施之一。作为产业承接地的西部欠发达地区财政支持能力明显不足,迫切需要昆明泛亚金融服务中心来完成产业转移的金融支持工作,解决承接产业转移地区的资金瓶颈问题。同时,在东部产业向西部转移的过程中和东南亚国家向我国周边省份进行产业转移的过程中,各种资源、要素跨区域和跨国的流动更加频繁,将会进一步带动西南地区区域资金流动规模的扩大,也需要构建一个跨区域、多层次的支付清算网络,为金融机构、企业和个人提供高效、安全、便利的资金支付结算和管理平台,以加快资金周转速度,提高资金使用效率。

2.建设昆明泛亚金融服务中心对于云南的必要性。

(1) 有利于云南省的经济发展。云南省的经济总量、发展速度、人均收入等方面与发达地区相比差距还比较大;投资仍然以国有资本为主,外资、民间资本不足,制造业、服务业发展不快,投资效益不高;产业配套能力弱,工业化程度和城市化水平较低。金融资源聚集对长三角、珠三角等区域经济发展所起的推动作用是有目共睹的。因此,无论是建设绿色经济强省的龙头、民族文化强省的枢纽还是面向西南开放的国际化"门户"和"桥头堡"都需要高度聚集的金融资源来推动,而区域性国际金融中心的建设可以集聚异地城市或异国城市的资本于昆明并辐射到以昆明为中心的5小时经济区域内,从各个角度改变和改进云南的金融生态环境。在这个过程中,金融中心发挥着资本积累机制、资金导向机制、促进区域经济产业升级、技术进步的重大作用,这对于推动云南省建设"两强一堡"是非常关键的步骤。

(2) 有利于云南提高对外开放层次和水平。毋庸置疑,云南省目前具备了经济发展的资源优势和区位优势,但对外开放程度远远未与云南的区位优势与资源优势相匹配,资源优势和区位优势没有转化为竞争优势,在

"引进来"和"走出去"方面都需要做进一步的挖潜。昆明泛亚金融服务中心的建设将有力地推动云南全方位多层次宽领域对外开放，同时也给昆明、云南省乃至中国内地的资本"走出去"提供了广阔的金融平台，进一步推动昆明金融市场最终成为国际统一金融市场的一部分，推动云南省早日成为中国面向西南开放的国际化"门户"和"桥头堡"。

3.建设昆明泛亚金融服务中心对于昆明的必要性。

（1）有利于昆明的经济发展和扩大对外开放。昆明虽然在云南省或者西部省会城市中处于发展的前列，但是与发达地区的城市相比差距很大。昆明处于中国—东盟自由贸易区经济圈、泛珠三角经济圈和大湄公河次区域经济圈的交汇处，建设区域性国际金融中心有利于跨区域或跨地区金融机构的进入和集聚，产生巨大的联动效应和磁场效应，吸引并促进资本、人才、技术、信息、商品等资源在昆明的高度集聚，进而推动昆明的经济发展和对外开放进入一个前所未有的发展时期。

（2）有利于提高昆明城市竞争力。由于金融体系在现代经济发展的核心作用，区域性金融中心是提高昆明中心城市竞争力的重要举措。区域性国际金融中心的建设将能够对这些大量集聚于昆明的资源进行整合、配置，通过金融对经济强大的支撑和放大效应，给昆明的城市发展带来极大的发展空间。昆明建立区域性金融中心有利于在西南、GMS和东南亚、南亚范围内集聚、配置资本，从而为昆明国际物流中心和商品集散地、区域性总部经济中心、国际旅居城市以及空港保税区的建设提供大量的资金与外汇支撑，也确立昆明在中国面向西南开放的"桥头堡"的城市定位，迎来昆明在21世纪崛起的历史机遇。

4.3.2 泛亚金融服务中心建设与"龙头"、"枢纽"、"国际化门户和桥头堡城市"的关系

金融是现代经济的灵魂，是经济发展的血脉，因此昆明泛亚金融服务中心建设是建设"绿色经济强省的龙头、民族文化强省的枢纽、中国面向西南开放的国际化门户和桥头堡城市"的核心和基础；反过来，"绿色经济强省的龙头、民族文化强省的枢纽、中国面向西南开放的国际化门户和

桥头堡城市"的建设又有利于区域性国际金融中心的建设、发展和完善，如图4-1所示。

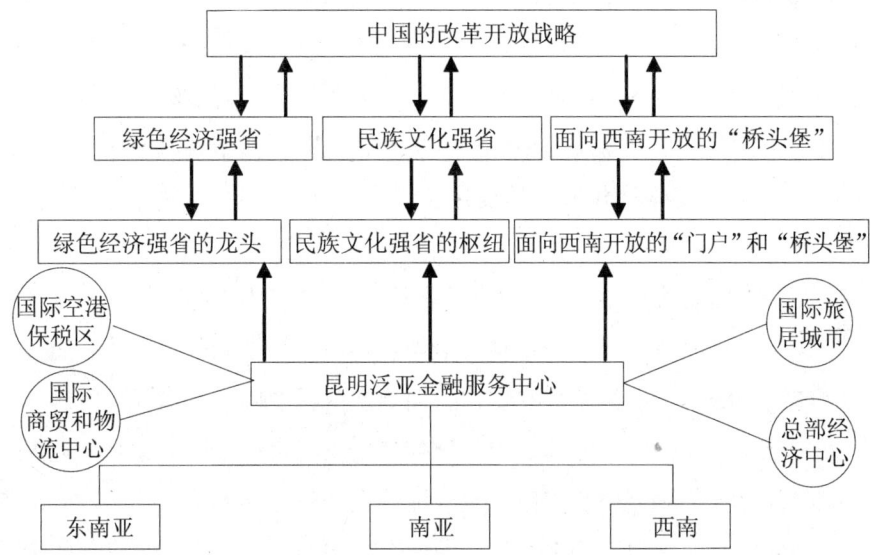

图4-1 泛亚金融服务中心与"龙头"、"枢纽"、"门户和桥头堡城市"之间的关系

1. 泛亚金融服务中心是建设"龙头"、"枢纽"、"国际化门户和桥头堡城市"的灵魂和核心。昆明泛亚金融服务中心是加快建设"绿色经济强省的龙头、民族文化强省的枢纽、中国面向西南开放的国际化门户和桥头堡"的灵魂和核心。金融是现代市场经济的灵魂。随着市场经济的发展，金融日益成为现代经济的主导产业和经济发展的持续推动力。要加快建设"绿色经济强省的龙头、民族文化强省的枢纽、中国面向西南开放的国际化门户和桥头堡"，就必须加快金融业发展，充分发挥金融在资源配置、经济结构调整等方面的作用；就需要区域性金融中心促进金融资本及其他生产要素在昆明的集聚和有效配置，最大程度地满足区域内建设绿色经济强省的龙头、民族文化强省的枢纽、中国面向西南开放的国际化"门户"和"桥头堡"城市经济发展对金融服务的需求，为经济又好又快发展提供更加有力的支撑。

2. 昆明泛亚金融服务中心是建设"龙头"、"枢纽"、"国际化门户和桥头堡城市"的具体实现形式。"加快建设绿色经济强省的龙头、民族文化强省的枢纽、中国面向西南开放的国际化门户和桥头堡"的科学定位实际意味着在新一轮的昆明的科学发展中，将充分发挥昆明独特的区位优势、便利的交通枢纽在更高层次上推进对内、对外开放，把国内外各种生产要素吸引过来，集聚发展。而吸引国内外各种生产要素的具体实现形式就是建设昆明泛亚金融服务中心。因此建设昆明泛亚金融服务中心是将昆明的发展战略具体化和城市功能定位进一步明确化，从而更加具有操作性。

3.泛亚金融服务中心是五大"中心"建设的有力支撑。随着中国—东盟自由贸易区的建立，贸易量将成倍增长，而作为昆明外贸企业、周边地区、跨国公司总部经济的分支机构、国际空港保税区以及国际旅游、居住所派生的会计、律师、保险等中介服务使用人民币进行国际结算的业务将加大，昆明作为物流中心和商品集散地，也必然需要大量的资金与外汇支撑。因此，必然需要一个发达的区域性金融中心来为之提供更广泛的金融服务，在亚洲范围内调度资金，推动中国与东盟国家之间的投资、贸易、旅游、中介服务等一系列合作的深入，从而实现金融发展与实体经济的良性互动。

4.加快建设"龙头"、"枢纽"、"国际化门户和桥头堡城市"有利于泛亚金融服务中心建设。加快建设"龙头"、"枢纽"、"国际化门户和桥头堡"将促进昆明以及周边城市的产业承接能力，推动贸易和投资快速增长，产业结构不断调整优化，昆明城市经济实力明显增强，从而推动金融基础设施的发展，为资金等各种生产要素的流动、集聚和区域性金融中心的建设提供了便利条件；先进制造业基地和现代物流中心的形成，大量的人流、物流、信息流、资金流在此交汇扩散，对周边地区的辐射作用不断增强，自然推动和促进昆明区域性金融中心功能的进一步发挥。特别是昆明作为中国面向西南开放的"国际化门户和桥头堡城市"，随着三大经济圈经济的飞速发展，西南地区对内、对外开放过程中物流集散，将通过昆曼公路、泛亚铁路以及强大的空运线路来实现。在这过程中物流的发展推动贸易的发展,贸易的发展又促进金融的发展,推动昆明发展成为金融机构聚集、金融市场辐射功能强、金融环境优良、金融产业化程度高的区域性国际金融中心城市。

5. 区域性国际金融中心的评价指标体系及其对周边主要城市的评价

5.1 区域性国际金融中心的评价指标体系

5.1.1 文献综述

1. 国外相关文献综述。金融中心评价是金融中心研究领域的重要内容之一。Reed（1981）利用成簇分析方法比较了76个城市的9个金融和银行变量，按照1900—1980年指定年份的数据将金融中心分为均等的簇群，最后用分层的辨别式分析法确立了主要变量，并对金融中心进行排名，最后发现11个最大的金融中心具有以下特征：通常是大型国际银行总部、大规模外国资产和债务的管理者、外国直接投资的提供者所在地；接近大型加工企业；是国际电讯设施的集中供给者所在地。Abraham、Bervaes和Guinotte（1994）在竞争力视角下对除美国以外的37个国际金融中心竞争力表现进行了研究，并建立了相应的评价指标体系。Liu等（1997）在Reed和Abraham等人研究的基础上，利用层次成簇分析法和主要因素分析法对亚太地区包括上海在内的金融中心进行了排名，并寻找主要影响因素。Choi等（2000）利用最小二乘法和非线性加权最小方差等回归分析方法，根据1970年、1980年、1990年和2000年的数据，把全球最大的300家银行在14个金融中心不同类型的办事处数量以及这些金融中心吸引办事处的理由进行了排名。Zhao、Zhang和Wang（2004，2005）通过FINDEX（金融中心指标体系）衡量了中国的一些主要城市的金融水平，提出了与O'Brien（1992）截然不同的观点，即地理因素依然是使金融服务业在一地高度集聚的原因，并分析说明了非对称信息是跨国公司总部区域选择和金融中心发展的关键因素。该研究注重了金融地理学对金融中心建设和竞争力的影响，充分体现了研究中的跨学科特点。伦敦金融城（City of London，2005）的分析报告由英国的Z/Yen调查公司统计制作，运用指标数据和问卷调查相结合的方法，以技术型劳动力、管理能力、税收制度、政府责任和生活环境为评价指标，对伦敦、纽约、巴黎、法兰克福4个金融中心城市做了竞争力分析。伦敦金融城（2007）提出了全球金融中心排名指数（GFCI），该指数以人力资源、商业环境、市场准入、基础设施和综合竞争力等为评价指标，对全球46个城市加以比较和排名，其发布的2007年度全球金融中心排名中，伦敦、纽约分列第1位和第2位，我国香港、上海、北京分列第3位、第24位和第36位。其研究的优点是符合金融市场不断变化的实际情况，将定性和定量的指标都归入指标体系中，评价范围广，排名更新迅速，体现了动态性的研究特点。

2. 国内相关文献综述。李虹、陈文仪（2002）较早构建了包括金融行业规模、效率、安全性和国际化指标等在内的国际金融中心评价指标体系，该指标体系强调了国际化因素对金融中心发展的重要影响。由于其指标多为定性描述，因而无法利用其进行实证评价，没有提出具体可行的评价指标。胡坚、杨素兰（2003）构建国际金融中心的评估指标体系共分为3组22个指标，包括经济指标（GDP增长率、投资比率）、金融指标（金融发展水平、金融国际化和金融市场发展程度）和政治指标（政治风险评级），然后利用1998—2000年纽约、东京、伦敦、新加坡、香港、汉城、上海和泰国这8个国家与地区的数据，通过回归和参数检验的方法，从统计的角度检验显著性，最后利用得到的回归模型进行预测和分析，发现目前上海离国际金融中心仍有一定的差距。该指标体系关注金融中心的等级划分及功能作用，并首次提及环境因素，如政治指标。但该研究对城市环境、信息聚集度等定性指标并未考虑。周立群和潘宏胜（2003）分析了影响和决定城市竞争力的金融因素，将金融竞争力的指标体系分为综合经济实力、资金实力、金融机构、直接融资实力和企业财务状况实力5大类29项指标,选择东部11个城市为分析样本,对样本数据进行因子分析和聚类分析,最终得到3个公因子,并将11个城市划分成了5个类别。该指标体系均为定量指标,计算因子得分时使用方差贡献率加权,避免了主管因素的影响。杨再斌(2004)从城市微观条件、国家宏观条件及周边环境等角度出发,构建了由13项因素组成的解释结构体系,并利用层次分析法和模糊判断法,对上海和20世纪60年代末70年代初的新加坡进行量化评价与比较,认为上海与新加坡基本处于同一水平。该指标体系强调了金融中心的都市特征,指标选取涉及较多的定性变量,文中通过专家评价将其量化,因此该评价体系应用的准确性和合理性受专家水平等主观因素影响较大。倪鹏飞(2005)构建了包括人才、资本、区位等11个影响要素、23个具体指标的城市金融中心定位评价指标体系,并利用模糊曲线对位居2003年我国内地城市竞争力前43位的城市进行了实证分析,得出了金融中心各影响因素的排名,以及各个城市金融中心的地位。该指标体系包含定量和定性两类指标,较为全面,定性指标数据主要来自于问卷调查,但是所用的模糊曲线法较为复杂,不易操作,需要编程运算,因此不宜推广。王仁祥(2005)从经济、金融、城市和法律政治环境等四个方面构建了区域金融中心评估指标体系,运用模糊综合评价与层次分析法相结合的方法,对中部5省省会城市进行了实证评价,得到5个城市的综合得分和综合排名。该指标体系涉及了包括政策和城市在内的定性指标,并减少了国际化指标,体现了该体系的区域性特点。但在定性指标的取值上主要采用专家打分法,因此带有一定的主观性,降低了结论的说服力。张泽慧(2005)认为金融中心指标体系的构建包括在国内的霸主地位、金融中心的流动性、金融的收益、资本的安全性四个方面。提出国际金融中心形成的前提是成为国内金融中心,并通过指标体系的建立体现了国内与国际金融中心评价体系之间的区别与联系。该指标体系强调了金融中心的国际性特征,将资本的安全性纳入了评价体系。但是,并没有给出一些定性指标的量化方法(如法律结构、财务的安全等),因此可操作性较差。孙剑(2006)构建了包括经济实力、金融实力、基础设施和区位优势四个方面33个基本指标在内的区域金融中心形成潜力综合评价指标体系，并对位居2003年我国内地城市竞争力前43位的内地城市进行了实证分析。依据各样本城市的综合得分和各级指标得分，对43个样本城市进行了划分。该指标体系的指标基本上均为定量指标（除政府级别外），并将基础设施和区位优势纳入了评价指标体系，体现了金融中心区域性特征。但是没有给出明确的划分标准和各个层次中所包含的城市。刘桂荣和徐静（2006）提出包含金融规模、效率、安全指标和金融国际化指标的国际金融中心评价指标体系，在实证分析中采用了GDP增长率、投资比率、金融部门产值占GDP的比重、股票投资额占GDP的比重、金融市场的成熟度和政治风险等级六个指标，采用2000—2002年纽约、伦敦、东京、新加坡、香港、首尔（原汉城）及泰国的有关数据，利用判别分析法，得到金融中心的理论分析模型，以便对金融中心的层次进行归类。该研究使用了面板数据进行分析，而不是仅仅使用截面数据，但所选择的指标过少，无法对样本国家（城市）进行全面客观的评价。陆红军（2007）通过专家论证和多元统计分析，建立了国际金融中心竞争力评价指标体系，并通过因子分析和聚类分析，对纽约、伦敦、东京、新加坡、香港与上海的国际金融中心竞争力能级、现状及趋势进行了量化研究。该指标体系的建立是通过经验研究、专家评价和统计分析筛选提取的，利用了定量与定性分析相结合的方法建立评价指标体系，比以往体系的建立方法更加全面、客观。姚洋（2007）从经济环境、金融市场、金融机构和金融制度等角度出发，构建了由48个具体指标构成的国际金融中心评价指标体系，采用分层聚类分析法，对东京、香港、新加坡、上海等城市进行了实证分析。该指标体系大部分指标均为定量指标，而将金融制度作为定性指标纳入了评价体系，其数据由国际权威资料发布，这样极大地减少了主观因素的影响，使结论更具可靠性。深圳综合开发研究院（CDI，2009）构建了CDI中国金融中心指数，选择2007年GDP超过1 400亿元人民币的省会城市和计划单列市共计24个样本，通过金融产业绩效、金融机构实力、金融市场规模和金融生态环境4个一级指标，共计82个四级指标进行了研究,从而对中国金融中心综合竞争力进行了测度和排名,最后得出结论,我国金融中心的竞争力呈现出较大差异,整体上可分为三级,即全国性金融中心、核心区域金融中心和次级区域金融中心。该指标体系将金融生态环境列入了评价范围,能更加全面地反映金融中心经济、教育、文化、医疗卫生、环境质量等情况,但其主要适用于国内金融中心的评价。

3.现有成果的特点和不足。

(1)现有成果的特点。首先,由于数据收集的便利性和全面性,国外学者的研究范围更广,通常是针对国际金融中心建立竞争力评价体系。指标的选取更为微观、细化,主要采用定量指标和定性指标共同组成评价体系。其研究的重点是西方金融中心的发展和竞争力排名。其次,国内学者研究的重点是建立国际性或区域性的金融中心评价指标体系。在指标的选择上尝试将一些无法量化的因素引入评价体系,让定性指标和定量指标相结合,力图使指标体系更加全面和客观,主要使用专家评分法或问卷调查等将定性指标加以量化,为进一步的分析做好准备。最后,主要使用综合评分、回归分析、因子分析、聚类分析、判别分析、模糊评价和层次分析等方法进行实证分析。

(2)现有成果的不足。

第一,现有的评价指标体系主要适用于国际金融中心或区域金融中心的评价,没有任何指标体系是针对区域性国际金融中心构建的。第二,虽然许多评价指标体系都将一些定性指标纳入其中,但这类指标的量化方法却不够成熟,带有较强的主观性,从而导致评价结果的准确性和可靠性有待验证。第三,部分评价体系的指标数量过少,不够全面,无法充分反映金融中心的概况。评价指标对金融市场反映不足,金融中心所在地区和国家的经济发展水平是金融中心的基础条件,有的指标体系没有对之衡量。此外,大多数指标体系只考虑了金融发展的绝对水平,而忽视了相对水平。第四,指标不适宜计算或没有规范性、权威性机构发布,使得研究成果的可靠性无法得到保证。第五,在评价对象的选择上,主要是对一些已经形成的国际性或区域性金融中心进行评价和排序，而针对尚未形成但有条件形成金融中心的城市——尤其是西部城市——的可行性研究则较少，甚至可以说是空白。

5.1.2 区域性国际金融中心评价指标体系的构建

1.指标选择。目前关于金融中心的评价指标体系大多是关于国际金融中心的，有关区域金融中心的比较少见。

不同级别的金融中心在形成和发展过程中有着高度的规律性。区域性国际金融中心在形成和发展过程中服从金融中心形成和发展的一般规律的同时，也有着自己的特点。因此，下文在充分吸收和借鉴已有评价指标体系优点的基础上，结合以上分析，依据针对性、系统性、层次性、可获性等原则建立区域性国际金融中心形成潜力的评估指标体系，以期通过该指标体系定量分析昆明在构建区域性国际金融中心过程中存在的优势和不足，从而有针对性地对其进行建设和改进。

由于国内城市数据易于收集，包含的项目较为具体和全面，统计口径基本一致，则可比性较强，而国际城市的数据收集较为困难，项目内容差异较大，统计口径也不太一致，则具有可比性的项目较少。同时，国内城市评价和国际城市评价也存在一定的差异性，如在国内城市评价中，无需考虑汇率、利率、关税率，以及地方自主化程度和经济自由化程度等对金融中心形成的影响，但在国际城市评价中则应该考虑在内。因此，评价指标体系的构建主要包含两部分内容：国内城市评价指标体系的构建和国际城市评价指标体系的构建。

（1）国内城市评价指标体系的构建。国内城市区域性国际金融中心评价指标体系主要由5个一级指标和79个三级（四级）指标构成，具体指标如表5-1所示。

表5-1　区域性国际金融中心评价指标体系（国内）

一级	二级	三级（四级）	一级	二级	三级（四级）
金融环境	商业环境	所在城市GDP	金融机构	银行类机构	外资金融机构数量
		GDP增长率			内资金融机构数量
		第三产业增加值所占比重			金融机构年存款余额
	经济基础	金融业从业人员占就业人员比例			金融机构年贷款余额
		全社会固定资产投资			金融机构年贷款余额增长率
		社会消费品零售总额			银行类金融机构资产总额
		人均地方财政收入		证券类机构	总部设在辖内的证券公司数
	居民生活	城市居民人均可支配收入			总部设在辖内的基金公司数
		居民消费价格水平			总部设在辖内的期货公司数
	经济外向度	进出口总额		保险类机构	总部设在辖内的保险公司数
		旅游外汇收入			保费收入（中外资）
		当年利用外资金额			各类赔款给付（中外资）
		外资企业数			保险密度
	教育环境	普通高校学校数			保险深度
	医疗卫生	卫生事业机构数	区位优势	地理区位	自然区位便利度
		每千人拥有医院床位数			距离国境线的最短距离
	城市绿化	绿化覆盖率			接壤国家数
	人文环境	人均公共绿地面积			开通的南盟航线数
	城市交通	每万人拥有的公共交通车辆			开通东盟航线数
		人均拥有城市道路面积			铁路干支线数
	环境质量	城市生活污水处理率			国道及高速公路数
		环境空气质量优良级天数达标率			通航的国际河流数
		空气中二氧化硫排放密度			国家一类口岸数
	水气设施	城市用水普及率		旅游吸引力	接待海外旅游者人数
		城市燃气普及率			接待国内旅游者人数
	新闻机构	报刊数			民航客运量
		广播电视机构数			民航货运量
金融市场	货币市场	银行间同业拆借和债券市场成交额增长率		经济区域化	经济区域化程度
		票据贴现余额增长率			每百户居民家庭拥有移动电话数
	股票市场	年末国内上市公司家数		城市国际化	宗教多样性
		当年国内股票（A股）筹资			领使馆数量
		当年发行H股筹资			经济国际化
	债券市场	当年国内债券筹资			人文国际化
	外汇市场	外汇交易量增长率		社会交流	社会交流指数
	黄金市场	黄金交易量增长率		新能源	森林覆盖率

续表

一级	二级	三级（四级）	一级	二级	三级（四级）
金融制度		金融服务多样性	气候条件		日照时数
		资本获得便利性			年平均气温与理想气温偏离度数
		银行不良资产比例			
		城市货币化			
		跨境贸易人民币结算额			
		外商直接投资（FDI）			
		对外直接投资			

金融环境包括金融中心所在城市的商业环境和人文环境。其中商业环境主要指该城市的经济基础、居民生活条件和经济外向度等。而人文环境则主要为教育环境、医疗卫生条件、城市绿化、城市交通、环境质量、能源供给和新闻机构等。这些指标主要用于反映金融中心发展的基础、客户需求的源泉和服务市场的容量等情况。

金融体系（系统）的主要内容就是金融市场和金融机构，因此这两类指标构成了金融中心研究的主要内容。金融市场包括货币市场、股票市场、债券市场、外汇市场和黄金市场等，这类指标体现了金融中心市场的范围和规模，从而能够反映出该金融中心在同类市场中的地位和重要性。而金融机构则主要包括银行类、证券类和保险类机构的数量、规模等，用以反映该金融中心金融资源的聚集程度。

区位优势包括地理区位、旅游吸引力、经济区域化、城市国际化、社会交流、新能源和气候条件7类指标，主要反映本地区地理位置的优势，旅游者对其向往程度，人口、语言、宗教和文化的国际化程度，以及对外交流能力等情况。这些指标既体现了区域金融中心的国际性特征，也体现了金融中心由于其区位具有的独特优势。

金融制度包括7个指标，主要反映了该地区金融资源获得的难易程度、银行资产的质量、人民币的境外使用情况和国际投资合作情况。这是影响金融中心金融聚集力的重要因素。

在五类指标中，金融环境、金融市场和金融机构指标均为定量指标，金融制度指标和区位优势指标则两者兼有。其中的定性指标主要用于反映一些难以量化但较为重要的评价因素。

(2) 国际城市评价指标体系的构建。国际城市区域性国际金融中心评价指标体系主要包括4个一级指标和42个三级指标,具体指标如表5-2所示。

表5-2 区域性国际金融中心评价指标体系（国际）

一级	二级	三级	一级	二级	三级
金融环境	经济基础	GDP总量	区位优势	地理区位	通航的国际河流数
		人均GDP			国家一类口岸数
		GDP增长率			接壤国家数
		金融从业人员占就业人员比重			距离国境线的最短距离
	居民生活	城市人均收入		经济区域化	地方自主化程度
		消费价格指数			经济自由化程度
	经济外向度	进出口总额增长率			简单平均关税率
		跨国公司分部数量			平均每百人拥有的移动电话数
		贸易、零售业跨国公司数量		气候条件	年平均气温与理想气温偏离度数
		管理、会计和法律跨国公司数量		旅游吸引力	国际旅游者人数
	水气设施	用水普及率		节能减排	森林覆盖率
	环境质量	二氧化硫排放量			年日照时间
		废水处理率	金融制度	金融便利性	贷款获得指数
	教育环境	大学数量		汇率和利率	名义汇率/PPP汇率指数
金融系统		金融业跨国公司总部数量			有效汇率变动百分比
		金融业跨国公司分部数量			实际利率差
		各项存款余额		所在国家货币国际化程度	GDP占全球的比重
		各项贷款余额			对外贸易额占全球的比重
		保险机构数			外商直接投资占全球的比重
		保费收入			对外直接投资占全球的比重
		各类赔款给付		所在国家金融体系稳定性	政府主权信用评级

由表5-2可以看出,国际城市评价的指标体系设置与国内城市评价的指标体系设置极为相似,只是由于数据的可得性和一致性问题,导致在具体指标的选择上存在一定的差异。而出入最大的部分为金融制度,主要区别在于:在指标的性质上综合考虑了定性和定量指标,而不是仅仅使用定性指标进行分析;内容上则加入了反映汇率和利率水平及变动的指标和反映城市所在国家情况的指标。

总体看来,国际城市评价指标体系类似于国内城市的,在其基础上还加入了一些国际城市评价中涉及的新的变量,这样更符合实际情况,但它较为简单,指标也较少,而这主要是由于数据的限制造成的。因此,随着数据收集的不断深入,这一指标体系将继续调整和完善,最终得到一个更为理想的评价指标体系。

2.指标体系的特点。

(1)指标数量适中,包含与区域性国际金融中心形成有关的各类指标,能够全方位的对所选城市进行评价。

(2)将区位优势作为一类主要的评价指标放入评价体系,使所评价城市具备的一些独特的优势被考虑在内,这样可以让评价指标体系更为全面、合理及客观,同时也能够较好地体现金融中心国际性和区域性的特征。

(3)在指标选择上,既包含定量指标,也包含定性指标,这样就使得一些难以量化但对区域性国际金融中心形成和建设具有重要影响的因素能够进入评价体系,则评价的结果更为科学和可靠。

(4)所选指标需要的数据,均可由规范性的出版物或权威机构的相关官方网站上得到,数据真实可靠。

(5)分成国内城市和国际城市两种情况进行构建,两个指标体系既有相似性,又存在差异性,从而使得指标体系在使用过程中更具针对性。

5.2 昆明周边主要城市的比较

5.2.1 比较城市的选择

根据昆明金融中心的定位,即立足西南、面向西南的区域性国际金融中心,以及前面所构建的区域性国际金融中心评价指标体系,选择西部地区的4个城市和东南亚的3个城市(地区),共计7个主要城市(地区)进行评价和比较,即昆明、南宁、成都、重庆、胡志明市、曼谷和新加坡。

国内城市中,南宁和成都是省会城市,重庆是直辖市。南宁地处我国华南、西南和东南亚经济圈的接合部,是环北部湾沿岸的重要经济中心,是新崛起的大西南出海通道枢纽城市。凭借面向东南亚,背靠大西南,毗邻粤港澳的区位优势,南宁对广西沿海城市发挥着中心城市的依托作用,对华南、西南经济圈发挥着枢纽城市的连接作用,对东南亚各国发挥着中国前沿城市的开放作用。这些特征与昆明都极为相似,因此将其作为昆明的主要比较对象。而成都和重庆则是西部省份中发展最快的两个城市,将其纳入比较体系可以很好地起到国内参照系的作用。

在国际城市中,胡志明市是直辖市,曼谷是首都城市,新加坡则是国家。

胡志明市是越南最大的经济中心,同时也是一个文化、科技中心,还是越南南方水陆交通枢纽,有越南最大的内河港口和国际航空港。目前,胡志明市有38家外国银行设立分行或办事处,银行的流动资金占全国的65%,胡志明市同时也是越南第一个成立证券交易所的城市。

曼谷是泰国的首都,是全国的政治、经济、文化和交通中心,被列为东南亚第二大城市。同时,它又是国际交流的中心:联合国亚太经社理事会总部、联合国亚洲和远东经济委员会总部、世界卫生组织、国际劳工组织、世界银行的分支机构,以及20多个国际机构的区域办事处和一所国际学院——亚洲理工学院都设在这里。

新加坡所处的地理位置是世界的十字路口之一,曾经属外贸驱动型经济,以电子、石油化工、金融、航运、服务业为主,外贸总额是GDP的3倍。经济曾长期高速增长,成为亚洲经济"四小龙"之一。现已发展成为一个国际性金融中心。

以上三个东南亚城市中,胡志明市和曼谷是与昆明邻近的东南亚国家中发展水平较高的两个城市,将其与昆明进行比较,能够更清楚地看到昆明在周边城市中所具有的优势和不足,有利于昆明综合实力的进一步提高。而新加坡则已经成为国际性金融中心,非常适合作为区域性国际金融中心评价的国际参考系。

5.2.2 数据来源和比较方法

1.数据来源。评价过程中主要使用上述7个城市2008年的截面数据进行分析。

国内城市数据主要来源于昆明、南宁、成都和重庆2009年的统计年鉴和年鉴，以及2009年中国城市竞争力报告和全球城市竞争力报告；国外城市数据主要来源于2009年《新加坡统计年鉴》、《东盟统计年鉴》、《中国—东盟年鉴》和《全球城市竞争力报告》，同时还参考了3个城市所属国家的相关政府网站数据。

2.评价方法。金融中心评价的计算方法主要有：一是直接将相关数据列表，进行排序对比，这种方法简单直观，为目前多数研究所采用；二是将有关指标赋予权重，最后算出一个综合指标值或平均值，对各城市进行排序，这也是管理学常采用的方法，但这涉及给予指标体系的权重分配及综合指标计算方法等；三是采用统计学上的方法，如回归分析、聚类分析、因子分析等，对各城市进行分类评价。

第一个方法虽然简单直观，但主要适用于指标较少的情况，在指标较多时则无法有效地进行综合评价。第二种方法虽然可以得到综合得分，也能够进行排序，但是在权重的选择上则带有较大的主观性，这就使得所得结果缺乏客观性和说服力。第三种方法中的回归分析法在评价时也是不太适合的，原因如下：（1）如果使用时序数据，就需要多年连续的资料，这是极为困难的，若使用截面数据，则需要较大的样本量，但金融中心的数量毕竟有限，因此无法得到理想的效果；（2）若用回归分析，所引入模型的自变量应该是不相关的，但就评价指标体系中的指标来看，其反映的绝大多数是经济和金融方面的情况，而这类指标具有较强的相关性，因此是无法全部进入回归模型的。

综上所述，最终选择因子分析和聚类分析来对各个城市进行评价，主要原因为：（1）在变量较多且相关性较强的情况下，使用因子分析可以有效地进行降维，得到少数几个公共因子，便于数据的解释；（2）因子分析可以得到因子得分，这样可以看出每个城市在各个因子中的位置，此外也可以计算综合得分，从而对各个城市进行综合评价；（3）聚类分析可以根据所选指标，按照距离远近对各个城市进行分类，这样有利于对不同类别进行分析和比较。

5.2.3 比较结果

1. 国内城市比较。

（1）因子分析。根据4个城市所选指标值的相关系数矩阵，采用主成分分析方法提取因子，同时采用方差最大法对因子载荷矩阵实施正交旋转以使因子具有命名解释性，得到的部分输出结果如表5-3所示。

表5-3 解释的总方差

成分	旋转平方和载入		
	合计	方差的 %	累积 %
1	35.292	44.674	44.674
2	25.744	32.587	77.261
3	17.964	22.739	100.000

由表5-3可知，经过因子分析后，总共提取了3个因子，其方差贡献率分别为44.674%、32.587%和22.739%，累计贡献率为100.000%。也就是说，第1个因子解释了原有79个指标总方差的44.674%，累计方差贡献率为44.674%；第2个因子解释了原有79个指标总方差的32.587%，累计方差贡献率为77.261%；第3个因子解释了原有79个指标总方差的22.739%，累计方差贡献率为100.000%。因此3个因子共解释了原有指标的全部总方差，总体上原有指标的信息没有损失，因子分析效果较为理想。则令F1、F2和F3分别代表3个公因子。

由旋转后的因子载荷矩阵可知，F1主要反映了昆明的劣势，则定义为劣势因子；F3主要反映了昆明的优势，则定义为优势因子；F2主要反映了位于中间水平的指标，则定义为平均因子。具体含义如表5-4所示。

表5-4 各公因子所反映的指标内容

公因子	内容
F3	金融环境（第三产业增加值所占比重、金融业从业人员占就业人员比例、人均地方财政收入、旅游外汇收入、每万人拥有的公共交通车辆、医疗卫生、环境质量、水气设施、信息设施） 金融市场（银行间同业拆借和债券市场成交额增长率、当年国内股票（A股）筹资、当年国内债券筹资）

续表

公因子	内容
	区位优势（距离国境线的最短距离、接壤国家数、开通东盟航线数、开通的南盟航线数、铁路干支线数、通航的国际河流数、国家一类口岸数、接待海外旅游者人数、民航客运量、宗教多样性、领事馆数量、经济国际化、节能减排） 金融制度（资本获得便利性、城市货币化、对外直接投资）
F1	金融环境（GDP增长率、城市居民人均可支配收入） 金融市场（票据贴现余额增长率、外汇交易量增长率） 金融机构（银行类机构、总部设在辖内的期货公司数、总部设在辖内的保险公司数） 金融制度（外商直接投资） 区位优势（国道及高速公路数、自然便利度、经济区域化程度、人文国际化程度、年平均气温与理想气温偏离度数）
F2	其他

由3个公因子在各个城市上的得分，选择方差贡献率作为权数进行加权，得到各个城市的综合因子得分及其排名，结果如表5-5所示。

表5-5 因子得分及其排名

因子得分 城市	F1	排名	F2	排名	F3	排名	综合得分F	综合排名
成都	0.2251	2	1.3708	1	-0.5659	3	0.4186	1
昆明	-0.2924	3	0.1067	2	1.4674	1	0.2378	2
重庆	1.2298	1	-0.8339	4	-0.2055	2	0.2309	3
南宁	-1.1625	4	-0.6436	3	-0.6960	4	-0.8873	4

由表5-5可以看出，在3个公因子中，昆明在F3上的表现较好，在F1上的表现较差，而综合得分则高于重庆和南宁，仅次于成都，居于第2位。虽然昆明在综合排名中没有处于第1位，但昆明建设区域性国际金融中心具有巨大的潜力。①这一结果主要是由2008年的数据分析得到的，是一个静态的水平，并不能完全反映昆明最新的发展状况，这一评价主要是为建设区域性国际金融中心优劣势比较和潜力分析提供依据和参考。上海和深圳原来在全球国际金融中心的排名也很靠后，但凭借政府推动、制度创新及区位优势，现已跻身前10位，同样，昆明也具备成为新兴国际金融中心的潜力与条件。②昆明在金融环境和金融系统上与成都和重庆的确还存在一定的差距，但随着近年来昆明社会经济的快速发展和积极的制度创新，这一差距将会不断缩小。③昆明在区位上具有其他城市无法比

拟的优势，只要将这些优势和潜力充分有效地发挥出来，那么昆明建设区域性国际金融中心的竞争力将是显著的。

（2）聚类分析。为了更为清楚地了解4个城市在评价指标体系各类指标值上的异同，对其进行聚类分析。分析方法为系统聚类中的个案聚类，其中个体距离采用平方欧式距离，类间距离采用平均组间链锁距离。生成的聚类分析树状图如图5-1所示。

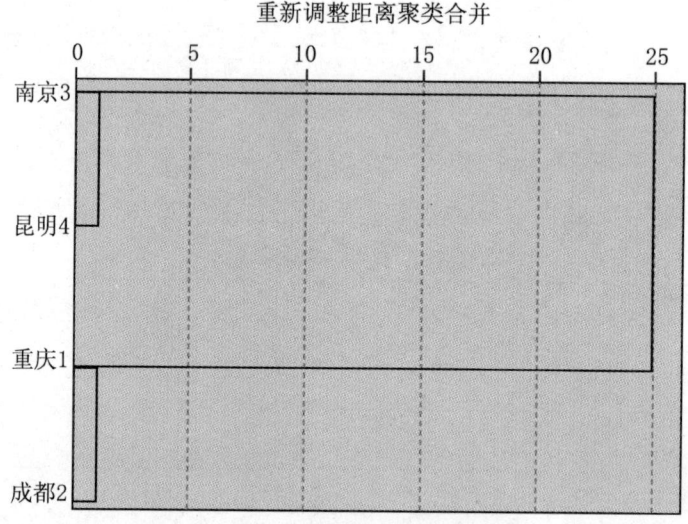

图5-1 全部指标系统聚类分析树状图

由图5-1可知，在评价指标体系中的各指标值上，与昆明最为接近的是南宁，距离较远的则为重庆和成都。也就是说，昆明在金融环境、金融市场、金融机构、区位优势和金融制度五个方面的发展情况与南宁较为近似，而与重庆和成都的差异则较大。

4个城市在各个一级指标上的聚类结果如图5A-1至图5A-5（见附录5A）所示。由输出结果可知，在各类指标上，每个城市的发展程度都不尽相同，因此聚类结果也存在较大差异，具体如表5-6所示。

表5-6 各个城市一级指标聚类分析结果

	指标	差异最小城市	差异最大城市
昆明	金融环境	成都	重庆
	金融市场	成都	重庆、南宁
	金融机构	南宁	成都
	区位优势	成都	重庆
	金融制度	南宁	重庆、成都

2.国际城市比较。

(1) 因子分析。根据7个城市所选指标值的相关系数矩阵,采用主成分分析方法提取因子,同时采用方差最大法对因子载荷矩阵实施正交旋转以使因子具有命名解释性,得到的部分输出结果如表5-7所示。

表5-7 解释的总方差

成分	旋转平方和载入		
	合计	方差的 %	累积 %
1	20.389	48.545	48.545
2	10.227	24.349	72.894
3	5.202	12.387	85.281
4	4.767	11.350	96.631

由表5-7可知,经过因子分析后,总共提取了4个因子,其方差贡献率分别为48.545%、24.349%、12.387%和11.350%,累积贡献率为96.631%。也就是说,第1个因子解释了原有42个指标总方差的48.545%,累积方差贡献率为48.545%;第2个因子解释了原有指标总方差的24.349%,累积方差贡献率为72.894%;第3个因子解释了原有指标总方差的12.387%,累积方差贡献率为85.281%,最后1个因子解释了总方差的11.350%,累积方差贡献率为96.631%。因此4个因子共解释了原有指标的绝大部分总方差,总体上原有指标的信息损失较少,因子分析效果较为理想。则同样令F1、F2、F3和F4分别代表4个公因子。

由旋转后的因子载荷矩阵可知,昆明在F1和F3所代表的指标上表现较差,而在F2和F4所代表的指标上表现较好,因此,将F1定义为劣势因子,F3定义为次劣势因子,F4为优势因子,F2为次优势因子。各公因子的具体含义如表5-8所示。

表5-8 各公因子所反映的指标内容

公因子	内容
F4	金融环境(消费价格指数,用水普及率,环境质量) 区位优势(地理区位,地方自主化,简单平均关税率,节能减排) 金融制度(实际利率差,所在国家货币国际化程度)
F2	金融环境(人均GDP,贸易、零售业跨国公司数量,大学数量) 区位优势(平均每百人拥有的移动电话数,国际旅游者人数) 金融制度(政府主权信用评级)

续表

公因子	内容
F1	金融环境（GDP总量，跨国公司分部数量，管理、会计和法律跨国公司数量，金融从业人员占就业人员比重，城市人均收入，进出口总额增长率） 金融系统（金融业跨国公司总部、分部数量） 区位优势（经济自由化程度，年平均气温与理想气温偏离度数） 金融制度（贷款获得指数、名义汇率/PPP汇率指数）
F3	其他

由4个公因子在各个城市上的得分，选择方差贡献率作为权数进行加权，得到各个城市的综合因子得分及其排名，结果如表5—9所示。

表5-9　因子得分及其排名

因子得分 城市	F1	排名	F2	排名	F3	排名	F4	排名	综合得分F	排名
新加坡	2.14970	1	0.23568	4	-0.68112	7	-0.04377	5	1.01162	1
曼谷	0.32362	2	-0.22405	6	2.20977	1	-0.02008	4	0.37399	2
昆明	-0.47316	4	0.96035	1	-0.00803	2	1.35846	1	0.15733	3
南宁	-0.60716	7	0.57293	2	-0.48873	5	0.79118	2	-0.12598	4
成都	-0.50362	5	0.33884	3	-0.16784	3	-1.33767	7	-0.33459	5
重庆	-0.57202	6	0.23173	5	-0.35260	4	-1.22761	6	-0.40427	6
胡志明市	-0.31735	3	-2.11547	7	-0.51144	6	0.47949	3	-0.67809	7

由表5-9可以看出，在4个公因子中，昆明在F2和F4上的表现较好，在F1和F3上的表现较差，这与因子载荷矩阵得出的结论一致。而昆明综合排名是第3位，位于新加坡、曼谷之后，在国内城市中排名第1位。在国际7个城市的排名中，国内4个城市的排名情况与国内比较时得到的结果差异较大，主要原因在于国际评价指标体系中，由于数据的可得性，比较指标有所差异，如一些反映金融机构和金融市场的指标没有包括在内，而昆明和南宁在这两类指标上的表现要稍弱于成都和重庆，因此导致国内几个城市的排名情况较国内比较时出入较大。这一国际比较同时也说明，昆明建设区域性国际金融中心具有显著的竞争力和较大的潜力。

（2）聚类分析。为了更为清楚地了解7个城市在评价指标体系各类指标值上的异同，对其进行分类分析。分析方法为系统聚类中的个案聚类，其中个体距离采用平方欧式距离，类间距离采用平均组间链锁距离。生成的聚类分析树状图如图5-2所示。

5. 区域性国际金融中心的评价指标体系及其对周边主要城市的评价

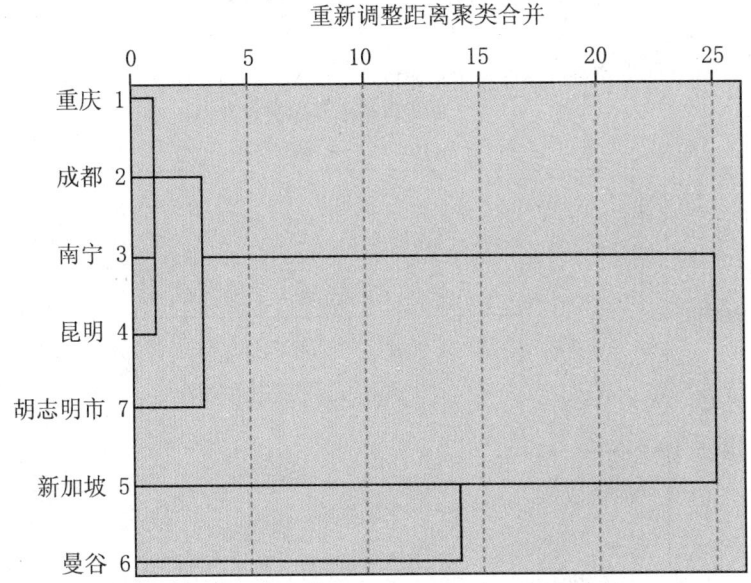

图5-2 全部指标系统聚类分析树形图

由图5-2可知,在评价指标体系中的各指标值上,与昆明最为接近的是成都、南宁和重庆,距离最远的则为新加坡、曼谷。也就是说,昆明在金融环境、金融系统、区位优势和金融制度四个方面的发展情况与成都、南宁和重庆较为近似,而与新加坡和曼谷的差异则较大。

7个城市在各个一级指标上的聚类结果如图5B-1至图5B-4(见附录5B)所示。由输出结果可知,在各类指标上,每个城市的发展程度都不尽相同,因此聚类结果也存在较大差异,具体如表5-10所示。

表5-10 各个城市一级指标聚类分析结果

指标		差异最小城市	差异最大城市
昆明	金融环境	重庆、南宁、成都、胡志明市	新加坡
	金融系统	南宁	新加坡、曼谷
	区位优势	重庆、成都、南宁	新加坡、曼谷
	金融制度	重庆、成都、南宁	曼谷、胡志明市

附录5A：国内4个城市一级指标聚类结果

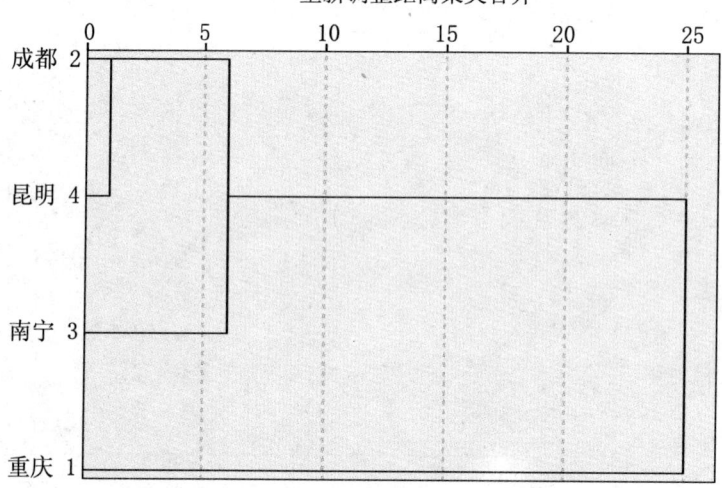

图5A-1　金融环境指标系统聚类树形图

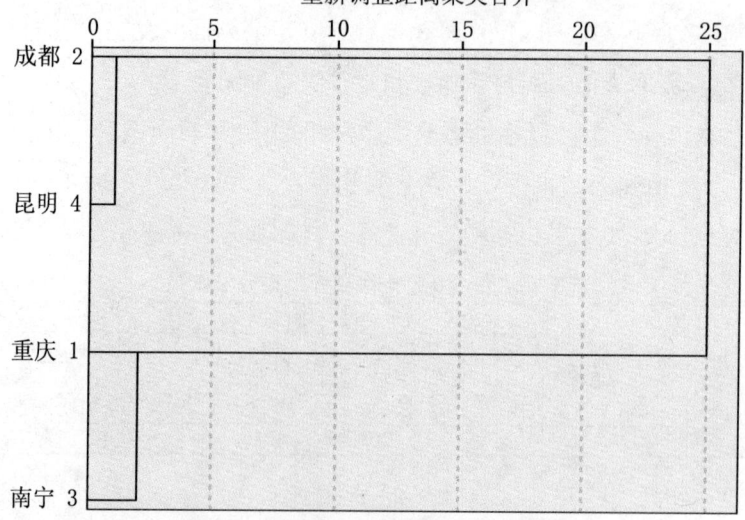

图5A-2　金融市场指标系统聚类树形图

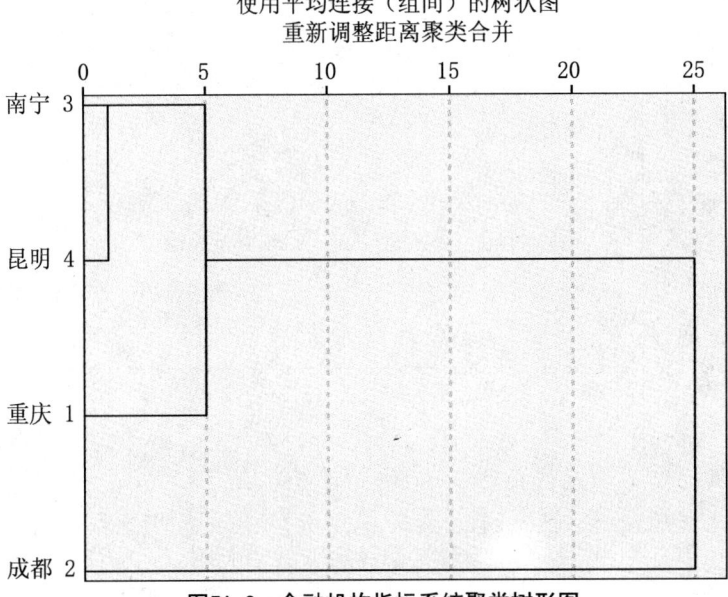

图5A-3 金融机构指标系统聚类树形图

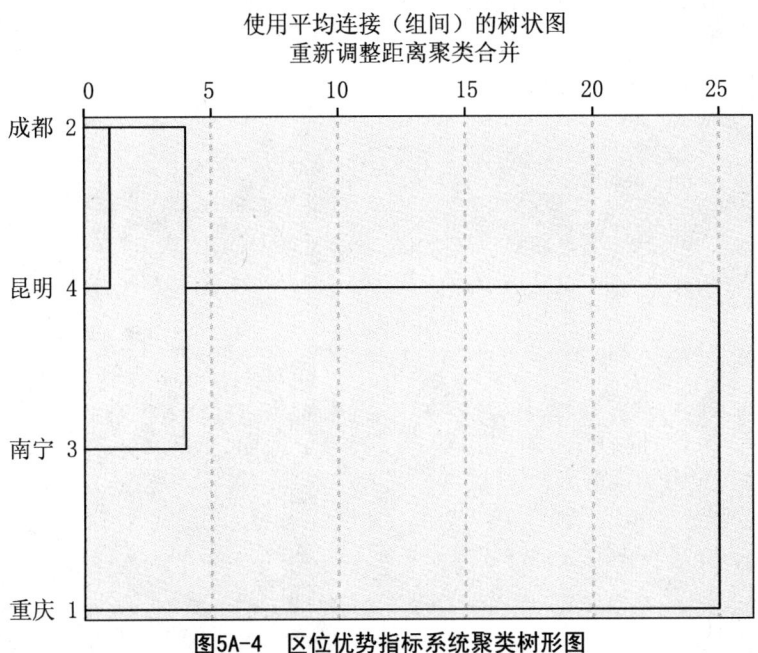

图5A-4 区位优势指标系统聚类树形图

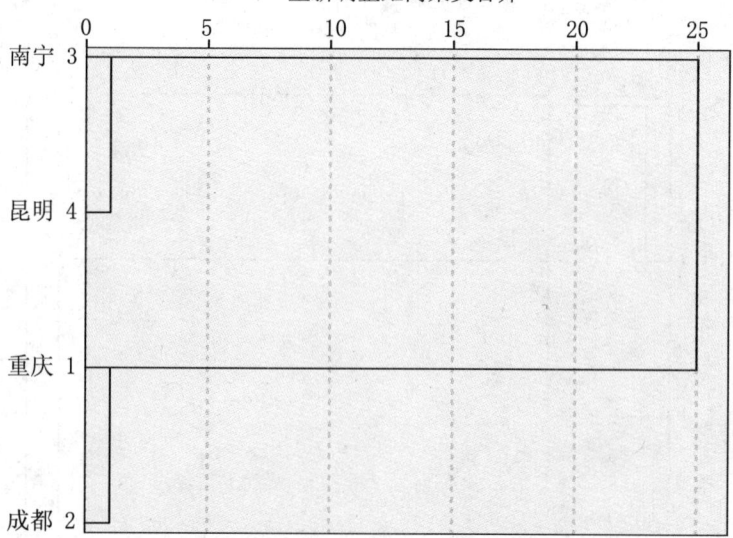

图5A-5 金融制度指标系统聚类树形图

附录5B：国际7个城市一级指标聚类结果

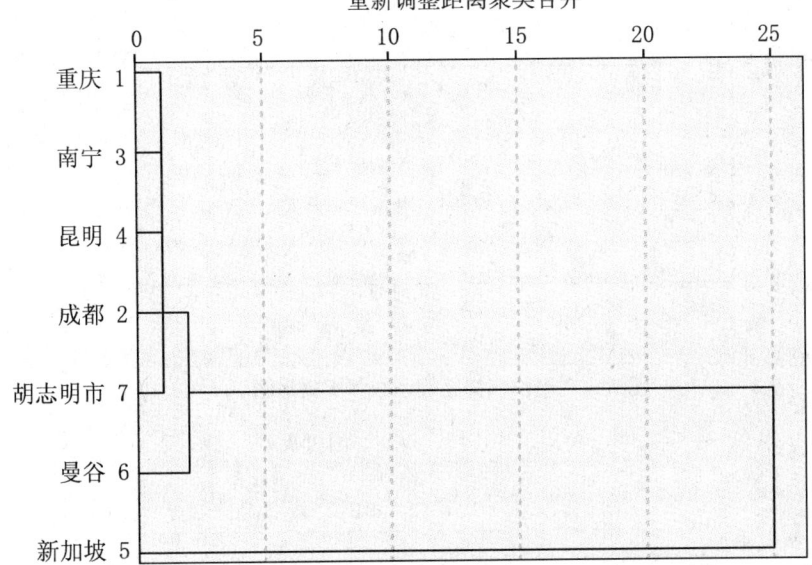

图5B-1 金融环境指标系统聚类树形图

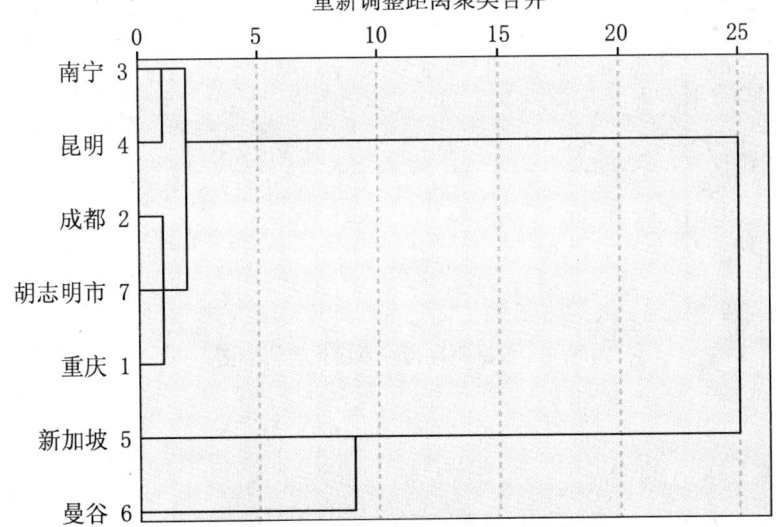

图5B-2 金融系统指标系统聚类树形图

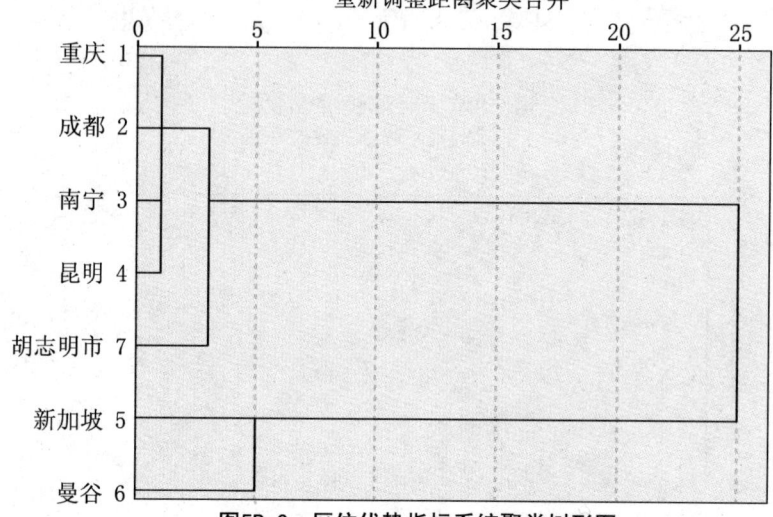

图5B-3 区位优势指标系统聚类树形图

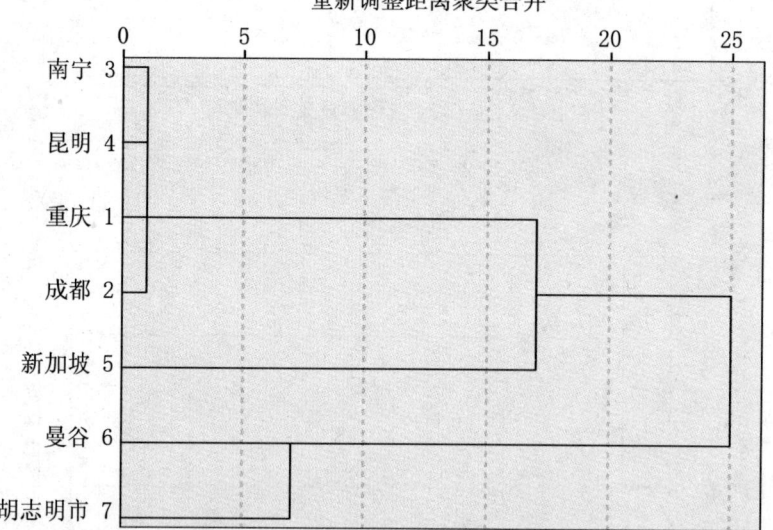

图5B-4 金融制度指标系统聚类树形图

6. 昆明建设泛亚金融服务中心的基础与条件

6.1 昆明建设泛亚金融服务中心的历史基础

6.1.1 云南省与周边国家金融合作的历史沿革

云南省位于我国西南边陲，与越南、老挝、缅甸三国山水相连，民俗相近，语言相通，自古就有贸易往来。边境线全长4 060公里，其中中缅边界1 997公里，中老边界710公里，中越边界1 353公里，有8个边境地州市共26个边境县市，与3个邻国的6个省（邦）32个县（市、镇）接壤，其中11个县（市）与邻国城镇隔江（界）相望。全省25种少数民族中，有15种民族与境外居民同属于一个民族，跨境而居。早在两千多年前，云南省就是中国从陆上通向南亚、中东和东南亚的门户，史称"南方丝绸之路"。自1950年中国与越南、缅甸正式建交，1961年中国与老挝建交以来，边民往来、贸易及投资更加频繁。目前，全省国家级口岸，省级口岸，贸易通道以及边贸互市点数量众多，基本形成了陆、水、空齐全，全方位开放的口岸格局。云南与周边国家金融合作经历了三个阶段：

1.自发金融合作阶段（1994年以前）。1994年前，周边各国的产业结构以农业和原材料为主，云南省与周边国家的贸易往来处于初级阶段，金融机构结构简单，服务产品种类很少，云南与周边各国的金融合作较少。

2.双边金融合作起步阶段（1994—2004年）。1994年以后，随着周边国家经济的发展，尤其是我国在国内经济、对外贸易、金融服务各方面也正处于飞速发展阶段，因此，我国加快了与周边国家的金融合作。1994

年中越银行正式开通银行结算。当年3月中国农业银行河口县支行与越南农业银行老街省分行签订了《越南老街省农业银行同中国河口县农业银行互开账户协议书》，双方互设人民币、越南盾账户，解决了边贸人民币、越盾的结算问题。此后至2003年底云南省四大国有商业银行均与越南银行建立了结算关系。2004年，为规范河口地区的大额提现，防止出现洗钱行为，人行河口支行就边境地区大额提现的问题积极与越南老街省农行、河口县农行举行了三方会谈，深入分析造成边境大额提现增加的原因，并就反洗钱合作达成共识，对规范边贸结算中的大额提现问题，加强反洗钱方面的交流与合作起到了积极的促进作用。

中老两国中央银行于2002年2月4日共同签订了老挝人民民主共和国银行与中国人民银行双边合作协议，从此也开始了促进两国贸易的金融合作。

中缅双方自1984年开展边境贸易以来，金融合作方面发展一直较慢。德宏州毗邻国缅甸至今未与我国签订结算与合作协定，缅甸木姐口岸银行与德宏姐告口岸银行不直接通汇，双方贸易往来主要以人民币进行结算，缅方商人的人民币资金存放在中方口岸银行，以解决双方边境贸易结算，这种结算方式不适合中缅双方将在边境口岸开展以美元结算的一般贸易。2004年以前，思茅边境一线的缅方没有设立银行分支机构，在缅甸禅邦第二特区邦康市设有佤邦银行（以经营人民币为主的储蓄银行）。由地方政府批准成立的私营银行分行分布于众多口岸地区，目前已知的有发展银行、果敢银行、板瓦银行和一文、富民、鸿冠等多家钱庄。这些银行和钱庄规模较小，经营范围窄，套用中方银行的结构、管理和运作模式，实行独立的利率和汇率政策，基本上属于自由放任的状态。比较而言，我方境内紧邻缅甸的孟连、西盟县、澜沧县，金融机构相对发达，设有工商银行、农业银行、建设银行、农村信用社等金融机构。邦康市商业银行在其自身业务发展的同时，加强了与我国商业银行间的合作，由于特区政局稳定型因素影响，邦康市商业银行在经营活动中除自身留足部分备付金外，一般将资金存到我国商业银行，2004年，在原中国工商银行孟连县支行共有美元存款35万美元、人民币存款700万元；在中国农业银行孟连县支行勐啊营业所共存有人民币存款2 100万元。

3. 双边金融合作快速发展阶段（2004年至今）。随着我国经济的逐渐强大，人民币币值的逐渐稳定，以及各国贸易的快速发展，云南省与周边国家的金融合作在2004年以后得到了更进一步的发展。2004年以后，云南省各商业银行积极加强与越南金融机构的合作与沟通，在加深合作方面进行了一系列有益探索和尝试：一是加强往来，增进了解。双边银行多次进行了会谈，就开办以人民币开立信用证办理结算等新增业务交换意见，及时申报新增服务功能，定期或不定期地组织账务核对工作，组织人员互访，共同提高业务技能和业务素质。二是完善制度建设，全面实现规范化运作。双边银行在认真履行协议条款的同时，共同制定了《中越边境贸易专用凭证结算方法》、《中越美元清算账户的细则规定》等办法及规定，严格业务管理和操作。三是调整步调，力求运转一致。例如，为与越方银行的工作时间保持一致，方便中越客商办理业务，云南省河口县商业银行主动调整营业时间，将每星期双休日改为单休日。四是积极协商，扩大与越方合作范围。在同越南农业与农村发展银行老街省分行长期友好合作的基础上，又与越南投资与发展银行老街省分行携手合作，业务涉及银行汇票、付款保函、人民币现钞运送等业务，进一步扩大了与越方合作面。在中老、中缅以及中泰、中柬方面，金融合作也在不断加强，主要体现在以贸易结算为基础的金融机构之间相互合作上。

2005年，云南省边贸人民币结算量为27亿元，同比增长265%，人民币结算占比从原来年均30%上升为85%；2006年和2007年，云南省边贸人民币结算量分别为34.17亿元和38.69亿元，占比维持在91%左右。2008年受全球金融危机影响，边贸人民币结算量为36.96亿元，同比略有下降，但占比仍达90.2%。

另外，云南省跨境投资主要体现在两方面：第一，东南亚三国缅甸、老挝、越南是云南企业对外投资重点目的地。2007—2009年，中国在老挝的投资额在该国所有投资国中位于第二，仅次于泰国。2008年，在国际金融危机背景下，中国云南省与老挝经贸总额达到1.1亿美元，并有继续增长的势头。目前，老挝和云南有多项合作项目，其中最主要的是橡胶种植和毒品替代种植项目，总项目金额达5亿美元，种植产品大部分销往中国。云南省作为中国对周边国家投资联系的重要区域，随着经济企稳回升，云南省企业"走出去"的步伐也在不断加快，云南省与周边国家经济联系逐步加强。第二，云南省企业跨境投资的主要行业是电力、能源矿产资源开发和农业。2009年新增电力、矿产和农业企业数43家，实际投资2.6亿美元，分别占总数的66%和96.3%。缅甸、老挝边境地区农户对橡胶、核桃的种植积极性较高，这两种产品在我国的价格、销售量都很好，在该方面的投资将会进一步增加。同时，云南省民营企业跨境投资的数量正在上升中，国有企业跨境投资稳步推进，主要以大项目为主。截至2009年，全省民营企业在境外新设21家企业，占境外企业总数的67%；国有企业有5个超过1 000万美元的大项目，投资额为1.42亿美元，占投资总额的57%。

6.1.2 滇越金融合作的历史沿革

1953年8月25日，中越两国正式签订《关于开放中越两国边境小额贸易的约定书》后，两国官方贸易和边民互市贸易得到了较快的发展。1974年以后，特别是1979—1989年这10年间中越关系处于非正常时期，官方贸易中止，两国边境贸易陷于停滞。1989年中越关系改善后，两国纷纷加快口岸建设，加强经贸技术合作及官方和民间往来，此后两国边境贸易得到了较快的发展。

云南省有3个地州、7个县与越南的河江、莱州、老街三省接壤，其中文山州拥有1个国家级口岸——天保口岸，3个省级口岸——田蓬口岸、董干口岸和都龙口岸，边贸互市点19个。目前文山州形成了以天保、田蓬、茅坪口岸为主，以董干、都龙、马崩等边民互市点为依托，个人交易为基础的边境贸易格局。红河州河口县拥有1个国家级一类口岸——河口口岸，3个省级口岸——山腰口岸、坝洒口岸、纸厂口岸，民间通道30余处。

云南省对越南出口商品主要有：烤烟、铝、锌、种用稻谷、咖啡、石膏、水泥、电池、黄磷、偏磷酸、固体氢氧化钠、硝酸钠、磷酸氢二铵。云南从越南进口商品主要有干（鲜）水果、铁矿砂、锌矿砂、铬矿砂、丙烯共聚物、天然胶乳、包装纸、木材。

2004年1月1日，国家开始在云南省进行边贸人民币出口退税试点，10月1日将退税率由70%调整到100%。边境口岸对外贸易进一步得到了加强，人民币结算规模逐年增加，以下以河口口岸为例作具体介绍。

河口口岸位于云南省河口县的政治、经济、文化中心——河口镇内，是滇越铁路、昆河公路、红河航道与越南乃至东南亚地区铁路、公路、航道连接的交通枢纽，是中国西南进入东南亚、南太平洋的较近出海口。1895年河口被辟为商埠。20世纪初，成为中国西南对外商贸的最大集散地。1992年国务院批准河口成为沿边开放县；同年，国务院特区办又批准设立4.02平方公里的边境经济合作区。1993年，中国河口—越南老街口岸恢复开通。目前，河口口岸已成为我国非常重要的贸易口岸。

1. 河口口岸对外贸易发展状况。2004年，河口口岸对外贸易进出口总额达到32.1亿元，同比增长79.13%。一般贸易进出口额为24.2亿元，成为河口对外贸易的主流。边境小额贸易稳步增长，实现7.75亿元。边民互市贸易额达3.2亿元。

2005年，河口口岸对外贸易进出口总额35.7亿元，同比增长11.25%。边境小额贸易进出口总额7.3亿元，同比下降6.3%。边贸下滑的主要原因有：一是国家对边境贸易优惠政策逐渐弱化，对边贸发展形成一定的冲击；二是部分商品边贸税收减半征收政策取消；三是边贸配额指标减少，特别是谷种和焦炭的边贸配额指标严重不足制约边贸发展；四是烟叶出口归省进出口公司经营，以边境小额贸易出口烟叶的历史结束；五是国家对进出口经营条件逐步放宽，大贸企业增多，一般贸易发展空间增大。

2006年，对外贸易得到了恢复，河口口岸实现对外贸易进出口总额52.4亿元，同比增长46.7%，一般贸易进出口总值39.2亿元，同比增长

39.1%，边境小额贸易进出口总值12.7亿元，同比增长74.3%。

2007年，河口口岸实现对外贸易进出口总额85.8亿元，同比增长63.7%，排云南省口岸第1位。一般贸易进出口总值69.9亿元，同比增长78%，边境小额贸易进出口总额15.7亿元，同比增长23.7%。

2008年，河口口岸实现对外贸易进出口总额51.1亿元，同比下降40.4%。一般贸易进出口总值38.4亿元，同比下降45.1%，边境小额贸易进出口总值11.3亿元，同比下降27.6%。

2.河口对外贸易人民币结算状况。2004年，货物贸易人民币结算额为91 546万元，其中出口以人民币结算额为9 695万元，进口以人民币结算数额为81 851万元。2005年人民币结算额为97 553.01万元，2006年人民币结算额为127 543.34万元，2007年人民币结算额为154 814.4万元，2008年人民币结算额为195 836.4万元。

3.河口金融机构跨境金融业务发展情况。河口县截至2009年底共有5家金融机构：3家商业银行，1家信用社，1家邮政储蓄。中国农业银行河口支行、中国银行河口支行、中国建设银行河口支行分别与越南农业银行老街省分行、越南投资发展银行老街省分行、越南技商股份商贸银行、越南工商银行老街省分行签有双边互开本币结算账户的协议，在结算中主要以美元、人民币为主，越盾为辅。2006年以来，银行间对于人民币的现钞进出境和毗邻国家货币的调运发生过人民币现钞进出境调运累计13笔，调运金额达1 350万元人民币，其中，调出12笔，金额达1 100万元，调入1笔，金额达250万元。

据2009年6月30日的数据统计，中国农业银行河口支行共办理1 851笔国际结算业务，结算量达10 979万美元，在河口地区市场占有率为57%，居河口地区同业结算量之首。办理边贸结算人民币业务1 488笔，结算金额64 162万元，办理结售汇业务280笔，金额1 573万美元。

两国早期的边境贸易基本是采用现钞结算，且以币值相对稳定的人民币为主要结算货币。但现钞结算在实际交易过程中存在一定的问题：一方面限制了大额贸易的进行，另一方面不利于监管，给地方社会、经济和金融安全带来了不安定的因素。因此在1993年5月中越两国央行签署了中越关于结算与合作协定（此协议在2003年10月得到了进一步的修订），在此协定框架下，中越银行间逐步建立了边贸结算合作关系。1994年3月，中国农业银行河口县支行及时抓住有利机会，与越南农业银行老街省分行签订了《越南老街省农业银行同中国河口县农业银行互开账户协议书》，双方互设人民币、越南盾账户，解决了边贸人民币、越南盾的结算问题。1997年和2000年，顺应边境贸易向集团化、集约化和规范化管理的大额贸易、转口贸易发展的潮流，中国农业银行云南省分行与越南农业及农村发展银行老街省分行又分别正式签订了《边境贸易结算合作协议书》和补充协议，进一步明确了双边资金清算与现钞跨境调运等有关问题，制定完善了各类结算业务的专用凭证，结算方式从单一的支票结算扩大到汇票结算、边贸结算专用凭证结算、汇款委托书结算。

2000年9月，中国农业银行云南省分行与越南农业银行河江省分行本着平等互利、友好协商的原则，在中国昆明召开会议，签订了《边贸结算合作协议书》，双方就办理边境贸易结算的相关事项作了详细规定。同年，国家级口岸天保口岸的农行麻栗坡县支行经人民银行批准开办边境结算业务，提供边贸结算服务，是云南省农行系统与越南签署协议开办此项目的第二家支行。根据双方签订的协议，中方办理边贸结算业务指定机构为农业银行麻栗坡支行天保办事处，越方办理边贸结算业务的指定机构为越南农业银行河江省分行渭川县支行清水办事处，双方建立代理关系，分别在对方代理行开设对方国家货币结算账户和保证金账户。边贸结算代理业务于2000年11月2日正式开通。

到2003年底，我省四大国有商业银行均与越南银行建立结算关系。边贸交易双方通过双边银行对开的结算账户办理结算。地区范围仅包括与越方银行已签订对开账户协议，建立了银行结算关系的河口、天保两口岸，交易资金主要通过边贸银行汇票、边贸结算专用凭证、边贸汇款委托和边贸余额确认书四种形式进行结算。其中边贸银行汇票和边贸汇款委托由于结算方式手续简便，结算速度快，且基本无风险，较受客户青睐，成为主要结算方式。为适应边贸发展的需要,在结算方式上,双方还发展了通过SWIFT(全球金融组织协会)系统为中越客商办理边贸人民币、越南盾电汇汇款业务和边贸人民币、越南盾信用证业务。在使用不同的结算方式下,有不同的结算凭证作为载体,主要有银行汇票、汇款委托书和专用凭证,按照双方签订的协议,边贸结算凭证由双方共同确定其格式、要素、语言文字等,执行机构按重要空白凭证的管理方式进行管理。在资金清算方面,首先应在对方银行开立资金往来账户,存入一定限额的本币款项,便于进行清算双方银行间的人民币和越南盾资金往来。当有业务发生时,当日由发生业务方主动到对方银行交换凭证(休息日和假日除外),按时记账、对账,实行时时交换、不代客户垫款的资金清算方式。在双方进行票据交换时,设立票据交换登记簿,收付分开,逐笔登记,双方两人的交换员当面核对签收。开立银行结算账户是银行结算业务的基础,根据协议,外方商业银行在我方开立了清算资金的往来账户,按照两国中央银行活期存款利率计付利息。在账户使用中,坚持不透支和不为客户代垫资金的原则,按照规定,清算账户不能提取现金,从防范风险的角度出发,也不能支取现金。

除了以上银行结算外还有普遍采用的两种结算方式:

(1)通过"地摊银行"结算。此种方式的结算属于黑市货币结算。通过这种渠道结算的货币币种较为多样化,目前主要以人民币为主,也包括少量的外汇和周边国家货币。其操作方式主要为:参与边境贸易的非居民在我国境内售出货物后,即可到兑换点兑换所需要的货币。若金额过大,不方便携带,兑换点可以开具字据,凭此到其境内的兑换点提款。反之,我方居民也可以依此办理。这种方式的结算由于其活动的隐蔽性,国家往往无法对这些资金的往来进行监管。

(2)现钞结算。以人民币为主,也包括部分外币和少量的对方国家货币,由参加边境贸易的非居民携入我国境内支付,或从在我国境内开立的储蓄账户支取支付。主要是以境内居民出境在越南等地旅游消费支付,其中数量较大的是以人民币支付境外团费。也有边境国家和地区的游客将人民币从我国带出的情况。2004年有关部门统计过,通过中越边境口岸的出境旅游者达35万人次,当年边境游客带出境人民币现金约3.19亿元。近年来,随着游客数量的上涨,以现钞结算的数量也在进一步上升。

6.1.3 滇缅金融合作的历史沿革

云南省的普洱市、临沧市、德宏州、保山市、怒江州分别与缅甸禅邦、克钦邦相邻,因此口岸、通道多,贸易量大,历史上中国一直是缅甸的主要贸易对象国。1897年,普洱市就正式成立过海关。新中国成立后,特别是改革开放以来,我国的对外政策不断完善和落实,大量口岸通道相继开放,普洱市市内有:国家级口岸——思茅港,省级口岸——孟连县城,通道若干。临沧市内有:国家级口岸——孟定口岸,省级口岸——南伞口岸和芒卡口岸,永和、南腊、班老、达董、单甲等17个边贸通道以及众多的边民互市点。德宏州内有:1937年成立的畹町海关,于1938年滇缅公路开通后,畹町成为重要的国家级口岸,1987年被国务院定为国家级口岸,与缅甸的国家级口岸——木姐毗邻的瑞丽口岸,还拥有陇川章凤口岸和盈江小平原2个国家级二类口岸。保山市内有:国家一类口岸——腾冲县猴桥口岸,云南省人民政府批准指定边境通道4条——龙陵老厂、腾冲自治、滇滩、胆扎,以及边民互市便道13条。怒江州内有:省级二类口岸——片马口岸,以及俄嘎通道、亚坪通道和丹珠通道。

滇缅贸易中我国大宗进出口商品主要是:出口纺织原料及其制品、机电产品、石蜡、钢材、船、卷烟、鲜苹果、中西药品及医疗器械、日用百货、电池、五金器皿等以原料性、民用型和农产品为主的产品;进口原木、锯材、玉石、龙眼干、甘蔗、冻鱼、锌矿砂、锰矿砂等以工业原料和农产品为主的产品。

1.中缅边境口岸跨境交易人民币结算状况。云南省德宏州是我国通向缅甸的主要贸易通道,下面以其为例来说明中缅边境口岸对外贸易的现状。由于复杂的历史原因,中缅双方边境贸易长期以来没有建立直接的银行结算关系,大部分的边境贸易通过人民币现钞进行交易。2004年,德宏州中缅双方进出口以人民币结算的数额达11亿元,其中,出口以人民币结算数额为4.1亿元,进口为6.9亿元,人民币进出轧差,净流出人民币2.8亿元。边民互市贸易额达3.8亿元。以人民币投资数额达11 740万元,其中,我方对缅投资额为10 840万元,缅方对我方人民币投资额为900万元。在金融机构业务方面,2003年至2005年5月,中国银行瑞丽支行与缅甸仰光缅码外贸银行、投资商业银行开展业务往来共办理缅方开具的信用证124笔,其中美元48笔196万美元,欧元76笔191万欧元。缅方向我方电汇71笔711万美元,我方向缅方电汇9笔68万美元。

2.中缅金融机构合作状况。与云南省相邻的缅甸边境地区由于经济落后,金融业起步较晚,其中果敢特区在20世纪90年代初建立了第一家金融机构——果敢银行,且果敢特区政府除设有特区财政部负责收取各项税费的职能机构外,并没有设置其他金融机构,现存的均为私人所设,计有1个银行、7个钱庄及数十个代理金融业务的当铺、金店,基本处于"大钱庄"或准银行的状态。普洱边境一线尚无缅甸国有银行分支机构。缅甸禅邦第二特区政府于1996年1月1日批准在邦康市设立了邦康市商业银行总行,下设邦康市支行和勐北支行(其中勐北支行于2003年撤销)。邦康市商业银行与我国商业银行有合作关系。而我国边境地区金融机构相对较发达,如临沧市在20世纪90年代初,国内四大商业银行已进驻边境口岸拓展业务,仅孟定镇就设有工行、农行、中行、建行、农村信用社等多家金融机构。随后,由于边贸长期不景气,国有商业银行改革等原因,大多数银行退出边境口岸,目前仅有农行和农村信用社在孟定、南伞、沧源县城和芒卡(仅农村信用社)等口岸设有营业网点。普洱市内的孟连、西盟县、澜沧县设有工商银行、农业银行、建设银行、农村信用社等金融机构。相比之下,我国境内金融机构较发达,由于缅甸银行业发展仍处于初级阶段,本国银行之间都不能实现跨行结算,加之缅甸政局不稳,特区政府和缅甸政府管辖区政策各异,缅甸政府对国内人流、物流、资金流管制较严,因此中缅双方自1984年开展边境贸易以来,两国银行一直没有签订正式的贸易结算协定。结算方式以人民币现钞结算为主、银行储蓄存款账户为辅。双方贸易往来在1998年以前主要以人民币进行结算,缅方商人的人民币资金存放在中方口岸银行,解决双方边境贸易结算主要采取以人民币在边境中方银行之间划转或现金结算。1998年实行边贸以外汇结算可以享受出口退税政策后,外汇结算量逐渐增加。2004年国家专门在云南省推出人民币结算可以享受退税政策后,边境贸易以人民币结算重新成为主要结算方式。具体结算方式大致分为四种:(1)银行结算。中缅双方没有建立人民币结算关系,但双方贸易往来主要以人民币进行结算,因此,在贸易结算上,缅方商人的人民币资金主要存放在中方口岸银行,以人民币在边境中方银行之间划转或现金结算。(2)"地摊银行"结算。主要经营外汇买卖和资金结算。(3)现金结算。是中缅边境地区惯用的结算方式。(4)以物易物,主要是针对经济较落后的缅甸边境。

6.1.4 滇老金融合作的历史沿革

中老两国历史上一直存在贸易往来,自1961年4月25日正式建交以来,极大地推动了两国的经济贸易及金融发展。1964—1978年,云南省与老挝北部丰沙里、南塔和乌多塞姆三省开展了带有援助性质的地方贸易。1978年7月以后,由于中老关系一度出现曲折,云南省与老挝经济交往也处于停滞状态。1982年国务院批准云南省恢复与老挝北部3省开展边境贸易。1989年,随着两国关系正常化,双方重新开放边界,允许边民互市。1993年11月后,随着老挝驻昆明总领事馆举行正式复馆仪式,两国领导人相互访问,并签订一系列贸易合作协议。进一步增进了两国的经济贸易往来。1993年12月,中老双方开放了磨憨—磨丁口岸。1994年6月,国务院批准勐腊为对外开放地区,是云南省实施"中路突破,打开南门,走向东南亚"经济发展战略的重要通道桥梁和窗口,是云南省参与澜沧江—湄公河次区域经济合作的重要前沿。

滇老贸易中我国主要出口商品有微型汽车、农机、日用五金、各类机械、家用电气、建材等;主要进口商品有木材、胶合板、咖啡、农林产品等。

云南省西双版纳州勐腊县的磨憨镇位于云南省最南端,与老挝磨丁口岸接壤,是中老边境贸易的主要通道。1992年3月3日,国务院批准磨憨为国家级口岸，1993年12月22日，中老两国政府开通磨憨—磨丁国家级口岸，1994年8月，国务院批准向第三国人员开放，2000年6月，云南省委、省政府批准磨憨为云南对外开放"一特三区"的边境贸易区之一，2001年5月22日，磨憨边境贸易区正式成立。

1．对外贸易情况。勐腊县的对外贸易经历了从无到有、从小到大的过程。1985—2008年的23年间，外贸进出口额从20万元人民币发展到3.46亿元人民币的规模。特别是2004年边境贸易实行人民币出口退税的改革后，对外贸易和经济技术合作快速发展。据统计，2008年边境经济贸易总额完成3.46亿元人民币，增长了36.7%，其中：边境小额贸易总额完成3.05亿元人民币，同比增长42.4%；边民互市2 130万元人民币，同比增长9.5%；经济技术合作1 890万元人民币，同比增长0.3%。

2．境外投资情况。与老挝地区的投资合作是从"替代种植"项目开始的，主要是为了帮助禁止老挝北部毒品种植业的发展。从1997年开始勐腊县与老挝南塔省政府签订橡胶种植协议，到如今，投资项目扩大到工程承包、投资办厂、矿产开发、农经作物开发与合作、农产品加工、商业综合市场建设等。据2009年8月统计，勐腊县先后有13户企业开展"替代种植"项目，累计完成境外罂粟替代种植面积77.24万亩，其中：橡胶544 986亩，甘蔗61 469亩，茶叶800亩，核桃22 071亩，其他农副产品143 050亩。境外投资办厂3户，总投资160万美元。

3．金融机构业务发展状况。磨憨口岸设有金融机构1家，即中国农业银行磨憨营业所。2004年末，农行磨憨营业所各项存款3 776万元，其中，储蓄存款2 936万元，非居民存款有11户，共12万元。与磨憨相邻的老挝南塔省设有老挝农业银行、老挝进出口银行和老挝发展银行，老挝农业银行在南塔省5个县均设有机构网点，进出口银行只有1个网点。磨憨口岸原有老挝发展银行的1个网点，现由于修建黄金城已将该机构撤出。中老两国央行于2002年2月签订了中老银行合作框架协议，为两国银行间开展边境贸易结算业务合作提供了条件。但由于磨憨口岸所在的西双版纳州各商业银行与老挝没有建立直接代理行关系，不能直接通汇，资金划转必须通过绕道第三国才能办理。

中老之间的贸易方式，主要以传统的一般贸易和边境贸易两种形式为主。一般贸易基本采用国际结算方式，主要有信汇、电汇两种方式，结算币种以美元为主。边境贸易又由边境小额贸易、边民互市贸易、边境技术合作构成。结算方式归纳起来主要有四种。（1）现钞结算。以人民币为主，也包括部分外币和少量的对方国家货币。这是西双版纳边贸交易中运用最广，资金安全系数也最小的结算方式。（2）银行结算。通过在我国境内银行开立的存款账户结算。这类存款常用于收取和支付边贸交易货款及劳务费用。（3）"地摊银行"。属于非正常的结算渠道。边境地区历来是滋生"地摊银行"和"地下钱庄"的活跃地带，其运作虽处于地下状态，但经营地区已由周边国家延伸至我国境内。这类组织主要办理货币兑换、汇兑及其他一些结算，业务量较大，结算币种多样化，包括人民币、美元、泰铢等周边国货币。惯用的边贸结算操作方式为"代收代付"。（4）易货结算。主要针对部分经济较落后、政治不稳定的边境——老挝北部，这个地区采用以物换物的形式进行结算。

6.2 昆明建设泛亚金融服务中心的现有条件

目前，"立足西南，面向西南"的区域性国际金融中心还未形成，而作为西南地区的主要城市——昆明最具有发展成为该金融中心的条件。

6.2.1 金融环境

1.经济实力较强。实体经济的发展对金融的需求成为构建区域性国际金融中心重要的外部动力。一个区域性国际金融中心的建立，必须是以具有较强的综合经济实力，较广的经济辐射力，较大的人流、物流、商流、信息流、资金流的中心城市为依托。

从经济实力与基础来看，2008年昆明市的国内生产总值为1 605.399亿元，比2007年增长12%。其他相关经济指标数据如表6-1所示。

表6-1　昆明市经济发展状况

指标	2009年	比上年增长(%)
GDP（亿元）	1 605.40	12.0
全社会固定资产投资额（亿元）	1 053.16	28.8
社会消费品零售总额（亿元）	700.74	23.1
地方财政收入（亿元）	174.99	31.5
城市居民人均可支配收入（元）	14 482.00	13.2

资料来源：《昆明市统计年鉴(2009)》。

表6-1中的数据表明，昆明市的经济总量规模保持了较快发展的良好势头。虽然从数据来看实体经济规模偏小，但也已经达到一个相对较高的水平，增强了昆明市构建区域性国际金融中心所需的实体经济支撑力度。

2. 第三产业发展迅速。截至2008年末，西部4个城市重庆、成都、南宁和昆明第三产业增加值占GDP的比重分别为41%、46.5%、49.9%和47.35%，昆明超过成都和重庆，居于第2位（见图6-1）。而从金融业从业人员占就业人员比重上看，昆明的指标值为0.67%，南宁、成都和重庆分别为0.69%、0.64%和0.55%，同样居于第2位。

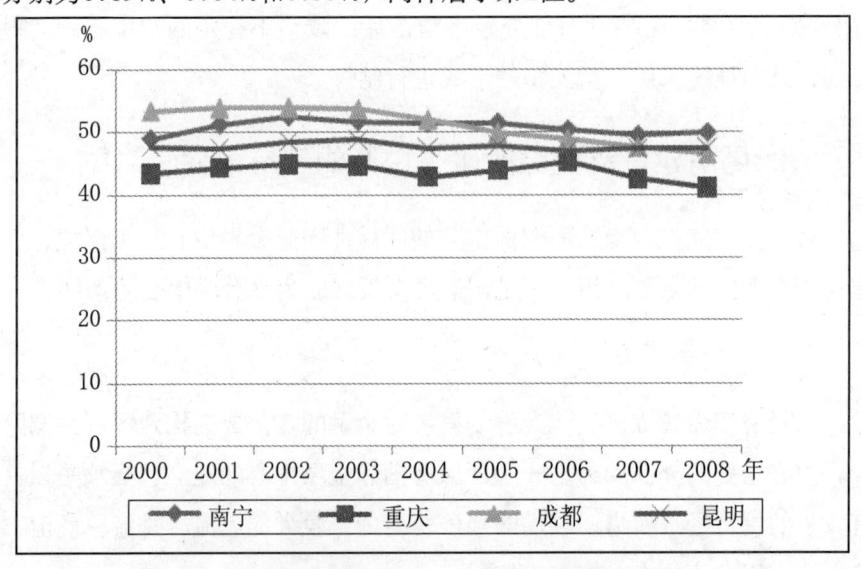

图6-1　第三产业增加值占GDP比重

虽然这两个指标值均没有超过南宁，但差异较小。如图6-1所示，重庆和成都的第三产业占GDP比重明显有所下滑，南宁的略有下降，而昆明的则较为平稳，并且在2006年后有明显上升的趋势。因此，昆明市的第三产业发展较为迅速。

3. 旅游创汇潜力巨大。2008年，昆明的旅游外汇收入为20 416万美元，仅次于重庆，在西部4个城市中居于第2位（见图6-2）。昆明的该指标值是南宁的5倍，是成都的1.2倍，这种差距是极为显著的。

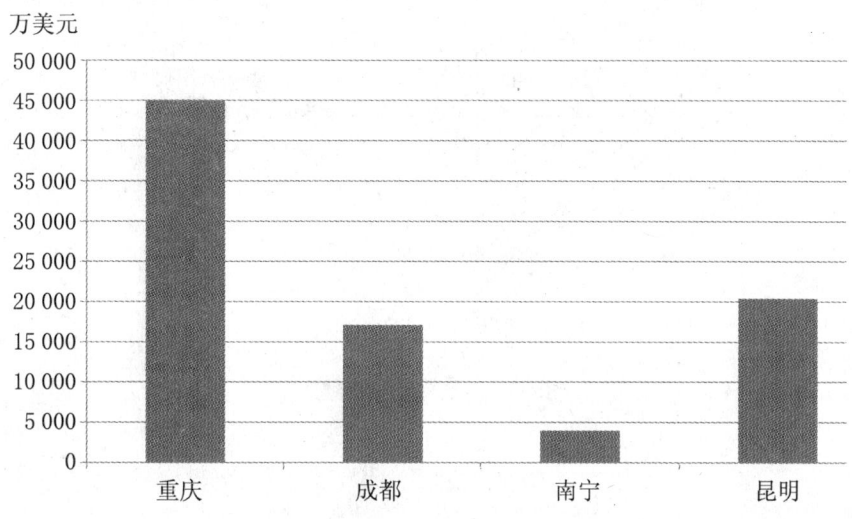

图6-2 旅游外汇收入

昆明具有丰富的旅游资源和多彩的民族文化，由于其独特性，致使昆明对国际旅游者有较强的吸引力。尤其是随着现代新昆明的建设，昆明的城市风貌、服务水平等均会有大幅的提升，这将进一步促进国际旅游业的发展。而国际游客的增多，必然会扩大昆明在经济、金融、文化等领域的对外交流，提升其在国际城市中的地位，这将对昆明成为区域性国际金融中心起到积极的促进作用。

4. 城市基础设施完备。在卫生事业机构数和每千人拥有的医院床位数这两个指标上，昆明都位居4个城市的首位（见图6-3和图6-4）。尤其在第二个指标上，昆明是南宁的1.7倍、重庆的2.1倍、成都的1.2倍。

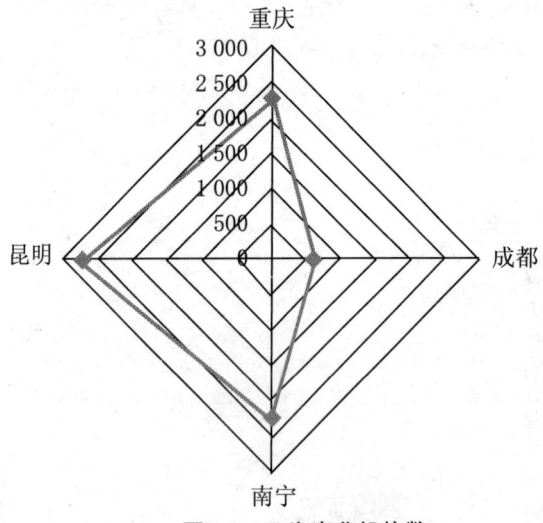

图6-3 卫生事业机构数

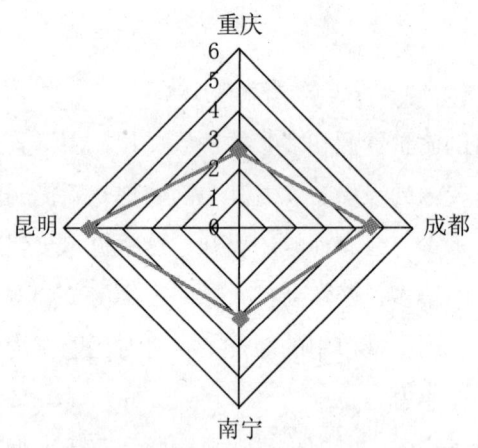

图6-4 每千人拥有的床位数

在城市交通上,昆明的每万人拥有的公共交通车辆数为15.42标台,仅次于成都的21.1标台,居于第2位(见图6-5)。昆明的该指标值是南宁的4倍、重庆的2倍。公交车辆的充足将极大地方便市民的出行,有利于提高居民生活的便利性。

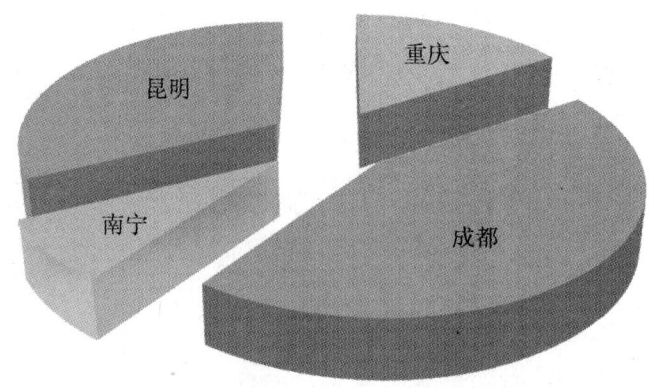

图6-5 每万人拥有的公共交通车辆

在水电煤气设施上,昆明的用水普及率和燃气普及率分别为100%和98.12%(见图6-6),在所选城市中均位于首位。生活用水和煤气的普及,有助于方便居民生活,节约时间,减少环境污染,从而有利于提高昆明的吸引力。

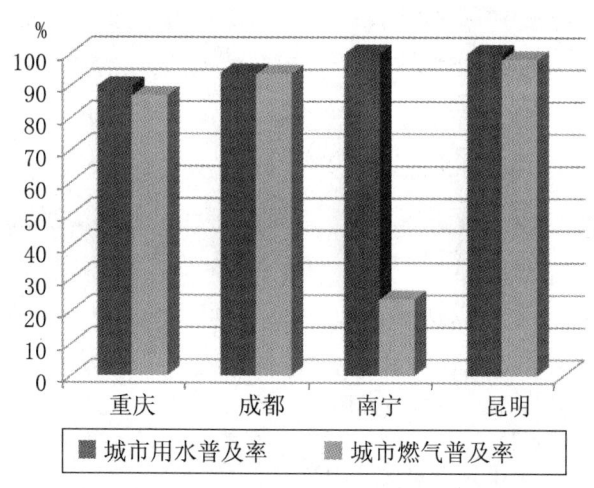

图6-6 城市用水普及率和燃气普及率

5.城市环境质量优良。在环境质量上,昆明、重庆、成都和南宁的环境空气质量优良级天数达标率分别为100%、81.1%、87.4%和96.44%,空气中二氧化硫排放密度分别为0.051毫克/立方米、0.063毫克/立方米、0.077毫克/立方米和0.065毫克/立方米，在国内4个城市的比较中昆明均居于首位，有较强的竞争优势（见图6-7）。

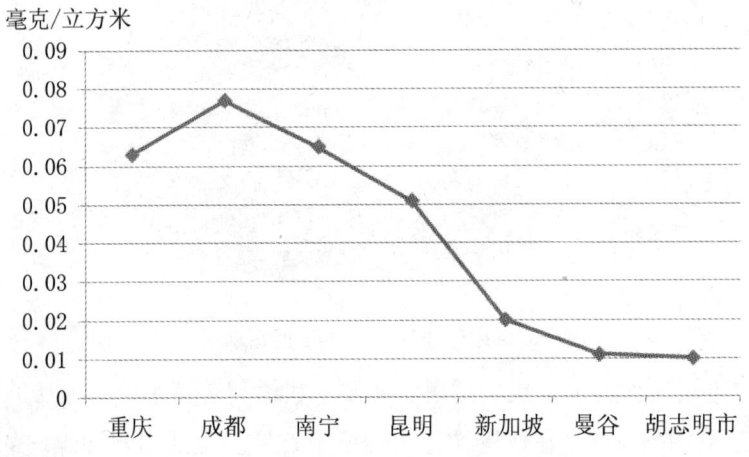

图6-7 二氧化硫排放密度

但是，在国际7个城市的比较中，昆明的二氧化硫排放密度排名只在第4位，处于前三位的胡志明市、曼谷和新加坡的指标值仅为0.01%、0.11%和0.02%，如图6-7所示。由此可见，国内城市和国外城市之间的差距依然较大。当然，随着昆明建设园林城市和卫生城市活动的展开，昆明的环境质量将得到进一步改善，从而有利于缩小和国际城市的差距。

此外，昆明在绿化覆盖率和人均公共绿地面积为36.73%和10.16平方米，均处于4个城市的第3位。重庆、成都和南宁的绿化覆盖率为34.1%、38.6%和38.98%，人均公共绿地面积为8.91平方米、11.4平方米和10.29平方米（见图6-8）。虽然昆明排名靠后，但实际指标值与排名第一的城市差异很小。

由此可见，昆明市具有极为适宜的人居环境。

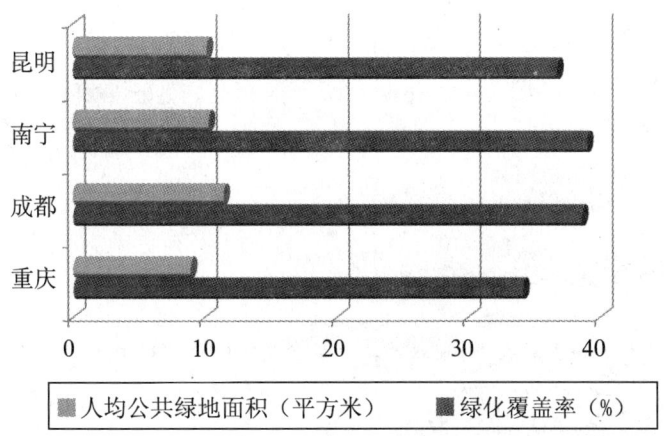

图6-8 绿化覆盖率和人均公共绿地面积

6.城市生活成本低廉。居民消费价格水平直接反映了城市生活成本的高低。昆明的居民消费价格指数为105.8%，在国内和国际城市的比较中均处于第3位。最高的为胡志明市（141.04%），其次是曼谷（123.34%）和新加坡（110.28%），而国内的4个城市明显偏低，最高的南宁为108.4%，重庆和成都仅为105.6%和104.3%（见图6-9）。因此，较低的生活成本也是昆明的优势之一。

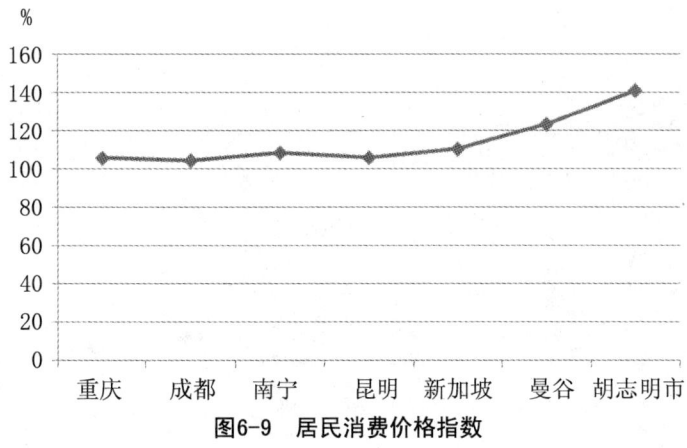

图6-9 居民消费价格指数

7.城市信息设施完善。金融业的发展离不开畅通和快捷的信息渠道，而新闻媒体是向公众发布和收集信息的主要机构，移动电话是个人信息交流的有效手段。它们的发展为金融业的进一步成熟奠定了基础。

在新闻机构数量上,昆明、重庆、成都和南宁的报刊种类分别为63种、45种、136种和52种[①],而广播电视机构数则分别为32个、36个、32个和31个[②],如图6-10所示,昆明在两个指标上均处于第2位。

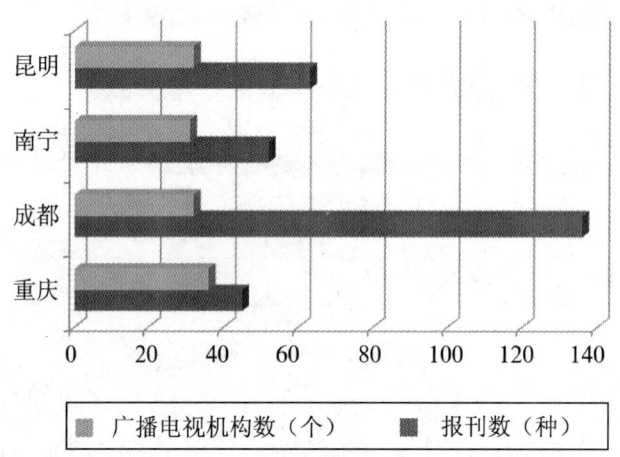

图6-10 广播电视机构数和报刊数

在平均每百人拥有的移动电话数上,昆明为74.06部,在4个城市比较中居于第2位,7个城市比较中则居于第4位,其余6个城市重庆、成都、南宁、新加坡、曼谷和胡志明市的分别为45.15部、113.26部、46.70部、122.46部、80.42部和27.16部(见图6-11)。

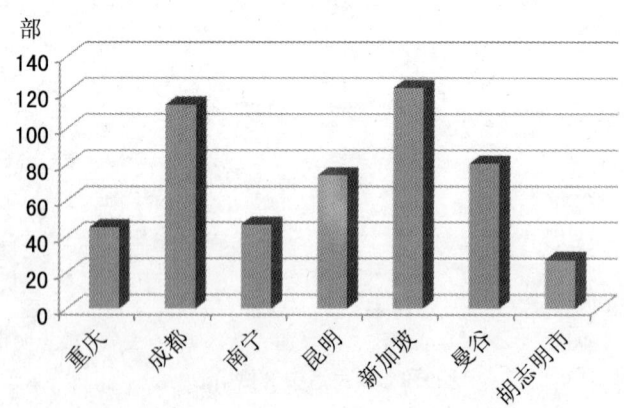

图6-11 平均每百人拥有的移动电话数

---

① 由于成都和昆明的数据无法获得,因此均用4个省(直辖市)的数据替代。
② 由于昆明的数据无法获得,因此均用4个省(直辖市)的数据替代。

综上所述,昆明市已经拥有了较为完善的信息设施。

6.2.2 金融系统

目前,昆明现代金融体系基本形成。已建立了在人民银行调控下,国有商业银行为主体、政策性金融与商业金融相分离,股份制商业银行、地方商业银行及广大城乡信用社及多种金融机构并存的金融组织体系。形成了以国有商业银行为主体,保险、证券机构众多,信用社、信托公司、财务公司、租赁公司等多种金融机构并存的金融格局。金融市场体系初步形成,业务范围不断扩大,业务品种不断增加,组织体系日益健全。

昆明的金融系统,即金融机构和金融市场的蓬勃发展,为构建区域性国际金融中心奠定了良好的基础。

1.银行业金融机构颇具规模。截至2008年12月末,昆明辖区银行业金融机构本外币各项存款余额4 206.95亿元,比2007年末增长20.17%;各项贷款余额4 066.81亿元,比2007年末增长19.26%;不良贷款余额比2007年末减少38.47亿元,不良贷款率比2007年末下降1.53%,不良贷款实现"双降"(见图6-12)。审核批准新设机构32个,昆明辖区银行业机构达1 178个。

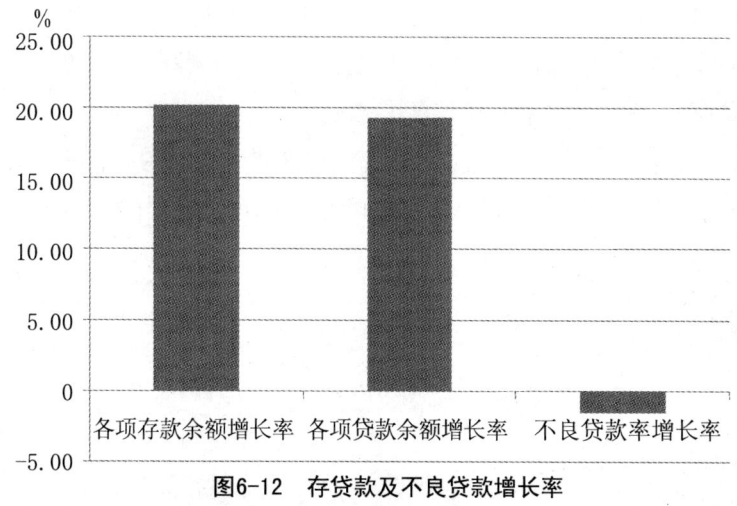

图6-12 存贷款及不良贷款增长率

银行间同业拆借和债券市场成交额增长较为迅速,增长率达到44.7%,仅次于重庆(60%),居于第2位。昆明的增长率是南宁的4.5

倍,是成都的3.4倍(见图6-13)。这表明昆明金融机构间业务的规模是在迅速扩大的。

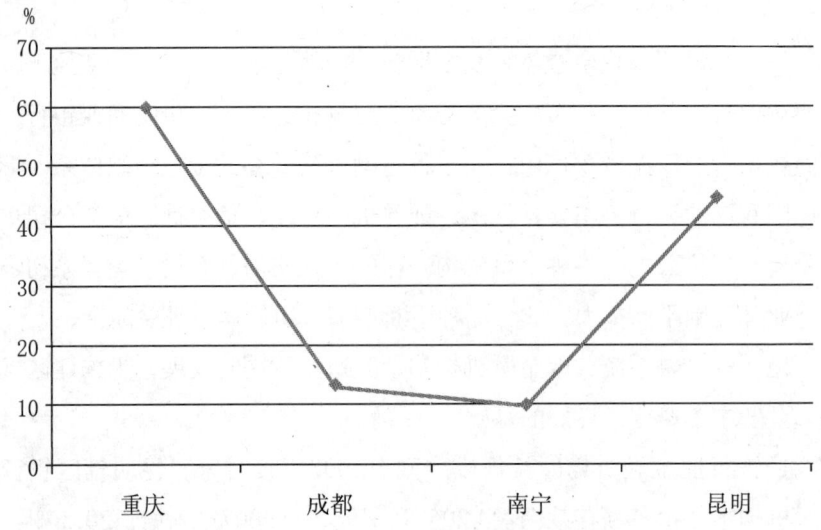

图6-13 银行间同业拆借和债券市场成交额增长率

2.证券市场平稳运行。2008年,昆明的上市公司资产权益规模保持持续增长;证券市场运行平稳,证券公司资本充足,合规管理体系逐渐完善;期货市场交易活跃,公司经营业绩稳步提升。截至2008年12月31日,云南辖区共有27家上市公司,发行27只A股和1只H股,在上海证券交易所和深圳证券交易所挂牌交易的公司分别为13家和14家。上市公司总市值1 114.74亿元,占全国A股总市值的0.92%。

2008年,国内股票(A股)筹资和国内债券筹资额在4个城市中昆明分别居于第2位和第1位,为61亿元和108亿元,尤其是国内债券筹资额,几乎为南宁的3倍(见图6-14)。这表明昆明的股票市场和债券市场都有了较大的发展,具有了一定的竞争优势。

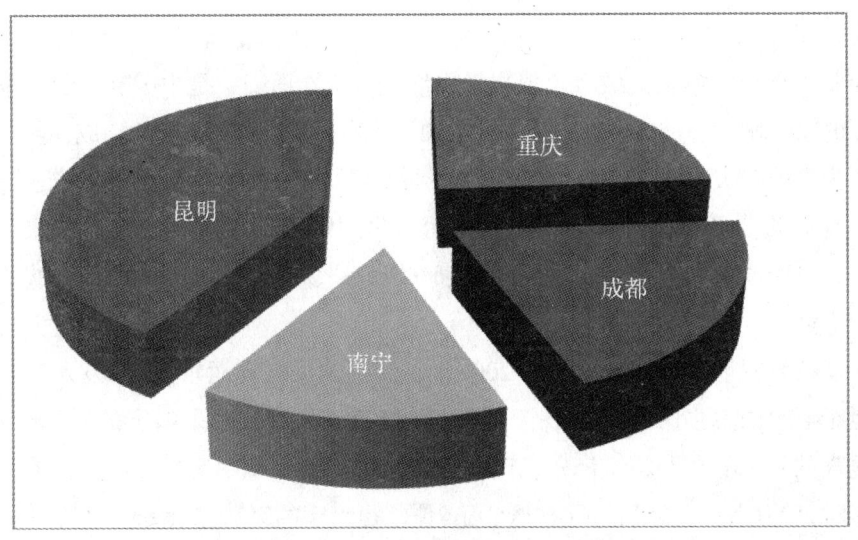

图6-14 2008年国内债券筹资额

3.保险市场业务较快增长,保险市场主体逐步增加。2008年,昆明保险市场业务持续较快增长,全年共实现保费收入66.96亿元,同比增长52.88%。其中,财产险、寿险、意外险和健康险保费收入情况如表6-2所示。保险公司总资产达99.98亿元,增长18.42%。

表6-2 保费收入及其增长率

险种	保费收入（亿元）	增长率（%）
财产险	19.94	11.39
寿险	36.79	92.66
意外险	2.10	4.00
健康险	8.13	70.59
合计	66.96	52.88

资料来源:《昆明市统计年鉴(2009)》。

此外,保险市场主体逐步增加。2008年共新开业保险省级分公司3家,截至2008年底达27家,其中,财产保险省级分公司17家,寿险省级分公司10家。保险代理机构32家,保险经纪机构7家,保险公估公司4家,保险营销员9 817人。

6.2.3 区位优势

昆明是中国面向东南亚、南亚开放的门户枢纽,国家级历史文化名城,我国重要的旅游、商贸城市,西部地区重要的中心城市,云南省省会,云南省政治、经济、文化、科技、交通中心,云南省唯一的特大城市,西部地区第四大城市,仅次于成都、重庆、西安,是中国唯一面向东盟的第一城,还是滇中城市群的核心圈。随着东盟自由贸易区的建成,昆明作为中国西南面向东南亚、南亚开放"桥头堡"的区位优势不断得到体现。

1.西部最重要的交通枢纽。昆明市是中国西部最重要的交通枢纽之一,是中国面向东南亚、南亚的国家一级口岸城市,中国面向西南开放的门户城市。

(1)民航客运规模较大。2008年,昆明的民航客运量为599万人次,位于4个城市的第2位,仅次于成都(844.1万人次),是南宁的3.5倍,重庆的1.3倍(见图6-15)。国际旅游者人数为70.07万人次,排在重庆(87.19万人次)之后,同样居于第2位,是南宁的5倍,成都的2.1倍。

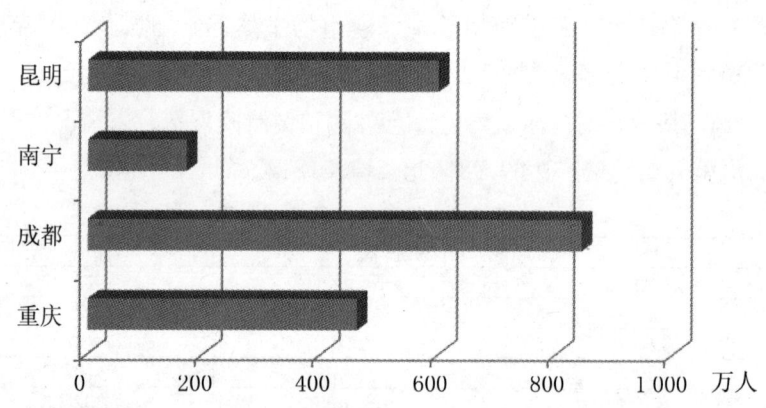

图6-15 民航客运量

昆明作为一个内陆城市,周围多山,与国际其他城市连通的普遍方式之一就是航空运输,以上数据说明,昆明在民航客运上具有较强的竞争力。而国际旅游者人数则再次证明了昆明对国外游客来说具有其他城市无可替代的吸引力。

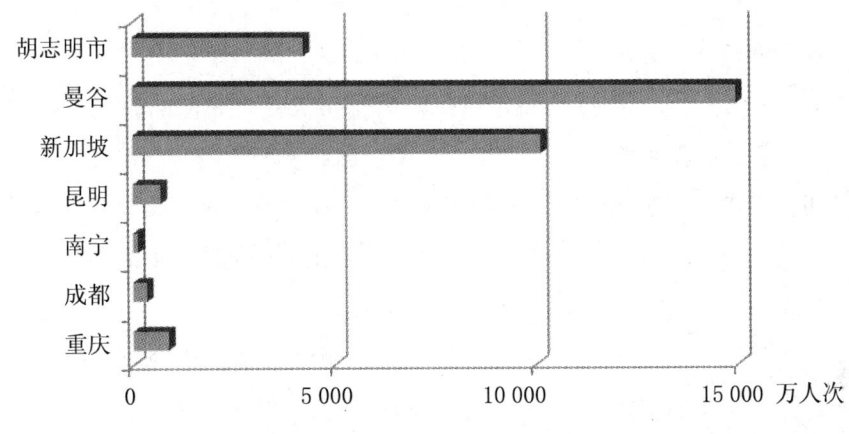

图6-16 国际旅游者人数

当然,从7个城市的比较来看,国内4个城市的国际旅游者人数均偏低(新加坡为10 116万人次,泰国为14 932万人次,胡志明市为4 254万人次),而且和国外城市的差异很大,如新加坡的指标值就是昆明的14倍,是重庆的11倍(见图6-16)。因此,只有在不断地发展和建设中逐渐缩短差距,才能使这一优势得以保持和扩大。

(2)开通的东盟和南盟航线数最多。昆明区位独特,是泛珠三角区域经济合作圈、中国—东盟自由贸易区经济圈和大湄公河次区域经济合作圈的交汇点,是中国面向东盟的重要门户。

在与东盟的对外贸易中,航空运输是最为主要的交通运输方式,因此与东盟开通的航线的多少直接决定了这种国际交往的便利性和可能性。昆明开通的东盟航线完全覆盖了东盟9国,居4个城市的首位。

昆明已开通2条南盟航线,这在国内4个城市中尚属首例。并且,昆明正在努力把到加尔各答的航线延伸至印度新德里、孟买、班加罗尔等著名城市,开通更多云南至南盟国家主要城市的航线。此外,滇印、滇孟陆路通道建设正在有效推进。在不久的将来,云南将构筑中国与南盟国家间的立体交通网,尽早实现这一区域的便利客货运输,发挥区域交通网的最大效用。

(3)"八入滇,四出境"的铁路枢纽站。昆明市内现有成昆铁路、沪昆铁路、南昆铁路、内昆铁路等12条铁路干支线,是云南省"八入滇,四出境"铁路网的起点。

"八入滇"即滇藏铁路,从拉萨到香格里拉再到昆明;成(都)昆(明)铁路;渝昆铁路,由重庆到昆明;内昆铁路,内江—泸州—宜宾—昆明;南昆线,是从南宁进入云南到昆明的铁路;贵昆铁路,从贵州进入云南的铁路;云桂铁路,从南宁经过百色、文山到昆明;上海到昆明的客运专线。

"四出境"即泛亚铁路的东线,从昆明经玉溪、蒙自、河口进入越南;泛亚铁路的中线,从玉溪到磨憨口岸出去,经过老挝,到泰国、马来西亚;泛亚铁路西线,从昆明到瑞丽,再到缅甸,直达印度洋;泛亚铁路北线,经保山、腾冲出境通往缅甸密支那、孟加拉国、印度雷多。到雷多后,就与南亚的铁路网全部贯通。沿印度铁路网再往西走,可通往非洲和欧洲。这也是第三欧亚大陆桥的基本框架。

从云南发展来看,"八入滇,四出境"规划实现后,铁路将成为沿海、中部产业往云南快速转移的有力载体。从云南对外开放来讲,连通国内外四通八达的铁路网形成后,云南作为中国—东盟自由贸易区的"桥头堡"和前沿将更加突出。

(4)"四纵两横"通道中的重要城市。《中国—东盟交通合作规划纲要(草案)》中,中国与东盟未来交通合作的重点在通道及枢纽基础设施建设、运输服务网络建设、运输便利化措施等方面。未来,中国与东盟国家间将形成"四纵两横"运输大通道。通道由多种运输方式组成,是保证中国与东盟之间人员和物资安全、顺畅流动的主要通道。除海上运输通道外,其他通道沿线分布了多个中心城市,集中大量的资源、人口、产业,将形成多条区域内的经济走廊。而昆明就是沿线重要城市之一,与昆明有关的通道包括:

中缅通道,即从中国云南省进入缅甸境内,并通向印度洋的战略性综合运输大通道,起点是昆明市,终点为缅甸首都仰光市;昆明—曼谷—

新加坡通道，即由新加坡至昆明的泛亚铁路、昆明—曼谷—新加坡公路、澜沧江—湄公河国际航道等国际运输路线组成的综合运输通道；中越通道，即由中国西南沿海港口，越南北部沿海港口组成，该通道连接了中国昆明、南宁等西南地区中心城市；中缅孟印运输通道，即连接中国云南、缅甸、孟加拉国和印度的一条东西向国际运输大通道，该通道以昆明为起点。

由此可见，"四纵两横"的6条通道中，有4条都经过昆明，昆明在中国与东盟合作中的交通枢纽地位是不言而喻的。

2.接壤国家数、通航的国际河流数最多。从邻国数量上看，与昆明相邻的国家有3个，而与南宁相邻的仅有1个，成都和重庆则没有；从国家一类口岸数上看，云南有13个，略少于广西的17个，而重庆和四川则仅有2个和1个；从通航的国际河流数上看，云南有5条，广西有2条，而重庆和四川均没有（见图6-17）；从与边境的最短距离上看，昆明约为267.3千米，仅次于南宁（约为153.9千米），排在第2位，成都和重庆的则分别是昆明的2.4倍和2.6倍（见图6-18）。

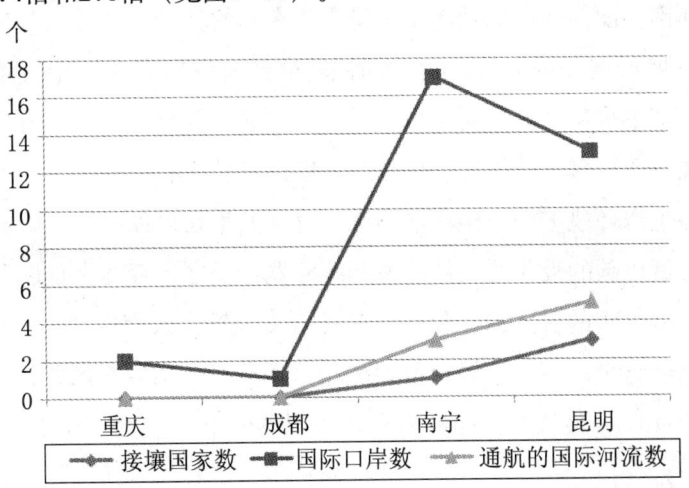

图6-17 接壤国家数、国际口岸数和通航的国际河流数

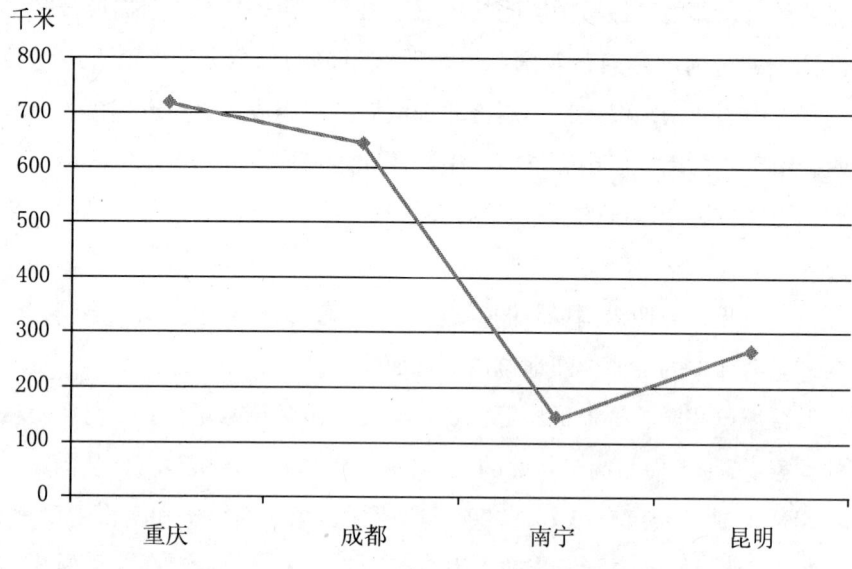

图6-18　距离国境线的最短距离

虽然距离边境的最短距离南宁比昆明略占优势，但昆明的邻国较多，更有助于同周边东南亚和南亚国家的经贸合作和文化交流，这对于金融中心立足西南、面向西南的功能定位是极为有利的。

3.发展低碳经济最具条件。加快转变经济发展方式，走低碳经济之路，是贯彻中央精神，应对全球气候变化的必然选择。云南拥有良好的生态环境和自然禀赋，这为发展低碳经济提供了必要的前提。

一是生态环境多样，碳汇能力强。森林的生长可以吸收并固定二氧化碳，是二氧化碳的吸收器、储存库和缓冲器；反之，森林一旦遭到破坏，则变成二氧化碳的排放源。仅从森林覆盖率上看，云南达到50%以上，昆明也达到45.05%，在7个城市的比较中居于首位，其余6个城市，最高的南宁为42.15%，最低的新加坡为3.4%（见图6-19）。

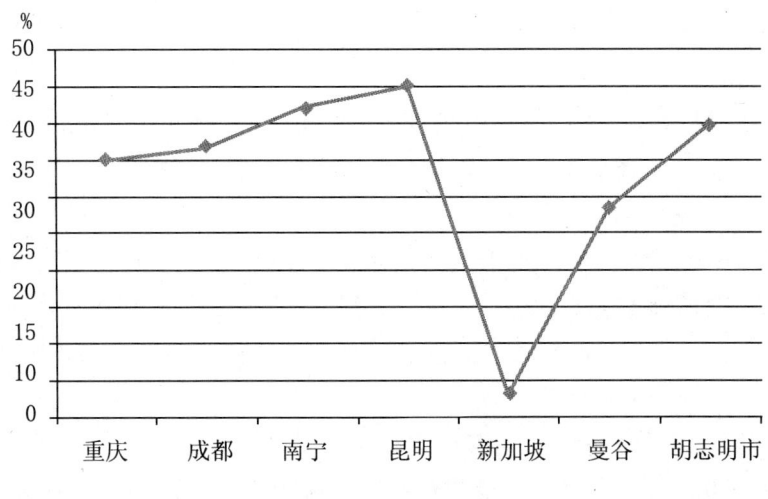

图6-19 森林覆盖率

二是能源资源多样,可再生能源开发利用前景广阔。这里仅从太阳能资源上考虑,昆明的年日照时间为1 954小时,居于7个城市的第2位,仅次于胡志明市(2 500小时),是该指标数值最低的重庆市的2.8倍(见图6-20)。因此,昆明在太阳能上的优势是极为显著的。

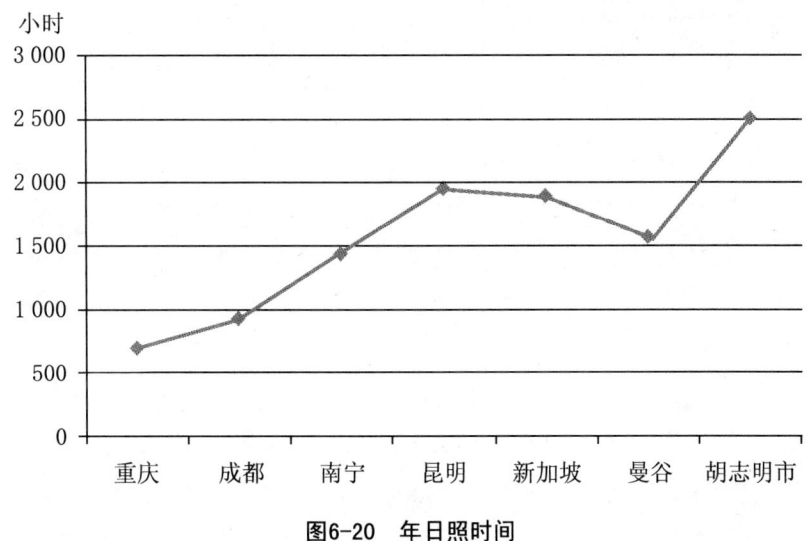

图6-20 年日照时间

由此可见,森林资源和太阳能资源的丰富性,为昆明发展低碳经济准备了必要的物质条件。

4.城市国际化程度较高。昆明有佛教、道教、伊斯兰教、天主教和基督教五大宗教,是拥有宗教最多的城市之一,有利于不同宗教信仰的人群的交流和融合。

昆明领事馆数量为6个,排在第2位,重庆、成都和南宁分别为5个、9个和5个,而随着昆明使馆区的建设和城市的发展,必将有更多国家的领事馆在昆明落户。

经济国际化程度主要包含外贸依存度、外资占固定资产投资比重和外企占城市总企业比重,昆明、重庆、成都和南宁的经济国际化指数分别为0.11、0.075、0.147和0.089[①],昆明居于第2位,即经济国际化程度较高。

6.2.4 金融制度

1.资产质量良好,资本获得便利。从"中国地区金融生态环境评价(2008—2009)"中测算的信贷资产不良率评分上看,昆明的指标值为0.77,仅次于南宁的0.82,优于重庆(0.69)和成都(0.65),排在第2位(见图6-21),即昆明金融资产的质量较高,具有较强的竞争优势。

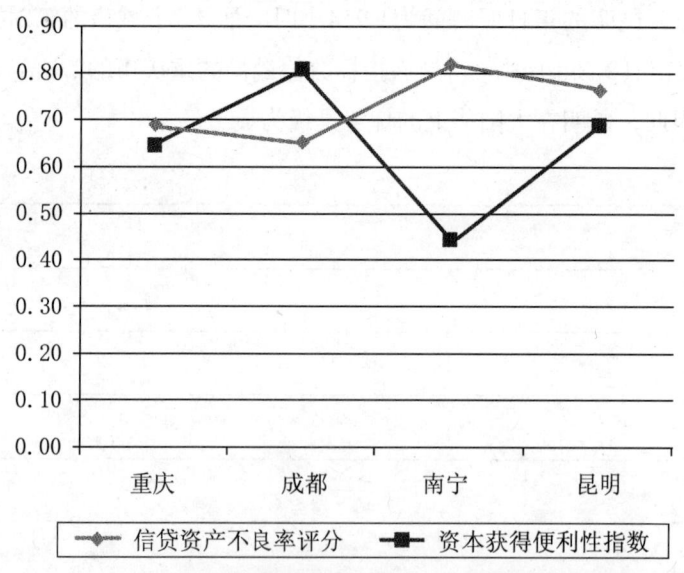

图6-21 信贷资产不良率评分和资本获得便利性指数

从《中国城市竞争力报告(2009)》测算的资本获得的便利性指数来看,昆明在获得银行资本、证券市场资本、民间和风险资本的难易度上均处于第2位,即较容易从各种途径获得资本,这对于建设区域性国际金

---

① 该指数来源于《中国城市竞争力报告(2009)》。

融中心是极为有利的。同时,昆明市政府还出台了有关加快银行业、保险业、资本市场、担保业、典当业、融资租赁业发展的实施意见6个文件,同时,昆明市还制定了支持金融业发展的优惠政策。这些都将极大地推动昆明建设成为区域性国际金融中心。

此外,从城市货币化程度,即城市存贷款余额与该城市GDP的比值来看,昆明的指标值为5.16,是重庆的1.8倍,是成都和南宁的1.5倍(见图6-22),处于第1位,即与收入相比,昆明市的金融活动已具相当规模。

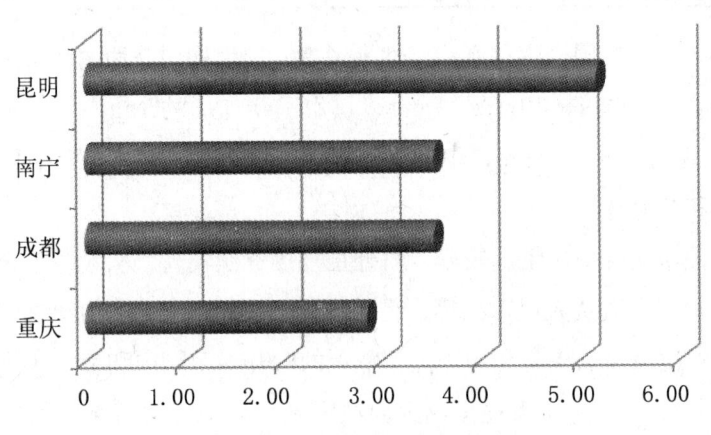

图6-22 城市货币化程度(存贷款余额/GDP)

2.货币国际化程度高,政治稳定。如图6-23所示,中国的GDP、对外贸易、外商直接投资和对外直接投资占全球的比重分别为6.04%、6.52%、4.56%和1.13%。

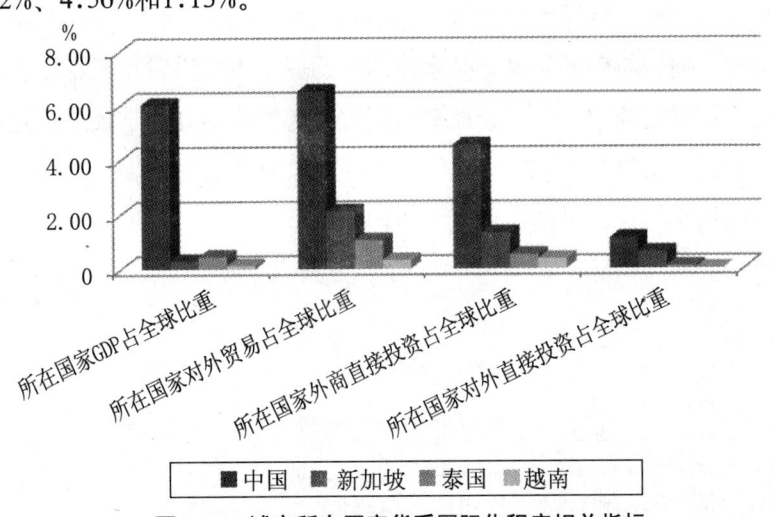

图6-23 城市所在国家货币国际化程度相关指标

与其余3国所占比重的关系如表6-3所示，由表中数据可知，中国的货币国际化程度具有绝对优势。

表6-3 中国货币国际化程度指标与其他三国的比较

指标	中国所占比重/其他国家所占比重（倍）		
	新加坡	泰国	越南
GDP占全球比重	20.34	13.34	46.07
对外贸易占全球比重	3.09	6.19	20.36
外商直接投资占全球比重	3.46	8.72	12.39
对外直接投资占全球比重	1.83	12.80	149.79

此外，从所在国金融体系稳定性上考虑，利用穆迪公司的政府主权信用评级可知，中国的信用评级为A1，仅次于新加坡的Aaa，优于泰国的Baa1和越南的Ba3[①]。因此，中国更能提供泛亚金融服务中心所必需的稳定的政治和社会环境。

3.人民币境外使用情况较好，对外直接投资额较高。从2004年开始，云南省开始试点边贸人民币结算，目前边贸人民币结算占比在95%以上，还成功探索出符合云南省和周边国家特点的对开本币账户和境内人民币转账两种结算模式。人民币逐渐成为周边国家与云南省边贸结算的首选货币，边贸人民币结算的成功经验也为云南省开展跨境贸易人民币结算奠定了基础。

2008年，云南省的人民币结算业务量为36.96亿元，仅次于广西的117.2亿元，居于第2位。虽然没有超过广西，但近几年，省内企业开展对缅甸、老挝、越南的贸易，到东盟国家开展水电、道路工程建设和劳务承包业务量增长较快，大型企业对跨境贸易人民币结算需求强烈。随着跨境贸易人民币结算的正式启动，这一业务量将有较大幅度增长。据初步测算，云南每年的人民币结算规模约为100亿元。

---

① 穆迪评级包括Aaa、Aa、A、Baa、Ba、B、Caa、Ca和C 9个由高到低的等级，同时，在从Aa到Caa的各个基本等级后面加上修正数字1、2及3，因此总共有21个等级。

此外，2008年云南省企业积极参与国际投资合作的步伐进一步加快，对外直接投资额达到28 467万美元，分别是重庆的2.72倍、四川的3.51倍和广西的7.41倍，在国内的4个省市中居于第1位（见图6-24）。

由此可见，对于建立泛亚金融服务中心，云南省（昆明）已具有了广泛的市场需求和基础。

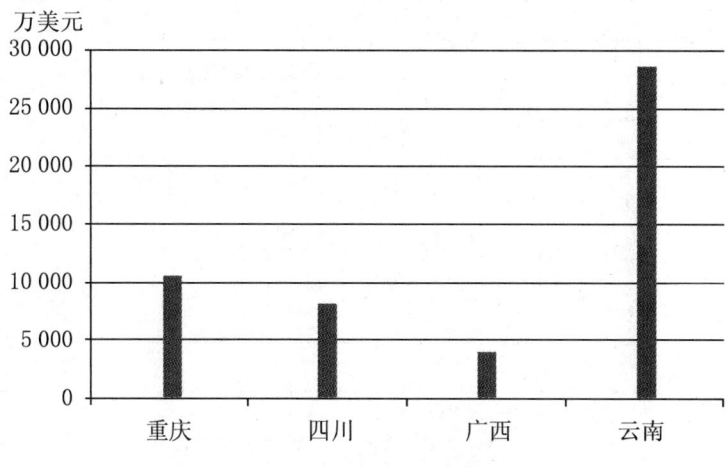

图6-24　对外直接投资额

6.3　昆明建设泛亚金融服务中心的制约因素

6.3.1　金融环境

1．经济外向度较低。昆明的进出口总额为73.0621亿美元，是成都的48%，重庆的77%，排在4个城市中的第3位（见图6-25）；实际利用外资为6.0178亿美元，仅为重庆的21%，成都的26.8%，也排在第3位；进出口总额增长率为9.25%，在7个城市中排在第6位（见图6-26）。而各类跨国公司的数量也极为有限，排名均靠后。这些指标说明，昆明的经济外向度较低，贸易规模较小，增长速度较慢，引进外资较少。

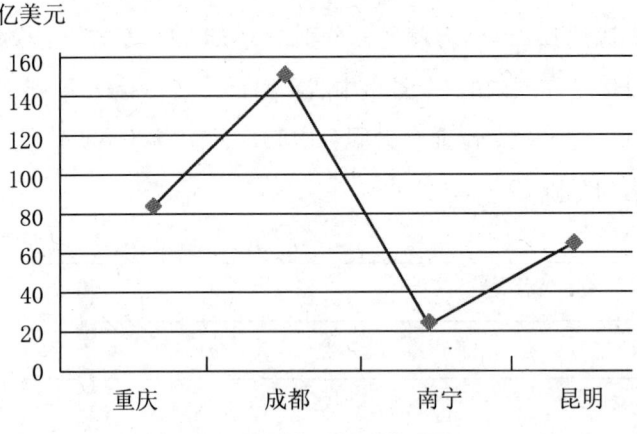

图6-25　进出口总额

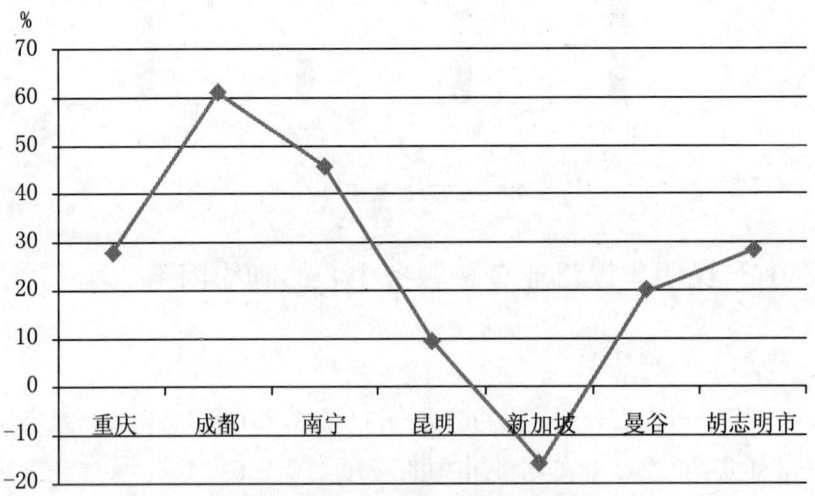

图6-26　进出口总额增长率

2．教育资源相对缺乏。昆明的普通高等学校数为38所，在国内和国际城市比较中均处于第3位，其他6个城市即重庆、成都、南宁、新加坡、曼谷和胡志明市的大学数量分别为47所、42所、28所、9所、26所和10所（见图6-27）。虽然从排名上看并不靠后，但在38所大学中，国内重点大学寥寥无几，国际重点大学基本没有。

因此，昆明的教育资源相对缺乏，教育水平也较为低下。

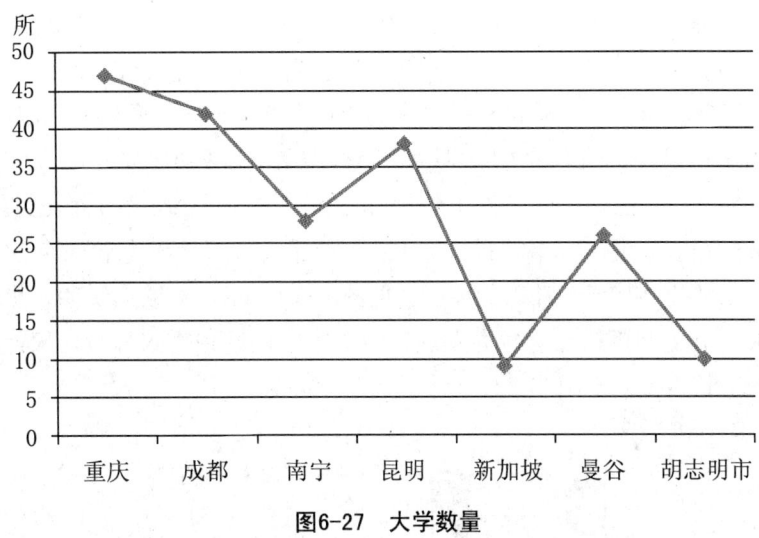

图6-27 大学数量

6.3.2 金融系统

1.金融市场规模较小。昆明金融市场的规模和交易量虽然优于南宁，但总体上看还是偏小和偏低。其中，票据贴现市场增长率为54%，重庆、成都和南宁则达到100%、61.5%和140%；国内上市公司数量为27家，数量偏少，仅为重庆的87%，成都的40%，排在第3位；外汇交易的增长率仅为重庆的45%，成都的62%，南宁的34%，排在最后；黄金交易量的增长率为111%，稍好于成都（110.7%），但远低于重庆（440%）和南宁（350%）（见图6-28）。

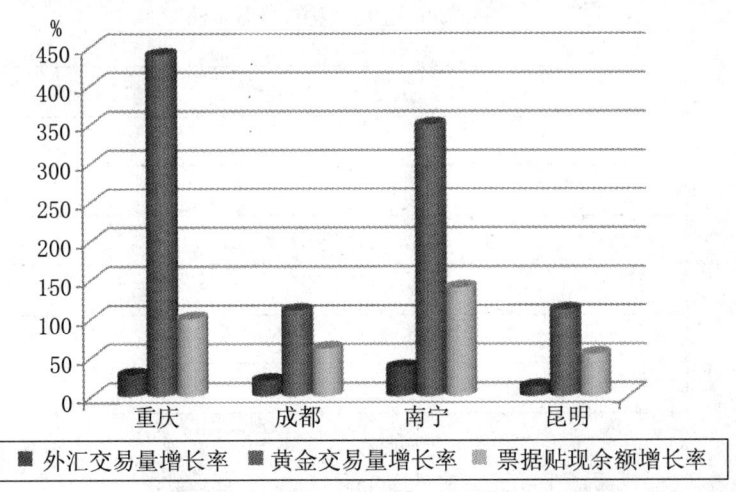

图6-28 外汇交易量、黄金交易量和票据贴现余额增长率

2.金融机构急需发展。在银行类机构中,昆明的存贷款余额为4 267.47亿元,成都、重庆和南宁的分别为8 102亿元、8 317.1亿元和2 320.5亿元,昆明仅为重庆的53%,成都的51%,排在第3位;成都、重庆、南宁和昆明的贷款余额分别为6 348.03亿元、5 409.7亿元、2 316.6亿元和4 012.41亿元,同样处于4个城市的第3位(见图6-29)而昆明的贷款余额的增长率是19.8%,排在第4位,成都(31.33%)最高,其次为重庆(22.15%)和南宁(20.51%)(见图6-30)。以上数据说明,虽然昆明的银行类金融机构已有较大发展,但资本的供给和需求总量还偏低,且需求的增长缓慢。

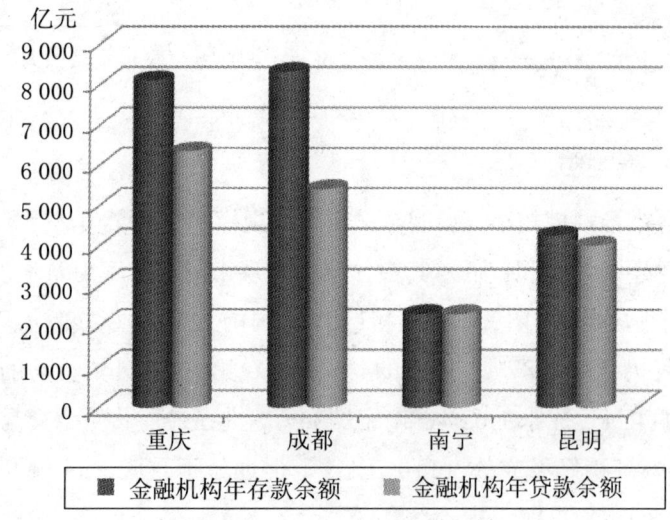

图6-29　金融机构存贷款余额

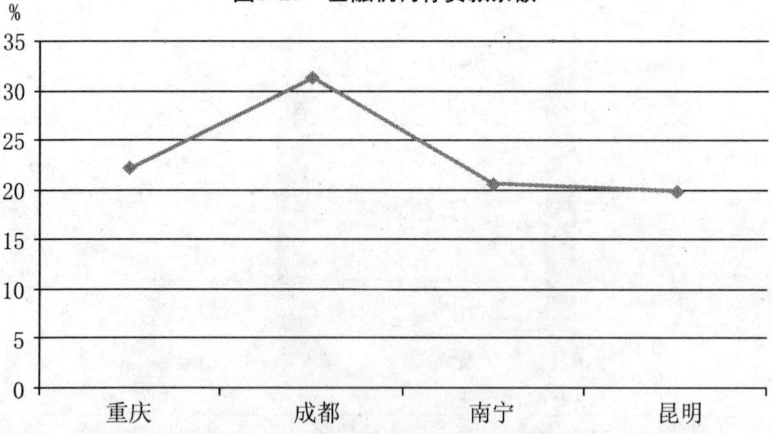

图6-30　金融机构贷款余额增长率

在证券类和保险类机构中，总部设在昆明辖内的基金公司和保险公司均为0家，期货公司则有2家，虽然其他城市的指标值也较低（基金公司：重庆2家、南宁1家、成都0家；保险公司：重庆3家，成都和南宁0家；期货公司：重庆5家、成都4家、南宁0家），但就绝对数值上看，昆明的证券机构的规模仍然较小。

昆明的保费收入为66.96亿元，是南宁的2倍，但只是重庆的33%、成都的36%；重庆、成都、南宁和昆明的各类赔款给付分别为45.64亿元、47.45亿元、10.31亿元和24.63亿元，昆明排在第3位（见图6-31），与前面的城市还存在着一定差距。

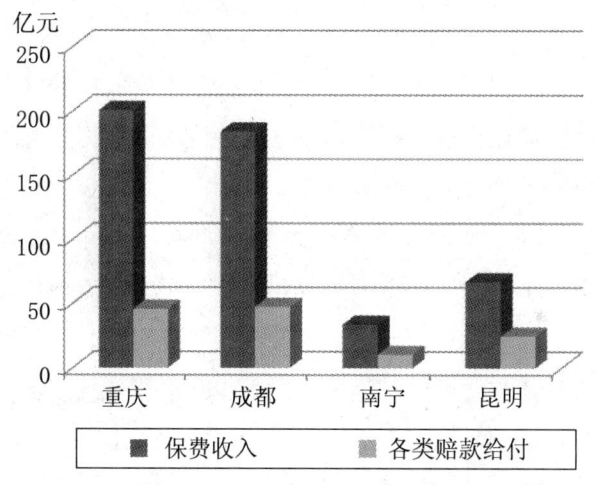

图6-31 保费收入及各类赔款给付

此外，昆明的金融机构的国际化程度不高，仍然是以国有为主，地方性、民间性、外资性金融机构所占比重不大。在昆明落户的外资金融机构不多，著名的大银行更少。而且目前各类金融机构业务单调，一直以境内及人民币业务为主。

6.3.3 区位优势

1.人文国际化程度不高。根据《中国城市竞争力报告（2009）》中的人文国际化指数测算，重庆、成都、南宁和昆明的指标值分别为0.498、0.556、0.479和0.439，昆明位于最后，因此其人文开放度较低（见图6-32）。

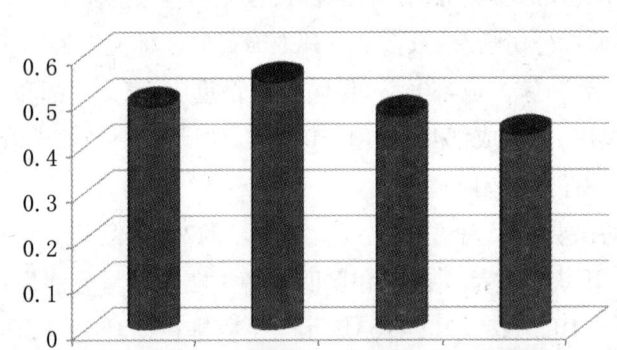

图6-32 人文国际化指数

该指数主要包含三方面内容：暂住人口占年平均人口的比重，可以说明人口国际化、区域化程度，外语普及率则能说明语言国际化的程度，而外来文化影响度则反映了文化的多样性。

2.社会交流程度较低。社会交流指数同样由《中国城市竞争力报告（2009）》测算，主要测度三方面内容：政府间正式交流指数，反映正式对外交流程度；民间非正式社会交往指数，反映民间、非正式城市内外交流程度；社会远距离交往程度，主要通过人均邮电业务量衡量。昆明的社会交流指数为0.618，低于南宁（0.768）和成都（0.679），因此不具有明显的优势（见图6-33）。

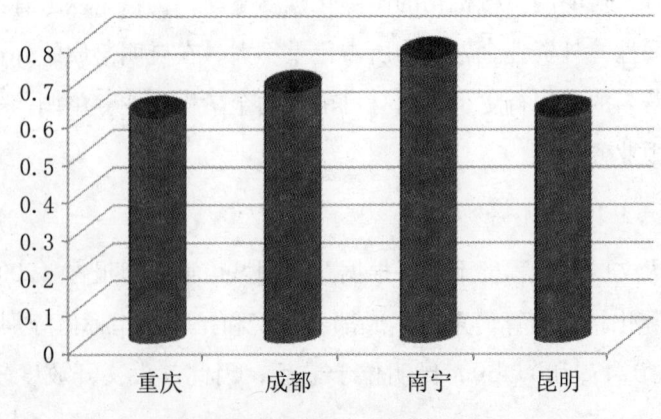

图6-33 社会交流指数

6.3.4 金融制度

1.金融服务种类较少。从金融服务的多样性来看，昆明的该指数值是0.532，而重庆、成都和南宁分别为0.593、0.581和0.389，在4个城市中昆明居于第3位（见图6-34）。

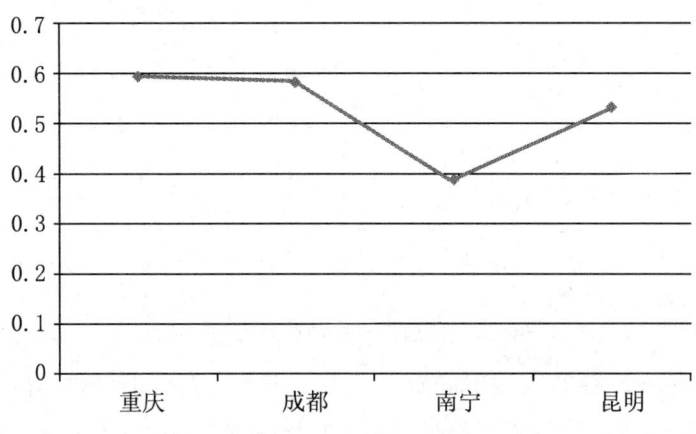

图6-34 金融服务多样性指数

虽然近年来昆明的金融机构不断开辟新的金融服务领域，探索新的融资模式，如创新信贷产品、扩展服务对象范围、改进服务理念、创新服务渠道，使金融支持经济社会力度持续加强，但与重庆和成都相比，还存在一定的差距。

2.有效汇率波动较大。有效汇率是指某种加权平均汇率指数，以贸易比重为权数的有效汇率所反映的是一国货币汇率在国际贸易中的总体竞争力和总体波动幅度。通常用有效汇率来观察某种货币的总体波动幅度及其在国际经贸和金融领域中的总体地位。在4个国家中，中国的有效汇率变动百分比较大(见图6-35)。

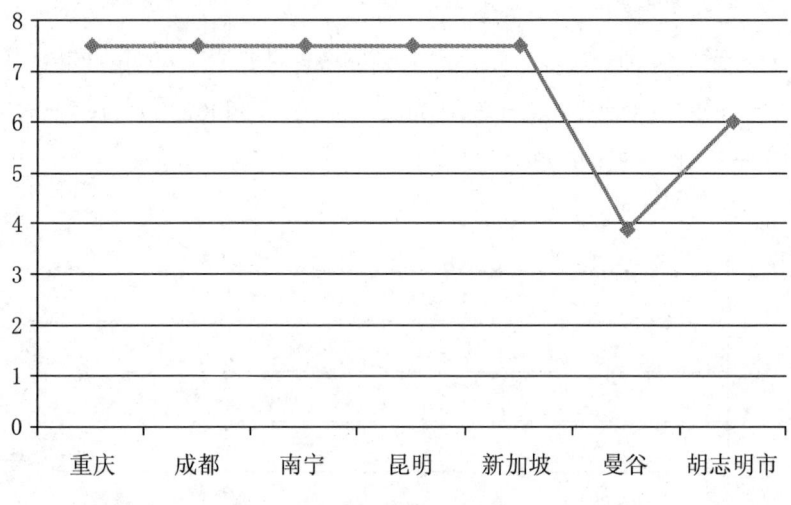

图6-35 有效汇率变动百分比

有效汇率波动会改变我国的贸易条件，进而改变进出口贸易的格局和经济增长的基础需求，对经济增长产生直接影响，会改变资本流动的格局，会通过影响国内货币政策的操作对经济增长产生影响。此外，随着我国经济对外贸易依存度的不断提高，有效汇率波动带来的进口价格波动，最终会引致国内物价的同步波动。因此该波动较大，对于国内经济的平稳发展显然是不利的。

3.外商直接投资额较低。近年来，外商直接投资作为技术传播和推动经济增长的关键因素，其作用得到了广泛肯定。FDI的大小，在一定程度上反映了这一地区的对外吸引力和国际知名度的高低。2008年，成都的FDI为308 842万美元，重庆为272 913万美元，南宁为97 119万美元，而云南则为77 688万美元，居于4个省市的最后一位（见图6-36）。从这一数据可知，昆明的国际知名度还较小，对外吸引力有待进一步提高。

6. 昆明建设泛亚金融服务中心的基础与条件

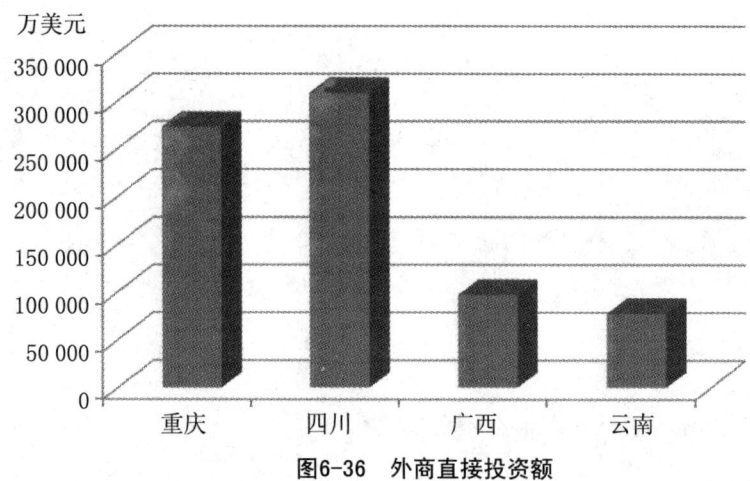

图6-36　外商直接投资额

7. 昆明泛亚金融服务中心的内涵及功能定位

7.1 昆明泛亚金融服务中心的内涵

昆明泛亚金融服务中心将是一个特色金融中心，主要服务于中国面向东南亚、南亚的对外开放，服务于人民币国际化，服务于云南"桥头堡"建设。

昆明建设成为立足中国西南、面向亚洲西南的泛亚金融服务中心主要突出"七个中心、三个示范区"的建设，七个中心分别为：跨境人民币金融服务中心、绿色金融中心、国际矿权交易中心、资源性商品跨国期货交易中心、依托于"走出去"的离岸金融中心、私募股权投资中心、华人金融中心；三个示范区分别为：供应链金融示范区、农村金融示范区、开发性金融示范区。

1. 跨境人民币金融服务中心。人民币国际化的第一步是争取成为国际结算货币。当前，人民币的国际影响力主要在亚洲，因此立足于东南亚和南亚，特别是GMS五国，是启动人民币国际化进程的一种现实、稳妥的选择。云南具有与东盟国家毗邻的独特区位优势，是促进云南与周边国家经贸关系不断发展的一个重要原因，随着双边经贸合作的不断加深，以及人民币国际地位的提升，人民币国际化在不断推进，特别是人民币在云南周边国家已经拥有广泛流通的现实基础。云南应利用作为第二批跨境贸易人民币结算试点省份的政策优势，提升云南跨境贸易人民币结算和汇兑业务。这不但能够促进双边经贸合作的进一步发展，同时也为今后中国加强与东南亚、南亚各国金融合作积累经验、做好铺垫。

跨境人民币金融服务当前的主要内容是跨境贸易人民币结算和汇兑。跨境贸易人民币结算和汇兑的基础是中国—东盟自由贸易区和大湄公河次区域合作机制的框架下，云南作为跨境贸易人民币结算试点省份，以及中国人民银行高效的现代化支付结算系统。

从中央政府和中央银行的角度来说，工作的重点主要包括：第一，与周边国家中央银行就跨境贸易人民币结算达成协议；第二，说服周边国家的商业银行加入两国央行人民币大额清算体系中来；第三，就跨境贸易人民币结算出台具体的出口退税政策，鼓励更多的企业利用人民币进行进出口结算。

从云南省政府的角度来说，工作的重点主要包括：第一，积极争取国家对云南的跨境贸易人民币结算试点采取特殊政策；第二，在实施跨境贸易人民币结算试点之后，将企业出口退税推广到云南省所有企业，从周边国家扩大到东盟，并逐步扩大到其他国家，一般贸易实行100%人民币出口退税，跨境贸易人民币试点企业的结算不再纳入外汇核销管理；第三，要积极争取国家银监会等有关部门的支持，赋予商业银行相应的政策，制定相关措施和办法，鼓励国有商业银行和股份制商业银行参与货物贸易人民币结算试点工作。

从商业银行的角度来说，工作重点主要包括：第一，努力争取加入中国人民银行的清算体系；第二，在原有的部门中增设人民币跨境贸易结算和汇兑的窗口，为企业提供便利；第三，升级原有的清算体系，为企业提供高效的结算和汇兑服务。

2. 绿色金融中心。近年来，低碳已经成为一种时尚，低碳经济、低碳社会已经成为全世界共同追求的目标，被认为是继农业文明、工业文明之后的又一次重大进步。在哥本哈根会议上，中国政府承诺到2020年，单位GDP二氧化碳排放将比2005年下降40%至45%。据估算，中国为此差不多每年需要投入780亿美元，相当于每个中国家庭每年承担至少166美元。这对中国来说，在看到挑战的同时也应该看到其中蕴藏着的无限商机，因为低碳经济将作为引领全球经济增长的"第三次革命"。

在世界各国大力发展低碳经济,各项激励政策不断出台的大背景下,昆明也应该抓住有利时机,利用当地及周边国家的资源优势,结合其作为跨境贸易人民币结算试点省份城市,当地政府发展低碳经济的政策支持,借鉴国际上的碳交易机制,研究探索先进的、操作性强的碳交易制度,建设多元化、多层次的碳交易平台,加快碳排放交易市场的建设;同时,因地制宜,加强绿色金融产品的创新,成立专门的碳减排环保基金,发行"生态基金产品",开展碳掉期交易、碳证券、碳期货、碳基金等各种碳金融衍生品的金融创新;建设以排放权交易所为主导的多元化、多层次的碳交易平台。同时统一制定相关的标准合约、交易规则和制度,引导中国及周边东南亚国家企业聚集昆明参与交易,同时驻昆各金融机构均可积极参与竞价交易。

把昆明建设成绿色金融中心,关键是建设昆明环境交易所。工作的重点包括:第一,统一制定相关的标准合约、交易规则和制度,引导中国及周边国家企业集聚昆明参与交易,成为交易所的会员。第二,因地制宜,加强绿色金融产品的创新,成立专门的碳减排环保基金,发行"生态基金产品",开展碳掉期交易、碳证券、碳期货、碳基金等各种碳金融衍生品的金融创新。第三,鼓励银行、保险、证券、资产管理公司等积极参与竞价交易,形成合理的价格并增强产品的流通性。

3.国际矿权交易中心。云南省是国家的重要资源基地,特别是矿产资源,全省矿产储量大、矿种全,经济价值高,被誉为中国的"有色金属王国"。云南省铅、锌的保有储量居全国第1位,锡的保有储量居全国第2位;在贵金属、稀有金属矿产中,铟、铊、镉的保有储量居全国第1位,银、锗、铂族的保有储量居全国第2位;其他矿产资源也极为丰富,在能源矿产中,煤炭保有储量居全国第8位;在化工原料矿产中,磷、盐、芒硝、砷、钾盐、硫铁矿、电石用灰岩、化肥用蛇纹岩8种矿产的保有储量,居全国前10位。世界级的西南三江成矿带云南部分的资源丰度等于川藏青三省区总和的2.3倍。

从地理位置、矿业经济布局上看，云南省与邻省的贵州、广西、四川、西藏具有很强的矿产资源互补性，且与东南亚国家在资源、技术、贸易、市场上也有很强的互补性。

同时，云南省矿业权交易历史悠久，且是矿业权交易比较活跃的省区之一。20世纪90年代中期，国土资源部就批准云南作为矿业权交易的第一个对外开放试点省，这吸引了一批国际知名矿业公司对在云南省进行矿产风险勘查表示出了极大的兴趣，并采取各种方式进行了矿产的开发和投资。从2002年下半年到2008年，外商在云南省依法登记取得了31个项目的探矿权，划定区块面积2 000平方公里。2006年7月，云南省在全国率先组建了矿业权交易中心，承担政府以招标、拍卖、挂牌形式出让矿业权的交易，承担矿业权转让的交易，发布矿业权交易信息，指导州、市及县(市、区)矿业权交易，实现了矿业权转让的入场交易。这不仅提高了矿业权交易的活跃度，规范了矿业权交易的秩序，扩大了云南省矿业权交易的市场规模，同时也提升了云南省矿业权交易中心在全国乃至东南亚的影响力，为昆明建设国际矿权交易中心提供了重要基础条件。

昆明做大做强国际性矿权交易具有重要的意义：第一，改变以往资源开发行政审批的方式，加速推进矿产资源有偿使用的制度改革，建立与市场经济相适应的矿权市场。第二，有利于提高云南省资源开发的效率，使资源开发同环境保护有机结合起来，这是对昆明建成国际性金融中心的保证。第三，通过矿权交易，能够吸引国内外产业资本聚集昆明，与昆明的企业合资或者独资开发矿产资源。第四，矿权交易中心的会员除了矿产开发的公司，企业参与一级市场的竞拍以外，在二级市场也能吸引银行、证券、保险、基金、个人乃至国外金融机构和投资者的参与，给市场注入流动性。因此，能够提升金融机构的盈利空间，也有利于金融资本聚集昆明。这与把昆明建成区域性国际金融中心是相辅相成的。第五，开展国际性矿权交易，少不了诸如矿产评估、会计师事务所、律师事务所等专业中介服务机构的参与，因此能够促进专业中介机构聚集昆明，而专业中介服务机构的聚集也是昆明建设区域性国际金融中心不可或缺的重要方面。

前期的工作应放在以下几个方面：第一，一级市场的建设。通过矿产资源有偿使用制度，探索开发多种形式的交易机制，如拍卖、招标、竞标等方式。而这需要吸引和鼓励云南省及国内外规模大、实力雄厚的矿产开发企业到昆明开设经营机构。第二，二级市场的建设。二级市场上探索开发多种交易机制，如集中竞价交易、连续竞价交易、做市商制或几种交易方式的混合机制，吸引银行、证券、保险、基金、个人乃至国外金融机构和投资者的参与，促进产权交易品种的价格形成更加合理，流通更加便捷，交易更加活跃。第三，鼓励发展本地矿业中介服务性公司及吸引国内外实力雄厚的中介公司诸如矿产评估、会计师事务所、律师事务所等提供各种服务。

4.资源性商品跨国期货交易中心。大湄公河次区域国家资源禀赋丰富，优势资源互补性强，天然橡胶、木材、农产品、有色金属等大宗商品的市场规模扩张十分迅速，而中缅石油天然气管道的开工建设又使云南省成为中国"第三条能源通道"的"桥头堡"。大宗商品的交易和定价是GMS国家面临的重大经济问题，期货市场除了套期保值规避风险以外，最重要的功能正是价格发现功能。中国在大湄公河次区域国家中经济实力最强，上海期货交易所在东亚、东南亚甚至全球已具备影响力，同时中国也是大宗商品最大的消费国、进口国，在昆明建设大湄公河次区域资源性商品期货交易中心符合市场发展的规律，同时也容易得到各国的认同。一方面，可积极引进期货经纪公司、打造期货交易平台，吸引GMS区域的企业和投资者到昆明参与大宗商品期货交易；另一方面，可以考虑在昆明建立上海期货交易所的有色金属、橡胶交割库和郑州期货交易所的白糖交割库。

在全国已有三个期货交易所及期交所加快整合的背景下，在昆明新建一个期交所基本上是不可能的。但是，云南作为资源性大省，GMS五国又是矿产、石油、橡胶等资源极其丰富的国家。因此，为了配合云南省实施面向西南开放的"桥头堡"战略以及实现昆明金融中心的目标，把昆明建成资源性商品期货交易中心又显得非常必要。综合考虑，一个折中的方案是把昆明建成GMS资源性商品期货合约交易的中心。前期的工作应放在以下几个方面：第一，吸引国内外特别是GMS五国的资源性公司到昆明开展业务，资源性企业的套期保值要求是促进昆明建成GMS资源性商品期货合约交易中心最基本也是最重要的动力，是一级市场发展的基础；第二，鼓励发展本地期货经纪公司或以优惠政策吸引实力雄厚的商品期货经纪公司到昆明开设营业部；第三，积极争取设立上海期货交易所昆明办事处；第四，鼓励资产管理公司、投资公司等积极参与资源性商品二级市场交易，提供流动性。

5. 依托于"走出去"的离岸金融中心。Hampton(1994)，Luca E.(1999)将离岸金融定义为"在立法上与国内监管体系相分离的金融活动"。离岸金融目前有四种发展模式，即内外混合型模式、内外分离型模式、内外渗透性模式、避税港型模式。

云南省毗邻"金三角"地区，处于中国禁毒工作的最前沿。云南帮助"金三角"首创的"禁毒替代种植"是全球禁毒史上的创举，也是禁绝毒品的最有效措施，启发了联合国的全球禁毒新战略。目前"替代种植"急需向"替代发展"转化，中国实施"替代种植"项目的企业日益迫切要求母国银行能够提供及时、便捷的包括境外融资、集团财务管理、贸易结算、降低财务成本、规避投资风险、投资中转以及参与境内外招投标等在内的比较全面的境外金融服务。在当前我国商业银行海外机构网络相对有限的情况下，离岸银行业务无疑成为现阶段我国商业银行向"走出去"的中资企业跨国经营提供跟随金融服务的最佳选择之一。离岸金融在中国已具有一定基础，招商银行、交通银行、深圳发展银行、浦东发展银行均有开展离岸金融业务的资格和成熟经验，争取国家政策支持，借助四家金融机构的实力，为中国实施"替代种植"项目等"走出去"的企业提供离岸金融服务，面临着巨大的增长潜质和发展机会。

在昆明开展离岸金融业务一举三得，首先解决境外"替代种植—替代产业—替代经济"面临的融资问题，有利于深化中—东盟自贸区、GMS区域合作机制，对云南省扩大开放、发展区域经济均有较大的意义；其次，有利于利用外资，特别是东南亚、南亚巨额的人民币存量资金；最后，有利于外资金融机构进驻昆明开展离岸金融业务，形成金融机构聚集，有利于实现把昆明建设成区域性国际金融中心的长远目标。

借鉴印度尼西亚雅加达、泰国曼谷和马来西亚纳敏岛的离岸金融以及新加坡亚洲货币单位（ACU）的经验，云南省开展离岸金融业务应采取在内外分离的基础上逐步渗透的模式，这样既有利于加强监管，可把海外人民币纳入银行体系的监管之下，实现西南边疆地区的金融安全，同时也有利于利用外资，特别是利用东南亚、南亚巨额的人民币存量资金。

现阶段离岸金融的基础是云南在境外"替代种植"计划中的先行优势。但面临着"替代种植—替代产业—替代经济"循环的资金及清算问题，为了促进云南省的国际投资和生产，实现云南"桥头堡"战略和昆明国际金融中心的长远目标，以及利用东南亚巨额的人民币存量资金发展离岸金融均具有重要的意义。

从中央政府和中央银行的角度来说，工作的重点主要包括：第一，中国人民银行应该制定具体开展离岸业务的试行办法，办法的内容应该包括银行离岸账户与在岸账户的开设，并对离岸金融业务的监管等问题作出具体的规定。但为了充分利用外资，应先实行离在岸账户严格分离，待时机成熟后可以逐渐融合。第二，选择开展过离岸金融业务的银行作为试点。

从云南省政府的角度来说，工作的重点主要包括：第一，争取国家及金融监管部门的各种政策支持。主要是争取宽松的外汇管理政策，允许离岸账户内交易货币实行自由兑换，除对资本充足率进行要求外，对从事离岸业务的银行没有流动性要求；放宽利率波动的幅度，允许其随国际金融市场利率在较大的范围内上下波动；不进行现场监管，只进行非现场监管；允许离岸账户内的资本自由流动，对贸易、非贸易和资本收支不加限制。第二，要有优惠的税收政策。保证"离岸"银行业务的税率低于"在岸"银行业务的税率，保证离岸银行业务的税负至少不高于周边国家和地区离岸金融市场的税负。第三，要有灵活的金融政策，如免提存款准备金、存款保证金，降低对流动性比例和清偿力的要求等。第四，积极支持以富滇银行、云南农村信用合作银行为主体的地方法人商业银行在区域性国际金融中心建设中发挥重要作用。一是争取允许富滇银行参与跨境贸易人民币结算试点工作。二是协调地方政府及相关部门，支持富滇银行在云南边境地区进行分支机构布局，并为其在周边国家设立分支机构创造条件。第五，与招商银行、交通银行、浦东发展银行、深圳发展银行等已经开展离岸金融业务的银行开展合作，在昆明建立其离岸业务分部。推动从事"替代种植"项目的中国企业在此开立离岸账户。第六，要出台法规和鼓励措施，引入境内外符合准入条件的大银行和跨国金融机构前来加盟。

从银行的角度来说，工作的重点主要包括：第一，要确定离岸资金的来源。根据国外银行开展离岸金融的经验，银行开展离岸业务资金的来源主要有：境外中资金融机构的存款，境外工贸企业的资金，外国中央银行的储备资产和财政盈余，跨国公司和各国大企业的闲置资金，外国银行尤其是跨国银行的资金，外国进出口商的周转资金，外国公民的存款等。对云南省来说，重点是吸引东南亚、南亚各国的华人存款或华人企业的闲置资金。第二，确定贷款的对象。离岸业务放款对象主要是境外主体和外国机构。包括外国金融机构（其中主要是商业银行）、外国企业、境外中资企业、境内中资企业和三资企业。对云南来说，为了实施"引进来"和"走出去"的战略，云南省离岸金融的主要贷款对象应该是境内中资企业，至少前期是这样的。后期，为了进一步深化云南省对外开放，贷款对象可以多元化。

除此之外，驻昆明试点离岸金融业务的金融机构应该基于离岸金融为客户提供"贴身式"的服务创新。即在建立规范的业务规则，实现较为完善的离岸银行业务经营和管理机制的基础上，通过离在岸业务的有效协同与资源整合，实现离在岸金融服务的无缝对接。同时，借助网络银行的技术平台，为客户提供境内外一体化的金融服务，诸如为客户提供贸易结算、资金管理、担保咨询、贴现等金融服务。

6.私募股权投资中心。在国际资本市场，私募股权投资（以下简称

PE)基金已成为仅次于银行贷款和IPO的重要融资手段。2008年,全球私募股权基金的总额达到7 380亿美元①。中国本土私募股权基金的渊源可以追溯到1998年合作成立的对外直接投资基金——中瑞合作基金,而真正启动则始于2005年11月成立的渤海产业投资基金,总规模200亿元人民币。2006年12月30日,渤海产业投资基金发起设立,首期募集60.8亿元人民币。从规模上来看,截至2009年8月,仅产业投资基金的规模就已经达到1 400亿元人民币。总规模方面,2008年,共有20只人民币基金募集,占新私募股权基金总数的39.2%,而2006年仅有6只本土私募股权基金成立,2008年比2006年增长了2倍多。募集金额方面,2008年本土私募股权基金共募集资金21 328亿元,占2008年新募集私募股权基金总额的34.9%,人民币基金规模不断壮大②。

昆明建设私募股权投资中心具有重要意义。

(1) 有利于产业结构调整。改革开放30年来,我国面临的国际和国内环境都发生了变化。从国内来看,过分依赖资源消耗和以牺牲环境为代价的粗放型经济增长之路难以持续,产业结构调整迫在眉睫。从国际来看,由美国的次贷危机引发的全球金融危机也使我国的经济发展面临更为严峻的挑战。2009年,中央提出了"扩内需、保增长、调结构"的重要目标,而昆明提出建设国际性区域金融中心正值此轮经济结构调整浪潮中。我们认为,昆明建设区域性国际金融中心的基础之一为发展优势产业,包括具有土地和劳动力资源优势的,承接东部转移的现代制造业以及云南本土的旅游业、矿产业等的传统产业。借产业结构调整时机,促进云南优势产业发展,从而实现金融中心建设目标是一条可行的路径,而把昆明建设成私募股权中心有望加速这一进程。昆明建设私募股权投资中心,将为云南经济结构调整,昆明建设国际金融中心发挥如下作用。首先,私募股权基金能够为产业结构调整提供所需资金。产业整合需要具备两个条件:一是雄

---

① 王丹:《私募股权投资在中国的发展》,载《经济研究思考》,2008(46),33~35页。
② 王玉荣、李军:《风险投资对中小企业自主创新影响的实证分析》,载《山东科技大学学报》,2009(2)。

厚的资金支持，二是专业的管理能力。在这两个条件中，资金支持是第一位的①。国内人民币私募股权基金虽然处于起步阶段，从政府主导的产业投资基金的情况来看，募集基金多为百亿元以上，此外大量的民营资本也可通过私募股权基金实现对产业结构调整进行资金支持。其次，私募股权基金促进成长型、创新型企业做大做强。云南省近年来加强了科技工业园区建设，并出台了一系列优惠政策，这为新兴产业发展奠定了坚实基础。而PE对投资项目选择的高标准、严要求以及对投资项目的尽职尽责，有助于培育一批具有成长型、创新型的中小企业并使其快速成长。最后，PE有助于重点行业和龙头企业的形成。实现云南企业"走出去"战略需要一批在国内外有重要影响力的龙头企业，就云南目前的情况来说，满足条件的是一些传统的诸如矿产等资源性产业，而这些传统产业正处于行业并购整合期，产业正向纵深方向发展。借助于PE的资金优势和资金投向可以为重点行业和龙头企业的形成助力，通过并购重组，整合出重点行业内具有一定国际竞争力的龙头企业。

(2) 有利于融资结构的转变。对于PE来说，优质的项目是投资成功的一半。近几年来，随着投资环境的改善，相关优惠政策的出台，加之云南自身具有的独特的资源优势，云南不缺乏一些优质的项目。但这些优势产业所属企业多为中小企业，由于资产规模小，经营不确定性大，财务信息不透明等，加之现有的政策支持不足，信用担保缺乏，资本市场不完善，非正规金融受到抑制等因素，导致了这些企业的资金来源单一，多为内源融资，极大地阻碍了企业的发展壮大。而发展PE，对融资结构转变具有重要作用。其一，PE开辟了融资新渠道。PE与银行存款、债券等债务类融资不同，PE是股权投资，可以直接参与企业管理。与公开发行股票也不同，PE是对少数投资者私下募股，在很小范围内募集资金。其二，PE能促进资本市场的完善。PE可以为企业发展提供资金，帮助欲上市企业完善治理和规范运作，推进企业之间的并购，有利于资本市场的良性发展。

---

① 高正平等：《全视角观PE——探索PE中国化之路》，北京，中国金融出版社，2009。

(3) 有利于公司治理的完善，提升企业价值。PE可以通过三种方式来提升企业价值。第一，进驻和控制董事会，从而对投资企业产生重要影响（Berger和Yemach，1998）；第二，在投资企业中建立良好的管理纪律（Rogers等，2002）；第三，通过向企业派驻非执行董事，优化债务权益比，增强企业透明度，完善企业的治理措施，提高企业管理层的股权参与度等[①]。昆明建设区域性国际金融中心的两大基础：优势产业发展和对外开放水平提高都是需要借助企业这一经济组织来实现的，而不规范的公司治理结构一直是中国经济的最大软肋，对于云南的企业来说更是如此。因此通过PE实现公司治理的完善，做大做强，才能实现优势产业的最快发展和对外开放水平的快速提高。

从云南省及昆明具备的条件和发展潜力看，昆明建设私募股权投资中心具有可行性。

（1）从资金供给方面来看。首先，巨额民营资本需要一个正规的投资渠道。近来，中国民营资本表现出了比较混乱的局面，先是大举进入股市，但在股市高位遇阻回调后又大举进入楼市，使全国一线城市房价直线上升，在楼市受到相关政策打压后，又进入农产品市场，造成大蒜等农产品价格的疯涨，在国家有关部委表态要打压农产品投机行为后，又疯狂买入大量钻石。如此种种，不但显示民营资本的混乱局面，也反映了监管上的无奈。建立私募股权投资中心有助于改变这一局面，使民营资本与当地实体经济发展紧密结合起来，使云南特色产业更好更快发展，并进一步提升对外开放水平。其次，中国各类机构投资者愈加规范和不断发展壮大，为PE发展提供了充足的资金准备。最后，中国大量的外汇储备也可以在适合的时候作为PE发展的政府性引导基金。

（2）从需求方面来看。昆明建设区域性国际金融中心的基础是发展优势产业和提高对外开放水平，而这都要依靠微观经济主体——企业来实现。而云南具有优势的产业诸如文化产业、旅游产业、生物产业中大多为

---

① R.Millison & M.Ward, 2005, Corporate Governance Criteria as Applied in Private Equity Investment, *South African Journal of Business Management*, 36（1）.

中小企业，由于规模小、实力弱、信用等级差等原因，难于进入资本市场。不仅如此，中国西南五省市，以及中国大西南的周边国家的中小企业都面临融资的难题，而金融中心的一个功能即为资金腹地，即资金集散中心，因此在昆明建设私募股权投资中心是有巨大需求作为基础的，也是建设金融中心目标的一个具体步骤和体现。

（3）各级政府的政策鼓励。2010年5月13日，国务院出台非公经济"新36条"，明确进一步拓宽民间投资的领域和范围。"新36条"鼓励民资以独资、控股、参股、合作或参与国企改制的方式，进入基础建设、公用事业、社会事业、金融、商贸物流、国防科技六大经济领域上百个行业。一旦在政策的鼓励支持下，民间投资的积极性被迅速启动起来，民间资本有望成为拉动中国经济增长的新引擎。这不但能够实现中国经济的成功转型，改变经济增长方式，而且还有利于维护资本市场的稳定。另外，2010年5月29日《云南省股权投资基金备案管理试行办法》公布，并于8月1日起施行，PE基金的发展，将有助于云南企业的上市培育工作，对云南矿产、生物、旅游等优势产业的发展起到积极的促进作用。特别是2010年4月中国·昆明泛亚产权交易中心暨昆明泛亚联合产权交易所有限公司的成立（泛亚产权交易中心将建成立足云南、面向西部、服务全国、辐射泛亚的综合性产权交易大市场），表明云南省已经为构筑多层次资本市场，建设私募股权投资中心做了相应的准备。国家的鼓励及省市政府的充分准备，使把昆明建设成私募股权投资中心是完全可能的。

7．华人金融中心。据不完全统计，目前定居在海外的华人华侨约4 000万人，散居在世界200多个国家和地区，全世界华人资本目前已达到2万亿美元。若以地区划分，亚洲地区的华侨华人最多，其中又以东南亚最为集中，占亚洲华人华侨的95%以上，占世界华侨华人总数的85%。东南亚华人拥有海外华人总资产的2/3以上。根据2008年"国际华商"500强资料，其选列的全世界最大的500家华人企业，依来源地看，泰国6家，印尼3家，美国2家，马来西亚1家，其余都注册中国香港，而注册中国香港的企业大部分是东南亚等地的华商企业。在东南亚上市企业中华人企业接近70%，可见华人资本在东南亚经济中占有重要地位并具有强大实力。

海外华人的经济活动已扩及各个领域。在工业方面，东南亚的华人工业保持领先增长势头，在金融、房地产、保险和高科技等领域华人资本也有长足发展。其中，金融业的发展尤为突出，华资银行的实力大大增强，具体如图7-1、图7-2所示。

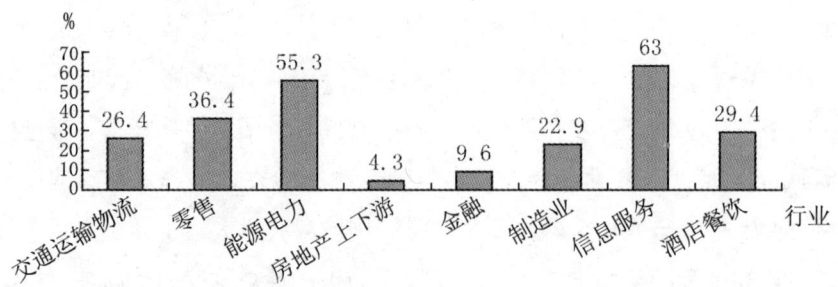

资料来源：张洪云等：《2008年海外华商中国市场(大陆)500强分析报告》，2009。

图7-1 2008年华人企业行业平均营业收入增长比率

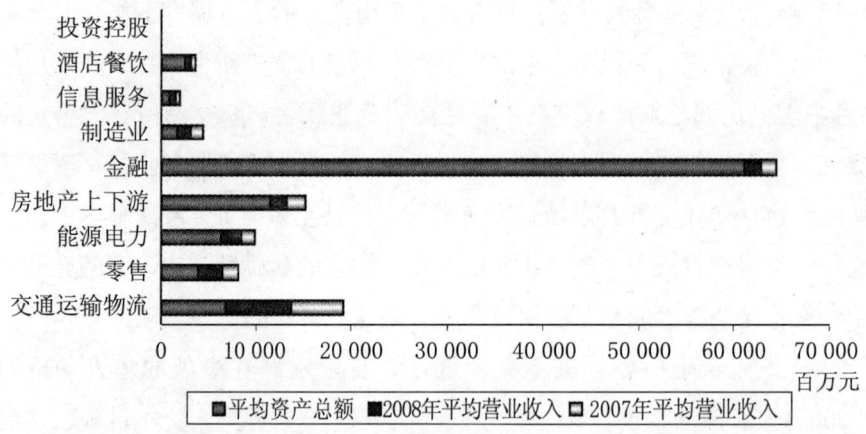

资料来源：张洪云等：《2008年海外华商中国市场(大陆)500强分析报告》，2009。

图7-2 2007—2008年华人企业平均营业收入和平均资产总额

1998年以后，中国政府开始实施"西部大开发"战略，华人资本西进的趋势有所加强。东部沿海地区产业结构的调整及经营成本的上升，使不少劳动密集型产业几近饱和，华人资本的投资机会逐渐减少，也加速了华人资本西进的步伐。政策的优势及产业结构调整和转移的契机，加之西部地区丰富的自然资源、低廉的劳动力和土地成本，使华人资本对"西部大部大开发"表现出了极大兴趣。特别是云南、四川、重庆等地区的华人企业已经占到当地三资企业数的66%～70%，占当地实际利用外资金额的68%～70%。

昆明应该借助东南亚、南亚巨额华人资本加速"回归"和"西进"的时机，以低廉的土地、劳动力成本，丰富的自然资源优势，借助国内经济结构调整，东部地区产业转移的契机，吸引华人资本到云南发展第二产业和第一产业；另外借助中国—东盟自贸区、GMS区域合作、"9+2"泛珠合作、西部大开发等机制，发挥昆明作为中国面向西南开放的"桥头堡"门户城市的区位优势，吸引华人资本进驻昆明，集聚华人金融机构，发展华人金融。具体有两种方式：其一，华人资本和当地的金融机构合作，借助华人资本跨国经营的优势和先进的管理技术，壮大本地金融机构；其二，吸引华人资本入驻昆明开办银行或分支机构，形成华人金融机构的聚集。近年来，华人资本"回归"和"西进"的趋势有所加速，这是昆明利用华人金融资本支持本地产业发展的最佳时机。另外，也可以依靠华人资本全球经营的网络、先进的管理技术加强驻昆明金融机构的国际化进程。

可以预见，华人资本中的产业资本和金融资本在昆明的集聚，将会共同促进云南省和昆明经济的发展，有助于实现把昆明建成区域性国际金融中心的长远目标。

8.供应链金融示范区。供应链金融是指在对供应链内部的交易结构进行分析的基础上，运用自偿性贸易融资的信贷模型，并引入核心企业、物流监管公司、资金流导引工具等新的风险控制变量，对供应链的不同节点提供封闭的授信支持及其他结算、理财等综合金融服务，其融资模式实质是一种属于支持性贷款的范畴。它是一种结构化融资模式，其具体流程如图7-3所示。

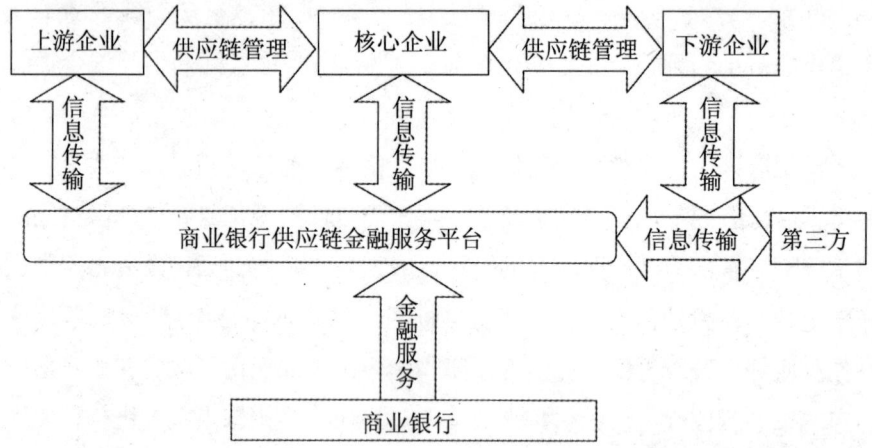

资料来源：陈朝旭、刘安霞：《商业银行供应链金融服务体系研究》，载《农村金融研究》，2009（5）。

图7-3 供应链金融结构流程图

根据Aberdeen（2007）调查，在发达国家，已经采用供应链金融服务的比例为15%，有明确计划的有18%，正在调研的有41%，剩下的26%还没有任何行动。可见，供应链金融解决方案日益受到企业的重视。这一金融服务的迅速兴起给商业银行带来了新的发展机遇，它将改变银行传统的授信模式，同时也有助于解决中小企业融资问题，培育有发展潜力的客户群。由于供应链金融模式是以整体供应链为基础的信用评估，大大减小了银行与实力相对较小的中小企业之间的信息不对称，无形中为中小企业达到信用增强的目的，因此可以缓解中小企业融资难问题，促进整个供应链的协调、持续发展。另外，供应链融资同时涉及银行、核心企业、上下游的供应商和采购商、物流企业等单位，因此在切实解决中小企业融资难问题之外，还能加深银企之间的联系，有助于银行发展诸如保理、应收账款管理、结算等综合性的表外业务。

云南省在发展替代种植、矿产资源开发、民族文化产业发展中面临的主要问题是企业规模小、市场集中度低以及资金来源单一，特别是融资难、资金缺口大等问题突出，因此可以利用供应链金融、绿色金融业务、离岸金融和华人金融共同解决中小企业融资的各种问题，拓宽企业融资渠道。以云南的资源优势、区位优势结合供应链优势,延长各种产业链,实现产业链各个节点的顺畅,使资金流、信息流、知识流等在产业链中顺畅流动,实现资金、信息的增值。同时,供应链金融业务也应服务于昆明现代化综合运输体系和专业化物流服务网络建设,为昆明建设国际性商贸中心和物流中心的发展目标提供金融支持。

国内主要的国有商业银行和股份制银行在昆明均已开设分行,并与云南省的工商企业建立了密切的业务关系,开展供应链金融具有坚实的基础。云南省政府应该在税收、信息等方面对开展供应链金融的银行给予相应照顾,以扶持云南中小企业的发展。

银行开展供应链金融,关键是认真审查每一个产业链,因为供应链金融是以整个产业链为基础而非单个企业。包括:第一,整个产业链是否顺畅,是否波动性很大。第二,选择产业链上规模大、实力雄厚、与银行有良好业务往来的企业作为核心企业。第三,产业链的上下游企业应与核心企业有较为密切的业务关系。第四,选择一家规范的物流公司(企业)作为外部的监管者,保证银行资金的安全。

9. 农村金融示范区。云南省农业自然条件优越,生物资源多样,是著名的"植物王国",后备资源开发潜力巨大。这些优势使云南省具有发展特色农业的优势条件。2008年云南省农业增加值为1 020.94亿元,占全国的3.0%,在全国居16位。云南省的特色优势农产品有很多,2008年云南省围绕特色产业优势区域布局,重点建设67个马铃薯基地县、19个蔬菜基地县、19个甘蔗基地县、22个茶叶基地县、15个橡胶基地县、21个生猪基地县、18个肉牛基地县、11个肉羊基地县、12个奶源基地县、10个家禽基地县和20个优势水产品基地县,这些措施进一步提高了基地农产品生产能力,同时也提升了云南省农产品的优势。

中国—东盟自由贸易区的建立和大湄公河次区域经济合作,给云南省农业发展提供了广阔的市场条件和难得的合作机遇。在2008年,举办了西双版纳湄公河次区域农产品交易会、第四届昆明国际农产品交易会、云南优质生态农产品上海推介展等各类展会,加大了农业对内外招商引资的力度，有力地促进了农产品出口。根据海关统计，2008年云南省农产品进出口贸易完成10.81亿美元，较2007年增长36.4%。农产品出口完成7.99亿美元，较2007年增长20.2%，占全省商品出口总额的16%，增幅比全国出口商品平均水平高15.6个百分点，年出口额和增幅均创历史新高。出口农产品中主要包括烟草、马铃薯、咖啡、香料油、水果及其产品和马铃薯及其产品。出口市场已经遍及东盟、欧盟、日本和中国香港等85个国家和地区，其中对东盟的出口额为3.11亿美元，增长25.4%。

优越的自然条件、区位优势以及云南农业良好的发展现状为云南省农村金融发展提供了基础条件，但是，由于财政对农业投入较少，以及随着金融体制改革的深入，国有商业银行逐步退出农村，而农村信用社的支农能力较弱等原因致使云南省农业发展缺乏资金支持，严重制约着云南省农业做大做强。创新农村金融服务，可以为云南农业发展提供强大的资金支持，能促进有技术的小企业做大，能帮助大企业做强，同时也有利于金融机构业务规模的扩大、经营业绩和收入的提高，这对昆明建设区域性金融中心也有重大意义。

10. 开发性金融示范区。大湄公河次区域经济发展落后，基础设施较差，但水力资源、矿产资源、生物资源和文化资源异常丰富。云南与国开行的前期合作为开发性金融的深入发展打下了坚实的基础。从1999—2006年，国开行昆明分行与云南省各级政府开展合作，总合作金额高达1 600亿元人民币，资金覆盖了全省129个县市区，涉及交通、能源、工业、林业、水利等多个行业的3 000多个项目，为云南经济发展作出了重要贡献。国开行行长陈元指出："国开行与云南的开发性金融合作非常成功，极具开创性，这在国开行业务发展史上将会得到最高评价。"在这样一个良好开端的基础上深化与国开行的合作具备坚实的基础。另外，开发性金融极大地促进了云南的信用建设和制度建设，极大地改善了云南金融生态环境。国开行创造性地利用了组织增信这样一种与政府合作的方式，双方通过共建信用体系和制度体系来防范风险。通过组织增信，实现了包括地方政府、企业、财政、银行等有关各方协调的制度建设，这不仅完善了法人治理结构和融资的信用结构，有效防范了银行贷款风险，使不良贷款率持续下降，而且使地方政府和贷款客户的风险意识也得到增强，极大地促进了云南信用环境建设，为完善云南金融生态作出了重大贡献。

云南省周边国家的特点也有利于开发性金融的发展。云南省周边国家经济发展落后，基础设施较差，是典型欠发达国家，但资源丰富，增长潜力巨大，对开发性金融服务的需求潜力巨大。在GMS拓展开发性金融可以是"一举三得"，一是有利于促进西南边疆地区的经济发展和对外开放，二是有助于国开行的开发性金融业务"走出去"，三是有利于大湄公河次区域国家经济的发展，深化中国与大湄公河次区域国家经济金融合作。这些积极作用将会对昆明建设区域性国际金融中心产生深远影响。

7.2 昆明泛亚金融服务中心功能定位的SWOT分析

7.2.1 昆明建设泛亚金融服务中心的SWOT表

本文之前已经对昆明建设成为区域性国际金融中心的优势和劣势进行了详细分析，在此对其优势、劣势、机遇和挑战进行归纳，然后重点对把昆明建设成区域性国际金融中心面临的挑战进行分析。

表7-1 昆明建设区域性国际金融中心的SWOT表

优势		劣势
1. 经济发展背景 (1) 中国经济的较快发展 (2) 云南省经济的腾飞 (3) 昆明经济的主导地位	4. 金融系统 (1) 金融机构间业务规模迅速扩大 ①银行间同业拆借市场成交额 ②银行间债券市场成交额 (2) 资本市场平稳运行 ①股票市场 第一，直接融资额 第二，证券公司总部数量 ②债券市场融资额	1. 金融环境 (1) 收入、投资和消费水平绝对值较小 (2) 经济外向度较低 (3) 教育资源和教育水平 2. 金融系统 (1) 金融市场规模较小 (2) 金融机构急需发展
2. 金融环境 (1) 第三产业（金融业）发展迅速 (2) 旅游创汇潜力巨大 (3) 医疗卫生条件较好 (4) 基础设施完备 (5) 城市环境质量优良 (6) 居民消费价格水平较低 (7) 信息设施完善		
3. 金融制度 (1) 资产质量良好 (2) 资本获得便利 (3) 货币国际化程度较高 (4) 政治稳定	5. 区位优势 (1) 西部最重要的交通枢纽 ①民航客运规模与国际旅游者人数 ②开通的东盟和南盟航线数 (2) 接壤国家数量最多 (3) 发展低碳经济最具条件 (4) 城市国际化程度较高	3. 区位优势 (1) 人文国际化程度不高 (2) 社会交流程度较低

续表

机遇		挑战
1. 中国—东盟自由贸易区为昆明建设泛亚金融服务中心营造良好的外部环境	5. 着力打造产业基地 （1）继续巩固和提升传统产业发展	1. 面临着周边主要城市的竞争
2. 人民币国际化及其在东盟自由贸易区中的实现	（2）重点发展烟草及配套、冶金、生物制药、化工、装备制造、能源、光电子信息八大产业	2. 面临着地区经济发展差异较大的局面
3. 国际及国内产业向云南转移需要金融服务与金融深化	（3）发展民族文化及现代服务产业	
4. 昆明系列规划 （1）物流发展规划 （2）中央商务区（CBD）规划	（4）力争建成光电产业集聚地 （5）发展非公经济，形成各类金融机构的聚集	3. 面临着国家金融政策的不确定性

正如表7-1所示，昆明建设泛亚金融服务中心相对于国内外周边城市所具备的优势是比较显著的，但同时也存在着一些劣势。昆明金融服务中心的建设要扬长避短，充分发挥优势，改善劣势。

7.2.2 昆明泛亚金融服务中心的功能定位

1. 金融资源格局层面——立足中国西南、面向亚洲西南的区域性国际金融中心。昆明建设区域性国际金融中心既有明显的优势，但同时也存在较多不足。鉴于昆明在社会经济金融发展方面与周边城市相比各有特点，因此选好特色、准确定位才是正确的选择。另外，从区位优势和资源优势上看，一方面，云南省与邻近的贵州、广西、四川、西藏具有很强的资源互补性；另一方面，与东南亚、南亚国家的区位优势、资源互补优势又是国内其他城市所不具备的。同时，昆明与新加坡、香港等较为成熟的国际金融中心相比，其辐射能力相对有限，且还需经过较长时期的建设。因此，昆明金融中心的定位应该是"立足西南、面向亚洲西南的区域性国际金融中心"，这既立足于中国及云南省的需要，也是东南亚、南亚国家的需要，还是昆明从自身条件出发的现实选择。

2. 金融机构层面——金融机构集聚中心。要以中国—东盟自由贸易区全面建成、大湄公河次区域经贸合作迅猛发展以及中国与南亚国家经贸合作快速推进为契机，以昆明市为核心区块，吸引境内外银行、证券、保险、信托等金融机构及其后援服务机构集聚，尤其是国内外知名的、实力雄厚的银行类和投资类专业机构，增强金融的集聚和辐射功能。同时，在云南省内金融较发达的其他城市，可以加强规划，建设有特色的专业化金融街区。另外，要积极进行政策优惠和制度创新，吸引在昆明市新设立或新引进金融机构区域总部及分支机构。金融机构集聚是金融中心的基本条件和核心标志。

3.金融业务层面——金融创新中心和特色金融中心。昆明泛亚金融服务中心将是一个特色金融中心，既是一个立足中国西南、面向亚洲西南的区域性国际金融中心，还是一个以跨境人民币金融服务、绿色金融、国际矿权交易、GMS资源性商品跨国期货交易、离岸金融、华人金融、供应链金融、农村金融和开发性金融为支撑和特色的金融中心，这些金融业务具有巨大的市场需求和发展潜力。通过对昆明建设成为区域性国际金融中心的SWOT分析，昆明建设成特色金融中心既有可行性也有必要性。首先，此举以云南省和昆明的优势为基础，能有效避开与周边国内外其他中心城市的竞争，减少了建设的阻力；其次，以优势金融业务吸引各类产业资本和金融资本的集聚，将产生巨大的吸引力和助推力，从而能够加快优势产业、金融机构和专业中介服务机构的集聚，同时，只有产业、金融机构和专业中介服务机构的集聚，才能最终实现昆明作为区域性国际金融中心资金腹地和信息腹地的功能。

4.金融地理层面——资金腹地。根据金融中心理论与实践，一个金融中心城市首先必须是一个资金的腹地，即作为区域的资金聚集和分散的地方。

（1）西南地区。昆明应借助"西部大开发"和"9+2"泛珠合作等各种机遇，扬长避短，发挥优势，创新优惠政策，吸引各类企业到昆明开展业务，围绕国际性区域商贸中心和物流中心、国际旅居城市、区域性总部经济中心和国际空港保税区的建设，形成产业的聚集；吸引各类金融机构开设网点，构造金融核心功能区，为产业资本提供各种服务，为其参与金融市场交易提供平台及流动性，形成金融机构的集聚；吸引各类诸如矿产代理、会计师事务所、律师事务所等专业中介服务机构到昆明开展业务，形成专业中介服务机构的聚集。

可以预见，产业资本和金融资本的有效融合，相互促进，协调发展，可以实现昆明作为中国西南地区资金腹地的功能，发挥其作为国内西南地区资金调度中心的作用。

(2) 东南亚和南亚。昆明应借助中国—东盟自贸区和大湄公河次区域合作的机遇，利用毗邻东南亚、南亚的区位优势，发挥中国面向西南开放的"桥头堡"的作用，利用五大中心建设的有利时机，吸引东南亚和南亚的资本聚集昆明，加快资源的有效开发和利用，并以此促进区域合作的进一步深化。另外，随着云南作为第二批跨境贸易人民币结算试点政策的实施，把昆明建成为跨境贸易人民币结算和汇兑中心，不但能吸引华人资本的聚集，吸引其他外资流入昆明，而且昆明作为面向GMS各国资金腹地的功能得以实现。

5. 金融信息层面——信息腹地。要实现昆明作为区域性国际金融中心的信息腹地功能，首先需要实现信息中心地的功能，即昆明首先要在信息获取上占据优势；其次经过各种过滤再把各类信息转移到辐射地区，从而实现信息的增值；再次，随着金融开放度的提升，境内外关系越来越密切，境外辐射地对昆明依赖性的增强，实现中心城市的信息传播范围的进一步扩大；最后，随着辐射区域的扩大，双边关系的进一步深化，实现昆明作为信息腹地的功能，各种信息流快速、自由流动，不断反馈，不断增值，从信息中心地过渡到信息腹地。

(1) 西南地区。昆明首先应该在信息获取上占有优势。根据信息不对称的理论，信息的获取是有成本的，但根据规模经济理论，这种成本随着金融机构的聚集而降低。随着昆明五大中心市场建设步伐的加快，产业的聚集以及各种中介机构的聚集，使信息获取的成本会越来越低。在获取信息之后，昆明作为信息中心地，首先需要将信息传播到国内的西南地区的辐射地区，从而引导资金合理流到该地区，实现信息的增值，这样信息收集的金融机构和中介机构才能获利，才会有动力继续收集有用的信息，为企业提供有价值的信息，企业的资金才会增值。

（2）东南亚和南亚。云南省作为中国与东南亚、南亚对接的关键省份，产业资本和金融资本的国际流动就会对信息产生需求，这样信息辐射能力随着金融开放度的加深而跨出国门，中心城市信息传播范围的进一步扩大，使信息溢价提高，信息收集的金融机构和中介服务机构的盈利更多，进而会加速国内外金融机构的聚集。

通过以上分析可知，资金腹地和信息腹地会随着五大中心的建立，使产业、金融机构和专业中介服务机构的集聚紧密地联系在一起，相互促进，共同发展。

7.3 昆明建设成为泛亚金融服务中心面临的挑战

7.3.1 昆明面临周边主要城市的竞争

1. 昆明面临着成都和重庆的竞争

（1）成都的竞争。2007年，成都被国务院批准为城乡统筹综合改革试验区。为更好地推进西部大开发战略与打造城乡统筹综合改革试验区，2007年，四川省委书记刘奇葆明确提出："将四川打造成为西部经济发展高地，关键在构建三个中心——西部物流中心、西部商贸中心、西部金融中心"。2009年，四川省委、省政府府多次强调要全面推动"一枢纽、三中心、四基地"发展规划，加快"金融中心"建设，随后，成都市政府正式印发《关于进一步加快金融业发展的若干意见》，以多项罕见的优惠措施，吸引全球金融机构来成都安家落户，并正式明确将锦江区东大街作为成都金融一条街来建设。为了建设成都金融街，成都市金融办、锦江区人民政府等单位发起举办"首届成都金融街发展论坛"，就区域金融中心规划、建设等方面展开讨论，取得较好反响。成都将围绕建设区域性金融资本集散中心、后台服务中心、金融信息中心和中介服务中心展开建设。

成都综合经济实力多年来均位列西部7大城市之首，在银行、保险机构数量，金融机构各项存贷款余额、保费收入、商业票据以及证券交易额等方面均位居中西部城市第一；人民银行、证监会、保监会在成都设立了区域性的管理总部；成都作为全国9大邮政通信一级处理中心之一和8大电信中心之一，不仅与全国各地建立了通讯往来，而且可同世界180多个国家和地区直通电话，实现了长途和市话交换、传输数字化。此外，成都是西南地区的计算机互联网中心和中国教育和科研计算机西南地区网络中心，网络设施水平在西部各城市中处于前列。发达的通讯网络把成都与全国乃至世界各地紧密地连接在一起，便捷的邮政服务、安全高效的电子通讯手段为现代金融交易搭建了较好的平台。

经过几年的发展，成都市在金融开放度和金融机构聚集方面取得了很大的进步，是昆明建设区域性国际金融中心强有力的竞争者之一。但值得注意的是，成都的区位优势在于发展国内的金融中心，而昆明的区位优势在于除了国内西南地区之外还能辐射到东南亚和南亚地区，同时云南与周边国家的金融合作在诸多领域已经是全国首创，因此在国家层面而言更具有战略意义。

(2) 重庆的竞争。胡锦涛总书记为重庆发展提出了三大定位，确定了一大目标，交办了四大任务，构成重庆发展"314"的总体部署。三大定位是努力把重庆加快建设成为西部地区重要的增长极、长江上游地区的经济中心和城乡统筹发展的直辖市。一大目标是在西部地区率先实现全面建设小康社会的目标。四大任务是加大以工促农、以城带乡力度，扎实推进社会主义新农村建设；切实转变经济增长方式，加快老工业基地调整改革步伐；着力解决好民生问题，积极构建社会主义和谐社会；全面加强城市建设，提高城市管理水平。

重庆作为老工业城市，拥有汽车、摩托车、装备制造业、资源加工业、高新技术产业等支柱产业。重庆是金融机构的聚集地，拥有全国仅有的三家人民银行营业管理部之一，是大区证监局、银监局和保监局的所在地。重庆在地方政府的强力推动下新建和重整各类金融机构，努力建设以保险、银行、信托、证券、基金、租赁为主体的金融体系。经过几年的发展，重庆市在金融开放度和金融机构集聚方面取得了很大的进步，是昆明建设区域性国际金融中心强有力的竞争者之一。但值得注意的是，重庆市政府明确提出重庆金融中心的定位是建设长江上游金融中心,主要定位也是国内金融中心,所以在沿边开放、国家战略意义等方面与昆明相比也有较大差距。

2. 昆明面临着东南亚国家中心城市的竞争。

(1) 曼谷的竞争。泰国是金融自由化较早的国家,金融开放度在东南亚国家中是比较高的,金融危机之后,泰国加快了金融机构的重组,金融机构的规模和实力都有了较大的提高。另外,泰国是GMS国家中经济总量最大和增速较快的国家,泰国2008年人均GDP为4 115美元,而中国人均GDP为3 315美元,比泰国少800美元左右。曼谷是泰国的首都,是全国的政治、经济、文化和交通中心,被列为东南亚第二大城市。同时,它又是国际交流的中心:联合国亚太经社理事会总部、联合国亚洲和远东经济委员会总部、世界卫生组织、国际劳工组织、世界银行的分支机构等20多个国际机构的区域办事处和一所国际学院——亚洲理工学院都设在曼谷。

曼谷2008年GDP为1 080亿美元,人均GDP是13 235美元,而昆明的人均GDP为3 000多美元,远远少于曼谷。在2009年伦敦金融城公布的全球金融中心排名结果中,曼谷排在第50位,而北京、首尔分别排在第51位和第53位,曼谷在建设金融中心上具有较强竞争力。

(2) 胡志明市的竞争。2008年,越南人均GDP为1 040美元,是除泰国之外GMS国家中经济总量较大和增速较快的国家。胡志明市是越南最大的经济中心,同时也是一个文化、科技中心,还是越南南方水陆交通枢纽,有越南最大的内河港口和国际航空港。目前,胡志明市有38家外国银行设立的分行或办事处,银行的流动资金占全国的65%,胡志明市同时也是越南第一个成立证券交易所的城市。

但是,无论是曼谷还是胡志明市,其劣势也是明显的,特别是在政局稳定性、大国背景、货币国际化金融体系稳定性等方面均不能和昆明相媲美。

7.3.2 昆明面临地区经济发展差异较大的局面

近年来,中西部地区的经济发展取得了令人瞩目的成就。但与发展更迅猛的东部地区相比,中西部地区经济发展的步伐仍相对缓慢。尤其是与沿海发达地区中心城市相比，腹地依托有限，缺乏现代化城市群的依托，产业基础比较薄弱。

上海有南京、杭州、宁波、苏州、常州、无锡等现代化水平较高的卫星城市作为依托，深圳有东莞、顺德、惠州、中山、汕头、佛山、珠海等经济实力雄厚的城市群落作为依托，昆明近年来虽然已经取得了极大进步，但与上海和深圳相比，其城市化现代化程度还有相当的差距。这一结果与昆明周边的中小城市经济不够发达，城市化水平较低，无法为昆明提供有效的依托是分不开的。

当然，现在西部大开发正在向纵深推进，西部地区已逐步进入了良性高速发展的黄金时期，而且，随着滇中城市经济圈的快速发展及云南对内对外经济走廊建设的迅速推进，这一局面将发生较大改观。

7.3.3 昆明面临国家金融政策的不确定性

新兴金融中心的建设既需要市场力量发挥作用，也需要政府力量的大力推动。虽然市场力量是金融中心的生命力所在，但昆明金融中心的建设还主要受制于中央的金融政策，即取决于中央政府是否能够赋予昆明"先行先试"的功能，取决于如何获得中央金融当局在金融制度、金融产品和金融技术创新的许可。只有获得了这些许可，昆明的泛亚金融服务中心才能实至名归。当然，如果昆明泛亚金融服务中心的建设是有目标、分步骤的进行，采取先易后难的务实策略，获得国家金融政策的支持不但是十分有必要的，也是非常有可能的，这还需要全省各级政府、金融监管部门和金融机构的共同努力。

8. 昆明泛亚金融服务中心建设的指导思想、目标与阶段

8.1 昆明泛亚金融服务中心建设的指导思想与原则

8.1.1 建设泛亚金融服务中心的指导思想

以中国特色社会主义理论和科学发展观为指导，紧紧围绕"建设绿色经济强省的龙头、民族文化强省的枢纽、中国面向西南开放的国际化门户和'桥头堡'城市"的战略目标，坚持全球视野，支持国家战略，承担历史使命，解放思想，改革创新，以绿色金融、离岸金融以及华人金融为特色，以建设跨境人民币金融服务中心、绿色金融中心、国际矿权交易中心和资源性商品跨国期货交易中心为重点，以优化金融生态环境为基础，以金融商务区建设为突破口，大力发展具备区域优势的开放型金融体系，保持金融总量的快速增长，提高金融效率，增强金融业的竞争力和辐射力，把昆明建设成为依托云南省，立足中国西南、面向亚洲西南的区域性国际金融中心，为中国与东南亚、南亚的国际交流与合作提供金融服务，为繁荣、稳定西南边疆提供强有力的金融支撑。

8.1.2 建设泛亚金融服务中心的基本原则

1.既要解放思想，又要实事求是。充分认识昆明城市发展、金融业发展的基础优势和发展空间，客观分析不足和差距。既要突破思想局限和思维定式，树立"敢为人先"的战略眼光、国际视野，又要脚踏实地，从实际出发，求真务实，扎扎实实推进金融中心建设的各项基础工作。

2.既要大胆拿来，又要突出特色。推动昆明泛亚金融服务中心建设既

要学习国际、国内发达城市的成功经验，又要立足昆明实际，充分发掘云南省、昆明的资源优势、区位优势和竞争潜力。既要遵循城市发展、金融发展的普遍规律，又要防止简单地照搬照抄，要从昆明的优势当中寻找城市竞争力，以竞争力为基础建设区域性国际金融中心。

3.既要着眼当前，又要谋划长远。推进区域性国际金融中心建设要科学谋划，统筹安排。既要明确当前重点工作，强化优势，补齐短板，打牢基础，又要着眼长远，深谋远虑，加强市场建设与制度建设，完善体制机制，形成聚集效应，实现超常规发展，增强参与全国乃至全球竞争的实力。

4.既要改革创新，又要注重防控风险。推进区域性国际金融中心建设既要重点推进改革、开放和创新，提高发展速度，抢占发展先机，又要注重风险防控，加强金融监管，规范市场秩序，维护金融安全，切实提升发展质量。

5.既要充分争取政府的推动和扶持，又要尊重市场规律。推动区域性国际金融中心建设既要借助行政推动，出台必要的政策措施，积极创造有利的发展条件和环境，又要尊重市场经济规律和金融机构的主体地位，重点加强市场机制建设，形成市场主导、政府推动、机构为主、各界支持、合力推进金融中心建设的工作格局。

8.2 昆明泛亚金融服务中心建设的目标与阶段

通过对昆明建设成区域性国际金融中心优劣势的分析，结合昆明金融中心的内涵和功能定位，我们认为，昆明既要做好长远规划，又要加快步伐实现跨越式发展。昆明泛亚金融服务中心的建设必须要突出重点，分阶段、有步骤地推进。既要发挥市场机制的自发作用，又要充分利用政府的推动和扶持。因此可以把昆明金融中心建设的目标划分为近期目标、中期目标和远期目标，近期主要是做好规划，夯实基础，中期主要实现金融创新，远期主要是实现跨越式发展。

8.2.1 近期目标（2010—2015年）：区域性跨境人民币金融服务中心

受国际金融危机影响，美元、欧元等主要国际结算货币汇率大幅波动，中国及周边国家的企业在使用第三国货币进行贸易结算时面临较大风险，同时，随着中国与东盟国家及内地与港澳地区的贸易往来迅速发展，以人民币作为支付手段的呼声越来越高。为顺应国内外市场和企业的要求，保持与周边国家贸易正常发展，为企业提供更多便利，2009年4月，国务院第56次常务会议决定在上海市和广东省广州、深圳、珠海和东莞先行开展跨境贸易人民币结算试点。2009年7月，中国人民银行公布了《跨境贸易人民币结算试点管理办法》及其《实施细则》，港澳、东盟与内地试点城市之间正式开通货物贸易项下的人民币结算通道。随后，中国银行上海分行成功完成了首笔跨境贸易人民币结算业务，跨境贸易人民币结算试点就此正式启动。根据中国人民银行跨境人民币业务信息管理系统（RCPMIS）统计，截至2009年末，全国跨境贸易人民币结算交易量还仅为35.8亿元，到了2010年5月中旬，已经快速增加到近500亿元。

2010年6月，我国扩大了跨境贸易人民币结算的试点范围，云南省已获批为第二批试点地区，云南省的人民币结算范围将从边境贸易扩大到一般贸易，由货物贸易扩展到服务贸易，省内地域由8个边境州市扩大到全省辖区，境外地域由之前的对缅甸、老挝、越南、泰国4国扩大到对所有国家和地区。

1.昆明建设区域性跨境人民币金融服务中心的意义。

（1）可以有力地推动人民币的区域化进程。对1997年东南亚金融危机的反思以及欧洲货币联盟建立的成功示范作用改变了东亚国家和地区对区域货币合作的消极态度。出于对共同利益的考虑，东盟与中国、日本、韩国三国合作机制得以建立，并开展了富有成效的货币合作。从提出建立亚洲货币基金、东亚货币基金、"10+3"模式到中国—东盟自由贸易区的建立，东亚货币合作进展很快。中国作为发展中的大国，在东亚货币合作中积极充当了重要角色。随着中国—东盟自由贸易区经济的发展，区域经济金融一体化的推进，中国—东盟区域金融合作取得了较大发展，尤其是中国在东南亚金融危机中承诺人民币不贬值的行为，更使中国以及人民币的地位和威望空前提高，人民币开始成为一种在东南亚普遍受欢迎的货币，而且，中国积极参与中国—东盟货币合作，在其中力争发挥主导作用，使中国—东盟货币合作朝着有利于中国和其他成员国经济的方向发展，符合中国的经济利益。同时，中国还应通过参与东盟货币合作，并通过次区域货币区——人民币货币区的建立来提升人民币的国际地位，以此积极推进人民币区域化的进程。人民币区域化不仅对中国国内经济金融的发展、提升中国的国际地位具有积极而深远的影响，而且有助于推动中国—东盟货币合作的进一步发展，对促进东盟经济发展也具有重要意义。

从整体上看，中国—东盟区域金融合作仍处于初级阶段，缺乏一种长远性的制度性安排。中国作为区域内的发展中大国，与东亚、东南亚经济互补性日益增强，相互依存度逐步提高，且近年来人民币在亚洲货币合作中发挥着重要作用，事实上已成为东南亚普遍接受的结算货币。所以，中国与东盟经贸交往对人民币区域化提出了客观要求，只有积极有序地推动人民币区域化，才能更好地促进中国—东盟地区的贸易和投资便利化。

在后金融危机背景下，美元的国际货币地位受到了前所未有的挑战，重新建立一种新的国际货币体系的呼声越来越高，而人民币由于中国经济实力的提升也越来越受到人们的关注。从长期看，人民币势必在国际货币体系中要占据重要的地位，成为主要的国际货币之一。那么，通过在东盟这个与中国接近的、互为重要经贸合作伙伴的区域进行相关的试点运行，可以为将来人民币的正式区域化、国际化积累经验。因此，作为人民币区域化的第一步，在具有明显区位优势的昆明市建立区域性跨境人民币金融服务中心，就成为必然的战略选择。

（2）能够促进地方经济的发展，加速云南省面向西南开放"桥头堡"战略的实施。

第一，有利于降低汇率风险，促进区域内各国贸易往来。建立金融服务中心的第一阶段是人民币贸易结算区域化。在现有边境贸易的基础上，搭建与东盟国家人民币贸易结算渠道。通过建立正规的人民币结算金融机构，可以改变目前依靠"地摊银行"进行货币兑换和贸易结算的现象，改变边境地区市场汇率由"地摊银行"操纵的情况，减少给双方企业和边贸结算银行带来汇率风险，降低交易成本。人民币跨境结算中心的建立是中国—东盟自由贸易区建设的有力支持，将极大地促进中国与东南亚、南亚国家的双边经贸合作。

第二，加强对人民币流通的管理，增强我国货币政策的有效性。目前，中国人民银行昆明中心支行在各边境地州建立了一个人民币跨境流通监测系统，但是由于人民币的跨境流通渠道较为复杂，人民银行的监测系统仅仅是初步、简单的统计，缺乏专门监测机构，不能完全准确地计量跨境流通的人民币数量。随着中国面向西南"桥头堡"战略的实施，对外贸易与投资使用人民币结算的数量必然大幅增长，人民币成为相关国家的储备货币，这将对我国，特别是边疆地区的货币政策有效性提出更大的挑战。昆明人民币跨境金融服务中心的成立，有利于制定统一规范的结算管理制度和监管体系，可以有效地避免人民币的非法流通，使得人民币的跨境流通得到有序的监管，使其更加规范和更加畅通。加强对人民币的出入境流通的管理，可以更清晰地记录人民币的出入数量，为国家货币政策的制定提供更加科学的依据。同时，有利于人民币反假币、反洗钱工作的开展。

第三，促进我国与东南亚、南亚国家的经济金融一体化。金融服务中心的成立，将加强云南省与东南亚、南亚国家的金融合作与交流，促进云南省经济的发展，有力推动云南省面向东南亚、南亚开放的"桥头堡"战略的实施。

第四，为金融机构和投资者提供更广阔的发展空间。昆明人民币跨境金融服务中心的建立除了人民币跨境贸易结算外，还包括人民币跨境资金融通、人民币跨境直接投资、人民币跨境金融产品创新等内容，这些金融服务的推出将有利于各国企业的发展与融合，为金融机构、机构投资者以及个人投资者提供了更广阔的发展空间。

2. 昆明建设区域性跨境人民币金融服务中心的可行性分析。建设昆明区域性跨境人民币金融服务中心可分为两个循序渐进的阶段。第一个阶段是在未来5年内，实现人民币贸易结算区域化。在现有边境贸易的基础上，搭建与东盟国家人民币贸易结算渠道，由边境贸易扩大到一般贸易，由货物贸易扩大到服务贸易，并推进人民币跨境投资。第二个阶段是在未来的10年内，实现金融衍生品以及结构性金融产品服务区域化。建立有效的汇率避险机制及市场，形成较为完善的区域性人民币金融服务中心。

根据IMF对世界主要国家货币国际化的历史经验分析，某一货币的国际化应具备以下条件：一是经济的发展规模和开放程度，二是充足的国际清偿手段，三是宏观经济相对稳定和有效调控，四是市场经济体系的完善和市场经济机制的充分发挥，五是合理的汇率和汇率体制。一国货币要成为国际货币必须要具备国际贸易计价尺度、国际支付手段和价值储藏手段，也就是要使货币成为国际结算货币、投资货币和储备货币。

虽然目前人民币要成为完全的国际货币还有许多条件不具备，但是由于中国政治经济实力不断增强，人民币国际地位极大提高，人民币逐渐实现区域化、达到国际货币的部分标准，已经是完全有可能的。中国可以逐步实现人民币在币值稳中趋升过程中的自由兑换，扩大其计价、支付、储备功能。目前推进人民币区域化和国际化的重要措施就是要完善和推进人民币的结算功能。

通过加强、完善人民币在国际区域贸易中的结算功能，通过边境贸易和一般贸易中增加人民币的使用量，然后再通过双边和多边政府协定，使得人民币成为周边国家和地区居民手中持有的金融资产，最后成为周边国家和地区的官方储备资产，促使人民币区域化，实现人民币先区域化后国际化，先部分国际化后全面国际化。这是目前人民币国际化进程的重要切入点。

在推进人民币区域化、国际化的进程中，昆明市具有得天独厚的优势，基本具备了成为区域性人民币结算中心以及金融服务中心的条件。

（1）地缘优势。云南省地处中国西南边陲，与缅甸、老挝、越南接壤，国境线长达4 060公里，是中国参与东盟自由贸易区建设、大湄公河次区域合作的主要省份，也是中国通往东盟各国的陆路桥梁。在全国对外开放的总体格局中，云南省因地处中国、东南亚、南亚三大市场结合处而占有重要区位优势。积极参与中国—东盟自由贸易区建设、中印缅孟地区经济合作和大湄公河次区域经济合作，是国家及云南省长远发展的战略决策。在中国与东盟国家政治经济合作不断深化的基础上，从长远考虑，进一步加强与南亚国家的经贸合作，将会是我国对外开放格局中的一个重点。云南省凭借安全稳定的地缘环境，便捷快速的交通设施，必将成为面向南亚国家开放的前沿。昆明作为云南的省会城市，经济总量占全省的三分之一，在云南省进行区域性人民币结算中心建设过程中，昆明理应成为结算中心城市。

（2）相近的民族文化优势。由于地理位置上的相邻相伴，云南省许多地区与东盟地缘文化相近、习俗相通，具有相同或相近的文化形态。建立文化共识，以文化认同理念发掘文化生产力，是长期以来保证双方友好稳定的贸易交流合作发展的基础。因此，在昆明市建立区域性人民币结算中心，并服务于东盟、南亚诸国，可以为双方在合作交流方面提供便利，我国提供的金融服务也更容易被相关各国所接受。

（3）开展人民币结算业务的先发优势。早在20世纪90年代，云南省就率先在边境贸易中开始使用人民币进行结算。2003年，开始使用人民币进行跨境投资。多年的区域性边贸合作以及使用人民币作为结算货币的尝试，使得云南省的政府部门和金融机构与东盟国家的政府部门和金融机构积累了宝贵的合作经验和深厚的友谊，这将有利于昆明市人民币区域性结算中心的建设。

同时，早在几年前，云南省、昆明市多个部门已从边境地区人民币跨境支付结算平台的建立开始，积极探索国内现代化支付系统承担跨境一般贸易使用人民币结算的系统对接问题。目前云南省金融机构的现代化支付结算体系能够承担人民币区域化国际结算的重任，也是云南省与周边国家进行人民币国际结算的基础之一。

（4）对外贸易投资发展迅速。

第一，对外贸易。自中国与周边国家贸易开始，云南省一直起着非常重要的作用。人民币在贸易中的使用在近几十年来更加频繁，尤其是在边境贸易上。据海关统计，云南省对东盟地区的贸易量呈逐年增长趋势。2009年，云南省对东盟贸易额累计实现31.5亿美元，较2008年增长3.9亿美元，增幅13.8%。其中，出口21亿美元，同比增长1.5亿美元，增幅7.1%；进口10.5亿美元，同比增长2.3亿美元，增幅30%，贸易顺差11.5亿美元，与东盟国家外贸总值占云南省外贸比重由2008年的28.8%增至39.3%，提高了10.5个百分点。其中出口所占比重46.6%，同比提高6.7个百分点；进口所占比重29.9%，同比提高12.1个百分点。

第二，旅游业的发展带来人民币结算需求。旅游业是云南省的支柱产业，在全国也具有很大的影响力，每年吸引了大量的世界各国的游客，带来了可观的外汇收入。同时，东盟国家由于地理便利，也吸引了越来越多的国内游客前往旅游。云南省逐渐成为日渐融合的中国—东南亚—南亚共同旅游市场的中心和枢纽。旅游业的快速发展对人民币的流通起到了巨大的作用。反过来又对人民币结算业务提出了更高的要求。在昆明建立区域性人民币结算中心，是区域性旅游市场快速发展、人民币广泛流通的客观要求。

第三，对外投资和技术合作。云南省响应国家西部大开发的号召，十多年来根据国家"走出去"战略和经济外交战略的整体部署，省内企业积极与大湄公河次区域国家为主的东盟国家开展经济合作。从2005年的0.25亿美元，以每年翻倍的增长速度，到2008年的2.39亿美元，增长了近10倍，保持全国第10位，对外实际投资额居西部、沿边省份首位；对外工程承包每年均以12%的速度保持稳步增长。截至2009年11月，云南省内经商务部批准的境外投资企业达248家，对外实际投资额为6.83亿美元。云南省实施对外承包工程项目1 366项，完成营业额44.54亿美元。目前，云南省对外承包工程在全国排名居第15位左右，对外经济合作业务总体在全国属中上水平。

随着云南省对外贸易和对外投资额的大步提升，促进了GDP不断增长，云南省的经济发展也提升到了一定的高度。尤其是在东盟经济往来中，云南省处于一个非常重要的地位。贸易投资额的大量增加，加上人民币的升值，促使各国更倾向于人民币结算，此时在昆明建立人民币结算中心，将会对经济贸易合作起到更大的促进作用。

(5) 昆明城市建设发展迅速。昆明市是云南省的政治、经济和文化中心，近年来昆明经济快速发展，人民生活水平普遍提高。昆明经济技术开发区是1992年经国务院批准设立的国家级经济技术开发区。经过15年的发展，具有完善的基础设施条件、城市配套服务功能和产业配套能力。区内环境优美，已成为云南省最大的新型工业园区、最重要的现代制造业基地、产业投资环境最好的区域。除已经建成的开发区以外，现正掀起昆明信息产业基地、光电子基地、出口加工区、数码机床工业园、深圳工业园、闽商工业园六大产业园区的开发建设热潮，吸引了美国、英国、德国、日本、新加坡、泰国和中国香港、中国台湾等国家或地区及国内客商170余亿元的投资，形成了以烟草加工、光电子技术、机械制造、电子信息、生物医药、食品饮料等为主的产业群体。昆明高新技术产业开发区是1992年经国务院批准设立的全国54家国家级高新区之一。昆明高新区坚持把招商引资作为经济工作的生命线，把引大项目、建大产业、促大发展作为工作的首要任务，形成了以大招商、招大商促大发展的良好局面，吸引了来自全球23个国家和中国香港、中国台湾地区的客商进区兴业。近几年，先后引进了世界500强企业中的百事可乐、嘉吉集团、微软等企业。

(6) 昆明市金融服务业发展成熟。云南省内金融机构数量多，业务全，经营历史悠久，省会昆明聚集了大量的国内外金融机构，银行业、证券业、保险业发展成熟，具有满足周边国家经济发展对金融需求的能力，同时，也有能力建设成为金融服务中心，提供金融衍生产品，为投资者提供广泛的投资产品。昆明人民币结算中心的建成将从一方面促成金融服务中心的建设，另一方面将促成金融衍生品以及结构性金融产品服务区域化的实现，并可从建立有效的汇率避险机制及市场为突破口来推动区域性人民币金融服务中心的建设。

(7) 昆明跨境人民币金融服务中心是对上海国际金融中心的有力补

充。从国家战略和社会经济发展状况来看,上海成为东亚地区的国际金融中心是大势所趋。成为人民币的国际结算中心和交易中心,是其中一个重要组成部分。我们完全可以利用云南省作为中国与东南亚、南亚之间贸易、投资交流重要窗口平台的区位优势,利用云南省在全国率先开展多年的边贸人民币结算经验,通过加强与东盟和南亚地区的贸易与投资交流,积极开展区域内贸易与投资的人民币结算试点工作,充分利用这次试点的机遇,逐步把昆明建成一个能对上海国际金融中心互利互补的区域性人民币跨境结算中心。

8.2.2 中期目标（2016—2020年）：大湄公河次区域金融中心

云南省是中国—东盟自由贸易区经贸合作的主要参与方,中国—东盟自由贸易区也是云南省对外开放的主要阵地。2009年,对东盟的进出口占云南省对外贸易的39.3%。而在中国—东盟自由贸易区中,中国与其中的大湄公河次区域五国贸易增长最快,2004—2007年,中国与东盟双边贸易额增长了91.3%,而中国与越南增长了224.2%,与缅甸增长了179.7%,与老挝增长了218.4%,与泰国增长了199.7%,与柬埔寨增长了193.6%。另外,在云南省周边国家,特别是GMS五国的人民币流通量在国外居首位,人民币日益成为在GMS五国很受欢迎的区域性货币。昆明市作为云南省唯一的国际性大都市,在云南省经济发展中占有主导的地位。2008年,昆明市人口只占全省的13.7%,但GDP占了全省的1/3左右。第一产业增加值占了10.3%,第二产业占30.2%,第三产业占34.1%,地方财政收入占全省的31.3%,进出口占了全省的76.1%,实际利用外资占了全省的77.5%,年末金融机构人民币存款余额占全省的50.7%,贷款余额占了60.8%。加之云南省毗邻GMS五国的的区位优势以及与GMS五国在资源、贸易、技术和市场的互补优势,均有利于昆明在近期建设成大湄公河次区域金融中心,这既是中国深化同东南亚、南亚各国经济金融合作的需要,也是云南省社会经济发展的需要。

云南省与大湄公河次区域各国传统友谊日益加深,经贸合作日益扩大,合作机制不断健全,合作方式日趋多样化。2004—2007年,云南省与大湄公河次区域五国的双边贸易额年均复合增长率高达23.8%,这为大湄公河次区域金融合作打下了良好的基础。按2007年中国与大湄公河次区域五国的双边经贸合作规模582.6亿美元计,以较保守的20%的年均复合增长率计算,到2012年时,双边经贸合作规模将达1 450亿美元,相当于云南省2007年GDP的2.24倍。因此,将昆明建成大湄公河次区域金融中心具有坚实的基础。

总之,在这一时期,要建立具有行业主导力、区域辐射力、国际竞争力的多元化、现代化金融服务体系,使功能发达、交易活跃、运行规范、多层次、现代化的金融市场体系基本形成;以银行业为龙头,投资、融资服务为主体,涉外金融和保险服务为两翼,金融后台服务和各类中介服务为依托,金融生态环境和人才建设为保障,立足中国西南、面向亚洲西南的区域性国际金融中心基本建成。昆明市金融机构总数达到400家以上,金融资产总量达到12万亿元,银行机构本外币存款余额突破10万亿元,各项贷款余额达到8万亿元;上市公司超过150家,资本市场直接融资超过1 500亿元,年证券交易量达到8万亿元;年保费收入突破2 000亿元。主要金融指标年递增15%,金融业增加值占全省地方生产总值的比例达到15%。

8.2.3 远期目标(2021年以后):立足中国西南、面向亚洲西南的泛亚金融服务中心

随着近期目标的实现,可以预见到2020年以后,云南省经济金融的总量会取得跳跃式发展,昆明在经济发展水平与金融总量上将实现历史性的飞跃。

随着中国与GMS五国经济金融合作的深化,有必要把合作的范围扩展到东南亚、南亚更大的区域,寻找新的更大的经济增长潜力。并且经过十年的实践,云南"先试先行"所积累的经验将有助于中国深化与东南亚、南亚经济金融合作的顺利进行。为了服务于中国区域合作的战略,云南省应该作出相应的调整,把视野扩展到整个东南亚和南亚各国。

从国际金融中心建设的成熟经验看,金融后台服务基地和金融中介服务基地对于区域性国际金融中心的良好运作是必不可少的。因此,经过前一阶段的发展和准备,昆明在初步建成"七大中心、三大示范区"的基础上,要实现把昆明建设成数据中心、清算中心、银行卡中心、呼叫中心、灾备

中心、支付系统、后勤保障等各类后台服务机构,同时积极发展征信、评估、担保、经纪、会计、律师、财富管理、投资咨询等各类中介服务,形成集研发与应用于一体、软件信息与金融资源整合利用、业务覆盖中国西南及东南亚、南亚地区的金融后台服务基地与金融专业中介服务中心。

有了"七个中心、三个示范区",加之金融后台服务基地和金融专业中介服务中心的建成,可以预见,到时云南省面向西南开放的"桥头堡"战略将得以实现,昆明的门户作用将更加显著,昆明的优势产业将更加突出,对外开放程度将会更高。昆明将成为金融创新的示范基地,金融机构的集聚效应将更加明显,昆明作为区域性国际金融中心的长远目标可以实现。

以上三个目标及三个阶段的关系如图8-1所示。这三个阶段不是截然分离的,而是先易后难、有重点、交错进行,每一阶段只不过目标不同、重点不同,在第一个阶段就可以为第二、第三个阶段打基础,在第二个阶段就可以为第三个阶段打基础,而泛亚金融服务中心建成后,自然也就是区域性跨境人民币金融服务中心和大湄公河次区域金融中心。

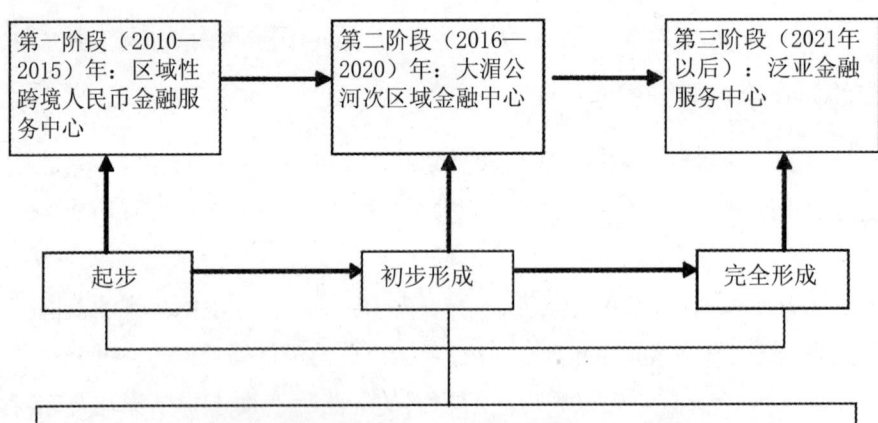

图8-1　昆明建设泛亚金融服务中心路线图

8.3 昆明泛亚金融服务中心建设的步骤

根据政策突破和"先试先行"并发展优势产业和扩大对外开放吸引金融机构、金融后台服务机构和专业中介服务机构集聚，最终实现区域性国际金融中心目标的发展策略，昆明可采取以下步骤，分阶段实现金融中心的目标。具体框架如图8-2所示。

昆明泛亚金融服务中心建设应以中央政府和云南省政府的政策突破为两足，将"云南'桥头堡'战略及其他政策突破"作为第一次助推力，将"昆明新发展战略纳入云南省战略层面"作为第二次助推力；以优势产业发展和扩大对外开放为两臂，以传统金融和金融创新为两个重要的关节，吸引金融机构和其他相关机构集聚，进而实现昆明建设泛亚金融服务中心的最高层和最核心的目标。

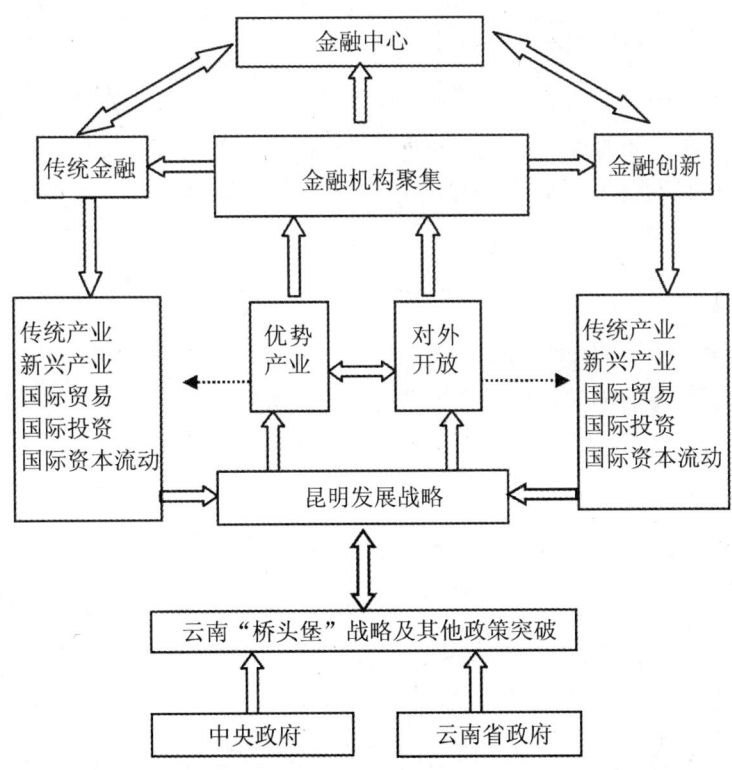

图8-2 昆明建设区域性国际金融中心框架

8.3.1 做好规划，争取政策突破和政策支持

1.做好金融发展规划。明确昆明市的功能定位，先将昆明市建设区域性国际金融中心的发展规划变成为云南省的地方规划，然后上升到国家战略规划。

(1) 制定云南省金融业发展的总体目标和规划。我们总结了广东、浙江等经济金融发达地区的先进经验，发现一个共同的特点，即这些地方政府十分重视金融业的发展及其在经济发展中的战略地位，而且无一例外地制定了金融业发展的长期规划和发展战略，积极采取了一系列政策措施来促进金融业的发展、推动金融创新，建立了"政产融协同机制"和共赢格局，最终形成了区域金融发展与经济发展的良性互动格局。

因此，我们认为云南省政府应首先出台金融业发展的相关指导意见，意见的核心目标是将金融业确定为区域经济发展中的战略性产业，是实现中国面向西南开放重要"桥头堡"的关键支撑，并突出昆明建成区域性国际金融中心的地位。另外，意见应该包括近期任务和远期任务，并配套各种优惠措施给予扶持。为了实现近期任务，工作的重点是细化昆明建设成区域性国际金融中心各项工作，具体包括：确定优势产业及其发展对策；确定扩大对外开放及其对策；因地制宜，突出金融业务创新的方向。而远期任务的工作重点将是进一步落实昆明建设成区域性国际金融中心的各项工作，争取将昆明泛亚金融服务中心、"农村金融示范区"和"开发性金融示范区"等战略纳入国家金融发展战略，争取国家在财税、监管、技术等方面的政策支持。

(2) 制定《将昆明建成"区域性国际金融中心"的建设规划》（以下简称《规划》）。在云南省金融业发展规划的基础上，我们认为《规划》既应配合昆明建设区域性国际金融中心的目标，也要突出两个方面的内容：建设GMS金融中心的中期目标和实现立足中国西南、面向亚洲西南的区域性国际金融中心的远期目标。

在中期目标上，工作任务是将这一规划变为云南省的地方规划。工作重点是：继续夯实经济基础，进一步扩大对外开放水平；以优势产业和

对外开放为两臂，吸引产业资本和金融资本聚集；构建金融创新的各种环境，增强金融机构创新能力；建设金融机构集聚区，初步建成金融中心商务区（CBD）；加强金融公关，全面开展昆明国际金融中心的形象推广和市场营销工作；借助上海—云南的传统帮扶关系以及《内地与香港关于建立更紧密经贸关系的安排》（CEPA）和泛珠三角区域合作的框架，充分利用我国上海和香港两个国际金融中心的优势，与沪港建立战略伙伴关系，为云南金融业发展和昆明金融中心的建设提供重要外援。

在远期目标上，工作的任务是争取将这一规划上升到国家战略层面，工作的重点是：在中期工作完成的基础上，把昆明打造成一个金融创新示范区，实现产业资本和金融资本高度融合以及金融机构高度聚集，最终实现区域性国际金融中心的目标。

2.国家层面政策突破。

（1）"桥头堡"战略。积极争取云南省作为中国面向西南开放的重要"桥头堡"战略规划上升到国家战略层面。一旦云南省面向西南开放的"桥头堡"战略上升到国家战略层面，就会有相应的政策扶持和政策优惠，各部委的资金支持也随之而来。但这仅仅是多米诺骨牌效应的最前面一小部分，更大的效应在于吸引各种资本集聚云南省，寻找掘金的机会，而这是建成昆明泛亚金融服务中心长远目标的最为关键之处。

"桥头堡"是一种区域经济发展的规划和安排，而金融是实现这一规划的核心支撑。因此可以把"桥头堡"战略作为促成昆明泛亚金融服务中心的蝴蝶效应，将使昆明金融中心发展路径上升到"时间更短，效果更为明显，作用更显著"的新的路径上来。

（2）力争将昆明建设"大湄公河次区域金融中心"上升到国家政策层面。通过对国家战略规划区域的经验总结，我们发现，要将昆明建成"大湄公河次区域金融中心"并上升为国家战略，三个因素缺一不可：科学的战略规划、高超的政治智慧和务实的工作方法。这需要调动全省各方面资源，国内外共同合作，中央地方上下推动才能付诸成功。

（3）跨人民币金融服务区试点。在跨境贸易人民币结算试点基础上,积极争取尽快获得跨境人民币金融服务区试点,以此促进中国与周边国家的经贸合作,凸显云南省作为开放前沿的地位。云南省获得跨境人民币金融服务区试点,不但能深化与周边国家的经贸合作,同时能突出昆明作为人民币跨境结算、汇兑和投资中心的作用,最为重要的是,此举为人民币国际化迈出了关键的一步,为以后争取资本项目开放试点打下基础,为实现与周边国家经济金融一体化做好铺垫。

(4) 将云南省作为农村金融示范区,并辅以各种政策支持。2010年云南省人民政府出台了《关于开展现代农业示范区建设促进优势特色产业发展的意见》,根据该意见,云南省建设农村金融示范区的步伐也会加快。建设农村金融示范区,不仅有利于促进示范区农业企业的发展,增加农民收入,促进云南省经济又好又快发展,同时也有利于金融机构业务规模的扩大,经营业绩和收入的提高,对昆明建设区域性国际金融中心也有重大意义。

为了建好农村金融示范区,必须从以下几方面加以努力:一是实行向建设农区工业化示范区的信贷倾斜政策。在政策允许的范围内,适当掌握企业信用评定等级标准,对确有良好的经营效益、资信良好的企业,可区分情况,区别对待。二是壮大、扶强优势产业和品牌产品。针对云南产业和产品结构特点,重点支持食品加工、生物制药、烟草和花卉等优势产业的发展,壮大和扶强优势产业,提高企业和产品品牌的知名度。三是加强金融生态环境建设。以构建良好的信用环境、制度环境、法制环境、市场环境为目标,实现经济金融健康、协调、持续发展。四是建立健全抵押担保机制,积极发展农业保险,稳步推进农业政策性保险试点工作,强化保险对农业风险的补偿作用,加快发展多种形式、多种渠道的农业保险。

(5) 将云南省作为开发性金融示范区,并辅以各种政策支持。开发性金融是政策性金融的深化和发展,在我国宏观经济调控中发挥着重要作用。开发性金融依托国家信用,同时又与市场业绩相结合,因此,其不仅能够贯彻和执行政府经济政策,而且能够弥补市场不足,促进经济协调发展。把昆明作为开发性金融示范区的试点,云南省政府需要做如下几个方面的努力：第一，在国家仍未制定相关开发性金融的法律法规时，昆明作为试点城市，省政府可以制定《云南省关于建设开发性金融示范区试点城市的意见》，规范开发性金融机构的资本运作和业务经营，并在税收优惠、资本金补充、股份制改造、财务政策及金融创新、优先权及其他相关方面对开发性金融予以支持和倾斜。第二，建立和完善以管理风险为核心的严格内控机制，通过改革和制度创新，有效防范和控制融资风险。第三，加强信用建设，培育客户群体。我国的信用危机突出，企业缺乏信用的现象较为普遍。因此必须充分发挥政府培育、管理、规范市场的职能，提供制度框架等完善市场经济体制和环境的作用，为开发性金融培育优质客户群。

将云南省作为开发性金融示范区不仅有利于吸引更多的项目和企业落户昆明，促进云南省经济发展，同时有利于发展昆明金融市场和金融生态建设，对昆明区域性金融中心的形成必将起到积极的促进作用。因此云南省政府应该将云南作为开放性金融示范区，纳入云南省的金融发展战略。

8.3.2 发挥云南省政府在创造良好金融发展环境中的作用

在做好规划，努力争取国家政策突破，获得"先试先行"优势之后，关键是贯彻落实。因此充分发挥云南省政府在昆明建设区域性国际金融中心的各种作用是非常必要的，而政策制定和政策支持是其中的关键。

1.完善金融税收和法律制度。在研究借鉴全球主要国际金融中心税收法律制度的基础上，积极配合国家有关部门研究制定既切合云南省经济社会发展水平又符合国际惯例的税收法律制度，税收法律制度的建设要体现出国家优惠政策。

2.优化金融法制环境。积极支持在昆明金融监管部门依法履行职能，加强地方执法部门与金融监管部门之间的协作交流。协助构建金融审判领域专家咨询库，参照国际惯例完善金融仲裁规则，提高化解金融纠纷的能力和水平。

3.加强社会信用体系建设。积极借鉴上海、浙江等地的经验，利用本地人民银行征信中心，建立金融业统一的征信平台，支持建立联网的行业管理信息系统及有关信息共享平台,促进信用共享,扩大非银行信息采集范围。拓展征信服务应用领域,加快征信产品创新,不断完善征信系统功能,积极支持和推动中小企业和农村信用体系建设。

4. 完善金融创新政策和机制。金融中心重要的一个功能就是资金的集散,这主要依靠提供多种多样的金融产品来实现,这就要求积极进行金融创新。而金融创新需要机制和制度的完善,以构建一个良好的金融创新环境。因此,云南省应积极配合国家金融监管部门,完善金融创新政策和机制,争取开展金融创新机制改革试点,促进昆明加快形成以市场需求为导向、以金融市场为依托、以金融企业为主体的金融创新机制。在具体实施中有几个重点:第一,要依靠市场主体进行金融创新。虽然政府引导金融市场产品创新在初始阶段是必要的,但随着市场上主体创新能力的提高,要逐步向依靠市场主体主导创新的方向发展。第二,政府要为金融市场的创新创造良好的政策环境。政府要为金融市场产品创新搭建平台,出台有利于创新的政策法规,对在国外已成熟的金融产品,只要具备条件和有相应的需求,就可以大胆引入。第三,在农村金融示范区和开发性金融示范区的基础上,把昆明打造成金融创新的示范基地。

5. 完善金融人才发展战略。昆明区域性国际金融中心战略的最终目的是为区域深化改革开放和社会经济发展服务,为我国社会主义现代化建设服务。但要把金融中心战略变成改革开放和社会经济发展的成效,还需要全省各族人民的共同努力和艰苦奋斗。而云南省最缺的是资金和人才,因此有必要制定人才发展战略,主要通过如下三种方式来实现:第一,云南省三大目标的实现首先靠人才,人才靠教育、培训及引进,政府需加大教育和培训的力度,创新教育机制,并加大高端人才引进的力度;第二,依托建设民族文化强省的发展战略,在教育体制和人力资源开发上在全国率先实现突破,争取成为国家级教育培训示范区;第三,在昆明建成一所国际金融学院,加强本土金融人才的培养和国际金融人才交流。按照先易后难的战略,昆明应该首先加强与东盟特别是GMS五国金融人才的合作培养和交流互动,待时机成熟后再将范围扩大到整个东南亚和南亚地区,实现昆明作为金融人才培养基地和金融人才聚集地的目标。

8.3.3 夯实区域性国际金融中心的实体经济基础

云南省提出了建设成绿色经济强省、民族文化强省和中国面向西南开放的"桥头堡"的发展战略。"绿色经济"、"民族文化"是立足云南省的资源优势，发展优势产业，"桥头堡"强调了云南省的区位优势，突出了以云南省作为对外开放的排头兵作用。云南省新的发展战略是昆明建设成区域性国际金融中心的重要基础，昆明建设成区域性国际金融中心是实现云南省新的发展战略的灵魂和核心支柱。把昆明建设成为区域性国际金融中心，需要实体经济的支撑，关键是发展优势产业和服务业以及加大对外开放力度。昆明泛亚金融服务中心的实体经济基础是优势产业、现代服务业和国际贸易与投资。以实体经济的金融需求引致金融集聚，从而实现区域性国际金融中心这一长远目标，是昆明金融中心发展的重要路径，可以实现优势产业、现代服务业和对外开放良性互动以及实体经济发展与金融中心建设的相互需求和互利共赢。

1.发展优势产业。"两强一堡"战略要求云南省立足比较优势，壮大和发展优势产业。目前云南省的产业发展与其资源优势和区位优势是明显不相称的。因此，云南省应充分发挥比较优势，提升优势产业的规模和竞争力，并以优势产业促成现代服务业的腾飞。

云南的传统优势产业主要是矿产、烟草、电力、生物、化工、旅游等产业，云南省还要将新材料新能源、生物制药、先进机械制造、文化产业、现代服务业发展培育为战略新兴产业。昆明要建成以优势产业和现代服务业为支柱的区域性国际金融中心，必须以优势产业的聚集实现金融业、物流业、信息服务业等现代服务业聚集的目的，最终实现金融中心这一长远目标。为此，云南省至少需要用5年的时间夯实体经济基础。

2.发展现代服务业。国内外经验证明，服务业是金融中心建设的重要基础条件和依托，但云南省服务业发展仍较滞后，服务业增加值增速和占GDP比重均低于全国平均水平，发展现代服务业，全面提高服务业的发展速度、比重、质量和水平的任务还很艰巨。除了将金融服务业的发展列为优先发展的领域外，云南省还应重点发展现代物流业、信息服务业、科技服务业、中介咨询服务业、旅游业、文化产业、商贸流通业等现代服务业，积极推进服务业的对外开放，并形成现代服务业与金融中心的良性互动关系。

3.加快对外开放。

(1) 国际贸易。云南省处于中国—东盟自由贸易区和大湄公河次区域核心地带，毗邻南亚，并在促进中国—东盟、中国—南盟经贸合作中发挥了重要作用，取得了不错的成绩。2009年，对东盟的进出口占云南省对外贸易的39.3%，而昆明进出口占全省的76.1%，特别是与GMS五国的双边经贸合作快速推进。随着中国—东盟自由贸易区的正式建成，零关税将促进双边贸易更快发展。云南省还获得了国家第二批人民币跨境贸易结算试点，因此随着汇率风险和换汇成本的消除，云南省与东盟国家的双边贸易特别是与GMS各国的双边贸易将会取得更大的突破。以贸易一体化促进金融一体化是经济一体化的基本经验。

(2) 国际投资和生产。充分利用云南省在中国政府境外替代种植计划的先行优势，走"替代种植—替代产业—替代经济"的良性循环之路。替代产业链对云南省来说具有重要的战略意义：首先，替代产业链已成为中国—东盟自贸区、澜沧江—湄公河次区域合作机制的一部分，也是实施西部大开发战略的重要组成部分，对云南省扩大开放，发展区域经济均有较大的意义；其次，替代产业链是云南省实施企业"走出去"和引进外资的重要举措。根据国际经验，工商企业走出去后相应的金融机构和金融业务企业也会跟着出去。同样，引进东盟的产业资本进滇进行各种产业的开发，在带来产业资本聚集的同时也会带来金融机构的集聚。

(3) 国际资本流动。跨境贸易人民币结算试点是实现人民币国际化战略的第一步，云南省在积极努力争取试点省份后，务必要积极用好这一政策，因为这关系到是否有能力用好政策以及是否有希望获得后续政策。跨境贸易人民币结算的最终目的是实现人民币国际化的国家战略，而国际化最为重要的一步就是资本项目的开放。云南省试点人民币跨境贸易结算即是先试先行，为人民币实现全面的跨境结算"试水"，对后续昆明金融中心建设工作的顺利开展意义重大。云南省作为跨境贸易人民币结算试点于云南省具有三个重要意义：第一，促进中国和云南省与东盟国家的贸易扩张；第二，有利于实现把昆明建设成跨境人民币金融服务中心，这是实现昆明金融中心的关键一环；第三，云南省有试点的基础，这个基础包括经验也包括结算试点引致的"资本涌动"，但这种涌动在试点期间仅仅表现为经常项目项下的，是一种潜在的需求。一旦试点成功，云南省将成为人民币国际化的前沿，即人民币资本项目开放试点及完全放开后的前沿。国际资本流动是昆明建设区域性国际金融中心的关键一环。

8.3.4 加强国内外金融合作

1.国内金融合作。在国内，要积极拓展滇沪、滇港金融合作的空间和领域。目前，云南省的金融业发展与发达省份相比还较为落后，单靠云南省的力量建设金融中心可能困难较大，云南省应借助上海—云南的传统帮扶关系以及《内地与香港关于建立更紧密经贸关系的安排》（CEPA）和泛珠三角区域合作的框架，充分利用我国上海和香港两个国际金融中心的优势，与沪港建立战略伙伴关系，为云南省金融业发展和昆明金融中心的建设提供重要外援。云南省还需积极拓展与香港金融界的合作，特别是在银行、保险、资本市场、金融监管、贸易融资和人才培养方面的合作，以此提高云南省金融业的运作水平。当前还要充分利用香港作为国际金融中心的地位，鼓励省内企业到香港融资。

2.国际金融合作。

（1）积极争取提供项目融资服务。在中国与GMS各国的合作中，公路、水运、铁路、民航等次区域运输通道及相关基础设施建设、能源及电信合作是重点[①]。云南的金融部门要抓住这些建设机会，积极争取为项目建设提供信贷支持及相关金融服务。

（2）建立次区域内以人民币为主导的一篮子银行结算体系。近年来，

---

① 中国国家发展和改革委员会、外交部、财政部：《中国参与大湄公河次区域经济合作国家报告》，载《人民日报》，2008-03-28。

受中国经济区域影响力增强、中国与东盟国家经贸合作深入开展、人民币持续升值及美元持续贬值等多个因素的影响，人民币在东盟特别是大湄公河次区域的影响力持续上升。中国应当利用这个机会，根据区域经贸往来的客观需要，适时而积极地推进区域内贸易结算体系的完善。云南的金融管理部门应当高度重视并积极促成国家相关政策的出台。一是在现有与周边国家边境贸易和一般贸易以人民币进行结算和退税的基础上，积极拓展与其他国家试点人民币结算和退税[1]。二是积极开展双边中央银行合作，加快签署双边结算协议，在推进区域内各国货币相互认可的过程中，积极推进人民币为主导结算货币的一篮子货币结算体系，减轻对美元的过度依赖，为区域内国家的汇率协调乃至更高程度的货币合作打下基础。三是疏通双边银行结算渠道，为贸易资金规范运作创造条件。省内各商业银行要积极同境外商业银行建立代理行关系，同时，金融管理部门要引导商业银行在边境地区增设网点，开展边境贸易结算服务。另外，金融管理部门要积极向国家争取出台云南边境贸易项下人民币出入境的政策，放宽贸易项下人民币出入境限制，以规范和解决边贸人民币结算中大额人民币出入境困难的问题[2]。此外，金融管理部门应当采取各种有力措施，引导和鼓励企业通过银行进行贸易资金结算，从而一方面降低企业贸易结算风险，支持企业发展，另一方面通过把非银行结算纳入银行结算体系，有利于抑制和打击边境地区地下金融的非法运作。

（3）加快金融产品创新，适应GMS贸易发展需要。云南省与GMS国

---

[1] 云南省从2004年1月1日起对以人民币结算边境小额贸易出口货物开展退税试点，2004年10月进一步将边贸企业出口货物以人民币银行转账方式结算的退税比例由70%上调到应退税额的100%。边贸人民币结算的退税政策，对促进边贸增长产生了明显的效应。云南在人民币结算与退税方面早已走在全国最前沿。

[2] 目前边境小额贸易项下人民币出入境困难。由于在部分边境口岸，外商在口岸的人民币存款较少而我国与越南、老挝、缅甸三国银行结算渠道不畅（对越南只有老街农行与河口县农行有结算协议），许多边贸人民币结算是以现金方式完成，而贸易项下人民币的出入境国家没有相关规定，仍比照旅游者个人携带人民币2万元出入境的规定办理，使贸易项下大额人民币出入境困难，制约了边境贸易的开展。

家特别是周边三国贸易往来的多元化发展，要求金融部门能够适时推出满足客户和市场需求的创新性金融产品与服务。比如，在融资方面，针对中小企业担保难、准入难的问题，大力开发门槛适中、简便快捷、可循环使用的信贷产品，满足中小企业客户"急、频、快"的融资需求；在规避汇率风险方面，积极利用衍生金融工具开发各种规避汇率风险的本外币金融产品，帮助中小企业客户有效防避汇率风险，实现资产的保值和增值等。

（4）努力在亚洲人民币债券市场的建设和发展中占有一席之地。发展亚洲债券市场是推进亚洲地区各国金融合作的重要组成部分，云南省金融结构以银行间接融资为主[1]，这种结构难以支撑经济结构调整的战略重任，发展债券市场，将提供改变这种金融结构的途径。积极利用亚洲债券市场，能够为云南省的企业在银行体系及股市以外创造另一个重要的融资渠道。云南省应当充分认识到这一区域金融合作机制的发展潜力，密切关注并积极创造条件，在时机成熟时利用好这一区域性债券市场。

鉴于亚洲各国债券市场的现有发展水平及亚洲区域金融合作尚处于初步阶段的现状，在目前的条件下，在亚洲各经济体之间开展双边合作，并在双边的基础上彼此提供在对方国家发行该国货币定值的债券的便利，是推进亚洲债券市场发展的可行的第一步[2]。为此，云南省一方面要进一步加强与东盟国家特别是次区域国家的经贸合作，在加深合作中增进理解和信任；另一方面，云南省要在这一区域加大对云南省企业（产业）的推介力度，云南省的烟草、水电、有色金属、钢铁、矿产开发、化工及生物资源开发等优势产业在中国西南地区乃至全国均具有一定优势，云南省应当把这些企业（产业）作为今后亚洲债券市场的主要参与主体进行宣传。此外，由于云南省目前金融基础设施还很薄弱，因此，可以考虑借助香港的窗口，利用香港已有的金融技术和支付与结算系统，以助发展人民币债券

---

[1] 2002年至2005年间，云南省直接融资比例低于2%，2006年上升到7.6%，2007年为11.9%，但仍低于全国22%的水平。目前，日、德、美等发达国家企业直接融资比重已分别达到50%、57%和70%，与之相比，云南省的差距更加明显。

[2] 李扬：《亚洲债券市场发展与区域金融合作》，载《金融时报》，2003-10-13。

或其他币种债券市场。

(5) 举办"大湄公河次区域金融发展与金融合作论坛"。昆明区域金融中心建设不是单向的行为过程，还取决于他国的接受意愿和接受程度。云南省需要其他国家的合作，这种合作既包括促进市场交流的安排，也包括制度化的安排。所以将昆明建成"大湄公河次区域金融中心"也是一个国际协调与合作的过程。双边或多边的经贸合作，首先要求同存异、共谋发展，"大湄公河次区域金融发展与金融合作论坛"可以为此提供一个相互交流与沟通的平台，为昆明金融中心建设造势。论坛将以跨境贸易与投资人民币结算、绿色金融、离岸金融、华人金融等为主题，探讨区内各国的金融发展与金融合作问题。条件适当时再将该论坛扩展至东南亚和南亚诸国，确立昆明在区域内的金融商务中心、金融信息中心和金融机构中心的地位。

8.3.5 实现昆明泛亚金融服务中心的长远目标

随着以上步骤的初步完成，可以预见，云南省"桥头堡"发展战略将逐步得以实现，云南省优势产业的竞争力将更强，国际贸易、国际投资与生产规模将更大，国际资本流动程度会更高。昆明将成为金融创新的示范基地，金融机构的集聚效应将更加明显。此时，为了实现昆明泛亚金融服务中心的最终目标，工作的重点将包括两个方面：政策层面和经济金融层面。

1. 政策层面。以科学的战略规划、高超的政治智慧和务实的工作方法，调动全省各方面资源，国内外共同合作，中央地方上下共同推动把昆明建设成泛亚金融服务中心的战略上升到国家政策层面，实现政策突破和"先试先行"。

我们认为，如果前几个阶段能够得到很好落实的话，把昆明金融中心战略上升到国家战略的可能性非常大。我们的理由非常充分。一方面，中国深化与东盟、南盟的经济金融合作和云南"桥头堡"战略的进一步深化都必须发挥昆明泛亚金融服务中心的功能；另一方面，人民币国际化战略的实现可以主要借助于东南亚、南亚区域，昆明建设成人民币结算和投资中心的前期经验有助于再次获得人民币资本项目开放试点，云南省将成为人民币国际化的前沿。

2.经济金融层面。

（1）继续贯彻以优势产业和现代服务业支撑的区域性国际金融中心战略，实现以优势产业的聚集实现金融业等现代服务业聚集的目的，最终实现金融中心这一长远目标的发展路径。

（2）以离岸金融、绿色金融、华人金融、私募股权投资、供应链金融为支撑和特色的目标不变，继续加大金融创新力度，实现金融资本和产业资本的有效融合与互利共赢。

（3）继续完善国际性矿权交易中心、环境交易所和大宗资源性商品期货交易中心的建设，在做大的基础上做强。

（4）争取进一步推动云南省地方金融机构与周边国家的合作。支持并鼓励东南亚、南亚国家银行到云南省设立分支机构。进一步完善金融机构的布局，支持国有商业银行和边境省份的股份制银行到东盟国家设立分支机构，并与周边国家银行建立全面合作关系。

（5）推动人民币成为中国与大湄公河次区域国家间贸易的主要结算货币，成为贸易及投资的主要计价和结算货币，并成为货币互换的主要币种之一，逐步发展人民币债券市场，推进人民币国际化。

（6）深化滇沪、滇港金融合作，开始探索立足中国西南、面向东南亚和南亚的资本市场建设。

9.昆明建设区域性跨境人民币金融服务中心的对策

2008年12月24日，国务院常务会议决定在广东和长江三角洲地区与港澳地区、广西和云南与东盟的货物贸易中进行人民币结算试点。这是云南省率先在边境贸易中试行多年人民币结算，并取得成功经验后，在国家层面上推广到一般贸易和对外投资使用人民币结算，推进人民币国际化的重要一步。2009年3月24日召开的云南省金融工作会议指出，对东盟货物贸易进行人民币结算试点，是云南省经济和金融发展面临的一个重大机遇，要利用这次试点机遇奠定云南省金融发展的新优势，用10年至15年的时间逐步把昆明建成金融机构聚集、产业发展与金融资源配置高效的区域性金融中心和人民币跨境结算中心。

2009年7月，胡锦涛总书记视察云南时指出，要"把云南建成中国面向西南开放的重要'桥头堡'"。这对于云南省的发展具有重要意义，意味着云南省的区域发展战略终于有了上升为国家战略的机遇。由于云南省地处中国与东南亚、南亚的结合部，与越南、老挝、缅甸三国接壤，边境线长达4 061公里，毗邻泰国、柬埔寨、孟加拉国、印度等国，是中国通往东南亚和南亚的重要门户以及连接太平洋与印度洋的重要通道，具有独特的连接"三亚两洋"的地缘优势。云南省委省政府认真贯彻总书记的讲话精神，提出了"两强一堡"的发展战略和目标，即"建设绿色经济强省、民族文化强省和面向西南开放的'桥头堡'"，为新形势下云南省经济社会的发展指明了方向。

目前，我国与东盟国家的金融合作还主要是在单一的货币结算上面，国内的商业银行在东盟国家开设分支机构还刚刚起步，境内外的金融机构之间的合作较少，金融监管部门之间的联系也不频繁。而对于面向南亚国家的金融合作就更少，目前的金融体系并不能很好地保障面向西南开放的"桥头堡"战略的顺利实施。因此，当前迫切需要建立多渠道、多层次、保障有力的金融支撑体系，以建立昆明人民币跨境金融服务中心为突破口，推进"桥头堡"战略的实现。

2010年3月，"两会"召开中，云南省省长秦光荣表示，云南省作为全国首家边贸人民币结算试点，成立结算中心的条件已经成熟。全国人大代表、中国人民银行昆明中心支行行长杨小平提出，尽快批准云南省与东盟国家进行跨境一般贸易人民币结算的试点，并在昆明设立西南地区人民币跨境结算中心。相关建议得到了中国人民银行行长周小川的重视及讨论。3月25日，经昆明市人民政府与中国人民银行昆明中心支行充分协商，制定了《昆明市人民政府、中国人民银行昆明中心支行关于加快推进昆明区域性跨境人民币金融服务中心建设的实施意见》，并以公函形式上报中国人民银行，中国人民银行回复提出"我行原则上支持昆明市遵循市场规律，在国家政策的统一部署下开展跨境人民币业务，在区域金融合作方面发挥重要作用"。2010年4月，云南省委书记白恩培在中国人民银行昆明中心支行《云南金融专报》①上批示，要有完善繁荣的金融业支撑云南省建设面向西南开放的"桥头堡"；昆明市委书记仇和批示要在市金融工作会议召开前着力研究，提出具体实施意见和方案。

在加强人民币结算功能、加快人民币区域化，建立区域性跨境人民币金融服务中心的重大战略中，云南省金融业是机遇与挑战并存，必须积极采取措施来推动此项战略的顺利实现。昆明市建立区域性跨境人民币金融服务中心，应分为三步走。第一步，建立覆盖全省25个边境县市的边贸结算网。这一时期，重点是要增设和拓展办理边贸人民币结算业务的银行网点。第二步，建成以昆明为中心，内连内地各省、市、区，外接东盟各国

---

① 《云南金融专报》提出要打造云南金融业对外开放的独特模式，即"一个聚群、三大体系、四个走廊、九个中心"。

的人民币结算网络体系，初步奠定云南省作为中国与东盟各国金融"中转站"的地位，这是至关重要的一环。第三步，建立面向全球的多功能现代化的人民币金融服务平台。要实现这一战略目标，现阶段应该从各个方面采取措施。

9.1 金融机构

区域性跨境人民币金融服务中心的建立，需要软硬件设施的不断完善，尤其是金融机构的集聚，以及与周边国家业务的扩展。

9.1.1 机构设置

建设金融服务中心应实施高品质基础设施建设，保证区域性跨境人民币金融服务中心硬件建设质量，打造金融服务中心聚集金融业资源的载体。昆明市目前已筹划在昆明主城区投入建设金融商务区，作为区域性跨境人民币金融服务中心的金融机构集聚区。今后还应围绕商务区提供全方位金融配套服务，加快周围区域高品质楼宇的开发和功能改造，建设一批品质高的金融商务楼宇，加快形成金融机构的高度聚集。特别要加大周边基础设施改造力度，抓好立体交通网络、现代通讯网络以及相关商业服务配套设施建设，不断提高配套设施服务功能，尽快形成现代化的智能办公条件，使得在通讯、交通、娱乐、生活等设施方面配合金融商务区需要形成产业链条，形成以金融商务区为中心，辐射周边的新型商业服务区，争创全国优化金融生态综合试验区，打造一流的金融业发展环境。昆明应凭借得天独厚的区位优势和金融集聚区的建设，把金融商务区打造成为国内外金融机构（特别是东盟国家的金融机构）进入云南省的首选之地。

9.1.2 加强与周边国家金融机构的合作

1.加强区域内各国中央银行的合作。积极开展我国与周边国家间的金融合作，做好人民银行与周边国家中央银行签署双边支付与结算协定的工作，进一步推动境内中资银行与邻国商业银行建立以人民币或其本国货币为结算货币的贸易结算体系，同时，加强各国金融管理部门之间的合作，包括：（1）加强区域国家金融界在金融体制改革、金融监管等方面的交流与合作。（2）与邻国达成经济金融协调机制，建立双边委员会，协调货币兑换方面的政策。（3）在外汇监管及反洗钱交易方面提供培训，在对方有必要与本国负责外汇监管和反洗钱活动的其他主管机构建立联系时提供帮助。积极参与反洗钱的国际合作，提高对可疑资金流动的监测分析能力，加大反洗钱工作的培训和宣传力度，为完成反洗钱任务提供支持，避免不法分子利用银行结算渠道将"黑色"资金变为合法资金，保证对外贸易的健康发展。（4）加强国际合作，打击伪造人民币的犯罪行为。人民币假钞问题制约着边境贸易发展和人民币区域化、国际化的进程。因此，一是要加强政府间合作，共同打击制造、贩卖、使用假币的犯罪行为，维护人民币的形象以及边境贸易的正常进行。二是积极建立并完善银行结算渠道，提供全方位的银行服务以满足客户的需要，尽量减少边贸交易中现钞的使用。三是大力宣传人民币防伪知识，提高人民群众的防范意识。（5）定期交换信息。其中包括金融信息、人员信息、法律信息、使国家法律得以实施的保障机制方面的信息、在金融业务中的违法行为及防范措施方面的信息、有关违反金融监管法规、商业银行的资信信息等。（6）安排工作访问，举行学术研讨会并提供咨询。

2.鼓励边境地区商业银行开展跨境金融合作。鼓励云南省边境地区商业银行与毗邻国家边境地区商业银行加强联系和合作，双方商业银行建立代理行关系，鼓励毗邻国家边境地区贸易机构开立人民币边贸结算专用账户，畅通结算渠道，为边境贸易和对外投资提供方便、快捷的结算服务。外汇管理部门要认真做好边境贸易出口人民币结算核销工作，引导边贸结算进入银行体系，推动边境贸易发展。

3.鼓励中资银行积极拓展境外市场。人民币的国际化将推动中国金融机构的国际化进程，相关金融监管机构应该鼓励中国的商业银行大胆地走向世界，拓展业务范围，积极开展人民币的国际结算业务。通过人民币用于国际结算，我国的商业银行将会获得新的业务发展空间，有利于中资银行竞争力的提升；有利于中资银行海外分行的发展；可以享受人民币清算行的好处；有利于获取新的客户资源，改善中资商业银行的业务结构、收入结构和盈利模式。云南省内的金融机构应该利用独特的区位优势、多年进行边境贸易与投资人民币结算的先发优势、紧密相连的民族文化优势，利用周边国家经济相对不发达、金融业竞争相对不激烈的有利条件，逐步在东盟国家建立起自己的经营网络和发达国家银行所不具备的独特竞争优势。

4.鼓励边境地区商业银行增加结售汇网点，设立外币代兑点。相关金融机构在深入研究人民币与相关国家货币的汇率形成机制的基础上，加挂人民币兑换毗邻国家货币的牌价，为边贸企业结售汇和兑换外币提供方便。只有正规的金融机构扩大了网点与覆盖面，提高金融服务的效率、质量，才可以扩大正规金融机构人民币兑换数量的规模、掌握人民币兑换活动中的话语权，真正的摆脱在我国与越南等周边国家的边贸口岸中人民币与外币的兑换汇率受"地摊银行"操纵的现状，才可能达到压缩"地摊银行"的生存空间，将人民币的跨境流通纳入商业银行体系的目的。

5.积极探索建立境外人民币正规的回流渠道。由于我国存在资本与金融账户的管制，大量境外的人民币没有一个适当的回流渠道，在国内资本市场繁荣的情况下，还是有许多的资金通过各种地下途径返回到国内。这些缺乏监管的资金虽然短期内对我国货币政策和资本市场还不会造成重大的影响，但是随着人民币国际化的不断推进，在我国资本与金融账户还未完全开放的情况下，建立一个完善的人民币回流机制，应该是人民币国际化初期的一个政策选择。目前云南省各边境口岸边境贸易繁荣，境外拥有大量人民币存量资金。因此，在条件成熟的情况下，可以适当加强边境地区的金融理财产品等金融资产的开发与营销工作。

6.积极拓展国际金融业务。在以美元、欧元为主要国际结算储备货币的格局还未根本改变的情况下，云南省的金融企业同样要加强传统国际金融业务的拓展，积极为客户提供美元、欧元、日元等国际货币的金融服务，加快发展云南省与周边国家和地区之间的国际贸易与投资交流，这也是推进昆明成为区域贸易与结算、投融资中心的必要措施。

9.2 金融市场

昆明市要成为区域性跨境人民币金融服务中心,需要有较强的经济实力和完善的金融市场。因此,提高经济发展水平、完善金融市场体系是当前的主要任务。

9.2.1 提升城市综合服务功能

区域性跨境人民币金融服务中心的建设包括人民币跨境结算中心、人民币跨境资金融通中心、人民币跨境直接投资中心、人民币跨境金融产品创新中心、人民币跨境资金流动监测中心、金融管控中心、金融人才聚集中心、金融信息中心、金融服务外包中心。这一综合体系的建设需要加强对城市的建设,尤其是要强化城市的综合服务功能,进一步提高经济的开放度。另外,产业发展上要协调合理,特别要加快现代服务业的发展,服务业的发展有利于城市集散功能、资源配置功能和创新功能的发挥,也有利于贸易、金融与经济的发展。

9.2.2 发展以票据市场为主的区域性货币市场

短期货币市场是金融市场的重要组成部分,而票据又是货币市场的主要工具,随着利率市场化进程的加快,利率自主权逐渐下放到金融机构,再贴现利率将逐渐成为中央银行主要调控手段,通过变动短期利率引导长期利率以及整个市场利率,因此,区域性票据贴现市场的建立将成为重要的金融中心主要的组成部分。同时发展票据贴现市场有利于企业周转流动资金,及时收回应收款项,保障企业资产的安全性。票据是非常重要的一种结算工具,票据市场的发展对于区域性跨境人民币金融服务中心的建立具有重要意义。

9.2.3 发展以企业债券为主的区域性资本市场

发展区域性资本市场的重点在于鼓励区域内企业的上市融资以及地方性债券市场的建立。现阶段应加大对企业债券和地方政府债券的发展,以保障企业的发展及支持地方经济建设对资金的需求。发展区域性资本市场也能进一步推进金融市场的开放程度,完善金融服务中心的功能。

9.2.4 培育壮大跨境人民币保险市场

把保险业发展纳入金融业全局统筹安排,坚持发挥市场在资源配置中的基础作用,加强政府推动和政策支持。提高全社会对保险业的认识,大力普及保险知识。稳步增加保险公司的数量和类型,规范发展保险中介机构,鼓励和支持包括民营和外资在内的各类社会资本投资保险业,实现保险市场主体多元化。同时在东南亚国家发展人民币保险市场,开发人民币保险产品,为昆明市建立区域性跨境人民币金融服务中心提供强大的金融保障。

9.2.5 大力发展跨境人民币信托业

作为我国经济领域唯一可以同时横跨货币市场、资本市场和商品市场的金融行业,信托在昆明市尚处起步阶段。因此一方面要加快昆明市的信托业发展,另一方面在人民币跨境区域开展人民币信托业,完善人民币金融市场。加大引导和培育,使信托投资公司在信托法规的框架范围内积极拓展主营业务,打造核心竞争优势,构建关联资源,强势突破。要以信托业务为基础,资产管理为核心,投资业务为重点,投行业务为龙头,资本运营为手段,构建业务管道,广结策略联盟,建设关联资源,塑造核心竞争能力与资源整合能力,加快国际化、资本化进程,全面构建现代金融企业制度,为实现信托业价值最大化,实现信托业跨越式与可持续发展而奠定坚实的基础。

9.2.6 推进境内境外人民币担保体系建设

境内地区要充分发挥国有资本的引导作用,鼓励民营资本投入、参与竞争,多形式、多渠道组建中小企业担保机构。修订完善中小企业融资担保体系建设的实施意见,从财政、税收、规费等方面给予扶持,拉动社会各类资金转化为担保资本,形成财政资金、企业资金、民间资金多方投入推进中小企业融资担保体系建设的良好局面。农村小额贷款公司要积极开展担保业务,保险公司要研究开发贷款保证保险产品,为金融机构发放小额贷款提供担保支持。境外地区要利用人民币跨境优势,推进人民币担保体系建设,完善人民币金融市场服务机制。

9.2.7 积极扩张境外投资功能

区域性跨境人民币金融服务中心的建立将促进国内金融业务的国际扩展,因此除了加强建设国内的金融市场,还应积极拓展投资者的境外投资,丰富金融市场的功能。要树立投资者境外投资的意识,引进高级金融管理人才,充分利用境外投资产品来分散风险,并通过境外投资市场的发展,带动国内金融市场的发展。

9.3 金融产品与工具

昆明市的金融机构必须先要积极地行动起来,改进当前的跨境金融服务,发展多种方便、快捷的资金汇兑结算工具,将跨境资金流动最大限度地纳入正规金融渠道,为人民币结算服务提供坚强的后盾与支持。

9.3.1 整合现有产品

目前国内商业银行的结算工具种类相当丰富,昆明区域性跨境人民币金融服务中心要在原有基础上进行整合,推出新的金融衍生产品;利用现有成熟金融产品的优势,运用于跨境人民币金融业务。

9.3.2 以技术创新推动产品创新

当代科技日新月异,在计算机、网络、通讯技术已被广泛应用的今天,金融产品的研发必须以电子技术为依托。依靠电子化平台,可以使银行产品的专业性和技术性大大提高,加大了产品模仿的难度,有利于银行维持产品创新的效益,同时也能使其服务向自动化、简约化方向转变。伴随着人民币的跨境流通,对原有的适合我国市场的金融产品进行技术创新,使其在整个人民币的流通区域发挥作用。顺应国际银行业趋势,针对我国银行产品薄弱环节,运用信息技术作为产品创新的主要手段,完善现有的电话银行、手机银行、网上银行的各项服务,及时更新各项功能,切实满足客户的多样化需求;构建客户信息数据库,进行集中、有效的数据信息管理，应用数据挖掘，进行业务产品的研发。

9.3.3 开发人民币综合产品

在人民币跨境流通区域开发出能结合银行、保险、证券、期货各金融业多种功能的金融工具，增加我国面向东南亚、南亚地区的人民币投资产品。目前保险、证券、银行业分业经营，虽然也有部分代理产品，但是相互交融的产品仍然没有，金融工具大多数仍是单方面具有融资功能或保障功能，尚缺乏能综合各项功能的金融产品，因此应积极开发出一种将融资功能、保障功能、资信调查、投资投机各项功能融合起来的金融产品。

9.3.4 大力发展金融衍生产品

目前股指期货的运行在市场上受到了欢迎，也取得了较好的成绩，使得金融衍生产品在市场上开始占有一席之位。大力开发金融衍生产品，也是对金融服务中心的一个完善。因此，市场应有效地放松资本管制，大力发展金融衍生产品，从一般远期、期货、期权、互换交易开始，发展人民币远期外汇市场、离岸金融市场、人民币掉期市场等。积极发展人民币汇率衍生产品市场，继续推进相关制度和基础设施建设，以利于境内人民币汇率衍生品市场影响力的扩大和提高。

9.3.5 面向东南亚、南亚有序开放人民币债券市场

面向东南亚、南亚开放人民币债券市场，是推动昆明市建设区域性跨境人民币金融服务中心的重要措施，是推动亚洲货币合作的重要环节，也有助于缓解世界经济的不平衡。目前中国应该进一步向周边国家政府、相关国际金融机构以及信誉好的银行和企业开放债券市场。

9.3.6 进行境外人民币基金发行试点工作

基于循序渐进、稳步推动的原则，可优先选择境内机构在境外设立并具有海外发行基金资格的机构作为人民币QFII。当境内证券经营机构资产管理能力增强，建立广泛的资产管理区域化甚至国际化营销网络后，且获得境外监管当局的许可时，可参考我国已在香港发行60亿元国债和300亿

元金融债券的模式,由境内发行主体直接在人民币基金接受国或地区发行并管理人民币基金。发行境外人民币基金业务,需要就人民币基金发行主体资格、境内证券经营机构作为次管理人扩大业务范围、人民币基金准入管制、投资规模控制、跨境人民币资金流动管理等进行审批,同时还与人民币基金接受国家和地区官方对人民币的管制程度、基金发行主体的管制程度、金融机构是否能为人民币基金的申购赎回提供配套服务等密切相关。

建议境内主管部门监管模式为:证券监管部门负责对人民币基金的发行机构进行资格审批,对人民币基金的投资范围等事项予以规范;国家相关部门根据跨境人民币贸易结算规模批准此类人民币基金发行的总额度;最后由外汇监管部门对投资人民币基金投资本金和收益的汇兑行为予以规范并建立有效的统计监测制度。

9.4 风险防范

9.4.1 系统性风险防范

所谓系统性风险即市场风险,是指由整体政治、经济、社会等环境因素对微观主体所造成的影响。一般包括政策风险、经济周期性波动风险、利率风险、汇率风险等,这种风险不能通过分散投资加以消除,因此又被称为不可分散风险。系统性风险与非系统性风险本是用于研究证券市场的风险,在整个金融服务中心的建设中,我们可以将其范围扩大化,即在宏观方面的风险归结为系统性风险,因此对系统性风险的防范应从宏观层面上进行。

1.建立和完善风险控制机制。昆明区域性人民币跨境金融服务中心的建成,在给金融机构和企业带来巨大利益的同时,也会使各金融机构自身以及所服务的企业经营风险增大。因此各金融机构针对跨境经营的不断增加,需要根据各国国情及自身特点分别制定相关措施,短期内不应仅以利益为主,要充分考虑到风险问题,建立完善的风险控制机制。

风险控制机制的建立和完善首先应从行业监管机制的建立和完善开始。可考虑针对金融服务中心建立一个监管部门,一方面及时观察政策、经济、社会方面的新动向，做好相应的对策防范，防止发生由宏观方面的因素所带来的负面影响；另一方面对各个部门的合规性、合法性进行有效的监督管理。

金融监管部门和各金融机构的上级主管部门应该充分认识到人民币跨境流通业务可能带来的风险，积极采取措施应对风险，处理好业务发展和风险控制的关系。

2. 优化人民币监测体系。建议把进一步完善人民币跨境流通监测体系作为实施"走出去"战略的重要内容。加强调查研究，加强与境外银行的联系和沟通，及时了解和掌握人民币在境外流动、兑换和沉淀量的信息，规避人民币的流入流出对口岸地区金融机构的冲击，确保口岸地区金融安全。

针对人民币的跨境流通，金融监管机构还应不断完善人民币跨境流动监测机制和管理机构，对人民币的流出流入量进行监测和管理，方便管理，防范风险。近期需要配备专职监测人员，制定科学的指标体系。加强与周边国家银行间的合作，进一步建立和完善人民币在周边地区流通、结算情况定期报告制度，建立信息共享机制，完善相关数据的采集渠道，加强对边境地区人民币流动情况的监测分析，为进一步做好人民币跨境流动监测工作，准确掌握人民币在边境贸易中计价结算的真实情况提供制度保障。

监测机制主要包括两个方面：一个是反假币监控机制，随着人民币在周边国家的普遍流通，假币泛滥成为当前的一个严重的问题。假币的流通一方面给交易者带来了损失，另一方面也给我国的货币发行造成了不良影响。因此，在建立金融服务中心的同时还应设置专门的部门对假币的流通进行监控以及制止。主要方面就是做好反假币的宣传工作，提高出入境人员以及贸易人员的反假币意识，切实加大对跨境制造、贩运假币犯罪活动的打击力度。同时加强与境外合作机构的密切协作与配合，加强反假信息沟通和交流，维护法定货币的尊严。另一个是反洗钱监控体系。金融服务中心的建立将会促进对外贸易和投资，加速人民币的对外流通，同时也会带来洗钱方面的风险。其中，利用金融机构、现金密集行业、商业票据和走私方面洗钱的危险最大。利用金融机构主要包括匿名存储、利用银行贷款掩饰犯罪收益、控制银行和其他金融机构。现金密集行业包括赌场、娱乐场所、酒吧、金银首饰店等。伪造信用证等商业票据尤其容易在对外贸易中掩饰洗钱活动。现金走私、贵金属或艺术品走私也都是洗钱者用来清洗犯罪收益的方式。鉴于以上各方面，金融机构及边境口岸应有相应对策来进行反洗钱。在金融机构方面，第一，应健全反洗钱内控制度。即建立反洗钱专门机构或者指定内设机构负责反洗钱工作。第二，建立客户身份识别制度。即金融机构在与客户建立业务关系或者为客户提供规定金额以上的现金汇款、现钞兑换、票据兑付等一次性金融服务时，应当要求客户出示真实有效的身份证明文件，进行核对并登记。第三，金融机构应当建立客户身份资料和交易记录保存制度。即将有关交易记录长期保存，便于查阅。第四，在交易中金融机构应注意审查结算工具的真实性，避免洗钱者通过伪造票据进行犯罪。第五，金融机构还应执行大额交易和可疑交易报告制度。如有发现，应及时报告相关部门进行审核。除了金融机构以外，边境口岸地区应专门设置部门对进出口货币进行监测，防止洗钱者利用现金走私洗钱。

3. 相关部门应将非居民人民币结算账户纳入银行账户管理体系。建议由人民银行牵头，结合云南省沿边实际情况，在当地指定一些具备条件的部门如海关、外事、银行等机构，为边民在当地银行网点开立非居民人民币账户提供便利。

4. 设立人民币限额兑换试验区。在云南省条件许可的边境地区，允许外方银行直接向中方指定银行进行人民币与其他可兑换货币的兑换；允许境外代理行向境内代理行在规定额度内申请办理贸易结算项下的人民币拆借业务；为国外企业提供贸易融资便利；允许境外企业在人民币贷款用于真实贸易而出现人民币资金不足时，用外币兑换人民币后偿还人民币贷款。

5. 人民银行应充分利用国内人民币支付结算平台，积极推动电子支付工具的延伸运用。与周边国家协商构建人民币跨境结算支付体系，搭建一个跨境金融结算服务平台和一个跨境金融信息交流平台,提升正规金融跨境结算的服务水平和竞争力,降低人民币境外的金融活动风险。

6.积极探索人民币与周边国家货币汇率的形成机制。针对边境地区银行办理业务时汇率受制于"地摊银行"以及依靠非正规金融方式实现头寸平补的状况,应积极在边境地区进行人民币与周边国家货币汇率直接形成机制试点,逐步摆脱对"地摊银行"的依赖,增强各国的汇率制度协调,以维持区域内双边汇率的相对稳定。将小规模的"地摊银行"规范为货币兑换点,纳入监管体系,允许专业性的货币兑换公司开办兑换业务,提供多渠道的兑换业务。

9.4.2 非系统性风险防范

非系统性风险是在行业内部由于特有事件的产生而导致的行业内经营上产生的风险,与整个行业没有系统性关系。主要包括财务风险、信用风险和道德风险。非系统性风险是针对微观的风险,因此在防范上应主要从行业内部来考虑。

财务风险主要指由于微观主体因筹措资金而产生的风险,特别是丧失偿债能力的风险。为防范财务风险,各微观主体应保证财务结构的合理性,按照有关规定进行设立。如各银行机构应严格按照巴塞尔协议就风险资产的有关规定进行治理,证券行业严格执行对保证金的要求等。

信用风险也称为违约风险,即不能按时向合同方根据合同要求执行合同协议,从而给对方造成损失的行为。信用风险的产生与微观主体的财务状况有很大的关系,所以为防范信用风险还应从财务风险上进行治理。

道德风险主要指在信息不对称的情况下,微观主体管理者的行为给其他方所造成的利益损害。防范该风险应从管理者自身的道德素质出发进行改善,以及从宏观上对信息的传递进行治理。

随着人民币区域化的进程,金融机构业务的对象从国内扩大到整个东南亚市场,金融产品与工具也由人民币单一性扩大到币种的多样性,非系统性风险也将因此而增大,在防范和治理上也应从人民币区域化方面进行认真考虑。首先,在财务结构的设置上合理、合法;其次,对管理层、治理层的素质和业务能力进行严格的要求。这样才能从根本上防范信用风险、道德风险以及财务风险等非系统性风险。

9.5 政策与监管

9.5.1 加快政府信息化建设步伐

金融服务中心的建设不仅仅是金融机构范围内的任务，对中心所在地政府也有相应的建设发展要求。政府行政管理信息网络化是一方面，而且势在必行。因此要充分认识加快政府管理信息网络化建设的重要性和紧迫性，自觉地从思想观念、管理方式等方面适应加快信息网络化发展的要求，采取切实有力的措施，积极利用网络技术、数字技术，加快行政管理信息化、现代化步伐，以适应昆明金融中心建设的需要。

9.5.2 加大软硬件的资金投入

国家和地方政府要加大软硬件投入，政策上给予支持，技术上有所创新，完善云南省各地州市的结算系统及金融服务系统。与区域内国家充分协商，必要时可适当增加对外援助，争取在较短的时间内完成中国与东盟国家贸易结算系统的网络化，形成以昆明为中心、面向东盟，乃至世界的现代化人民币电子结算平台。

9.5.3 提升国有资产管理和经营水平

从战略上调整国有经济布局和改组国有企业，提高国有经济的控制力，提高国有资本在关系国计民生的重要行业和关键领域的集聚度、在支柱产业和高新技术产业的集聚度，鼓励发展多元投资，增强国有资本调动社会资本的能力。

9.5.4 扩大政府的对外援助力度

建议政府在双边贸易交往中制定相应的扶持政策，增加从相关国家的进口，使得相关国家能够拥有充足的人民币作为其储备与结算货币。同时，调整我国的对外援助重点，对区域内的贫穷国家给予无偿的人民币援助,进一步增强其发展能力与支付能力。双管齐下,从根本上解决区域内使用人民币结算的头寸不足问题。

9.5.5 出台吸引人才、培养人才的优惠政策

积极吸引对口专业人才,充实现有的员工队伍。特别是既熟悉对方国家国情,熟练掌握对方国家语言,能够与外方银行和企业进行有效沟通,同时又熟悉银行业务(尤其是国际金融业务)的人才,应该打破常规高薪引进。每年举办几次国际金融业务的学习培训活动,让更多的员工有机会参加学习,适应工作的需要。对业务骨干可以组织到发达地区或国外的金融机构进行交流学习,为各金融机构能够建立起具有跨国经营能力的员工队伍创造良好的条件。

9.5.6 尽快签订中国同东盟和南亚国家之间的货币互换协定

目前,制约中国同区域内国家签订货币互换协定的主要障碍是区域内国家社会经济发展不平衡。因此,中国政府应该尽快与相关国家政府进行谈判,争取早日签订双边货币互换协定,扩大双边经贸合作的范围与规模。鉴于货币因素已经严重制约中国同周边国家经贸合作的进一步扩大,长远来看也会影响中国南部边境的安全。因此,中国作为区域大国,可以作出一些利益上的让步,应该尽快与区域国家签订货币互换协定,促进区域经济发展。

9.5.7 积极推进人民币跨境对外投资

1.争取国家政策支持,设立云南省人民币跨境投资试验区。目前,中国与周边国家的边境贸易与一般贸易已广泛采用了人民币结算,而人民币跨境投资也已启动。因此,建议将云南省设立为人民币跨境投资的实验区,让其先行一步,通过摸索实践,找到人民币对外投资的一般规律,为全局性的工作安排提供经验,也为人民币资本项目可兑换进行前期探索。云南省人民币跨境投资的实验区可以考虑除了将过去民间以人民币进行的对外投资纳入规范登记体系外,还可接受境外人民币直接对国内投资,为人民币回流创造另一合理机制。

2.建立健全云南省与周边国家的人民币结算体系。人民币跨境投资必然带来人民币在对方国家"落地"的问题,而现有的人民币银行跨境结算方式,均不能实现人民币到对方国家"落地",因为人民币资金在跨境时已经换成了对方国家的货币。要实现人民币跨境投资银行结算,就必须对现有银行结算体系进行改造。鉴于目前云南省与周边国家的人民币结算体系情况各异,需要区别对待,分别采用不同的办法予以解决。

3.增强国内金融机构对人民币跨境投资的服务功能。

(1)国家开发银行。作为政策性投资银行,国家开发银行应对云南省企业在周边国家投资的资源型项目,特别是"罂粟替代种植"项目给予扶持,同时结合国家开发银行境外业务发展战略,发挥其中外企业的纽带作用,在投资决策、风险防范、经营发展方面给予帮助。

(2)中国信保公司。云南省周边三国国力较弱,信用环境差,投资风险较大,需要加强境外投资保险。建议中国信保总公司与云南省政府签署合作协议,中国信保对云南省的项目在国家限额、承保政策、保费费率等方面给予优惠,并逐年提升对云南项目的国家限额。

(3)商业银行。目前,我国金融机构在老挝、缅甸还未设立分行级分支机构,境外企业在东道国的筹资能力普遍较弱,需要借助国内母公司的信用进行融资。建议开拓国内商业银行离岸金融业务,通过此项业务以"全球统一授信额度"、"内保外贷"等方式实现境内外资金联动,解决境外中资企业的资金需求。

10. 昆明建设大湄公河次区域金融中心的对策

10.1 金融机构

金融中心的主体和核心是多功能、多元化、种类齐全的金融机构及其服务机构。金融机构及其服务机构的大规模集聚对国际金融中心的形成具有十分重要的意义。金融机构集聚所产生的竞争效应、效率提高效应、技术进步和创新效应都会因为集聚程度提高而产生自我强化作用。随着集聚区域的扩大和集聚程度的提高,外部效应增强,规模经济和范围经济更加显著,更多的金融企业因此受惠。同时,交易效率提高效应也随着集聚程度的提高而增加。集聚区内专业化分工程度提高,企业之间的交易联系会更加密切,区域金融规模扩大,相关企业增多,交易效率进一步提高。

昆明泛亚金融服务中心金融机构及金融后援服务机构的集聚,需要政府制定并出台一系列综合配套改革举措,通过"内培外引"来实现。

10.1.1 政府要给予各种支持,吸引各类金融机构集聚昆明

1. 设立专门金融街区,完善基础设施建设。伦敦金融城的成功经验被很多城市在建设金融中心时借鉴,各地在城市规划中都专辟金融街区作为金融中心建设的空间载体。因此,昆明应以金融街商务区建设为核心,制定金融业及其后援服务业发展规划,推进区域金融中心建设。通过免征房产税、城镇土地使用税和水利建设专项资金等政策优惠,吸引境内外银行、证券、保险、信托等金融机构及其信用卡中心、呼叫中心、数据处理中心、灾备救援中心、清算中心等后援服务机构集聚,尤其是国内外知名

的、实力雄厚的银行类、投资类专业机构，增强金融的集聚和辐射功能，大力推进金融服务业集聚发展。在省内金融较发达的其他城市，可以加强规划，建设有特色的专业化金融街区。通过金融街区建设，吸引国内外金融企业后台机构、地区总部和金融外包企业入驻。

同时，完善金融街核心商务区的基础设施建设。调整商业结构，丰富商业业态，完善商务配套，确保金融功能建筑面积和CBD的增加值；开发文化设施，加快文化休憩产业分区和住宅商贸分区建设；优化信息网络环境，为金融机构入驻提供优质环境和优质载体。

2.优化人才环境，吸引培养金融人才。金融业是知识密集型行业，人才专业素质和道德素质的高低决定着一个金融机构的命运和未来。云南省地处中国的大西南，高端金融人才极其匮乏，严重制约着金融业的发展，因此，云南省必须举全省之力，实施金融人才发展战略。首先，政府要创造环境，引进高端金融人才，主要包括两种环境，一是观念环境，要牢固树立人才发展战略，创造"尊重劳动、尊重知识、尊重人才"的环境；二是硬件环境，要给一流的金融人才提供一流的生活环境和工作环境，使这些高端金融人才能在一流的环境中高效率地工作、高品质地生活。其次，政府给予专项资金，加强金融人才教育与培训工作。一是鼓励和支持金融机构建立企业博士后流动站、企业研究院等；二是加强人才国际交流与合作，这主要遵循先易后难的原则，昆明应该首先加强与东盟特别是GMS五国金融人才合作培养和交流，待时机成熟后将范围扩大到整个东南亚和南亚地区，最终实现昆明作为高端金融人才聚集中心的目标。最后，依托建设民族文化强省的发展战略，在教育体制和人力资源开发上在全国率先实现突破，争取成为国家级教育培训示范区，同时争取国家资金支持，在昆明建立一所面向大湄公河次区域的区域性国际金融学院。

3.建立政府专业化服务队伍，提高政府对企业的服务水平。金融机构的区域性集聚要求政府给予特殊的政策和服务支持。（1）要充分利用和争取国家总体金融、产业政策和监管部门的市场准入政策及产品创新审批权限的倾斜，创造一个有利于金融机构集聚发展的宽松便利的监管环境。

(2) 给予金融机构及其后台服务中心在财税政策、土地使用、住房和教育等方面提供相应的便利和优惠。简化税收制度，在税收优惠方面给予重点支持。(3) 对重点机构和企业制定个性化政策和个性化服务。对入驻的金融机构，按照"一事一议"的原则，在办公用房补助、税收奖励以及帮助金融人才解决户籍、子女入学、入住、就医、就餐、社保、教育培训等方面给予政策扶持。

4.加大地方政府对地方金融机构制度创新的力度。一是加快组建区域性股份制银行，并努力创造条件增资扩股，加快发展步伐，进一步发挥其在集聚地区金融资源、支持地区经济发展的龙头辐射作用。二是不失时机地促进城市商业银行的发展，积极争取在省内主要城市设立更多的地方性银行。三是以农村信用社交由省级政府管理为契机，用足用活政策，使其发挥最大政策效应，把农村合作金融事业做大做强。四是壮大资本市场参与主体，做大做强地方证券公司和期货公司。五是整合地方金融资源，探索组建地方金融控股公司，推动银行业、证券业、保险业的业务合作与创新，做大做强地方性金融机构。六是制定较为宽松的、具有鼓励性质的政策措施，促进金融业对内对外开放，鼓励各种性质的社会资本参与金融机构的重组改造、投资入股金融企业，为地方性金融机构的壮大发展创造条件。

5.鼓励发展各类股权投资企业（基金）及创业投资企业，鼓励区内金融机构参与各类金融创新及其试点。积极开展境外投资者参与境内股权投资企业（基金）设立试点工作，探索建立政府产业引导基金等方式，促进私募股权基金等准金融机构的集聚，特别要关注东南亚、南亚华人资本入驻昆明。东南亚、南亚华人资本在历史上曾是当地民族资本的先驱和骨干，而现在又是所在国家经济中的一支重要力量，扮演着相当重要的角色。与国内其他在建的金融中心相比，昆明泛亚金融服务中心建设应当利用好面向东南亚、南亚开放前沿地带的区位与经贸往来优势，吸引更多的东南亚、南亚华人资本以多种形式投资云南省，吸引更多的东南亚、南亚华人金融机构入驻昆明。

6.吸引全国性证券类机构在昆明设立办事处或分公司。积极采取措施、提供政策优惠,吸引上海股票交易所和深圳股票交易所在昆明设立办事处;吸引上海期货交易所、郑州期货交易所和大连期货交易所在昆明设立办事处,并在昆明设立期交所的有色金属、橡胶、白糖等交割仓库;吸引国内主要券商、投行、期货经纪公司等金融机构在昆明设立分公司。

10.1.2 专业性中介服务机构及新闻媒体的集聚

专业性中介服务机构的发展带来的直接影响是降低了交易成本,尤其是信息成本。从以上的分析可知,无论是发展优势产业、扩大对外开放还是昆明金融中心建设都离不开专业性中介服务机构。特别是在金融机构聚集阶段,进行金融创新过程中,中介服务机构所起的作用是非常巨大的。以政策突破和政策支持促进优势产业的发展和扩大对外开放,以优势产业和对外开放吸引金融机构聚集及其后援服务中心和中介机构的聚集是一个良性循环的过程,金融机构及中介服务机构的集聚不但能促进优势产业和扩大对外开放的发展,也是实现昆明金融中心目标的必备条件。主要措施有:第一,制定相应法规,加大规范市场秩序力度,为中介机构发展营造一个良好的外部环境。严格市场准入制度,并对专业性中介机构实行特许经营或持牌经营,建立健全中介机构资信评估和信息披露制度,建立中介服务行业诚信档案信息库并开展中介服务行业评议,逐步取消不符合法律法规所设立的各种资质资格,促进公平竞争。通过以上措施,最终形成政府部门科学监管、行业协会积极自律、中介机构规范运作的良性机制。第二,加强云南省中介机构体系建设。从规范行业秩序、进行行业整合及健全机构体系等方面出发,加强云南省中介机构体系建设,以此解决产业发展中的信息交流不畅问题,并缓解目前政府过多承担具体经济行为的现状。特别是政府应积极支持行业企业进行必要的整合,以尽快推进昆明中介机构整体规模经营和提高其市场竞争能力,塑造云南省专业性中介服务机构知名品牌。为此,可以按照优势互补、强强联合和资源共享的原则,鼓励中介服务机构通过并购、重组等方式,组建几家有相当规模、实力的中介服务机构,并促使它们在进行业务合作的同时也开展必要的竞争。第三，大力引进与金融业相关的国内外著名中介服务机构，如吸引著名资信评级机构、管理咨询机构、矿权评估机构、会计师事务所、律师事务所等集聚昆明市。

信息对于金融机构和专业性中介服务机构的存在和发展有着重要作用，现代金融业是建立在信息革命的基础之上的。昆明市应积极发展信息基础设施建设，并创造各种条件，吸引国内外新闻媒体的集聚，提升昆明在信息获取、信息处理、信息传播和信息积累方面的能力，进而将昆明建成能够辐射到东南亚、南亚地区的信息腹地和信息中心。

10.1.3 组建云南省金融控股集团

云南省的地方金融业已有一定基础，传统的金融机构门类较为齐全。云南省的地方商业银行、农村信用社、信托投资公司、证券公司、产业投资公司等都有一定的规模和基础，然而，与昆明作为大湄公河次区域金融中心的要求相比，也应该看到云南省金融资源存在明显的不足，但是，通过组建金融控股公司，有利于处置地方性金融机构的不良资产，完善地方性金融机构的治理结构，加速地方性金融机构的整合，增强金融机构的服务功能以及提高金融资源的使用效率，分散该地区金融机构的风险，从而提高云南省金融业的综合竞争力，促进昆明大湄公河次区域金融中心的建设。组建云南省金融控股集团，主要应做好以下几方面的工作。

1.省政府和昆明市政府应设立专门的工作班子。组建金融控股集团，是昆明建设金融中心发展中的一件大事，涉及方方面面的协调和推动工作，特别是在金融机构不良资产的处置、置换，债务的追讨以及国有资产的划拨过程中，涉及各方面的利益。因此，省政府和昆明市政府有必要设立一个专门的工作班子以推进云南省金融控股集团的建立。

2.成立金融业投资控股平台。由云南省投资集团发起，省和市各建立一个开放的金融业投资控股平台，吸引省内外有意投资云南省金融业的企业投资，形成省、市两个分工合理、相互合作的金融控股集团。同时，积极鼓励有实力的企业集团，如红塔集团、云南铜业集团以及云天化集团参股金融控股集团。

3.对农村信用社进行整合。充分利用农村信用社改革的机遇,促进云南省农村信用社的改革和金融控股公司对农村信用社的整合。根据《深化农村信用社改革试点方案》,试点地区可对农村信用社因地制宜进行多种形式的产权制度改造,可在条件较好的地区组建股份制银行机构。云南省应抓住机遇,力争进入试点地区。拟组建的省金融控股集团应加强对拟改制为股份制银行机构的信用社的支持和整合,为全省小型银行机构提供相应支撑,进一步提高云南省中小型金融机构的综合竞争力。同时各地政府也应为信用社改革和不良资产化解给予政策和资金上的支持,更好地促进信用社的整体改制,使其能在大湄公河次区域的金融开放与合作中发挥更大的作用。

10.1.4 提升云南省金融机构实力

金融中心不仅要求有众多的金融机构,同时也要求有实力突出的金融机构,而目前云南省仍以中小型金融机构为主,因此有必要壮大云南省金融机构的实力。

1.发展中小型的投资银行。在云南省发展中小型投资银行可以从以下两方面着手。首先,政府提供各种政策法律支持和引进培养人才,吸引国内外实力雄厚的投资银行在昆明开设分支机构,不仅要引进欧美发达国家以及省外有实力的投资银行,也要大力引进东南亚的投资银行入驻昆明。其次,通过重组和兼并,发展本土的投资银行。如果通过重组形成云南省投资银行,既有利于节约新建投资银行的成本,又可以创造稳定的市场环境。云南省发展经营规范的专业型投资银行,有利于推动云南省中小企业的上市进程,也有利于完善云南省的金融市场,能极大地促进昆明大湄公河次区域金融中心的建设。

2.加强商业银行与东盟尤其是GMS五国金融机构的合作。云南省与周边国家的金融合作具有良好的金融合作基础。在昆明打造大湄公河次区域金融中心的历史机遇面前,除了政府提供各种优惠政策吸引该地区金融机构入驻昆明外,在昆明开办分支机构的各大国有商业银行和股份制商业银行应继续加强与东盟尤其是GMS五国金融机构的合作,这主要从以下几方面着手。首先,加强人员之间的相互交流与学习,使双方工作人员都熟悉对方的业务,这不仅有利于双方以后的合作,也能使国有商业银行更加了解该地区的客户需求,有利于拓展商业银行对该地区的业务量,进而提高金融中心的辐射能力。其次,鼓励商业银行积极到周边国家开设网点。在熟悉了这些国家的客户需求以及各种习惯之后,商业银行到对方地区开设网点将会更加容易,并能壮大在云南省开办分支机构的商业银行业务,提高这些银行的国际化水平,进而促进昆明金融中心的建设。

通过以上努力,能积极有效地引进国有商业银行、股份制商业银行、欧美发达国家以及东盟和大湄公河次区域国家等外资金融机构及其服务机构(包括银行、保险公司、投资银行、金融管理咨询机构、私募股权投资基金、会计师事务所等),扩大其昆明分支机构的设立。同时,再加上云南省金融控股集团和云南省投资银行等本土金融机构,昆明金融机构及其服务机构不管从数量上还是在质量上都能得到提高,从而极大地促进昆明大湄公河次区域金融中心的建立。

10.2 金融市场

国际金融中心是集中化的、具有较高市场规模与流动性高的金融市场组合,多层有序、结构合理、运行安全的金融市场体系是金融中心快速健康发展的有力保障。昆明应结合自身特点,发挥自身优势,结合国内外建设金融市场的经验来建设自己的金融市场,具体而言,应从以下几方面着手。

10.2.1 建设GMS资源性商品期货交易中心

在全国已有三个期货交易所的背景及期交所加快整合的预期之下,在昆明新建一个期交所基本上是不可能的。但是,云南省作为资源性大省,GMS五国又是矿产、石油、橡胶等资源极其丰富的国家。因此,为了配合我国实施面向西南开放的"桥头堡"战略,以及实现昆明金融中心的目标,在昆明成立资源性商品期货交易中心显得非常必要。综合考虑,一个折中的方案是把昆明打造成GMS资源性商品期货合约交易的中心。我们认为前期的工作应放在以下几个方面：首先，吸引国内外特别是GMS五国的资源性公司到昆明开展业务，这些公司的套期保值要求是促进昆明建成GMS资源性商品期货合约交易中心的最重要的动力，是一级市场发展的基础；其次，鼓励发展本地期货经纪公司或以优惠政策吸引实力雄厚的商品期货经纪公司到昆明开设营业部；再次，鼓励资产管理公司、投资公司等积极参与资源性商品二级市场交易，提供流动性；最后，鼓励发展本地中介后台服务性公司，以及吸引国内外实力雄厚的中介公司到昆明开展业务。

10.2.2 建设国际矿权交易中心

云南省是国家重要的矿产资源基地，这是将昆明建设成国际矿权交易中心的基础，全省矿产储量大、矿种全，经济价值高，被誉为中国的"有色金属王国"。另外，从地理位置和矿业经济上看，一方面，云南省与邻近的贵州、广西、四川、西藏具有很强的矿产资源互补性，且与东南亚国家在资源、技术、贸易、市场上有很强的互补性。我们认为前期的工作应放在以下几个方面：首先，在一级市场的建设上，通过矿产资源有偿使用制度，探索开发多种形式的交易机制，如拍卖、招标、竞标等方式。而这需要吸引和鼓励本省及国内外规模大、实力雄厚的矿产开发企业到昆明开设经营机构。其次，在二级市场的建设上，探索开发多种交易机制，如集中竞价交易、连续竞价交易、做市商制或几种交易方式的混合机制，吸引银行、证券、保险、基金、个人，乃至国外的金融机构和投资者的参与，促进矿权交易品种的价格形成更加合理，流通更加便捷，交易更加活跃。最后，在鼓励发展本地中介服务性公司的同时，积极吸引国内外实力雄厚的中介公司诸如矿产评估、会计师事务所、律师事务所等中介机构集聚昆明，为矿权交易提供各种服务。

10.2.3 建设离岸金融市场

为了促进云南省的国际投资和生产，实现云南省"桥头堡"战略和昆明国际金融中心的长远目标，以及利用东南亚巨额的人民币存量资金，发展离岸金融具有重要的意义。此外，离岸金融在中国并非刚进来的舶来品，招商银行、深发展、浦发银行等金融机构均开展过离岸金融业务，积累了一定的业务经验。在开展离岸金融业务时需要做好以下几项工作。第一，中国人民银行可以制定具体开展离岸业务的试行办法，办法应该对银行离岸账户与在岸账户的开设，离岸金融业务的监管等问题作出具体、明确的规定。但为了充分利用外资，应先实行离在岸账户严格分离，待时机成熟后可以逐渐融合。第二，选择开展过离岸金融业务的银行作为试点。第三，从银行的角度来说，首先要确定离岸资金的来源，再确定贷款的对象。

根据国外银行开展离岸金融的经验，银行开展离岸业务资金的来源主要有：境外中资金融机构的存款，境外工贸企业的资金，外国中央银行的储备资产和财政盈余，跨国公司和各国大企业的闲置资金，外国银行尤其是跨国银行的资金，外国进出口商的周转资金，外国公民的存款等。对云南省来说，重点是吸引东南亚、南亚各国的华人存款或华人企业的闲置资金。

离岸业务放款对象主要是境外主体和外国机构。包括：外国中央银行，外国金融机构，其中主要是商业银行、外国企业、境外中资企业、境内中资企业和三资企业。对云南省来说，为了实现"引进来"和"走出去"的战略，云南省开展离岸金融贷款的主要对象应该是境内中资企业，至少前期是这样的。后期，为了进一步深化云南对外开放，贷款对象可以多元化。

除此之外，驻昆明试点离岸金融业务的金融机构应该基于离岸金融的国际规范，为客户提供"贴身式"的服务创新。即在建立规范的业务规则，积累经验，实现较为完善的离岸银行业务经营和管理机制的基础上，通过离岸和在岸业务的有效协同与资源整合，实现离在岸金融服务的无缝对接。同时借助网络银行的技术平台，为客户提供境内外一体化的金融服务，诸如为客户提供贸易结算、资金管理、担保咨询、贴现、代发工资等金融服务。

10.2.4 建设绿色金融中心

减少森林砍伐和森林退化造成的温室气体排放（REDD），是指发展中国家可以通过让其森林维持原状来赚到碳排放额度(Carbon Credits)，然后出售自己的额度给需要满足温室气体减排目标的发达国家，以此换得可观的资金。中国是森林消费大国，目前是全球最大的木材进口国和加工基地，在全球金融风暴的大背景下，2009年上半年进口木材仍达到了1 329万立方米，总值约180亿美元。据测算，森林每生长一立方米木材约可吸收1.83吨二氧化碳，中国每年进口的木材相当于消耗6 000万吨二氧化碳，几乎相当于英国目前全年的碳排放量。大湄公河次区域及东南亚是热带森林资源富集地区，云南省及昆明市拥有强大的热带森林科学研究力量，并参与了REDD的国际合作计划，这为碳汇交易提供金融服务奠定了有利条件。

把昆明建设成绿色金融中心，关键是建设环境交易所。工作的重点包括：首先，统一制定相关的标准合约、交易规则和制度，引导中国及周边国家企业聚集昆明参与交易，成为中心的会员；其次，因地制宜，加强绿色金融产品的创新，成立专门的碳减排环保基金，发行"生态基金产品"，开展碳掉期交易、碳证券、碳期货、碳基金等各种碳金融衍生品的金融创新。

10.2.5 建设华人金融市场

近年来，华人资本"回归"和"西进"的趋势有所加速，这是昆明利用华人金融资本支持本地产业发展的最佳时机。另外，也可以依靠华人资本全球经营的网络及先进的管理技术，加强驻昆明金融机构的国际化进程。我们认为可以采取两种方式利用华人资本。第一，华人资本和当地的金融机构合作，借助华人资本跨国经营的优势，以及先进的管理技术，壮大本地金融机构；第二，吸引华人资本到昆明开办银行或其分支机构，形成华人金融机构的聚集。

10.2.6 建设私募股权投资中心

目前云南省私募股权投资基金发展可谓正当其时，云南省产业发展潜力巨大，尤其是农业、生物科技、制药产业以及矿产业有广阔的发展前景。云南省新兴产业发展需要私募股权投资基金的参与,早在几年前,云南省就有制药企业引入了创投资金,并且取得了双赢的理想效果。同时,随着《股权投资基金管理办法》的即将出台及云南省和昆明市政府对发展私募股权投资基金的大力支持(例如,在2010年5月5日到5月7日,由昆明市政府主办的昆明市2010年度私募股权基金——企业融资项目对接会的成功举办),私募股权投资基金必然会在云南省迅速发展,但是,要把昆明建成具有一定规模的私募股权投资基金中心,云南省应从以下几方面加大努力。

1.政府应加强引导与协调。

(1)设立昆明市创业投资资金。该类资金主要用于吸引境外及民间资金在昆明设立各类商业性私募股权投资基金,推动昆明市投融资体系建设。在借鉴以往财政资金使用经验的基础上,可将投资原则确定为:只投基金机构,不投具体项目;坚持以小引大,参股却不控股(一般控制在20%左右),不参与经营管理。重在发挥杠杆放大作用,以实现政府资金的引导带动作用。

(2)建立优秀企业融资资料库。为了解决投融资双方的信息不对称问题,一方面,政府通过对融资项目的分类整理,理清融资项目对资金需求的情况;另一方面,能够公平地与众多投资机构分享项目信息,积极引导各类私募股权投资基金的投资方向。通过创业投资基金与各类投资机构的沟通,逐步建立投资联合体。同时,对拟投资项目收集整理后,分阶段地与投资伙伴共享信息、共同推动投资项目的发展,节省投资伙伴在项目寻找、筛选、洽谈环节等的时间和成本。这样,可以充分调动合作投资机构的联投、跟投效应,充分放大昆明项目在投资业内的"蝴蝶效应",并采取联投、投后转让甚至放弃投资机会(只做融资顾问)等多种方式引导投资机构投资云南省本地项目,提升云南省本地项目特别是中小企业融资的效率。

(3)提供优惠措施。为了吸引国内外著名的私募股权机构和基金经理入驻昆明,昆明市政府应该出台一系列的优惠措施,这主要包括以下几点：首先，对入驻昆明的私募股权机构提供一次性奖励措施；其次，通过"先分后税"的办法，避免对有限合伙人双重征税，同时，对税收有重大贡献的机构提供奖励；最后，对入驻昆明的著名的基金经理，提供包括安家、养老、医疗和孩子入学等一系列优惠措施。

2.发展私募股权基金职业经理人市场。私募股权投资行业最大的资产就是那些目光独到、反应灵敏且拥有大量成功经验和失败教训又严于律己的投资人。从事该行业最重要的要求不是财务和金融知识，而是分析、咨询、指导、沟通、战略规划、行业知识和企业家人脉等，这些素质只有在企业经营管理的实际工作中才能得到。因此，要推动昆明私募股权投资基金中心的顺利、健康发展，必须鼓励更多的企业家和金融界人才加入该行业，促进该行业职业经理人市场的形成。同时，应尽快制定私募股权投资基金管理人的培养机制和考核标准，促进该行业人才数量和质量的提高。

3.建立多层次的市场退出机制。私募股权投资基金的目的不是控股，无论成功与否，退出是私募股权投资基金的必然选择，所以，完善的退出机制对该行业十分重要。一方面，对昆明市原有的服务于企业股权转让的登记、托管、结算系统进行升级，使之硬件设施可以支撑私募股权交易市场的运作，从而能够为不同类型、不同规模、处在不同发展阶段的企业构筑融资平台，为其发展建立顺畅的退出通路；另一方面，探索在昆明产权市场开设私募股权投资基金的股权转让、项目退出业务，同时在现有的法律和制度框架内寻求创新，组织有关部门针对私募股权投资基金的募集、转让、退出、清算等流程开展全面性的、多层次的产品设计工作。

10.2.7 建设三大金融示范区

1.建设供应链金融示范区。国内主要的国有商业银行和股份制银行在昆明均已开设分行，已与云南省的工商企业建立了密切的业务关系，开展供应链金融具有坚实的基础。云南省政府应该在税收、信息等方面对开展供应链金融的银行，给予相应优惠和照顾，扶持云南省中小企业的发展。银行开展供应链金融，关键是认真审查每一个产业链，因为供应链金融是以整个产业链为基础而非单个企业，包括：第一，整个产业链是否顺畅，是否波动性很大；第二，选择产业链上规模大、实力雄厚、与银行有良好业务往来的企业作为核心企业；第三，产业链的上下游企业应与核心企业有较为密切的业务关系；第四，选择一家规范的物流公司（企业）作为外部的监管者，保证银行资金的安全。

2.建设农村金融示范区。2010年云南省人民政府出台了《关于开展现代农业示范区建设促进优势特色产业发展的意见》，根据该意见，云南省建设农村金融示范区的步伐也应加快。建设农村金融示范区，不仅有利于促进示范区农业企业的发展，增加农民收入，促进云南省经济又好又快发展，同时也有利于金融机构业务规模的扩大，经营业绩和收入的提高，对昆明建设区域性金融中心也有重大意义。

为了建好农村金融示范区，必须从以下几方面加以努力：一是实行向建设农区工业化示范区的信贷倾斜政策。在政策允许的范围内，适当掌握企业信用评定等级标准，对确有良好的经营效益、资信良好的企业，可区分情况，区别对待。二是壮大、扶强优势产业和品牌产品。针对云南省产业和产品结构特点，重点支持食品加工、生物制药、烟草和花卉等优势产业的发展，壮大和扶强优势产业，提高企业和产品品牌的知名度。三是加强金融生态环境建设。以构建良好的信用环境、制度环境、法制环境、市场环境为目标，实现经济金融健康、协调、持续发展。四是建立健全抵押担保机制，积极发展农业保险，稳步推进农业政策性保险试点工作，强化保险对农业风险的补偿作用，加快发展多种形式、多种渠道的农业保险。

3.建设开发性金融示范区。开发性金融是政策性金融的深化和发展，在我国区域经济发展中发挥着重要作用。开发性金融依托国家信用，同时又与市场业绩相结合，因此，其不仅能够贯彻和执行政府经济政策，而且能够弥补市场不足，缓解瓶颈，促进经济协调发展。把昆明作为开发性金融示范区的试点，云南省政府需要做如下几个方面的努力：第一，在国家仍未制定相关开发性金融的法律法规时，昆明作为试点城市，省政府可以制定《云南省关于建设开发性金融示范区试点城市的意见》，规范开发性金融机构的资本运作和业务经营，并在税收优惠、资本金补充、股份制改造、财务政策及金融创新、优先权及其他相关方面对开发性金融予以支持和倾斜。第二，建立和完善以管理风险为核心的严格内控机制，通过改革和制度创新，有效防范和控制融资风险。第三，加强信用建设，培育客户群体。我国的信用风险突出，企业缺乏信用的现象较为普遍。因此必须充分发挥政府发育、管理、规范市场，提供制度框架等完善市场经济体制和环境的作用，为开发性金融培育优质客户群。

将云南省作为开发性金融示范区不仅有利于吸引更多的项目和企业落户昆明，促进云南省经济发展，同时也有利于昆明发展金融市场，促进金融生态建设，对昆明区域性金融中心的形成必将起到积极的推动作用。因此，云南省政府应该将云南省作为开放性金融示范区，纳入云南省的金融发展战略。

10.3 金融产品与工具

金融工具创新不仅能提高金融机构的竞争能力以及抵御经营风险的能力，也能提高金融业的发展能力，同时，金融工具创新能提高金融市场的深度与广度，有利于提高昆明金融中心在国际上的定价能力，从而提高该金融中心的辐射力。从国内外金融中心建设经验以及结合昆明的具体情况考虑，我们认为，要把昆明建设成大湄公河次区域的金融中心，从金融产品和工具创新方面来讲，首先应在银行业和保险业两个行业实现重点突破。

10.3.1 银行业的金融产品与工具创新

目前昆明银行业不仅缺乏产品自主定价能力，缺乏有效的技术支撑，还缺乏模块化管理，同时由于公共管理环境不完善，以及对产品管理人员缺乏有效激励约束机制等，导致金融产品创新目标模糊，产品的品种、功能单一，产品竞争力不强，产品不能体现个性化要求，这严重限制了昆明银行业的金融工具创新能力，严重制约着昆明大湄公河次区域金融中心的建设。因此，应从以下几方面进行改善。

1.进行机制改革。机制是银行业开展金融产品与工具创新的关键所在，因此，必须打破国内商业银行按专业部门管理工具的旧体制，完善集中的金融产品与工具管理机制，加快建立以客户为中心的产品工具管理机制。一方面，进行管理架构重组，构建矩阵式组织架构。一是前台管理，即产品工具的综合营销，主要是指产品工具经理和客户经理的有机结合。客户经理直接面对客户，为其办妥银行的所有业务；产品工具经理则发挥着后台技术强力支撑的职能，当客户经理在营销过程中遇到难以解决、技术性较强或综合性较强的产品问题时，产品工具经理应给予强有力的支持，以单个或联合的形式配合客户经理营销，提供专业指导。二是后台管理，即金融产品工具的研发管理按客户属性、管理属性、决策属性设置不同管理模块，如将产品工具按客户属性分类、组建产品工具管理中心、建立产品工具审查管理委员会等。另一方面，进行产品研发及评估机制创新。一是建立产品研发机制。以市场为导向，认真分析市场环境中的新情况、新政策、新机遇，为业务创新提供新思路，以效益为目标。产品工具开发必须遵守成本效益的财务核算理念，研发竞争力强、市场份额大、附加值高的主导产品工具，实现自身效益的最大化。二是健全产品工具评价机制。从定性和定量两个方面对产品进行综合评价。三是完善产品工具营销机制。产品工具营销实现"策划、跟踪、分析和完善"相结合。

2.进行产品工具创新。一方面，拓宽产品工具业务覆盖领域。第一，针对金融市场国际化和客户流动范围国际化的发展趋势，加强跨国性的金融产品工具和服务创新，将金融服务范围由云南省扩展到大湄公河次区域地区，并在扩大市场范围的同时强化服务功能。加快人民币与外币产品一体化服务领域的产品工具创新，加快对公司和个人客户跨地区、跨国界、多币种的资金清算和账户管理，积极探索离岸金融业务和华人金融业务。第二，加强对新型市场主体融资需求的产品提供。信贷业务仍将是银行的重要盈利产品，从金融需求出发，加强对新型融资主体和新型融资需求的研究和创新，尤其是重点研究云南省与大湄公河次区域的中小企业与机构的融资需求，拓展新型信贷业务，如供应链金融，同时在公司业务上，加快对短期贷款用途、期限结构、利率和还款方式的创新组合，加快重组贷款等新产品工具的研发，加强票据与传统融资工具的协调，加快对跨国企业在境内新型融资需求、房地产产业链中的新型融资需求、开发区经济体的融资需求、权益性投融资需求等的研究和产品工具的配套服务。第三，加快投资银行产品工具体系的创新。拓展商业银行在投资银行业务领域的服务范围，积极开展附加值高的资信业务，开拓重组并购、银团贷款、结构化融资等品牌业务，积极开展企业上市发债顾问业务，研究探索企业债券承销和资产证券化业务以及研究云南省境外人民币回流的债券产品和工具。第四，针对低碳经济迅速发展的趋势，研发符合市场需求的碳掉期交易、碳证券、碳期货、碳基金等各种碳金融衍生产品的金融创新。第五，针对云南省与大湄公河次区域具有丰富的矿产资源优势的特点，开发矿权交易的金融产品与工具。第六，加快综合经营产品创新，面对资本市场快速的发展趋势，研究开发期权、期货、票据发行便利等复杂的金融衍生产品。

另一方面，加强产品工具的有效组合。通过各种产品工具的组合，以客户为导向，提供综合化、个性化的产品服务，扩展服务范围与领域，提高产品附加值，实现对客户的整体营销。同时，根据每个地理市场、客户群或者分销渠道的不同需要，组合不同的产品包，实现产品的差异化营销。

3.进行科技创新。一方面，构建产品工具信息系统。具体来讲，第一，收集银行所有产品工具的信息。根据收集到的信息，长期跟踪分析产品工具使用情况、市场情况、客户动态等内容，及时掌握产品工具的详细信息。第二，分析产品生命周期。通过对产品生命周期的分析，了解其所处的阶段，对其进行有效维护，延长其成熟期，防止过早衰竭。第三，明确产品工具的价值回报。通过明确产品工具的价值回报，进一步改良产品及其相应的科技技术，从而获得最大收益。

另一方面，确立银行产品定价体系。第一，提升产品工具定价体系的信息支持作用。体系以大机系统、财务管理台账系统和信贷台账系统为基础数据源，通过计算机系统进行数据处理，生成各个层次的分产品、分客户、分机构、分渠道的业绩价值评价报告，为管理层提供多角度、多元化管理决策依据。第二，构建银行工具产品定价模型。建立产品工具定价模型的技术支撑平台是现代银行产品工具定价的必然趋势，也是银行运用高科技手段进行产品工具管理的必然要求。其一，从工具产品分类出发，制定各类产品定价模型；其二，根据产品的市场特征，建立与其相对应的定价模型；其三，从产品生命周期层面、功能层面等角度出发，构造与其相对应的定价模型。

10.3.2 保险业的金融产品与工具创新

1.保险机构要强化管理，开发满足市场需求的金融产品工具。保险机构的产品工具开发要以市场需求为导向，在进行产品工具创新时要进行充分的市场调研，重点研究云南省及大湄公河次区域的具体情况，对市场进行细分，了解不同目标市场的需求，针对不同需求开发相应的保险产品工具。同时，针对云南省及其周边国家实际情况，积极开展农业保险产品工具、矿权交易保险产品工具等。此外，还应该注重与公司实际相结合，充分发挥比较优势，开发具有本公司特点的保险产品，尤其要加大自主创新的力度。

2.保险业应与其他行业多方合作，提高效益。随着我国金融市场的快速发展，保险业应进一步密切与银行业、证券业、信托业、基金业等其他金融业的联系，保险公司应充分挖掘市场潜力，借鉴国际先进经验，认真研究并推出保险产品与工具，并实现与金融衍生产品的有效对接与融合。

10.4 风险防范

10.4.1 系统性风险防范

1.建立系统性风险监测的指标体系。监测系统性金融风险的指标体系至少应当包括以下几个方面。首先，对中国以及本地区宏观经济数据的监测。中国人民银行昆明中心支行以及相关管理部门应及时收集中国、云南省、大湄公河次区域以及东南亚国家的宏观经济数据，并对这些数据进行深入分析,以观察是否有异动的情况出现。其次,对利率风险的监测。利率风险的测量主要通过银行资产负债管理模拟模型系统来进行。主要分析中国以及东南亚国家的利率变动情况、国内储蓄以及地区储蓄占GDP的比例以及资产负债差额报告等。再次,对汇率风险的监测。中国人民银行昆明中心支行以及相关管理部门可以选择对中国、云南省、大湄公河次区域国家以及东南亚国家的外汇储备占短期债务的百分比、外债占GDP的百分比、经常项目赤字占GDP的百分比、对外直接投资和经常项目赤字占GDP的百分比、人民币对本地区货币以及本地区货币对美元的升值或贬值率等指标进行监测。最后,商业银行也应建立相关的监测指标体系。商业银行应建立集团客户贷款率、固定资产投资贷款率、房地产贷款率等易形成不良资产的数据库,并进行横纵向的比较。

2.对系统性风险进行评估和预警。对系统性金融风险进行了准确的监测之后,还要及时对其进行稳定性评估,通过评估,可以全面综合地了解本地区国家在一定时间段内的系统性金融风险发生的时间、发展的程度,从而能够对金融系统或金融机构风险的状态、程度、评价和未来发展趋势作出准确判断,有利于及时有效地采取措施。同时,建立风险预警制度。通过及时对系统性风险进行测评、辨识和度量,全面或有重点地作出该风险所处的潜伏、演化、临界和显露等各个不同阶段的预警评价,寻找风险内在形成因素,掌控变化规律,确定风险现状和未来趋势,并用定量的方法及时作出风险评价,对金融机构进行信息公开,把系统性风险控制在最小范围之内。

3.对系统性风险进行控制和化解。系统性金融风险无法彻底消除,但对其进行识别、监测、评估之后,仍可以采取一系列措施对其进行控制甚至化解。监管部门应加强协调,尽快建立人民银行和当地银监局、证监局、保监局等三家金融监管机构间的协调机制,人民银行和这三家金融监管机构要在确保其自身监管相对独立的基础上,实现信息和资源共享,并就重大监管事项和跨行业监管中出现的复杂问题进行合作和磋商,相互配合与协调,以期达成一致的政策和行动。同时,作为区域性国际金融中心的昆明，还应加强与大湄公河次区域、东南亚和南亚国家在金融监管方面的协调与合作，建立区域性的风险防范救援机制。

10.4.2 非系统性风险防范

金融机构内部管理控制制度是防范非系统性风险的基础性制度，外部监管手段只是作为金融机构内控不足的补充，控制风险的根本办法还要靠内控制度。德国银行体系内部完善的监控制度，明确的自我监控的意识和能力，是德国金融监管的突出优点。云南省现行金融机构的公司治理结构导致金融机构在内部风险控制方面还无法满足金融综合经营发展趋势的内在要求和趋势，因此，各金融机构为有效控制和防范新一轮的非系统性金融风险，应健全强化内部全面风险管理体系和内控制度。这主要包括以下三方面：第一，建立科学的风险管理程序。将全面风险管理纳入业务流程的每一个环节并及时加强对原始产品和客户的持续风险评估及鉴定管理，采用的方法主要有RAROC管理法、模型管理法以及资产组合原理管理法等。第二，建立良好的信息披露制度，根据巴塞尔新资本协议的要求，对信息披露提出更新更高更全面的要求。第三，不仅要建立健全贷款管理责任制度，实行严格的资产负债比例管理，也应加强和完善金融机构内部的稽核制度，尤其是应注重对金融衍生产品与工具交易的稽核，同时建立健全风险的预警系统，通过设计一套完整的风险指标体系，从定性、定量两个方面加强对风险的事前控制。第四，建立健全风险补偿制度，严格按照要求提取呆账坏账准备金。

10.5 政策与监管

10.5.1 建设良好的金融生态环境

1.建设良好的信用环境。良好的信用环境是现代金融体系运行的基石，是防范金融风险，促进金融发展、保证金融稳定的基础。同时，良好的诚信文化环境不仅可以降低交易成本，也是判断一个金融中心等级的重要尺度。根据发达国家和地区建设诚信文化环境的经验来看，首先，政府部门必须建好全面、可靠、系统的个人与企业的诚信信息数据库,形成覆盖全面的区域性信用网络;其次,建立权威性的诚信评级机构,加强诚信立法,发展专业化的信用机构,促进诚信行业的发展;最后,要加强诚信文化的宣传教育工作,一方面加强对普通公众和企业的诚信教育,另一方面也要加强对银行、保险等金融行业的诚信教育工作。

2.积极开展金融文化建设。金融文化是指金融组织机构在金融活动过程中经过长期的倡导和实践并已成为金融行业全体成员普遍奉行的共同价值观体系,是和谐金融的重要组成部分。根据对组织文化和金融行业特点的研究与考察,金融文化可描述为一个具有递进性特征的层次结构文化。我们可以把它看做是由金融器物文化、金融制度文化、金融心态文化三个层次的内容构成的同心圆体系,这三个同心圆围绕着一个中心点,共同构成了金融文化的结构体系。在建设云南省金融文化过程中,第一,要培育以人为本的人文精神;第二,构建公正、透明的金融制度;第三,实现人文精神和金融制度的良性互动;第四,培育企业管理文化、金融生态环境文化和金融风险文化。

10.5.2 加强法律法规制度建设

中国人民银行昆明中心支行以及其他金融监管部门应强化金融执法的力度,严格执行市场交易、市场准入和市场退出的相关法律法规,建设良好的金融运行环境。政府机构应重点从事管理制度、信息披露、公平交易秩序等工作,着重建立市场约束机制,充分发挥信息披露与信用评级的作用,不能过多干预市场发展。同时,各相关政府部门应加强协调,推动解决在金融市场发展和金融产品工具创新中遇到的法律、会计、审计、税收、清算等方面的制度问题,促进昆明区域性国际金融中心又好又快地发展。

10.5.3 组建云南省金融业同业公会

随着昆明区域性跨境人民币服务中心的建成以及大湄公河次区域金融中心建设工作的推进,云南省金融业将逐步从传统的封闭型向开放型方向转型,这不仅会促进云南省金融业向现代化、市场化、国际化轨道迈进,同时也不可避免地会带来金融业自身的一些无序竞争和冲突，从而加剧金融风险，降低行业效率，淡化金融道德，给经济社会的健康发展带来负面影响。因此在强化人民银行、银监会、保监会以及证监会金融监管的前提下，迫切需要建立金融业同业公会制度，创造一种维护同业有序竞争、建立合理的经营规模、防范金融风险、保护同业成员利益的行业自律机制。

具体而言，组建云南省金融业同业公会具有以下重要作用。第一，有利于弥补金融制度的不足，促进金融体制的完善。过去对于金融制度完善和创新的认识有较大的局限性，一提到建立金融制度和金融监管就把责任统统归于"一行三会"。在强调"一行三会"职能作用的同时，轻视了金融业的自律性管理和金融道德规范的创立，从而容易形成一家监管、众人违规的局面，导致"一行三会"法不责众。然而通过建立行业自律管理机制，不仅补充和丰富了金融制度的内容，还能够构筑以"一行三会"为核心的全方位调控监管体系。第二，有利于金融业公平竞争，合理配置金融资源。随着我国金融改革向纵深推进，由于金融业过度竞争和缺乏合理的行业保护，金融业出现了秩序混乱和效益下降等问题。通过成立云南省金融业同业公会，可以较好地协调各会员间的各种矛盾纠纷，以实现云南省金融业持续健康发展。第三，有利于防范和化解金融风险，维护金融安全。随着金融自由化、金融业综合经营的发展以及云南省金融业开放水平的提高，云南省面临的金融风险也越来越大。通过组建金融业同业公会，可以更好地建立防范化解金融风险的机制，并在危难来临时各会员可以抱成一团以更好地应付危机。

因此，此阶段成立云南省金融业同业公会势在必行。从国内外先进经验以及云南省的实际来看，要成立云南省金融业同业公会需要做好以下几个方面的工作：第一，由政府牵头组织实施组建工作，让在云南省营业的各商业银行、证券公司、财务公司、保险公司以及其他金融机构成为云南省金融业同业公会的会员，同时成立公会的执行机构、权力机构以及监督机构。第二，制定科学合理的公会规章制度。其中包括公会章程、同业竞争制度、金融从业道德规范、业务交叉的管理制度等。第三，建立金融风险的共同防御体系。由公会组织建立会员间的信息交换网络,定期或不定期组织会员交流有关对客户的信用活动、投资活动的跟踪情况,帮助会员机构控制风险。第四,制定金融业同业公会会员的经营信誉评定标准,加强对会员机构的考核评定。定期向社会公布评定结果,披露重大的违规行为,对严重问题及时向人民银行和有关部门报告。

11. 昆明建设泛亚金融服务中心的对策建议

昆明泛亚金融服务中心立足于中国西南、面向亚洲西南，主要任务是建成"七个中心、三个示范区"，最终形成一个功能完善、层次完整和特色鲜明的金融体系。因此，昆明泛亚金融服务中心将是一个庞大的金融系统工程，需要中央和地方的共同努力，社会各界的积极行动，制定相应的阶段性目标，夯实基础，稳步推进，才能使昆明泛亚金融服务中心跻身为区域性国际金融中心行列。

11.1 金融机构

11.1.1 银行机构

银行业是金融市场的主体，也是昆明市建设和维系泛亚金融服务中心地位的重要支柱。因此，昆明泛亚金融服务中心最终应该建成完备的银行体系，除了已有的人民银行、监管机构、行业自律协会、政策性银行（国家开发银行、中国进出口银行、中国农业发展银行）、五大国有商业银行（中国工商银行、中国农业银行、中国银行、中国建设银行、交通银行）、股份制商业银行（中信银行、招商银行、深圳发展银行、华夏银行、光大银行、上海浦东发展银行、中国民生银行、广东发展银行、兴业银行）、城市商业银行（富滇银行）之外，还应该积极引进其他股份制银行、外资银行在昆明设立分行。同时，还应该大力发展各种农村金融机构和非银行金融机构，如农村信用社、农村商业银行和农村合作银行、村镇银行和农村资金互助社、信托公司、企业集团财务公司、金融租赁公司、汽车金融公司、货币经纪公司等。

11.1.2 保险机构

引入国内外保险及再保险公司在昆明设立分支机构并扩展东南亚、南亚地区的业务，建立完整的保险机构，如财产保险公司、人身保险公司、再保险公司、保险集团、保险资产管理公司、保险经纪公司、保险代理公司、保险公估公司、外资保险公司、合资保险公司、全国社会保障基金管理机构等。

11.1.3 证券机构

昆明泛亚金融服务中心应该积极设立各种证券经营机构，使之成为未来泛亚金融服务中心资本市场的微观主体之一，主要应该有以下三种证券机构，一是证券公司。其业务主要范围有代理证券发行、证券自营、代理证券交易、代理证券还本付息和支付红利、接受客户委托代收证券本息和红利、代办过户等。二是信托投资公司。它除了办理信托投资业务外，还可设立证券部办理证券业务，其业务范围主要有证券的代销及包销、证券的代理买卖及证券的咨询、保管、代理还本付息等。三是专门负责为国内和东南亚、南亚国家投资者提供咨询服务的公司。

11.1.4 基金机构

在大力发展传统基金公司的同时，可以成立特定投资方向的基金公司，如地区股票基金公司和行业基金公司，地区股票基金公司可以是专门针对东南亚、南亚地区国家的投资基金；行业基金则主要是针对东南亚地区的优势行业和特色行业（如矿产和原材料等行业）的投资基金。

11.1.5 私募股权基金

大力发展非公募基金，积极拓展私募股权和风险投资创新试点工作。第一，鼓励和支持建立股权和风险投资公司。结合实际情况，可采用"官民"合办的模式，由政府注入适量资金作为启动资金，采用股份制或发行债券，广泛吸收社会各方面及东南亚、南亚地区的资金，形成政府统一规划指导下，以市场调节为主的股权和风险投资经营公司。第二，采取措施促进保险公司开展股权和风险投资业务。允许少部分养老金、保险金及其他长期资金投入股权和风险投资公司。第三，允许股权和风险投资公司发行债券。第四，有选择地引进一些发达国家的外资，如积极引入著名外资私募股权投资基金（如黑石、凯雷、摩根士丹利亚洲、中瑞、中比合资产业基金等）在昆明设立分支机构。第五，积极吸引东南亚、南亚地区的境外资金到昆明投资设立股权和风险投资基金。

11.2 金融市场

昆明泛亚金融服务中心在金融市场建设方面的主要目的是建立一个多层次、有特色的金融市场，这一市场将主要服务于中国与东南亚、南亚的经贸合作，服务于人民币国际化。

11.2.1 货币市场

1.短期存款市场。建立短期存款市场，满足东南亚、南亚地区企业和个人短期资金的需要，努力使短期存款市场成为东南亚、南亚地区企业和个人将资金借予认可的机构的场所。

2.同业拆借市场。建立同业拆借市场，使之成为东南亚、南亚地区的银行等金融机构同业之间调节资金余额的场所，通过同业拆借市场将整个东南亚、南亚地区的银行体系连接起来，使单个银行存款成为东南亚、南亚地区信贷市场资金来源的一部分，使同业拆借市场在整个东南亚、南亚地区货币市场中发挥基础地位的作用。

3.商业票据市场。建立商业票据市场，满足东南亚、南亚地区大型工商企业筹借短期资金的需要，东南亚、南亚地区的工商企业可以通过金融机构在商业票据市场上发行商业票据来筹措资金。

4.欧洲美元市场。积极探索建立欧洲美元市场，欧洲美元市场的参与者除了国内的存款机构外，还应该包括海外的金融机构，使昆明的欧洲美元市场成为全球离岸美元市场的一个有机组成部分，既可以通过银行间进行直接交易，也可以通过货币经纪人间接交易。

11.2.2 股票市场

积极协助东南亚、南亚地区有实力的公司到上海证券交易所的国际板上市融资，并在未来条件具备的情况下，考虑设立昆明股票交易所，使昆明成为面向东南亚、南亚地区的资本市场平台。

11.2.3 债券市场

设立面向国内和东南亚、南亚客户的昆明泛亚金融服务中心债券市场，具体包括人民币债券市场、在国内发行和交易的非人民币债券市场和欧洲美元债券市场。人民币债券市场主要包括人民币定息债券市场和人民币浮息债券市场。昆明泛亚金融服务中心债券市场的发债主体可以是来自国内和东南亚、南亚地区的基金、机构、公司，多边发展银行和海外非多边发展银行，以及法定组织或政府持有的公司。昆明应不断扩大债券的稳定供给来源，积极吸收国内和东南亚、南亚地区乃至世界其他地区潜在发债主体到昆明泛亚金融服务中心发债，这是保障泛亚金融服务中心债券市场发展的必行之路。

11.2.4 基金市场

积极探索建立面向东南亚、南亚地区投资的基金市场，大力发展增长型基金、收益型基金和平衡基金、股票基金、债券基金、货币基金、黄金基金、创业基金等。

11.2.5 外汇市场

积极建立外汇市场，形成以人民币为中心、与东南亚和南亚国家货币交易的外汇市场，通过通讯网络使泛亚金融服务中心与东南亚、南亚地区的市场参与者联系为一体，使泛亚金融服务中心的外汇市场成为全球外汇市场的一个组成部分。同时，大力培育合格的市场参与者，特别是自东南亚、南亚国家的商业银行、存款公司和外汇经纪商等；在交易品种上，可以包括现汇、期汇、外汇期货和期权、互换等。

11.2.6 黄金市场

随着亚太地区,尤其是东南亚、南亚地区经济的兴起,黄金这种既是商品,又具有货币性质的贵金属必将得到该地区政府和民间的不断增持,黄金需求有望不断创新高。为此,可以筹备和建立各具特色的针对东南亚、南亚客户的黄金批发交易市场,如金银贸易市场、黄金期货市场、实金市场和金饰市场。

11.2.7 衍生品市场

从某种意义上说,一个地区能不能称得上是国际金融中心或者是国际金融服务中心,很大程度上要看其是否有金融衍生产品市场。因此,应该不断建立健全昆明泛亚金融服务中心衍生品市场,具体包括:远期产品(远期利率和汇率合约)、期货、期权(股票期权、利率和外币期权等)、利率和外币互换,以及其他类型的衍生工具(如认股权证、可转换债券)。特别值得一提的是,由于东南亚、南亚地区的矿产、木材和天然气等资源十分丰富,这就为昆明泛亚金融服务中心建立资源类商品期货交易市场提供了较好的条件,因此,可以把资源类商品期货市场作为衍生品市场的建设重点,从而建立一个以资源类商品期货市场为中心、多种衍生品共同发展的衍生品市场体系。

11.2.8 离岸市场

长期以来,人民币不能自由兑换,制约了中国和潜在海外债权人、借款人和客户之间的资金流动,被视为在中国与东南亚、南亚国家进行商业活动的一个障碍。随着中国经济的高速发展,人民币的境外流通量日益扩大,据粗略估计,仅仅在东南亚、南亚地区流通的人民币就达到1 000亿元之巨,但经由银行流动的不到1/5,开展人民币海外交易的呼声越来越高。

中国与东南亚、南亚地区国家的经贸合作中,金融合作是极为重要的一环,但进入国内银行业的高门槛使东南亚、南亚地区的中小银行望而却步,而人民币离岸交易中心的建立使东南亚、南亚地区国家的银行可以方便地在当地开展人民币业务,而不用束缚于央行的管制,预期巨大的业务量将给东南亚、南亚地区的银行带来可观的利润。同时,人民币海外交易早已通过小规模的换汇点在东南亚、南亚地区各国广泛流通,这些兑换后的人民币经常通过非法洗钱渠道流回大陆,离岸交易中心的设立有利于加大反洗钱的力度。

因此,昆明作为中国对东南亚、南亚国家开放的"桥头堡"城市具有成为人民币离岸市场的优势。建议分步骤来实施:

第一步,可以在昆明泛亚金融服务中心建立人民币兑换中心,允许东南亚、南亚地区的银行在昆明的分支机构接受人民币存储业务,然后再批准接受其他银行业务。即使只允许人民币部分自由兑换,对东南亚、南亚地区各国银行来说也将是一大利好,因为东南亚、南亚地区的银行多为中小银行,因难以满足准入要求而无法进入巨大的国内市场。

第二步,选择部分银行进行试点工作,中国人民银行可以就离岸金融市场账户的开设,在岸账户的剥离以及离岸金融业务的监管作出明确的规定。

第三步,试点银行必须作出审慎的贷款及存款检查,包括东南亚、南亚各国的境外企业、金融机构和境外中资机构企业等在内的贷款和存款,使得离岸金融业务有序推进,前期可以接受境内中资企业和小部分境外企业及金融机构的存贷款。

第四步,待试点工作取得圆满成功,积累相关经验后,再全面推广至东南亚、南亚各国开展离岸金融业务。

离岸市场的建立有助于东南亚、南亚国家的中小银行吸收本国的人民币存款,并到中国内地开展人民币贷款业务。

11.2.9 绿色金融交易市场

在21世纪气候变化、能源危机、低碳经济的全球背景下,要求昆明泛亚金融服务中心为云南省建设绿色经济强省的发展战略担负起"绿色金融"的责任与义务。而要把昆明泛亚金融服务中心建设成为绿色金融中心,就必须进一步优化和提升昆明环境交易所的规模、层次与水平,实现碳排放权场内交易，积极发展与碳交易有关的银行、保险、基金、证券等碳金融产品，使得碳排放权货币化，并以此推进人民币国际化进程。具体措施如下：

首先，高度重视银监会先后出台的《节能减排授信工作指导意见》和《商业银行并购贷款风险管理指引》等文件精神，鼓励发展"绿色信贷"业务，减少高耗能、高排放产业信贷投放。

其次，鼓励有关企业调整产业结构，转变经济增长方式，大力开发新能源，加快技术创新，努力形成新的低碳技术研发、制造中心，要重视市场开拓需求，善于发现和培育新兴企业。

再次，设计制定相关的标准化合约、交易规则和交易制度，积极吸收东南亚、南亚国家成为交易所会员。成立碳减排环保基金，发行"生态基金产品"，开发碳的证券化产品、碳的衍生产品、碳的投资基金和碳保险等金融产品。

最后，积极培育碳交易市场的参与者，鼓励银行、保险公司、证券公司、基金公司参与碳交易，实现具有"绿色信贷"、"绿色保险"、"绿色证券"、"绿色基金"特色的绿色金融中心。

11.3 金融产品与工具

金融服务业发展中的创新主要表现在具体的服务项目和作为交易工具的各项金融产品上。金融创新的关键特征还在于推出新的金融产品，其中包括扩大市场的金融产品、提供风险管理手段的产品以及实施套利的金融产品。金融产品既包括可以在不同金融市场上交易的金融工具，也包括各类金融机构提供给最终消费者的服务产品。下面对未来昆明泛亚金融服务中心各类市场中可交易金融产品与工具进行分析。

11.3.1 银行业务的发展与创新

昆明泛亚金融服务中心的发展，对昆明的银行业经营模式、管理模式以及营销手段等方面提出了更高的创新要求，因此，迫切要求商业银行以市场为导向，结合东南亚、南亚地区的客户需求和自身特点开发多品种业务，为客户提供便捷、贴身、自助化和个性化的服务。具体而言，重点需要在以下几个方面作出努力。

1.服务范围的综合性。银行要通过为东南亚、南亚地区的特定目标客户提供全方位、立体式服务，来"绑住"目标客户，使广大的企业（尤其是中小企业）与银行建立长期的业务合作关系，每个客户都有明确的客户经理对其负责，客户经理应密切关注企业的发展，当客户有需求时，银行可以立刻进行全方位服务，如实行品种齐全的"一站式"服务，客户所需要的金融服务在该银行都能得到满足。

2.运行发展的高技术化。银行属于技术密集型企业，经营活动技术含量高。银行应该以"服务未动，技术先行"的理念，摸清东南亚、南亚地区目标客户的金融需求，对目标客户的需求进行贴身设计、量身定做。（1）在技术支撑下，大力发展东南亚、南亚地区客户的信用卡业务。（2）开展东南亚、南亚客户的网上银行业务，如网上基本理财服务（查询、转账、缴费、开立定期存款等）、网上股票买卖、网上按揭、网上保险、网上基金销售、网上投资、网上贷款等。（3）利用科技手段开发专门的系统，对东南亚、南亚地区客户的信用风险、市场风险、操作风险进行科学分析和有效管理，降低决策和管理的盲目性和随意性。

3.业务创新。（1）大力开发针对东南亚、南亚国家居民的存款品种，让客户的财富保值增值。（2）有针对性地创办与东南亚、南亚国家公民在中国生活密切相关的主题信用卡业务，如与企业联合推出信用卡，持卡消费时可以享受打折优惠等。（3）针对东南亚、南亚国家投资者的楼宇按揭创新，鼓励这些国家的公民到云南省投资买房。东南亚、南亚国家客户办理楼宇按揭贷款后，如手头资金富余，可以随时提前还款，客户急需资金时，可以在提前偿还的款项中扣除当月房贷所还款项后，从剩余部分中重新提款。（4）随着云南省大通道建设及物流业的不断发展，应该不断拓展供应链金融业务，为解决云南省中小企业融资难问题做有益探索。（5）配合云南省政府的有关建设现代农业示范区规划，不断深化农村金融服务。针对东南亚、南亚诸多国家是农业国的特征，根据各国不同的农村金融需求,提供多元化的农村金融服务及金融产品。

4.中间业务品种的创新。(1)大力发展针对东南亚、南亚国家居民的个人理财业务。为有较为具体的目标且愿意承担一定风险的东南亚、南亚国家的客户进行理财,对客户实行"四专"服务:专行、专柜、专人、专线,掌握这些国家和地区目标客户的消费习惯和消费倾向,帮助客户做合理的理财规划,满足客户子女到中国留学、大宗物件购置、旅游等需求,长期留住客户。(2)大力发展金融超市。努力实现昆明泛亚金融服务中心银行业从专业经营向综合经营的转变,除了各类借款之外的股票、债券、保险、利率期货期权、汇率期货期权、各种基金、银行卡,以及与上述内容相联系的个人理财和集团理财、投行业务等,都能在银行办理。(3)大力开办代理业务。如开展物业代收租业务,专门替在云南省购房的东南亚、南亚地区业主收取租赁费,同时与地产中介联合,帮助寻租出售,为买房客户办理楼宇按揭贷款。

11.3.2 股票类相关产品与市场的发展与创新

目前国内股票类金融产品主要包括A股、B股以及在境外发行的H股、N股、S股等。在经过近20年的发展后,这类金融产品已经粗具规模,为国内投资者提供了较丰富的投资品种。未来可以考虑设立QFII基金在东南亚、南亚地区募集资金投资中国股市,下一步可以允许东南亚、南亚地区的企业和个人到昆明泛亚金融服务中心开户投资中国股票,并允许东南亚、南亚地区的公司通过昆明泛亚金融服务中心的协助到上海证券交易所的国际板和深圳证券交易所的创业板上市。

11.3.3 债券类相关产品的发展与创新

昆明泛亚金融服务中心债券市场将包括作为场外债券市场的银行间市场和作为场内市场的交易所市场,债券品种除了国债、金融债和企业债券三大主要债券品种之外,还应积极发展一些新的债券工具,包括可转债、资产支持证券、人民银行债券(人行票据)、短期融资券、国际机构债券等。

11.3.4 基金类相关产品的发展与创新

第一,积极推动东南亚、南亚地区国家和企业的固定收益类基金产品的创新。第二,以股指期货为突破口发展金融衍生品市场,并由此进一步丰富基金产品的特征。第三,大力发展房地产基金、外汇基金、B股基金、权证基金、期货基金、以结构性产品为投资对象的基金、基于衍生品的基金。第四,扩大指数化型基金规模和市场份额,还应该积极开发跟踪板块指数的品种和债券指数基金。

11.3.5 货币市场工具与利率、汇率衍生产品的发展与创新

随着利率风险和汇率风险的加大,为了满足东南亚、南亚地区国家和企业风险规避的强烈需求,昆明泛亚金融服务中心可以推出一系列利率、汇率相关的衍生工具,如国债期货、利率和货币互换等。

11.3.6 期货交易所产品的发展与创新

为了满足东南亚、南亚地区企业对原材料和金融产品市场风险管理的需要,可以考虑在昆明泛亚金融服务中心设立期货期权交易所,交易品种可以包括燃料油、棉花、玉米、白糖、豆粕、小麦、大豆、铜、股指期货和期权等品种。

11.4 风险防范

11.4.1 系统性风险防范

1.昆明泛亚金融服务中心可能存在的系统性金融风险。昆明泛亚金融服务中心在建设过程中可能存在的系统性金融风险主要包括以下几种:一是由于中国和东南亚、南亚国家金融体系发生流动性问题时导致的挤兑风险;二是中国和东南亚、南亚国家金融机构过度不良债权和资不抵债导致的风险;三是金融市场的利率和汇率风险;四是开放体系中资本流动带来的风险。

2.防范和化解系统性金融风险的措施。

(1)稳步推进资本项目开放试点。昆明泛亚金融服务中心在资本项目的开放上,既要和国家的外汇管理体制改革的步伐保持协调与统一,继续

实施"渐进有序"的资本账户开放策略,也可积极争取试点,稳步推进外汇管理体制改革。根据市场发育状况和经济金融形势,不断完善有管理的浮动汇率制度,保持人民币汇率在合理、均衡水平上的基本稳定,促进国际收支平衡,维护宏观经济和金融市场的稳定。为此,可以首先推动强制结售汇制向意愿结售汇制过渡;其次先放宽对东南亚、南亚资本流入的限制,再放松对东南亚、南亚资本流出的控制;再次对东南亚、南亚的投资者先放开债市,后放开股市(即A、B股并轨),但要求来自东南亚、南亚的投资者必须申报购股数量,并严格执行申报制度;最后在外汇市场上,逐步扩大交易主体,由指定东南亚、南亚国家的银行扩大到企业,再到东南亚、南亚国家的公民,但限制交易品种。

(2)完善市场和加强金融机构风险防范能力。一是加快发展和完善昆明泛亚金融服务中心金融市场。大力发展包括资本市场、货币市场、保险市场、外汇市场、期货市场、金融衍生产品市场在内的多层次金融市场体系,加强金融市场的基础性制度建设,健全金融市场的登记、托管、交易、清算系统,加大金融产品创新,完善市场功能,满足东南亚、南亚国家不同主体投融资需求,加强市场透明度建设和规范化运作,推动金融市场全面协调可持续发展。二是促进昆明泛亚金融服务中心金融机构改革和提高风险防范能力。昆明泛亚金融服务中心金融机构需要从建立责权分明的法人治理结构、完善有效的内部控制机制、明确的经营发展战略、科学的激励与约束机制、先进的企业文化和良好的职业操守五个方面着手,逐步建立现代化金融企业。有必要在有效实施金融监管的前提下,主要通过金融控股公司和其他适合我国国情的综合经营组织形式,发展综合类金融业务。通过设立正面清单和负面清单的方法,将防范金融风险和鼓励金融创新有机结合,通过金融创新调整金融机构资产负债结构;鼓励金融业在制度、机构、产品等方面加大创新力度,推动昆明泛亚金融服务中心的金融企业面向市场,树立以客户为中心的经营意识,提高综合服务水平和盈利能力;加强金融机构的产品定价能力,重视发展银行业的中间业务,开发证券公司的卖方业务,加快保险产品结构调整,培育可持续的盈利模式,提高昆明泛亚金融服务中心金融机构的经营能力和竞争实力。

(3)建立金融风险预警机制。在借鉴国际经验的基础上,研究和开发金融风险预警系统,主要由指标体系、预警界限、数据处理和预警显示四部分组成。首先是选择一套能够科学、合理、敏感地反映金融风险状况的监测指标体系,并要遵守实用性、系统性、全面性、规范性原则,然后根据经济金融发展的历史经验,以及参考不同发展阶段的特征,确定各指标的预警限值,再用事先确定的数据处理方法或模型,对各指标的取值进行综合处理,得出风险的综合指数和相应的风险等级,最后显示风险状态。

(4)完善市场退出机制和风险补偿机制。第一,建立和完善昆明泛亚金融服务中心的金融机构市场退出机制和风险补偿机制,制定和颁布有关金融机构市场退出的法律法规,最大限度地降低社会成本。通过发行次级债券、特别国债、原有股东增资、新股东出资,以及中央银行再贴现和有担保的再贷款等途径,开辟多样化的救助资金渠道。在加强日常监管和监管部门信息沟通的基础上,对金融机构进行准确的财务状况评级,动态监测风险。第二,建立危机救助机制和市场退出问责制,根据风险和危机的不同情况,制定明确的危机救助标准,并通过问责制度,严厉追究有过错的高级管理人员的责任。第三,建立与《破产法》相衔接的,对有问题金融机构实施行政接管、重组、撤销、关闭清算的制度。第四,建立和完善存款保险制度、证券投资者保护基金制度、保险保障基金制度,以保障存款人利益、保护公众投资者权益。第五,针对金融一体化加深和金融不稳定性增加的形势,需要加快建立金融危机应急处理机制,以控制突发性事件的发生。

11.4.2 非系统性风险防范

1.昆明泛亚金融服务中心可能存在的非系统性金融风险。昆明泛亚金融服务中心可能存在的非系统性金融风险是由于某个行业或个别公司产生的风险,该风险通常由某一特殊的因素引起,与整个泛亚金融服务中心金融市场的市场价格不存在系统的全面联系,而只对个别或少数公司的收益产生影响,例如,公司的工人罢工、新产品开发失败、失去重要的销售合同、诉讼失败、某一地区的自然灾害等。这类事件是非预期的、随机发生的，它只影响一个或少数公司，不会对整个金融市场产生系统性影响。

2.防范和化解非系统性金融风险的措施。防范和化解非系统性金融风险必须依靠建立健全金融企业的内部控制制度和公司治理结构才可以实现。首先，银行、证券公司、保险公司、财务公司、金融租赁公司等金融机构必须加强自身制度建设，完善内部控制制度和内部治理结构，不断提高自身的管理水平。其次，应该建立全面风险管理（尤其是信用风险和操作性风险）体系，尽可能地减少金融机构信用风险和操作性风险的发生，防患于未然。最后，应该加强同东南亚、南亚各国监管的协调与合作，共同对有重要影响的跨国金融机构进行联合监管，扩大金融监管的范围，对大型对冲基金、私人资本和自身失误导致区域经济重大风险的金融机构进行重点监管。同时加强对信用评级机构、对冲基金和金融自由港的监管，加强对大规模国际热钱流动的监测和监管，加强对包括场外金融衍生产品交易及其清算方面的监管。

11.5 政策与监管

11.5.1 积极探索综合经营试点

随着科技进步与金融市场的不断发展，促使各种金融衍生工具推陈出新，金融业之间的渗透融合力度逐步加强，原来的分业经营与监管的机制阻碍了金融业务创新和服务效率的提高。因此，昆明泛亚金融服务中心有必要打破我国现有的证券、银行业和保险业分业经营的传统模式，适当放松金融管制，鼓励金融创新活动，进一步将商业银行、投资银行和保险业务融合到一起，使银行、证券、信托、保险等公司实现跨行业强强联合，优势互补，加快银行业向综合经营迈进的步伐，使昆明泛亚金融服务中心的金融业务走上多样化、专业化、集中化和国际化的发展方向。

11.5.2 构建完善的金融机构信息披露机制

1.树立主动披露意识，保障投资者和客户知情权，切实维护投资者和客户利益。信息披露是金融机构的法定义务，应该要求昆明泛亚金融服务中心各金融机构高度重视信息披露工作，在进行信息披露时应将投资者和客户利益放在第一位，确保投资者、客户和监管部门及时、平等地获取信息。

2.加强培训，提高金融机构的信息披露规范意识。应该要求昆明泛亚金融服务中心的金融机构每年定期举行信息披露工作培训学习活动，督促各金融机构的高级管理人员掌握《中华人民共和国公司法》、《中华人民共和国证券法》、《中华人民共和国刑法》以及信息披露管理的有关规定，增强其法制观念和风险意识，做好信息保密工作，树立其主动信息披露和信息主动告知意识。

3.完善信息汇集、流转制度，确保信息披露及时、准确。应该明确要求昆明泛亚金融服务中心各金融机构按照相关的信息披露管理办法和规定的要求，从制度上明确重大信息报告义务、报告程序和相应责任，结合金融机构实际，细化、量化"重大事项"、"及时"等概念的定义，便于相关责任人掌握披露标准。金融机构还应指定专人为信息披露联络人，做好信息披露工作。

4.建立健全金融机构与控股股东沟通机制，及时披露控股股东重大信息。应该要求昆明泛亚金融服务中心的各金融机构建立控股股东重大信息书面问询机制，明确问询时点，规范问询内容和格式。金融机构控股股东及实际控制人等相关各方应建立相应的信息披露制度，并指定专人为信息披露联络人，在做好内幕信息保密工作的同时，应主动履行告知义务。

5.加强投资者和客户关系管理，切实维护信息披露的公平原则。昆明泛亚金融服务中心各金融机构（尤其是基金公司）还应该规范投资者和客户关系管理工作，建立投资者和客户来访接待制度。对于网站、内部刊物等各种非正式公告信息的披露必须事先审核把关。

6.完善市场传闻及金融资产价格异动的应急机制，及时进行信息披露。昆明泛亚金融服务中心各金融机构应当实时关注本公司证券及其衍生品种的异常交易情况及主要媒体（包括网络媒体）关于本公司的报道。对于发生突发性事件和媒体重大质疑，要快速启动应急预案，在第一时间向昆明泛亚金融服务中心监管部门和有关部门报告，及时处理，平稳化解市场传闻和金融资产价格异动产生的不良影响或风险，并依照法定程序及时、真实、准确、完整地予以披露或澄清。

7.建立责任追究机制，严惩信息披露违规责任人。昆明泛亚金融服务中心各金融机构应建立切实可行的责任追究机制，明确对信息报告不及时、不准确及未履行保密义务等责任人的处罚措施。

8.建立健全金融衍生品市场和场外市场的信息披露机制。由于金融衍生品交易的潜在风险较大，因此，昆明泛亚金融服务中心的建设必须建立健全金融衍生品场内市场和场外市场的信息披露机制，强化市场纪律，增加复杂金融产品和金融衍生产品交易的透明度。

9.加强信息披露的国际合作。加强同东南亚、南亚各国金融机构信息披露监管的协调与合作，共同对有重要影响的跨国金融机构的信息披露进行联合监管，扩大金融机构信息披露监管的范围，如资本结构、风险管理措施、公司治理结构等。

11.5.3 昆明泛亚金融服务中心的法制环境建设

完善的法律法规是缓解金融机构过度冒险，减少制度性风险的一个重要手段。因此，一个良好的法律环境也是昆明泛亚金融服务中心金融体系稳定运行的基础。昆明泛亚金融服务中心的金融法制建设既要在金融立法方面下功夫，也要在金融执法方面强化执法的严肃性，真正做好两手都要抓、两手都要硬。

就金融立法而言，核心的问题是要树立科学的立法价值取向。不同的金融发展阶段有不同的金融立法价值取向，现阶段的金融立法价值取向应当是以"三个代表"重要思想为指导，按照科学发展观的要求，全面体现加强执政能力建设的要求，把金融立法工作的重点放在推动昆明泛亚金融服务中心的金融市场基础设施建设、规范金融创新法律关系、提高金融监督管理的协调性和有效性，以及充分利用市场自律监管上来。具体而言主要有以下要求：

一是金融立法要有统筹、科学和全局的眼光。目前我国的经济体制改革和金融体制改革都已经进入了改革攻坚阶段，原来采取的单独推进的改革策略已经难以适应当前改革开放的需要。昆明市在建设泛亚金融服务中心过程中的金融立法也应当围绕这一转变，确立统筹规划、科学立法的思维。具体而言，对于金融市场应当通过立法手段逐步推进金融市场的统一和整合，对于同质的金融产品按照相同的监督管理规则约束市场主体的交易行为，保证不同的市场在其基础设施方面，如发行、登记、托管、结算和清算规则方面的基本统一。对于金融机构而言，要按照功能监管的思想，用统一的规则去规范其机构创新、业务创新和产品创新行为，同时要强化金融风险信息在金融监督管理部门间的共享和流转。而对于支撑金融发展和改革的其他法律制度，则应当按照既保护债权人又保护债务人的原则进行系统修改。

二是要坚持保护存款人和投资者利益，保护债权人利益的取向。保护金融机构存款人、金融产品投资人的利益永远是维护昆明泛亚金融服务中心金融机构信誉的重要因素。当前应当强调对于昆明泛亚金融服务中心基础金融法律关系的研究，同时做好金融创新产品的法律关系的规范，金融监督管理部门在许可金融机构推出创新产品的过程中应当重视对于投资者知情权、收益权等合法权益的保护。要尽快完善《中华人民共和国破产法》，根据《中华人民共和国破产法》的基本原则，考虑昆明泛亚金融服务中心金融机构破产的特殊性，尽快制定《金融机构破产条例》，同时应当尽快建立健全金融安全网制度，制定包括《存款保险条例》、《证券投资者保护基金管理办法》在内的金融法律制度。此外，为了吸引外国人到昆明泛亚金融服务中心进行信托投资，应该建立更为严格的银行客户保密制度的相关法律法规，以此加强账户的保密程度。

三是要坚持自律和他律相结合的取向。在调整金融监管关系的立法方面，要强化商业银行、券商和其他金融机构等经济主体在建立完善的、良好的法人治理结构方面的机制，强调金融机构的自律作用，保障金融机构在经营中的自主权，并注意为金融机构的发展留下足够的空间。

四是要坚持培养全社会金融风险意识和金融法治意识的取向。防范金融风险、保障金融安全的重要措施之一，就是要在全社会大力普及宣传金融法律知识,并在全社会真正树立金融法治观念。在加强金融法治意识的过程中,要重视全社会信用观念的建立,要培养公众和投资者的风险防范意识和合法投资观念。

就金融执法而言,应全面营造与昆明泛亚金融服务中心相匹配的金融仲裁和司法环境,建设符合国际通行惯例的金融仲裁体系和审理金融纠纷案件的专业法庭或合议庭,以此确保相关法律得到高效的执行。

11.5.4 建立存款保险制度

为了保障每位储户的存款安全,通过提供存款保障,有助于加强东南亚、南亚地区公众对中国银行体系的信心及维持本地金融体系的稳定。

1. 成立存款保障委员会。其职责主要是收集供款、管理保存计划资金、评估索偿申请、向客户作出赔款、向倒闭银行清盘人索回先期支付给客户的款项等。存款保障委员会的权利包括:评估及征收每家参与银行应支付的保费;向政府或任何第三方借款,以履行委员会的责任;向任何参与银行收集履行职能所需的资料;为存保基金作出投资;持有、收购、租赁、出售、变卖或以其他方式处理各类动产或不动产。

2. 存保计划的成员。为确保计划的可行性,避免只有风险高的银行参与计划而出现的逆向选择问题,所有持牌银行,无论是在本地或境外注册,均需强制参与存保计划。

3. 保障范围。凡是在昆明的人民币及外币存款均受存保计划保障,承保上限可以定为每家银行每名存户50万元,并涵盖可受保存款的本金及有关存款的累计利息。

4. 融资安排。通过向成员银行征收供款的方式,预期于5年内以事先筹集资金模式建立存保基金。目标基金水平为银行体系受保总额的0.3%,可以应付两家中型银行同时倒闭。

5. 供款。在目标基金建立期间,存保计划年度保费统一按8个基点(0.08%)计算,当达到目标基金水平后,年度保费降至平均每年约1个基点(0.01%),以后再采用以个别银行的信用评级为基础的非统一供款制度,厘定每家银行应支付的供款额。

6.保费的收取。存款保障委员会可以将收取保费的工作委托给中国人民银行代理,中国人民银行采取一次性收取年度保费的方法通过及时支付结算系统向参与存保计划的银行收取保费。

11.5.5 拟定并组织实施人才发展战略

能否吸引到足够多的国际化高级金融人才是成功建设昆明泛亚金融服务中心的关键性因素。因此,云南省和昆明市两级政府有必要制定相应的"昆明泛亚金融服务中心人才发展战略"。

1.政府层面的金融人才发展战略。

(1)优化吸引金融人才的外部环境。第一,积极完善昆明居住证制度,减少对流动人才就业的户籍要求。放宽对本科及以上学历就业人员在昆明落户限制,简化居住证办理程序,确保居住证办理效率,为金融人才培训提供良好的外部条件。第二,对在华任职的留学归来人员中的外籍高科技、高层次管理人才可以提供入出境便利。如合并"F"、"Z"签证,简化出入境签证办理手续;对需在华常住人员,可根据实际需要放宽外国人居留证期限;对申请在华定居(包括其配偶、未成年子女),可批准同意发给永久有效的外国人居留证。将承认双重国籍纳入议事日程,取得其他国家的公民身份后,回中国再就业或创业,也不再被视为外籍人士,可以中国公民身份做法人开公司,同时注意人才回流后的家庭安排、子女读书等,避免按外国人对待。第三,加大税收优惠及科技成果奖励力度。针对从外国引进的高级金融人才(如金融高级管理运营人才等),在个人所得税上可给予一定的税收优惠,以此吸引更多优秀的国际金融人才。第四,积极完善社会保障体系,进一步消除人才流动中的各种限制。对于从外地进入昆明工作的人才应及时为其办理社会保障卡,解除其工作转变的后顾之忧,促进人才流动。

(2)注重高级金融人才的内部培养。第一,大力培养金融领军人才。对于紧缺的金融行业领军人才,除了从境外引进之外,政府更应该着重昆明本土化人才的培养,为人才的可持续发展做好准备。可重点选拔培养能担任金融企业主要领导人的领军人才和后备领军人才,并选送部分优秀的青年干部到国外著名商学院或境外著名金融机构进行培训、锻炼。第二，大力培养高层次金融专业人才。以提高创新能力和专业能力为重点，可以由在昆明高校（如云南大学和云南财经大学）与国外著名大学商学院联合建设金融高级人才培训项目，加快各类高层次人才的知识和能力结构与国际接轨的步伐，同时确保并逐步增加教育培训投入，积极鼓励设立各类金融人才教育培训基金，形成单位投入、社会投入、个人投入等相结合的金融人才培养投入机制。第三，加强金融技术人才队伍建设。制定并完善昆明金融企业职工职业培训指导性意见，选择"金融理财师"等通用性高、涉及面广、综合性强的项目开展职业技能培训等。

（3）注重继续教育与培训的协调发展，建立继续教育评价体系。根据目前昆明金融人才队伍现状，应"双管齐下"，在抓好培训的同时，重视学历继续教育，并建立一整套继续教育的评价体系，对继续教育的质量进行综合评价。

2.金融机构的人才发展战略。金融行业与大众消费品行业及其他行业不同，一个高级金融人才的成长往往需要较长的时间来锻造。因此，昆明泛亚金融服务中心的金融机构应时刻重视对员工的再教育和再培训。

（1）定期地对员工进行培训。金融企业可以为员工的培训提供时间和资金方面的补助，同时根据不同层次的员工提供不同的培训，针对高级管理人员、高级专业技术人员特别是领军金融人才应定期安排赴境外参与各类不同层次的高级培训。

（2）建立继续教育体系。鼓励员工到各高校（或其他专业的合格培训机构）接受继续教育。甚至在昆明的各大金融组织可联合组建一定的专业教育机构，从国内外金融监管部门、高校或其他研究机构中选聘优秀的教员对员工进行继续教育。此外，各金融机构本身还可以开发网上培训课程，员工可以根据需要随时上网学习，并可以参加网上的考试，考试合格者应获得一定的认证证书。

（3）建立并健全金融人才库。参照一些著名国际金融机构的做法，每年从各大高校挑选一批优秀的应届生作为企业的培训生送往国外著名机构进行培训，同时进入企业的人才库计划。等到企业有合适的岗位时，再从人才库中的员工中挑选出最合适的来担当重任。此外，企业还应根据金融市场和金融人才市场的发展不断地更新企业金融人才数据库，淘汰过时和不适宜的人才数据，动态更新企业将来需要引进的人才数据。这样人才的引进就有预见性和战略性。

（4）注重和高校的紧密合作。金融机构的优秀领导者或专业技术人员可兼任高校的教师，一方面可与高校建立长期的人才合作关系，另一方面可以使金融专业学生达到理论和实践的统一，有利于提高社会金融人才培养的质量。此外，应积极寻求与世界著名大学的合作，这不但有利于金融机构本身和高校之间的信息沟通和交流，还可培养更多国际化高端金融人才。

（5）坚持多渠道、多层次地引进人才。不同的人才应通过不同的渠道引进，如高级管理人才特别是领军人才可以通过国际知名猎头公司获得，一般的储备人才可以从各个高校、其他金融机构等直接招聘。

3. 金融人才服务市场的优化和完善。

（1）组建具有特色的社会培训机构。世界上每个成功的国际金融中心都有自己各具特色的人才培训中心。目前昆明市金融培训机构极为匮乏，在建设昆明泛亚金融服务中心的过程中，应该高度重视金融人才培训中心建设，形成一套有自身特色的、符合实际和未来发展需要的培训体系。

（2）引进著名的国际猎头公司。国际著名猎头公司一般都构建有自己的国际化的高端人才网络，因此，引进著名的专注于金融领域的国际猎头公司，能更好地为昆明泛亚金融服务中心各金融机构网罗国际化的高端金融人才，从而促进昆明金融业的发展，加快昆明泛亚金融服务中心建设的步伐。

（3）吸引国内外资本投资金融教育。吸引更多的国内外资本到昆明投资金融教育，使金融人才培养的速度适应昆明泛亚金融服务中心的发展速度，以更好地实现昆明市建设泛亚金融服务中心的宏伟规划。

参考文献

[1] 白鹤祥：《中国区域性金融中心建设研究》，[M]，北京，中国金融出版社，2009。

[2] 巴曙松、刘先丰、崔峥：《伊斯兰金融体系形成的市场基础与金融特性研究》，[J]，载《金融理论与实践》，2009(6)。

[3] 陈栋生：《西部地区经济现状与大开发的对策》，[J]，载《中国工业经济》，2001(3)。

[4] 陈剖建、刘娟、李永：《浦东在构建上海国际金融中心中的定位分析及对策》，载《上海金融》，2009(5)。

[5] 当代云南编辑委员会：《当代云南简史》，[M]，北京，当代中国出版社，2004。

[6] 戴相龙：《参与国际资本流动创新直接融资平台》，[J]，载《中国金融》，2008(13)。

[7] 戴相龙：《坚持金融改革创新，加快建设与北方经济中心相适应的现代金融服务体系》，[J]，载《港口经济》，2006(6)。

[8] 丁文丽：《大湄公河次区域货币金融合作：理论、基础与对策》，[M]，北京，人民出版社，2008。

[9] 高宜程等：《城市功能定位的理论和方法思考》，[J]，载《城市规划》，2008(10)。

[10] 高山：《国际金融中心竞争力比较研究》，[J]，载《云南财经大学学报》，2009(3)。

[11] 韩民春、袁秀林：《基于贸易视角的人民币区域化研究》，[J]，载《经济学季刊》，2007(2)。

[12] 胡坚、杨素兰：《国际金融中心评估指标体系的构建》，[J]，载《北京大学学报（哲学社会科学版）》，2003(9)。

[13] 胡列曲：《发展中大国最优汇率制度动态决定论》，[M]，北京，经济科学

出版社，2007。

[14] 胡列曲：《人民币国际化理论及其在GMS中的运用——基于内生性视角的分析》，[J]，载《东南亚纵横》，2009（11）。

[15] 何冰：《基于解释结构模型的金融中心指标体系研究》，[J]，载《广西社会科学》，2009（Z1）。

[16] 何元庆、朱咸会：《武汉区域金融中心的功能定位研究》，[J]，载《武汉金融》，2007（10）。

[17] 贺灿飞、梁进社：《中国区域经济差异的时空变化：市场化、全球化与城市化》，[J]，载《管理世界》，2004（8）。

[18] 黄玖立、黄俊立：《市场规模与中国省区的产业增长》，[J]，载《经济学（季刊）》，2008（4）。

[19] 黄肖琦、柴敏：《新经济地理学视角下的FDI区位选择》，[J]，载《管理世界》，2006（10）。

[20] 姜书竹、张旭昆：《东盟贸易效应的引力模型》，[J]，载《数量经济技术经济研究》，2003（10）。

[21] 江纯、林雪：《区域金融中心的功能定位与趋势分析》，[J]，载《物流工程与管理》，2009(4)。

[22] 郎永峰、尹翔硕：《中国—东盟FTA贸易效应实证研究》，[J]，载《世界经济研究》，2009（9）。

[23] 李建平、李闽榕、高燕京：《中国省域经济综合竞争力发展报告（2007—2008）》，[M]，北京，社会科学文献出版社，2009。

[24] 李虹、陈文仪：《建立国际金融中心的条件和指标体系》，[J]，载《经济纵横》，2002（2）。

[25] 李扬：《金融中心：集聚金融资源有效机制》，[J]，载《金融与保险》，2006（7）。

[26] 李小牧：《离岸金融中心:北京CBD金融功能定位的未来取向》，[J]，载《生产力研究》，2005(12)。

[27] 李灿光：《昆明现代中心城市发展战略断想》，[J]，载《经贸世界》，2003(6)。

[28] 李庆萍：《打造中国—东盟区域金融中心服务泛北部湾经济发展》，[J]，载《广西金融研究》，2008(4)。

[29] 李绍荣、李四光：《中国和东盟人民币贸易结算的经济学分析》，[J]，载《经济研究》，2010（2）。

[30] 理查德·罗伯茨著，钱泳译：《伦敦金融城——伦敦全球金融中心指南》

[M]，大连，东北财经大学出版社，2008。

[31] 刘光溪：《WTO与中国经济》，[M]，上海，上海交通大学出版社，2004。

[32] 刘光溪：《资本项目外汇管理业务操作指南》，[M]，北京，中国商务出版社，2009。

[33] 刘光溪：《影响国际投机资本冲击程度的因素》，[J]，载《经济研究参考》，2010（12）。

[34] 倪鹏飞：《中国城市竞争力报告No.7》，[M]，北京，社会科学文献出版社，2009。

[35] 倪鹏飞、彼得·卡尔·克拉索：《全球城市竞争力报告（2007—2008）》，[M]，北京，社会科学文献出版社，2008。

[36] 倪鹏飞、孙承平：《中国城市金融中心的定位研究》，[J]，载《财贸经济》，2005（2）。

[37] 秦光荣：《发展资本市场，促进资本流动，为云南经济又好又快发展注入新的活力》，[J]，载《云南日报》，2008-04-29。

[38] 上海社科院东亚文化研究中心：《东亚文化论坛》，[M]，上海，上海文艺出版社，1998。

[39] 唐高原：《印度区域金融中心构建的演绎路径及其启示》，[J]，载《南亚研究季刊》，2008（4）。

[40] 王洪庆、朱荣林：《东盟在华直接投资对中国与东盟贸易的影响》，[J]，载《经济问题探索》，2004（12）。

[41] 王红波、罗芳：《国际金融中心与大城市群的协同性》，[J]，载《国际经贸探索》，2009（7）。

[42] 王力、盛逊：《我国区域金融中心竞争力研究》，[J]，载《中国社会科学院研究生院学报》，2009（3）。

[43] 王仁祥、石丹：《区域金融中心指标体系的构建与模糊综合评判》，[J]，载《理论新探》，2005(9)。

[44] 王元龙：《加快推进金融中心的建设》，[J]，载《今日中国论坛》，2008（9）。

[45] 王朴：《国外历史经验对中国国际金融中心合理定位和借鉴》，[J]，载《特区经济》，2008(9)。

[46] 魏后凯等：《中国外商投资区位决策与公共政策》，[M]，北京，商务印书馆，2002。

[47] 吴晓灵：《改进金融服务需要关注的几个问题》，[J]，载《中国金融》，

2008（13）。

[48] 吴晓灵：《中国金融体制改革30年回顾与展望》，[M]，北京，人民出版社，2008。

[49] 肖钢：《中国金融业在区域经济发展中角色研究》，[J]，载《合作经济与科技》，2007（20）。

[50] 肖钢：《转变发展方式，提高银行国际竞争力》，[J]，载《中国金融家》，2007（11）。

[51] 薛波、杨小军、彭晗蓉：《国际金融中心的理论研究》，[M]，上海，上海财经大学出版社，2009。

[52] 薛金房：《我国金融中心综合评价分析及发展战略目标定位》，[J]，载《区域金融》，2009（1）。

[53] 许明朝、高中良：《论中国离岸金融模式的选择》，[J]，载《国际金融研究》，2007（2）。

[54] 杨建华：《2007年中国省区发展报告》，[M]，北京，社会科学文献出版社，2007。

[55] 姚慧琴、任宗哲：《中国西部经济发展报告2008》，[M]，北京，社会科学文献出版社，2008。

[56] 姚洋、高印朝：《金融中心评价指标体系研究》，[J]，载《金融论坛》，2007(5)。

[57] 张建森：《CDI中国金融中心指数（CDI CFCI）报告（1）》，[M]，北京，中国经济出版社，2009。

[58] 张望：《金融争霸》，[M]，上海，上海人民出版社，2008。

[59] 易纲、宋旺：《中国金融资产结构演进：1991—2007》，[J]，载《经济研究》，2008（8）。

[60] 易纲：《中国金融改革思考录》，[M]，北京，商务印书馆，2009。

[61] 周天芸：《香港国际金融中心研究》，[M]，北京，北京大学出版社。2008。

[62] 张幼文：《国际金融中心发展的经验教训——世界若干案例的启示》，[J]，载《社会科学》，2003（1）。

[63] 张泽慧：《国际金融中心指标评估方法及指标评价体系》，[J]，载《社会科学研究》，2005（1）。

[64] 张旭路：《北京构建国际金融中心定位问题研究》，[J]，载《技术经济与管理研究》，2009（5）。

[65] 周立群、潘宏胜：《国内城市金融体系竞争力的比较研究》，[J]，载《天津社会科学》，2003（2）。

[66] 曾之明、岳意定：《人民币离岸金融中心发展模式及策略选择》，[J]，载《中南财经政法大学学报》，2010（1）。

[67] 周小川：《关于改革国际货币体系的思考》，[J]，载《中国金融》，2009（7）。

[68] 周小川：《区域金融生态环境建设与地方融资的关系》，[J]，载《中国金融》，2009（16）。

[69] Arthur, W.B., 1989. Competing Technologies, Increasing Returns and Lock-in by Historical Events. Economic Journal 99:116-131.

[70] Asean, Asean Statistical Yearbook 2008, http://www.aseansec.org/.

[71] Asian Development Bank, Key Indicators 2009. http://www.adb.org/.

[72] Ball, C., and Tschoegl A., 1982. The Decision to Establish and Foreign Bank Branch or Subsidiary: An Application of Binary classification procedures. Journal of Financial and Quantitative Analysis 17: 411-424.

[73] Chen Hongyi and Peng Wensheng, 2007.The Potential of the Renminbi as an International Currency, China Economic Issues, Number 7/07, Hong Kong Monetary Authority.

[74] Choi, S.L., Park, D., and Tschoegl, A. E., 2002. Banks and the World's Major Financial Centers, 1970-1980. Weltwirtscha Ftliches Archiv, Bd.132.

[75] Cowen, David, Ranil Salgado, Hemant Shah, Leslie Teo, and Alessandro Zanello ,2006. Financial Integration in Asia: Recent Developments and Next Steps, in IMF Working Paper, WP/06/196.

[76] Denis Hew. Singapore as a Regional Financial Center. At 10 Research Conference.7-8 March 2002: 1-22.

[77] David P., 1985. Clio and the Economics of QWERFY. American Economic Review 75: 332-337.

[78] David P., 1994. Why is Institution the Carriers of History? Path Dependence and the Evolution of Conventions, Organization and Institution. Structural Change and Economic Dynamics 5(2):205-216.

[79] Davis, E.P., 1990 .International Financial Centers: An Industrial Analysis. London: Bank of England Discussion Paper, No. 51, September: 1-23.

[80] Dufey, G., Giddy, I., 1978. Financial Center and External Financial Markets, Appendix 2 of the International Money Market, Engllewood Cliffs, NJ: Prentice-Hall:35-40.

[81] Gehrig, T., 1998. Cities and the Geography of Financial Centers. Center of Economic Policy Research, Discussion Paper No.1984. Washington, D.C.

[82] Greenwood, Jeremy and Boyan Jovanovic, 1990. Financial Development, Growth, and the Distribution of Income, Journal of Political Economy, Vol. 98, 5: 1076-1107.

[83] Harry G. Johnson. Panama as a Regional Financial Center: A Preliminary Analysis of Development Contribution. Economic Development and Cultural Change, Vol.24, No2:262.

[84] Harry G. Johnson. Panama as a Regional Financial Center: A Preliminary Analysis of Development Contribution. Economic Development and Cultural Change, Vol.2.

[85] KindleBerger, C.P., 1974. The Formation of Financial Centers: A Study in Comparative Economic History. Princeton: Princeton University Press.

[86] Krugman, P., 1991b. Increasing Returns and Economic Geography. Journal of Political Economy, 99:483-499.

[87] Meyer,D.R.,1998. World Cities as Financial Centers. Globalization and the World of Large Cities. F.-C. Lo and Y.-M.Yeung. Tokyo:Untied Nations University Press,410-432.

[88] Park,Y.S.,Yoon S., 1982. The Economics of Offshore Financial Centers. Columbia Journal of World Business 17(4):31-35.

[89] Reed, H.C., 1980. the Ascent of Tokyo as an International Financial Center, Journal of International Business Studies, 19-35.

[90] Tschoegl,A.E.,2000.International Banking Centers, Geography, and Foreign Banks. Financial Markets, Institutions and Instruments.9(1):1-32.

[91] World Economic Forum.The Global Compctitiveness Report 2009-2010 (GCR), http://www.weforum.org/en/index.htm.

[92] Zoran Hodjera. The Asian Currency Market: Singapore as a Regional Financial Center. Staff Papers,International Monetary Fund.Vol.25, No.2:222-224.

附件：关于昆明泛亚金融服务中心建设的相关政策、法规和规范性文件

一、国家部分 ·· 306
  1. 加入世贸组织后中国金融业对外开放的内容与时间 ········ 306
  2. 边境贸易外汇管理办法 ··································· 309
  3. 财政部关于积极做好地方财政金融工作的意见 ············ 316
  4. 国务院关于促进边境地区经济贸易发展问题的批复 ········ 322
  5. 关于促进边境贸易发展有关财税政策的通知 ·············· 323
  6. 跨境贸易人民币结算试点管理办法 ······················· 324
  7. 跨境贸易人民币结算试点管理办法实施细则 ·············· 328
  8. 财政部、国家税务总局关于边境地区一般贸易和边境小额
     贸易出口货物以人民币结算准予退（免）税试点的通知 ······ 334
  9. 关于扩大跨境贸易人民币结算试点有关问题的通知 ········ 336
  10. 国家外汇管理局关于调整部分资本项目外汇业务审批权限的
      通知 ··· 338
  11. 中国人民银行关于昆明市建设区域性跨境人民币金融服务中心
      实施意见的复函 ······································ 340
  12. 境外直接投资人民币结算试点管理办法 ················· 342

二、云南省 ··· 347
  1. 云南省边境贸易外汇管理暂行实施细则 ··················· 347
  2. 云南省国家税务局转发财政部、国家税务总局、海关总署关于
     云南省边境贸易发展中有关税收政策的通知 ················ 350
  3. 云南省国家税务局关于印发《以人民币结算的边境小额贸易
     出口货物办理退（免）税的管理办法》的通知 ·············· 352

4. 云南省边境小额贸易出口人民币结算核销操作规定 …………… 355
5. 云南省外来投资促进条例 ……………………………………… 357
6. 云南省人民政府关于转报昆明市建设区域性跨境人民币金融
   服务中心实施意见的函 ………………………………………… 363

三、昆明市 ……………………………………………………………… 369

1. 昆明市招商引资奖励暂行规定实施细则 ……………………… 369
2. 昆明市招商引资项目管理暂行办法 …………………………… 371
3. 昆明市人民政府关于印发加快银行业发展实施意见等六个
   文件的通知 ……………………………………………………… 374
4. 中共昆明市委关于制定国民经济和社会发展第十二个五年
   规划的建议 ……………………………………………………… 405

一、国家部分

1. 加入世贸组织后中国金融业对外开放的内容与时间

一、银行业对外开放的承诺

根据世贸组织有关协议,我国将逐步取消对外资银行外币业务、人民币业务、营业许可等方面的限制,履行以下承诺:

1. 对外资银行营业许可方面的承诺。

(1) 扩大外资银行外汇业务范围。

正式加入时,取消外资银行办理外汇业务在客户对象方面的限制。外资银行可以立即向中资企业和中国居民全面提供外汇服务,且不需要进行个案审批。

正式加入时,立即允许外资银行在现有业务范围基础上增加外币兑换、同业拆借、外汇信用卡的发行、代理国外信用卡的发行等业务。

(2) 逐步扩大外资银行人民币业务范围。根据承诺,我国加入世贸组织后,将从多方面扩大外资银行经营人民币业务的范围。

第一,允许外资银行在现有业务范围基础上增加票据贴现、代理收付款项、提供保管箱业务。

第二,逐步取消外资银行经营人民币业务的地域限制。

① 加入时,开放深圳、上海、天津、大连;

② 加入后1年内,开放广州、珠海、青岛、南京、武汉;

③ 加入后2年内,开放济南、福州、成都、重庆;

④ 加入后3年内,开放昆明、北京、厦门;

⑤ 加入后4年内,开放汕头、宁波、沈阳、西安;

⑥ 加入后5年内,取消所有地域限制。

第三,放宽对异地业务的限制。允许在一个城市获准经营人民币业务的外资银行向其他开放人民币业务城市的客户提供服务。

第四,逐步取消人民币业务客户对象限制。

① 加入后2年内,允许外资银行向中国企业办理人民币业务。

② 加入后5年内,允许外资银行向所有中国客户提供服务。

这意味着加入后5年内外资银行将享受国民待遇。

③ 同城营业网点的审批问题。允许外资银行设立同城营业网点,审批条件与中资银行相同。

④ 坚持审慎原则发放营业许可。中国金融监管部门发放经营许可证坚持审慎原则,即在营业许可上没有经济需求测试或者说数量限制。加入后5年内,取消所有现存的对外资银行所有权、经营和设立形式,包括对分支机构和许可证发放进行限制的非审慎性措施。

2.关于开放汽车消费信贷服务。加入时,即允许外资非银行金融机构进入我国汽车消费信贷市场开展业务,而且在市场准入和国民待遇方面没有限制。这意味着在我国加入世贸组织后,外资非银行金融机构在汽车消费信贷领域可以立即经营对居民的人民币业务。同时,外资银行在获准经营中国居民人民币业务后,也可开展汽车消费信贷业务。

3.关于开放金融租赁业务。加入时,经审批,即允许外资金融租赁公司按照与中资金融租赁公司相同的条件,提供金融租赁服务。

二、证券业对外开放的承诺

根据世贸组织有关协议,证券业的开放包括以下四项内容:

1.外国证券机构可以不通过中方中介,直接从事B股交易。

2.外国证券机构驻华代表处,可以成为中国所有证券交易所的特别会员。

3.允许设立中外合资的基金管理公司,从事国内证券投资基金管理业务，外资比例在加入时不超过33%，加入后3年内不超过49%。

4. 加入后3年内，允许设立中外合资证券公司，从事A股承销、B股和H股以及政府和公司债券的承销和交易，外资比例不超过1/3。

三、保险业对外开放的承诺

根据世贸组织有关协议，我国正式加入世贸组织后，对外资保险公司开放的承诺包括以下方面：

1. 企业形式。

（1）加入时，允许外国非寿险公司在华设立分公司或合资公司，合资公司外资比例可以达到51%。加入后2年内，允许外国非寿险公司设立独资子公司，即没有企业设立形式限制。

（2）加入时，允许外国寿险公司在华设立合资公司，外资比例不超过50%，外方可以自由选择合资伙伴。

（3）允许所有保险公司按地域限制放开的时间表，设立国内分支机构。

2. 开放地域。

（1）加入时，允许外国寿险公司和非寿险公司在上海、广州、大连、深圳、佛山提供服务。

（2）加入后2年内，允许外国寿险和非寿险公司在北京、成都、重庆、福州、苏州、厦门、宁波、沈阳、武汉和天津提供服务。

（3）加入后3年内，取消地域限制。

3. 业务范围。

（1）加入时，允许外国非寿险公司向在华外商投资企业提供财产险以及与之相关的责任险和信用险服务；加入后2年内，允许外国非寿险公司向外国和中国客户提供所有商业和个人非寿险服务。

（2）加入时，允许外国保险公司向外国公民和中国公民提供个人（非团体）寿险服务。加入后3年内，允许外国保险公司向外国公民和中国公民提供健康险、团体险和养老金/年金险服务。

（资料来源：中国人民银行）

2. 边境贸易外汇管理办法

汇发〔2003〕113号

第一章 总 则

第一条 为了促进我国与周边国家边境贸易的健康发展，完善对边境贸易相关的外汇管理，规范边境贸易中的资金结算行为和账户管理，根据《中华人民共和国外汇管理条例》及其他有关规定，制定本办法。

第二条 本办法所称"边境贸易"包括边民互市、边境小额贸易和边境地区对外经济技术合作。

边民互市贸易，系指边境地区边民在边境线20公里以内、经政府批准的开放点或指定的集市上，在不超过规定的金额或者数量范围内进行的商品交换活动。

边境小额贸易，系指我国边境地区经批准有边境小额贸易经营权的企业，通过国家指定的陆地边境口岸，与毗邻国家边境地区的企业或者其他贸易机构(以下简称境外贸易机构)进行的贸易活动。

边境地区对外经济技术合作，系指我国边境地区经批准有对外经济技术合作经营权的企业，与我国毗邻国家边境地区开展的承包工程和劳务合作项目。

第三条 本办法所称"边贸企业"包括我国的边境小额贸易企业和对外经济技术合作企业。

边境小额贸易企业，系指经商务主管部门批准，有边境小额贸易经营权的企业。

对外经济技术合作企业，系指经商务主管部门批准，有在毗邻国家边境地区开展承包工程和劳务合作项目等对外经济技术合作经营权的企业。

第四条 边贸企业或个人与境外贸易机构进行边境贸易时，可以用可自由兑换货币、毗邻国家货币或者人民币计价结算，也可以用易货的方式进行结算。

第五条 边贸企业或个人与境外贸易机构进行边境贸易结算时，应当按照《国际收支统计申报办法》及其他有关规定办理国际收支统计申报。

第六条 国家外汇管理局及其分支局(以下简称外汇局)为边境贸易外汇业务的管理机关。

第七条 边贸企业应当在商务主管部门批准其边境小额贸易经营权或对外经济技术合作经营权后，凭工商管理部门颁发的营业执照、商务主管部门的批准件、组织机构代码证及海关注册登记证明书等材料到外汇局备案。

第二章 边境贸易账户管理

第八条 边贸企业应当按照《境内外汇账户管理规定》、《境内机构经常项目外汇账户管理实施细则》及其他有关规定，在我国边境地区外汇指定银行（以下简称银行）开立、使用和关闭经常项目外汇账户。

第九条 边贸企业可以在我国边境地区银行开立以毗邻国家货币结算的边境贸易账户。对于货币发行国中央银行尚未与中国人民银行签订双边本币支付协定的毗邻国家货币，边贸企业以该种货币开立边境贸易账户时，其收入范围为：从境外贸易机构在我国边境地区银行开立的经常项目外汇账户或毗邻国家货币边境贸易账户划转边境贸易项下的资金；支出范围为：向境外贸易机构在我国边境地区银行开立的经常项目外汇账户或毗邻国家货币边境贸易账户划转边境贸易项下的资金。对于货币发行国中央银行已经与中国人民银行签订双边本币支付协定的毗邻国家货币，边贸企业以该种货币开立的边境贸易账户，应当按照双边本币支付协定的规定使用，并纳入"外汇账户管理信息系统"管理。

第十条 境外贸易机构可以在我国边境地区银行开立经常项目外汇账户和毗邻国家货币边境贸易账户。对于所在国中央银行尚未与中国人民银行签订双边本币支付协定的毗邻国家贸易机构，其开立的经常项目外汇账户和以该国货币开立的边境贸易账户的收入范围为：从境内边贸企业和个人开立的边境贸易外汇账户或毗邻国家货币边境贸易账户划转边境贸易项下的资金；支出范围为：向境内边贸企业和个人开立的边境贸易外汇账户或毗邻国家货币边境贸易账户划转边境贸易项下的资金。对于所在国中央银行已经与中国人民银行签订双边本币支付协定的毗邻国家贸易机构，其开立的经常项目外汇账户和以该国货币开立的边境贸易账户，应当按照双边本币支付协定的规定使用。

第十一条 在人民币结算业务量较大的边境地区，境外贸易机构可以在我国边境地区银行开立人民币边境贸易结算专用账户，该账户只能用于边境贸易结算项下的资金收付，不能作其他用途。

第十二条 境外贸易机构在我国边境地区银行开立经常项目外汇账户、毗邻国家货币边境贸易账户和人民币边境贸易结算专用账户，应当持本国的经营许可证明（个人持护照等有效身份证明）、边境贸易合同等材料向开户所在地外汇局申请，凭外汇局核准件到银行办理开户手续。开户银行应当按照本办法规定为境外贸易机构办理开户手续，并在境外贸易机构开立的经常项目外汇账户和毗邻国家货币边境贸易账户的账号作特殊标识，纳入"外汇账户管理信息系统"进行管理。

对于境外贸易机构在我国边境地区银行开立的经常项目外汇账户、毗邻国家货币边境贸易账户和人民币边境贸易结算专用账户，其账户与境外发生的一切涉外收支交易，均须按照我国外汇管理的有关规定办理国际收支统计申报手续。

第十三条 边贸企业通过境内居民个人作为收款人收回出口货款的，应当提前将拟接收出口货款的居民个人姓名、账号等向所在地外汇局备案，开户银行凭外汇局出具的证明为其办理开户手续，并对此账户作出标识。该类账户的收入范围为：从境外汇入的边境贸易出口项下的外汇货款。收款企业在办理出口货款入账后应立即向银行结汇，银行向收款企业出具出口收汇核销专用结汇水单。该类账户中的结汇交易为贸易项下结汇，银行在向外汇局报送《银行结售汇统计月(旬)报》时，应将其统计在"101贸易收入"科目内。

第三章 边境贸易外汇收支管理

第十四条 边贸企业经常项目项下收入的可兑换货币，在外汇局核定的经常项目外汇账户限额内的,可以结汇,也可以存入经常项目外汇账户保留;超过核定限额的,应当按照规定结汇。边贸企业经常项目下收入的毗邻国家货币,可以存入毗邻国家货币边境贸易账户,也可以根据银行自愿购买的意愿卖给银行。

第十五条 边贸企业经常项目项下的对外支付,应当按照《结汇、售汇及付汇管理规定》及其他有关规定,持规定的有效凭证和商业单据,从其经常项目外汇账户、毗邻国家货币边境贸易账户和人民币账户中支付或者到银行兑付。

第十六条 边贸企业和个人,如发生直接向境外贸易机构在我国边境地区银行开立的经常项目外汇账户、毗邻国家货币边境贸易账户和人民币边境贸易结算专用账户收付的行为,应当视同向境外收付。边贸企业和个人应当按照《国际收支统计申报办法》、《结汇、售汇及付汇管理规定》及其他有关规定,向银行办理国际收支统计申报手续,并持规定的有效凭证和商业单据办理有关收付手续。

第四章 边境贸易收付款核销管理

第十七条 边贸企业办理边境贸易进口项下的对外支付,如以可自由兑换货币、毗邻国家货币结算,无论是向境外支付还是向境外贸易机构在我国边境地区银行开立的经常项目外汇账户、毗邻国家货币边境贸易账户支付,均应当填写《贸易进口付汇核销单(代申报单)》,按照《贸易进口付汇核销监管暂行办法》及其他有关规定办理进口付汇核销手续。

第十八条 边贸企业在进口时需以人民币结算的,如对方为已经与我国签订双边本币支付协定的所在国企业、边贸企业支付货款时,应当填写《贸易进口付汇核销单(代申报单)》,并按照《贸易进口付汇核销监管暂行办法》及其他有关规定办理进口付汇核销手续。

第十九条 边贸企业在进口时需向境外贸易机构在我国边境地区银行开立的人民币边境贸易结算专用账户支付货款的,收款银行应当凭境外贸易机构提供的合同、边贸企业的进口货物报关单等凭证办理人民币入账手续。办妥入账手续后,收款银行应当将相应的进口货物报关单在"中国电子口岸—进口付汇系统"上及时核注、结案或报当地外汇局核注、结案。

第二十条 外汇局和银行为边贸企业办理进口付汇核销手续后，应当按照有关规定，及时在"中国电子口岸—进口付汇系统"对相应的进口货物报关单核注、结案。

第二十一条 边贸企业办理边境贸易项下出口，应当按照出口收汇核销管理规定向外汇局申领出口收汇核销单，办理出口报关、收汇等手续，其出口收汇核销按以下规定办理：

(一)以可自由兑换货币现汇结算的，边贸企业应当按照《出口收汇核销管理办法》、《出口收汇核销管理办法实施细则》和其他有关规定办理出口收汇核销手续。

(二)以可自由兑换货币现钞结算的，边贸企业应当凭出口货物报关单、出口收汇核销单、银行出具的外币现钞结汇水单及购货发票办理出口收汇核销手续。

(三)以毗邻国家货币结算的，边贸企业应当凭出口货物报关单、出口收汇核销单和经海关核验的携带毗邻国家货币现钞入境申报单或银行出具的汇入汇款证明办理出口收汇核销手续。

(四)以人民币结算的，边贸企业应当凭出口货物报关单、出口收汇核销单和人民币汇入汇款证明(在境外贸易机构已开立人民币边境贸易结算专用账户的地区，企业可以凭境内人民币资金划转证明)办理出口收汇核销手续。

(五)从境外贸易机构在我国边境地区银行开立的经常项目外汇账户或毗邻国家货币边境贸易账户收回货款的，边贸企业应当凭出口货物报关单、出口收汇核销单、付款银行的资金划转证明办理出口收汇核销手续。

(六)通过境内居民个人汇款收回外汇货款的，边贸企业应当凭出口货物报关单、出口收汇核销单和出口收汇核销专用结汇水单办理出口收汇核销手续。

(七)以易货贸易方式结算的，边贸企业应当凭出口收汇核销单、出口货物报关单和进口货物报关单等单证办理出口收汇核销手续。

第二十二条 外汇局为边贸企业办理出口收汇核销手续后，应当向边贸企业出具"出口收汇核销退税专用联"，并在备注栏中注明核销币种和金额。

第二十三条 外汇局应当按照《出口收汇核销管理办法》、《出口收汇核销管理办法实施细则》和本办法规定，为边贸企业办理出口收汇核销单的发单及出口收汇核销等手续，并按规定对其出口收汇情况进行考核。

第二十四条 边境地区外汇局应当加强对边境贸易的统计和分析，及时汇总辖内边境贸易情况。各分局应当在每月前10个工作日内将上月《边境小额贸易进出口及核销情况统计表》〔见附表（略）〕上报国家外汇管理局。

第五章 边境贸易结算及货币兑换管理

第二十五条 边境地区银行应当按照中国人民银行的有关规定，与毗邻国家边境地区商业银行建立代理行关系，开通银行直接结算渠道。

第二十六条 按照《中国人民银行关于外币现钞管理有关问题的通知》(银发〔2001〕376号)、《中国人民银行关于外币现钞管理有关问题的补充通知》(银发〔2001〕384号)、《外汇指定银行办理结汇、售汇业务管理暂行办法》(中国人民银行令〔2002〕第4号)及《境内居民个人购汇管理实施细则》的规定，凡经银行监管部门批准经营外币储蓄业务的边境地区商业银行，均可向当地外汇局申请办理个人结汇业务；凡经银行监管部门和外汇局批准经营结售汇业务或外币兑换业务的边境地区商业银行，经所在地外汇局批准后均可办理个人售汇业务，增加结售汇网点。

第二十七条 边境地区银行应当按照《中国人民银行关于调整外币现钞管理政策有关问题的通知》(银发〔2002〕283号)规定，在规定的浮动范围内，调整外币现钞买入、卖出价格。边境地区外汇局应当协助银行依照相关规定随行就市地开展个人结售汇业务，并指导其做好风险管理和资金平衡工作。

第二十八条 边境地区银行可以加挂人民币兑毗邻国家货币的汇价，其买卖价差自行确定，收兑的毗邻国家货币自行消化。

第二十九条　边境地区银行应当按照银行监管部门和国家外汇管理局的有关规定设立外币代兑点，办理人民币与可兑换货币及毗邻国家货币的兑换业务。

第六章　附　则

第三十条　银行、边贸企业和个人，应当按照本办法和其他相关的外汇管理规定，办理与边境贸易相关的外汇业务，对违反本办法和其他相关外汇管理规定的，外汇局根据《中华人民共和国外汇管理条例》等法规予以处罚。

第三十一条　本办法没有明确规定的其他外汇管理事宜，按照有关的外汇管理法规执行。

第三十二条　银行应当严格执行中国人民银行制定的《金融机构反洗钱规定》和《金融机构大额和可疑外汇资金交易报告管理办法》，认真履行对大额和可疑资金交易的报告规定。如遇可疑情况，应及时地向上级行及当地人民银行、外汇局和公安部门反映，并主动配合人民银行、外汇局、公安部门做好相关工作，防范和打击利用边境贸易支付、结算进行洗钱等违法的外汇交易活动。

第三十三条　边境地区所在的外汇局省(区)分局可以根据本办法及其他外汇管理法规，结合本地区实际情况，制定相应的实施细则，经国家外汇管理局批准后发布实施。

第三十四条　本办法由国家外汇管理局负责解释。

第三十五条　本办法自2003年10月1日起施行。1997年1月23日发布的《边境贸易外汇管理暂行办法》及2002年9月16日发布的《关于我国与俄罗斯等独联体国家边境小额贸易外汇管理有关问题的通知》同时废止。

3. 财政部关于积极做好地方财政金融工作的意见

财金〔2008〕25号

各省、自治区、直辖市、计划单列市财政厅（局）：

地方金融是我国金融体系的重要组成部分。地方金融的平稳健康发展关系到我国金融体系的稳定和有效发挥各项功能，关系到地方经济和全国经济的协调和持续发展。随着我国金融改革的不断深化，地方金融越来越受到关注。为充分发挥各级财政部门公共职能，积极做好地方财政金融工作，促进地方金融改革发展，现提出如下意见：

一、做好地方财政金融工作的总体要求和主要任务

（一）充分认识做好地方财政金融工作的意义。地方金融内涵丰富，既涉及地方金融机构建设，还包括地方金融发展规划、金融环境建设、金融资源配置、金融风险防治等。积极做好地方财政金融工作的实质是运用财政手段促进和有效发挥金融各项功能，维护金融稳定，保障经济安全，支持经济建设和社会发展，是公共财政职能的体现，是各地财政部门的重要职责。各地财政部门要从经济建设和社会发展全局高度，切实增强做好地方财政金融工作的责任感和使命感。

（二）做好地方财政金融工作的总体要求。以邓小平理论和"三个代表"重要思想为指导，全面落实科学发展观，根据国家经济工作和财政工作部署，围绕中央关于今后时期全面推进金融改革创新、促进金融业持续健康安全发展的意见，立足公共财政框架，积极参与和支持地方金融改革发展各项工作，主动发挥财政管理职能和杠杆作用，逐步建立地方金融持续健康发展的长效机制，促进经济社会全面协调可持续发展，充分发挥财政金融在构建社会主义和谐社会中的重要作用。

（三）今后时期地方财政金融工作的主要任务。因地制宜地制定和实施政策措施，以发挥财政资金杠杆作用为切入点，以支持农村金融体系建

设为立足点，以加强国有金融资产管理为支撑点，以点带面，点面结合，全面推进。抓住运用财政政策工具和加强金融机构财务监管这两条主线，灵活运用投资、税收、补贴、奖励等政策工具，主动参与制定和实施地方金融发展规划，支持改善地方金融生态环境，优化地方金融资源配置，推动地方金融机构改革发展，防范和化解地方金融风险，工作做到事前策划、事中管理、事后监督，有效行使公共管理者、资产监管者和风险防治者的职责。

二、参与地方金融发展规划，支持金融生态环境建设

（四）参与地方金融发展规划，完善地方金融服务体系。结合当地经济水平和城乡区域协调发展等情况，配合当地政府制定地方金融发展总体规划，明确财政扶持政策，鼓励机构、业务和服务创新，提高地方金融发展质量和水平。支持地方金融机构体系建设，发展适应地方需要的各类城乡金融机构，引导国内外金融机构设立分支机构，建立多元化地方金融体系，丰富各类金融服务供给，尤其是支持发展各种形式的农村金融机构，建立健全适应"三农"特点的多层次、广覆盖、可持续的农村金融体系。

（五）支持金融生态环境建设，促进良性互动。充分发挥公共职能，支持和参与地方金融生态环境建设，为社会信用体系建设提供财政保障。配合当地政府和有关部门，完善信用信息管理，提高信用信息透明度，增强市场主体和社会公众的诚信意识，支持发展信用社区和信用乡镇，培育良好的信用文化，创造公平诚信的金融运行环境。加强地方金融机构会计信息质量专项检查和披露工作，对地方金融机构实施会计信息真实性和质量评价，提高地方金融机构诚信经营意识。支持当地政府搭建工商企业、城乡居民与金融机构之间的信息桥梁，完善金融服务平台，形成社会信用、市场竞争、金融运行与地方经济发展的有机循环，促进地方经济与地方金融之间的良性互动。

三、灵活运用财政政策工具引导和配置金融资源

（六）重点支持农村金融发展，落实支农惠农政策。因地制宜地采取政策措施，运用税收返还、风险补偿、奖励等手段，鼓励和引导各类金融

机构为"三农"提供更多的金融服务,引导信贷资金回流农村。探索发挥各类信用担保机构的支农作用,通过增加政府出资和运用其他财政政策工具,建立符合农村特点的担保机制,逐步改善农村金融生态环境,促进农业贷款发展。深化农村信用社改革,突出解决产权制度、组织形式和内控机制方面的问题,灵活运用各种政策工具,引导和参与农村信用社改组改制,有条件的可以财政出资参股,实施股份制改造,建立现代企业制度,改善经营管理,同时,进一步加大财政资金扶持力度,促进农村信用社提高支农效率和质量,有效发挥农村金融主力军作用。支持新型农村金融机构发展,运用风险补偿、奖励等手段,积极引导新型农村金融机构的设立和可持续发展,充实农村金融体系。大力发展农业保险,增强农民参保意识,运用补贴、奖励等手段,支持和鼓励保险机构开展商业性农业保险业务,开发适合"三农"需要的保险产品和服务,完善市场化农业风险保障体系,探索建立地方农业保险风险补偿制度,逐步建立统一和协调发展的农村保险体系。研究整合财政金融各项支农政策和资金,提高政策和资金使用的协调性和目的性,形成支农合力,发挥政策资金的杠杆作用,引导社会支农资金流向,充分发挥政策效应。

(七)着力解决中小企业融资问题。中小企业在经济发展,尤其是地方经济发展中非常重要,既体现经济的活力,又是带动就业的关键。各地财政部门要有效发挥各类信用担保机构对中小企业的阶段性扶持和信用培育作用,支持中小企业逐步形成自身可持续发展能力。运用补贴、奖励等手段,鼓励金融机构和担保机构进行金融产品和服务创新,突出发挥地方金融机构的优势,在有效控制风险的同时,加大对中小企业的信贷支持和各项金融服务力度。积极培育优质和成长性好的中小企业、高新技术企业,加强对中小企业股份制改造和上市辅导,支持有条件的中小企业充分利用资本市场融资。

(八)引导信贷资金投向,促进产业结构调整,支持创业和扩大就业。积极落实国家宏观调控政策,结合当地经济社会发展需要,灵活运用税收、风险补偿、奖励等手段以及依法收费等措施,调节信贷资金流向,减少高能耗、高污染产业投资，引导信贷资金投向资源节约型、环境友好型产业以及科技创新型企业和当地特色经济，促进产业结构调整，转变经济增长方式，提高经济增长质量。加大财政资金投入，运用担保、贴息、风险补偿、奖励等手段，建立有效机制，鼓励金融机构支持劳动密集型产业和服务业发展，支持自主创业，扩大就业，多渠道、多方式增加就业岗位。

（九）促进地方金融机构改革和发展。指导和参与地方金融机构资产和财务重组、股份制改造、引进战略投资者、公开发行上市以及兼并收购等改组改制工作，结合当地实际，给予政策、资金、人力和业务指导等方面的支持，帮助地方金融机构把握市场定位和确定发展战略，支持地方金融机构深化内部改革，促进地方金融机构转换经营机制，提高经营管理和服务水平，不断增强市场竞争力和抗风险能力，实现健康持续发展。

（十）加强监督管理和考评，确保政策措施发挥实效。出台政策和资金支持措施要认真研究，并主动参与相关工作的决策和管理，确保措施的合理性和有效性，同时要做到量力而行。新出台政策措施要同步建立规范的实施、管理和评价制度，建立适当的激励约束机制，调动各方面积极性，充分发挥政策效应。进一步加强对下岗失业人员小额担保贷款贴息、农业保险保费补贴等现行政策、资金的管理和监督使用，对政策实施效果进行考核和评价，总结经验，发现问题，改进工作，提高政策执行效率，切实履行财政监督职能。

四、加强金融财务与资产监管，防范和化解地方金融风险

（十一）认真履行财务监管职责。充分认识金融监管是金融工作的重中之重，高度重视地方金融机构财务、会计和资产监管工作，认真贯彻实施《金融企业财务规则》（财政部令第42号）及有关制度规定，加强地方金融机构财务数据统计和分析，开展对地方金融机构财务风险评价，代表政府有效履行监管职责，为防止金融风险转化为财政风险筑起第一道防线。主动加强与金融监管部门协调与合作，做到中央垂直监管与地方动态监测相结合，建立监测协调机制，实现监管信息共享，必要时开展联合检

查，及时发现和消除风险隐患。对不配合和不执行有关财务制度规定的地方金融机构，依照相关规定予以处罚，并通报金融监管部门。

（十二）应对和参与处置地方金融风险。在动态监测的基础上，探索与金融监管部门建立健全地方金融风险联合评估机制，制定应急预案机制，安排必要的金融风险防治资金，维护稳定。采取适当的风险处置策略，在重组、救助高风险的地方金融机构和维护金融秩序工作中发挥重要作用。对暂时处于困境但具备发展潜力的地方金融机构给予必要的扶助，化解风险，以达到监管要求。妥善处理地方政府为化解地方金融风险向中央的专项借款，认真履行还款承诺，维护政府公信力，同时，妥善处理政府各类债务和担保责任，控制举债规模，防止加剧财政风险。

（十三）加强国有金融资产的监督管理。加强与地方政府的沟通，理顺地方国有金融资产管理体制，代表政府认真履行金融类企业国有资产监管职责。继续做好金融类企业国有资产产权登记、统计分析、评估转让管理和国有股权管理等各项基础管理工作，以及对地方国有金融机构国有资本保值增值结果的确认工作。规范地方国有金融机构实施股权激励行为，建立和完善对地方国有金融机构绩效评价体系和经营问责制度，逐步建立健全地方国有金融资本经营预算制度，确保国有金融资本保值增值。

（十四）发挥国家资本的引导和带动作用。根据地方金融发展总体规划，合理配置国家资本，实现有进有退，引导和带动社会资本支持地方金融发展。对于市场竞争充分、经营规范有序的金融领域，探索减少国家资本投入，更好地让市场机制发挥作用。对于需要发展的金融领域，国家资本阶段性进入，体现政府扶持和引导，带动和吸引社会投资。对于需要保持一定政府控制力的地方金融机构，一方面要发挥国家资本对完善治理结构和加强内部控制的主导作用，另一方面要正确处理政府与企业之间的关系，不干预企业正常经营，支持企业商业化发展，实现企业和国家"双赢"。在保证市场竞争的情况下，探索通过国有股权转移来整合地方国有金融机构，支持以强扶弱、强强联合，实现优势互补，优化地方金融结构。

五、加强沟通与配合，共同做好工作

（十五）中央和地方财政加强交流互动。地方财政金融工作立足于地方，在各地财政部门工作基础上，中央财政给予必要的支持。各地财政部门要不断总结经验，创新思路，及时反映工作情况、问题、意见和建议，为做好地方财政金融工作出谋划策。中央财政一方面研究在政策和资金上对地方金融改革发展给予直接支持，另一方面探索和支持中央管理的金融机构参与地方金融建设。对工作思路清晰、各项政策措施能及时落实到位的地方，中央财政加大政策创新和试点工作支持力度；对管理相对滞后的地方，中央财政给予针对性的指导，在工作思路、业务知识等方面予以支持。中央与地方财政之间要通过文件、邮件、信息网、研讨会、业务培训等多种渠道和形式加强信息沟通与交流，准确把握工作形势和政策动态，及时推广先进经验，提高管理效率，共同促进地方金融改革发展。

（十六）不同地方财政部门之间加强沟通与配合。相互学习借鉴，共同做好跨区域的地方金融改革发展工作。相互提示风险，防止地方金融风险跨区域扩散和传递。相互支持合作，促进地方金融机构跨区域发展，优势互补，鼓励经济发达地区对欠发达地区的金融支持。把握全局，实现地方金融持续协调发展。

各省级财政部门负责本省（自治区、直辖市、计划单列市）财政金融工作。一方面要加强队伍建设和人员培训，提高干部的财政金融理论水平和业务能力，原则上要设置专门处室统一开展工作；另一方面要依据本意见精神，充分发挥主动性，制定符合当地实际的工作方针和计划，细化职责和任务，抓好落实，开创地方财政金融工作的新局面。

二〇〇八年二月十八日

4. 国务院关于促进边境地区经济贸易发展问题的批复

国函〔2008〕92号

财政部、发展改革委、国家民委、商务部、人民银行、海关总署、税务总局：

《财政部关于进一步促进边境地区经济贸易发展有关政策问题的请示》(财关税〔2008〕58号)收悉。现批复如下：

一、加大对边境贸易发展的财政支持力度。同意自2008年11月1日起采取专项转移支付的办法替代现行边境小额贸易进口税收按法定税率减半征收的政策，并逐年增加资金规模，专项用于支持边境贸易发展和边境小额贸易企业能力建设。2008年全年按20亿元掌握，实际执行期为两个月；以后年度在此基础上建立与口岸过货量等因素挂钩的适度增长机制。具体办法由财政部会同有关部门另行制定。

二、提高边境地区边民互市进口免税额度。同意自2008年11月1日起将边民互市进口的生活用品免税额度提高到每人每日人民币8 000元。由财政部会同有关部门研究制定边民互市进出口商品不予免税的清单；由海关总署会同有关地方政府进一步规范边民互市的区域管理。

三、扩大以人民币结算办理出口退税的试点。由税务总局会同有关部门抓紧研究一般贸易以人民币结算办理出口退税问题，并优先考虑在边境地区扩大试点。

四、促进边境特殊经济区健康发展。同意对国家级边境经济合作区，比照执行中西部地区国家级经济技术开发区基础设施项目贷款财政贴息的优惠政策。具体办法由财政部会同商务部等有关部门研究制定。对在边境地区申请设立具有保税功能、货物从境内区外入区享受退税政策的跨境经济合作区，由海关总署在全国海关特殊监管区域宏观布局规划中统筹考虑。

五、清理涉及边境贸易企业的收费。由财政部、发展改革委对涉及边境贸易企业的行政事业性收费项目进行清理和规范，取消不合法、不合理的收费项目。

六、支持边境口岸建设。同意发展改革委每年安排专项资金对边境一类口岸查验设施给予补助，并逐步增加投资额度，提高补助标准，扩大支持范围。

中华人民共和国国务院
二〇〇八年十月十八日

5. 关于促进边境贸易发展有关财税政策的通知

财关税〔2008〕90号

内蒙古、辽宁、吉林、黑龙江、广西、海南、西藏、新疆、云南省（自治区）财政厅、国家税务局，呼和浩特、满洲里、大连、长春、哈尔滨、南宁、海口、昆明、拉萨、乌鲁木齐海关：

为贯彻落实科学发展观，构建社会主义和谐社会，根据《国务院关于促进边境地区经济贸易发展问题的批复》（国函〔2008〕92号）的精神，现就进一步促进边境贸易发展有关财税政策通知如下：

一、加大对边境贸易发展的财政支持力度

在现行边境地区专项转移支付的基础上增加资金规模，加大对边境贸易发展的支持力度，为企业的发展创造良好的外部环境。2008年全年按20亿元掌握，实际执行期为两个月；以后年度在此基础上建立与口岸过货量等因素挂钩的适度增长机制。具体办法由财政部会同有关部门另行制定。地方财政部门要结合本地实际，并根据支持边境贸易发展和边境小额贸易企业能力建设的要求，认真落实中央补助资金，切实发挥资金使用效益。要充分利用财政和审计部门的监督检查力量，保证专项转移支付的资金能真正发挥促进边境贸易发展的作用。

二、提高边境地区边民互市进口免税额度

边民通过互市贸易进口的生活用品,每人每日价值在人民币8 000元以下的,免征进口关税和进口环节税。为加强管理,由财政部会同有关部门研究制定边民互市进出口商品不予免税的清单,有关部门应对政策执行情况进行及时跟踪、分析。

三、关于边境小额贸易进口税收问题

以边境小额贸易方式进口的商品,进口关税和进口环节税照章征收。

本通知自2008年11月1日起执行,由财政部、海关总署和税务总局负责解释。

特此通知。

财政部　海关总署　国家税务总局
二OO八年十月三十日

6. 跨境贸易人民币结算试点管理办法

中国人民银行、财政部、商务部、海关总署、国家税务总局、银监会
公告〔2009〕第10号

中国人民银行、财政部、商务部、海关总署、税务总局、银监会共同制定了《跨境贸易人民币结算试点管理办法》,现予以公布实施。

中国人民银行　财政部　商务部　海关总署　国家税务总局　银监会
二OO九年七月一日

跨境贸易人民币结算试点管理办法

第一条　为促进贸易便利化,保障跨境贸易人民币结算试点工作的顺利进行,规范试点企业和商业银行的行为,防范相关业务风险,根据《中

华人民共和国中国人民银行法》等法律、行政法规,制定本办法。

第二条 国家允许指定的、有条件的企业在自愿的基础上以人民币进行跨境贸易的结算,支持商业银行为企业提供跨境贸易人民币结算服务。

第三条 国务院批准试点地区的跨境贸易人民币结算,适用本办法。

第四条 试点地区的省级人民政府负责协调当地有关部门推荐跨境贸易人民币结算的试点企业,由中国人民银行会同财政部、商务部、海关总署、税务总局、银监会等有关部门进行审核,最终确定试点企业名单。在推荐试点企业时,要核实试点企业及其法定代表人的真实身份,确保试点企业登记注册实名制,并遵守跨境贸易人民币结算的各项规定。试点企业违反国家有关规定的,依法处罚,取消其试点资格。

第五条 中国人民银行可根据宏观调控、防范系统性风险的需要,对跨境贸易人民币结算试点进行总量调控。

第六条 试点企业与境外企业以人民币结算的进出口贸易,可以通过香港、澳门地区人民币业务清算行进行人民币资金的跨境结算和清算,也可以通过境内商业银行代理境外商业银行进行人民币资金的跨境结算和清算。

第七条 经中国人民银行和香港金融管理局、澳门金融管理局认可,已加入中国人民银行大额支付系统并进行港澳人民币清算业务的商业银行,可以作为港澳人民币清算行,提供跨境贸易人民币结算和清算服务。

第八条 试点地区内具备国际结算业务能力的商业银行(以下简称境内结算银行),遵守跨境贸易人民币结算的有关规定,可以为试点企业提供跨境贸易人民币结算服务。

第九条 试点地区内具备国际结算业务能力的商业银行(以下简称境内代理银行),可以与跨境贸易人民币结算境外参加银行(以下简称境外参加银行)签订人民币代理结算协议,为其开立人民币同业往来账户,代理境外参加银行进行跨境贸易人民币支付。境内代理银行应当按照规定将人民币代理结算协议和人民币同业往来账户报中国人民银行当地分支机构备案。

第十条 境内代理银行可以对境外参加银行开立的账户设定铺底资金要求，并可以为境外参加银行提供铺底资金兑换服务。

第十一条 境内代理银行可以依境外参加银行的要求在限额内购售人民币，购售限额由中国人民银行确定。

第十二条 境内代理银行可以为在其开有人民币同业往来账户的境外参加银行提供人民币账户融资，用于满足账户头寸临时性需求，融资额度与期限由中国人民银行确定。

第十三条 港澳人民币清算行可以按照中国人民银行的有关规定从境内银行间外汇市场、银行间同业拆借市场兑换人民币和拆借资金，兑换人民币和拆借限额、期限等由中国人民银行确定。

第十四条 境内结算银行可以按照有关规定逐步提供人民币贸易融资服务。

第十五条 人民币跨境收支应当具有真实、合法的交易基础。境内结算银行应当按照中国人民银行的规定，对交易单证的真实性及其与人民币收支的一致性进行合理审查。

第十六条 境内结算银行和境内代理银行应当按照反洗钱和反恐融资的有关规定，采取有效措施，了解客户及其交易目的和交易性质，了解实际控制客户的自然人和交易的实际受益人，妥善保存客户身份资料和交易记录，确保能足以重现每项交易的具体情况。

第十七条 使用人民币结算的出口贸易，按照有关规定享受出口货物退（免）税政策。具体出口货物退（免）税管理办法由国务院税务主管部门制定。

第十八条 试点企业的跨境贸易人民币结算不纳入外汇核销管理，办理报关和出口货物退（免）税时不需要提供外汇核销单。境内结算银行和境内代理银行应当按照税务部门的要求，依法向税务部门提供试点企业有关跨境贸易人民币结算的数据、资料。

第十九条 试点企业应当确保跨境贸易人民币结算的贸易真实性，应当建立跨境贸易人民币结算台账，准确记录进出口报关信息和人民币资金收付信息。

第二十条　对于跨境贸易人民币结算项下涉及的国际收支交易，试点企业和境内结算银行应当按照有关规定办理国际收支统计申报。境内代理银行办理购售人民币业务，应当按照规定进行购售人民币统计。

第二十一条　跨境贸易项下涉及的居民对非居民的人民币负债，暂按外债统计监测的有关规定办理登记。

第二十二条　中国人民银行建立人民币跨境收付信息管理系统，逐笔收集并长期保存试点企业与人民币跨境贸易结算有关的各类信息，按日总量匹配核对，对人民币跨境收付情况进行统计、分析、监测。境内结算银行和境内代理银行应当按中国人民银行的相关要求接入人民币跨境收付信息管理系统并报送人民币跨境收付信息。

第二十三条　至货物出口后210天时，试点企业仍未将人民币货款收回境内的，应当在5个工作日内通过其境内结算银行向人民币跨境收付信息管理系统报送该笔货物的未收回货款的金额及对应的出口报关单号，并向其境内结算银行提供相关资料。

试点企业拟将出口人民币收入存放境外的，应通过其境内结算银行向中国人民银行当地分支机构备案，并向人民币跨境收付信息管理系统报送存放境外的人民币资金金额、开户银行、账号、用途及对应的出口报关单号等信息。

试点企业应当选择一家境内结算银行作为其跨境贸易人民币结算的主报告银行。试点企业的主报告银行负责提示该试点企业履行上述信息报送和备案义务。

第二十四条　中国人民银行对境内结算银行、境内代理银行、试点企业开展跨境贸易人民币结算业务的情况进行检查监督。发现境内结算银行、境内代理银行、试点企业违反有关规定的，依法进行处罚。

试点企业有关跨境贸易人民币结算的违法违规信息，应当准确、完整、及时地录入中国人民银行企业信用信息基础数据库，并与海关、税务等部门共享。

第二十五条 中国人民银行与港澳人民币清算行协商修改《关于人民币业务的清算协议》，明确港澳人民币清算行提供跨境贸易人民币结算和清算服务的有关内容。

中国人民银行可以与香港金融管理局、澳门金融管理局签订合作备忘录，在各自职责范围内对港澳人民币清算行办理跨境贸易人民币结算和清算业务进行监管。

第二十六条 中国人民银行与财政部、商务部、海关总署、税务总局、银监会、外汇局等相关部门建立必要的信息共享和管理机制，加大事后检查力度，以形成对跨境贸易人民币结算试点工作的有效监管。

第二十七条 本办法自公布之日起施行。

7. 跨境贸易人民币结算试点管理办法实施细则

银发〔2009〕212号

人民银行上海总部，各分行、营业管理部，各省会（首府）城市中心支行，各副省级城市中心支行，国有商业银行，股份制商业银行，中国邮政储蓄银行：

为贯彻落实《跨境贸易人民币结算试点管理办法》，中国人民银行制定了《跨境贸易人民币结算试点管理办法实施细则》。现印发给你们，请遵照执行。

中国人民银行
二〇〇九年七月三日

跨境贸易人民币结算试点管理办法实施细则

第一条 根据《跨境贸易人民币结算试点管理办法》（以下简称《办法》），制定本细则。

第二条　试点地区的企业以人民币报关并以人民币结算的进出口贸易结算，适用《办法》及本细则。

第三条　为境外参加银行开立人民币同业往来账户，境内代理银行应当与境外参加银行签订代理结算协议，约定双方的权利义务、账户开立的条件、账户变更撤销的处理手续、信息报送授权等内容。

境内代理银行在为境外参加银行开立人民币同业往来账户时，应当要求境外参加银行提供其在本国或本地区的登记注册文件或者本国监管部门批准其成立的证明、法定代表人或指定签字人的有效身份证件等作为开户证明文件，并对上述文件的真实性、完整性及合规性进行认真审查。

境内代理银行为境外参加银行开立人民币同业往来账户之日起5个工作日内，应当填制《开立人民币同业往来账户备案表》（备案表格式和内容由试点地区中国人民银行分支机构确定），连同人民币代理结算协议复印件、境外参加银行的开户证明文件复印件及其他开户资料报送中国人民银行当地分支机构备案。

境外参加银行的同业往来账户只能用于跨境贸易人民币结算，该类账户暂不纳入人民币银行结算账户管理系统。但境内代理银行应在本行管理系统中对该类账户做特殊标记。

第四条　境外参加银行开户资料信息发生变更的，应当及时以书面方式通知境内代理银行，并按开户时签订的代理结算协议办理变更手续。境内代理银行接到变更通知后，应当及时办理变更手续，并于2个工作日内通过人民币跨境收付信息管理系统向中国人民银行报送变更信息。

第五条　因业务变化、机构撤并等原因，境外参加银行需撤销在境内代理银行开立的人民币同业往来账户的，应当向境内代理银行提出撤销人民币同业往来账户的书面申请。境内代理银行应与境外参加银行终止人民币代理结算协议，并为其办理销户手续，同时于撤销账户之日起2个工作日内通过人民币跨境收付信息管理系统向中国人民银行报送销户信息。

第六条　中国人民银行对境内代理银行与境外参加银行之间的人民币购售业务实行年度人民币购售日终累计净额双向规模管理，境内代理银行可以按照境外参加银行的要求在限额以内办理购售人民币业务，境内代理银行购售限额由中国人民银行根据具体情况确定。境内代理银行应当单独建立跨境贸易人民币结算业务项下的人民币敞口头寸台账，准确记录为境外参加银行办理人民币购售的情况。

第七条 境内代理银行对境外参加银行的账户融资总余额不得超过其人民币各项存款上年末余额的1%，融资期限不得超过1个月，中国人民银行可以根据具体情况进行调整。中国人民银行当地分支机构对境内代理银行的账户融资活动进行监督管理。

第八条 境内代理银行与境外参加银行应以国际通行的方式确认账户融资交易。

第九条 港澳人民币清算行申请加入全国银行间同业拆借市场，应向中国人民银行上海总部提交以下文件：

（一）申请文件；

（二）登记注册文件，或者注册地监管部门批准其成立的证明；

（三）证明人民币清算行资格的文件；

（四）章程；

（五）同业拆借内控制度；

（六）负责同业拆借的人员情况；

（七）近三年经审计的资产负债表和损益表；

（八）近两年人民币业务开展情况；

（九）中国人民银行要求的其他文件。

第十条 中国人民银行上海总部按照《中华人民共和国行政许可法》依法审核港澳人民币清算行加入全国银行间同业拆借市场的申请。港澳人民币清算行经批准后即可加入全国银行间同业拆借市场，按照有关规定开展同业拆借业务。

第十一条 港澳人民币清算行通过全国银行间同业拆借市场拆入和拆出资金的余额均不得超过该清算银行所吸收人民币存款上年末余额的8%，期限不得超过3个月。

第十二条 全国银行间同业拆借中心应做好港澳人民币清算行联网、询价交易等服务工作，并做好对其交易的监测、统计和查询等工作。

第十三条 境内结算银行可以向境外企业提供人民币贸易融资，融资金额以试点企业与境外企业之间的贸易合同金额为限。

第十四条 试点企业应当依法诚信经营，确保跨境贸易人民币结算的贸易真实性。应当建立跨境贸易人民币结算台账，准确记录进出口报关信息和人民币资金收付信息。试点企业应当在首次办理业务时向其境内结算银行提供企业名称、组织机构代码、海关编码、税务登记号及企业法定代表人、负责人身份证等信息。

试点企业申请人民币支付业务时应当向其境内结算银行提供进出口报关时间或预计报关时间及有关进出口交易信息，如实填写跨境贸易人民币结算出口收款说明和进口付款说明（见附表），配合境内结算银行进行贸易单证真实性和一致性审核工作。

预收预付对应货物报关后，或未按照预计时间报关的，试点企业应当及时通知境内结算银行实际报关时间或调整后的预计报关时间。

第十五条 境内结算银行应当按照中国人民银行要求，对办理的每一笔跨境人民币资金收付进行相应的贸易单证真实性、一致性审核，并将人民币跨境收支信息、进出口日期或报关单号和人民币贸易融资等信息最迟于每日日终报送人民币跨境收付信息管理系统。境内结算银行在未按规定完成相应的贸易单证真实性、一致性审核前，不得为试点企业办理人民币资金收付。

对试点企业的预收、预付人民币资金，境内结算银行在向人民币跨境收付信息管理系统报送该笔信息时应当标明该笔资金的预收、预付性质及试点企业提供的预计报关时间。试点企业通知商业银行预收预付对应货物报关或未按预计时间报关信息后，境内结算银行应向人民币跨境收付信息管理系统报送相关更新信息。试点企业预收、预付人民币资金实行比例管理，具体管理办法由中国人民银行当地分支机构制定。试点企业预收、预付人民币资金超过合同金额25%的，应当向其境内结算银行提供贸易合同,境内结算银行应当将该合同的基本要素报送人民币跨境收付信息管理系统。

人民币跨境收付信息管理系统对境内结算银行开放,帮助境内结算银行进行一致性审核。

第十六条 试点企业来料加工贸易项下出口收取人民币资金超过合同金额30%的,试点企业应当自收到境外人民币货款之日起10个工作日内向其境内结算银行补交下列资料及凭证:

(一)企业超比例情况说明;

(二)出口报关单(境内结算银行审核原件后留存复印件);

(三)试点企业加工贸易合同或所在地商务部门出具的加工贸易业务批准证(境内结算银行审核原件后留存复印件)。

对于未在规定时间内补交上述资料或凭证的试点企业,境内结算银行不得为其继续办理超过合同金额30%的人民币资金收付,情节严重的,暂停为该试点企业提供跨境贸易人民币结算服务,并及时报告中国人民银行当地分支机构。

第十七条 境内代理银行在代理境外参加银行与境内结算银行办理人民币跨境资金结算业务时,应通过中国人民银行的大额支付系统办理,并随附相应的跨境信息。

第十八条 境内结算银行和境内代理银行应当按照《中华人民共和国反洗钱法》和《金融机构反洗钱规定》(中国人民银行令〔2006〕第1号发布)、《金融机构大额交易和可疑交易报告管理办法》(中国人民银行令〔2006〕第2号发布)、《金融机构报告涉嫌恐怖融资的可疑交易管理办法》(中国人民银行令〔2007〕第1号发布)、《金融机构客户身份识别和客户身份资料及交易记录保存管理办法》(中国人民银行令〔2007〕第2号发布)等规定,切实履行反洗钱和反恐融资义务。

第十九条 境内结算银行应当按照中国人民银行的有关规定,通过联网核查公民身份信息系统或其他有效方式,对试点企业法定代表人或实际受益人等自然人的身份进行核查。对不能确认真实身份的境内企业,境内结算银行不得为其提供跨境贸易人民币结算服务。

第二十条　境内代理银行应于每日日终向人民币跨境收付信息管理系统报送同业往来账户的收支和余额、拆借及人民币购售业务等情况。

境内代理银行和港澳人民币清算行应于每日日终将当日拆借发生额、余额等情况如实报送人民币跨境收付信息管理系统。

第二十一条　对于跨境贸易人民币结算项下涉及的国际收支交易，试点企业和境内结算银行应当按照《通过金融机构进行国际收支统计申报业务操作规程（试行）》及有关规定办理国际收支统计间接申报。境内企业收到跨境人民币款项时，应填写《涉外收入申报单》，并于5个工作日内办理申报；试点企业对外支付人民币款项时，应在提交《境外汇款申请书》或《对外付款/承兑通知书》的同时办理申报。境内结算银行应按照国家外汇管理局关于银行业务系统数据接口规范的规定完善其接口程序。

境内结算银行和境内代理银行应按照《金融机构对境外资产负债及损益申报业务操作规程》及相关规定，申报以人民币形式发生的金融机构对境外资产负债及损益情况。

第二十二条　境内代理银行按照《办法》第十一条为境外参加银行办理人民币购售而产生的人民币敞口，可以根据中国人民银行的规定进行平盘。

第二十三条　跨境贸易项下涉及的居民对非居民的人民币负债，暂按外债统计监测的有关规定，由境内结算银行、境内代理银行和试点企业登录现有系统办理登记，但不纳入现行外债管理。

第二十四条　中国人民银行通过人民币跨境收付信息管理系统，对境内结算银行人民币贸易资金收付与货物进出口的一致性情况进行监测，发现异常情况的，可以向试点企业和境内结算银行、境内代理银行依法进行调查并核实有关情况。

第二十五条　试点企业将出口项下的人民币资金留存境外的，应当向其境内结算银行提供留存境外的人民币资金金额、开户银行、用途和相应的出口报关等信息，由境内结算银行将上述信息报送人民币跨境收付信息管理系统。

第二十六条 境内代理银行、境外参加银行在人民币同业往来账户的开立和使用中,违反《办法》、本细则和中国人民银行其他有关规定的,由中国人民银行按照《人民币银行结算账户管理办法》的有关规定进行处罚。

第二十七条 境内结算银行、境内代理银行未按照规定向中国人民银行人民币跨境收付信息管理系统如实报送人民币贸易结算有关信息的,中国人民银行有权禁止其继续办理跨境贸易人民币结算业务,并予以通报批评。

第二十八条 境内结算银行、境内代理银行和试点企业在办理人民币贸易结算业务过程中,未按照规定办理人民币负债登记和国际收支统计申报的,由国家外汇管理局按照有关规定进行处罚。

第二十九条 试点企业违反《办法》及本细则和国家其他有关规定,由中国人民银行取消其试点,并将有关违法违规信息录入中国人民银行企业信用信息基础数据库。

第三十条 本细则自公布之日起施行。

附表(略)

8.财政部、国家税务总局关于边境地区一般贸易和边境小额贸易出口货物以人民币结算准予退(免)税试点的通知

财税〔2010〕26号

内蒙古、辽宁、吉林、黑龙江、广西、西藏、新疆、云南省(自治区)财政厅、国家税务局:

经国务院批准,将现行云南边境小额贸易出口货物以人民币结算准予退(免)税政策扩大到边境省份(自治区)与接壤毗邻国家的一般贸易,

并进行试点。经商商务部、人民银行、海关总署、外汇局同意,现将有关事项通知如下:

一、凡在内蒙古、辽宁、吉林、黑龙江、广西、新疆、西藏、云南省(自治区)行政区域内登记注册的出口企业,以一般贸易或边境小额贸易方式从陆地指定口岸出口到接壤毗邻国家的货物,并采取银行转账人民币结算方式的,可享受应退税额全额出口退税政策。外汇管理部门对上述货物出具出口收汇核销单。企业在向海关报关时,应提供出口收汇核销单,对未及时提供出口收汇核销单而影响企业收汇核销和出口退税的,由企业自行负责。

以人民币现金结算方式出口的货物,不享受出口退税政策。

陆地指定口岸是指经国家有关部门批准的边境口岸。名单如下:

内蒙古自治区:室韦、黑山头、满洲里、阿日哈沙特、额布都格、二连、珠恩嘎达布其、满都拉、甘其毛道、策克。

辽宁省:丹东、太平湾。

吉林省:集安、临江、长白、古城里、南坪、三合、开三屯、图们、沙坨子、圈河、珲春、老虎哨。

黑龙江省:东宁、绥芬河、密山、虎林、饶河、抚远、同江、萝北、嘉荫、孙吴、逊克、黑河、呼玛、漠河(包括洛古河)。

广西壮族自治区:龙邦、水口、凭祥、友谊关、东兴、平孟、峒中、爱店、硕龙、岳圩、平尔、科甲。

云南省:猴桥、瑞丽、畹町、孟定、打洛、磨憨、河口、金水河、天保、片马、盈江、章凤、南伞、孟连、沧源、田蓬。

西藏自治区:普兰、吉隆、樟木、日屋。

新疆维吾尔自治区:老爷庙、乌拉斯台、塔克什肯、红山嘴、吉木乃、巴克图、阿拉山口、霍尔果斯、都拉塔、阿黑土别克、木扎尔特、吐尔尕特、伊尔克什坦、卡拉苏、红其拉甫。

接壤毗邻国家是指:俄罗斯、朝鲜、越南、缅甸、老挝、哈萨克斯坦、吉尔吉斯斯坦、塔吉克斯坦、巴基斯坦、印度、蒙古、尼泊尔、阿富汗、不丹。

二、边境省份出口企业出口本通知第一条规定的准予退税的货物后，除按现行出口退（免）税规定，提供有关出口退（免）税凭证外，还应提供结算银行转账人民币结算的银行入账单，按月向税务机关申请办理退（免）税或免抵退税手续。结算银行转账人民币结算的银行入账单应与外汇管理部门出具的出口收汇核销单（出口退税专用）相匹配。

对边境省份出口企业不能提供规定凭证的上述出口货物，税务机关不予办理出口退（免）税。

三、其他事项按现行有关出口货物退（免）税管理规定执行。

四、本通知自2010年3月1日起执行。具体执行时间以出口货物报关单（出口退税专用）上海关注明的出口时间为准。同时，《财政部国家税务总局关于以人民币结算的边境小额贸易出口货物试行退（免）税的通知》（财税〔2003〕245号）、《财政部国家税务总局关于以人民币结算的边境小额贸易出口货物试行退（免）税的补充通知》（财税〔2004〕178号）予以废止。

五、各地在执行中遇到的问题，应及时向国家税务总局反映。

财政部　国家税务总局
二〇一〇年三月二十九日

9. 关于扩大跨境贸易人民币结算试点有关问题的通知

银发〔2010〕186号

人民银行上海总部，天津、沈阳、南京、济南、武汉、广州、成都分行，总行营业管理部、重庆营业管理部、呼和浩特、长春、哈尔滨、杭州、福州、南宁、海口、昆明、拉萨、乌鲁木齐中心支行，各副省级城市中心支行；北京市、天津市、内蒙古自治区、辽宁省、吉林省、黑龙江省、上海市、江苏省、浙江省、福建省、山东省、湖北省、广东省、广西壮族自治区、海南省、重庆市、四川省、云南省、西藏自治区、新疆维吾尔族自治区财政厅、商务厅、国家税务局、银监局；海关总署广东分署，天津、上海特派办，各直属海关：

自2009年7月开展跨境贸易人民币结算试点工作以来，人民币资金结算、清算渠道便捷、顺畅，人民币出口退（免）税及进出口报关政策清晰明确、操作流程便利，受到了试点企业的普遍欢迎。为满足企业对跨境贸易人民币结算的实际需求，进一步发挥人民币结算对贸易和投资便利化的促进作用，经国务院批准，现就扩大跨境贸易人民币结算试点工作的有关问题通知如下：

一、跨境贸易人民币结算的境外地域由港澳、东盟地区扩展到所有国家和地区。

二、增加北京、天津、内蒙古、辽宁、吉林、黑龙江、江苏、浙江、福建、山东、湖北、广西、海南、重庆、四川、云南、西藏、新疆等18个省（自治区、直辖市）为试点地区。

三、广东省的试点范围由4个城市扩大到全省，增加上海市和广东省的出口货物贸易人民币结算试点企业数量。

四、试点省（自治区、直辖市）的企业，可以按照《跨境贸易人民币结算试点管理办法》（中国人民银行　财政部　商务部　海关总署　国家税务总局　中国银行业监督管理委员会公告〔2009〕第10号，以下简称《试点管理办法》）以人民币进行进口货物贸易、跨境服务贸易和其他经常项目结算。

五、北京、天津、内蒙古、辽宁、上海、江苏、浙江、福建、山东、湖北、广东、广西、海南、重庆、四川、云南等16个省（自治区、直辖市）出口货物贸易人民币结算实行试点企业管理制度。请各省（自治区、直辖市）、计划单列市人民政府协调当地有关部门按照《试点管理办法》第四条有关规定推荐出口货物贸易人民币结算试点企业，人民银行、财政部、商务部、海关总署、税务总局、银监会将在总量控制的前提下，审定试点企业名单。经审定后的试点企业使用人民币结算的出口货物贸易按照有关规定办理出口报关手续,享受出口货物退(免)税政策。

六、内蒙古、辽宁、吉林、黑龙江、广西、云南、西藏、新疆等8个边境省(自治区)具有进出口经营资格的企业,可以在指定口岸与毗邻国家的一般贸易和边境小额贸易出口货物按照《试点管理办法》开展人民币结算试点。其中,内蒙古、辽宁、广西、云南等四省(自治区)按照《试点管理办法》选择的试点企业按本通知第五条规定办理出口报关及退(免)税手续;8个边境省(自治区)的其他企业在指定口岸与毗邻国家的一般贸易和边境小额贸易使用人民币结算的,出口报关及退(免)税手续按照《财政部国家税务总局关于边境地区一般贸易和边境小额贸易出口货物以人民币结算准予退(免)税试点的通知》(财税〔2010〕26号)办理。

七、请开展跨境贸易人民币结算试点所在省(自治区、直辖市)的相关部门按照《试点管理办法》等有关文件积极做好试点工作,保证跨境贸易人民币结算试点工作顺利进行。

中国人民银行　财政部　商务部
海关总署　税务总局　银监会
二〇一〇年六月十七日

10. 国家外汇管理局关于调整部分资本项目外汇业务审批权限的通知

汇发〔2010〕29号

国家外汇管理局各省、自治区、直辖市分局、外汇管理部,深圳、大连、青岛、厦门、宁波市分局;各中资外汇指定银行:

为进一步简化行政审批程序,促进投资贸易便利化,根据《中华人民共和国行政许可法》、《中华人民共和国外汇管理条例》及相关外汇管理规定，国家外汇管理局（以下简称"总局"）决定对部分资本项目外汇业务审批权限进行调整。现就有关问题通知如下：

一、审批权限由总局下放至分局的业务

（一）境内企业境外放款超过规定比例和金额的个案，由所在地国家外汇管理局分局、外汇管理部（以下简称"分局"）根据集体审议会议意见办理，相关批复文件应同时抄报总局资本项目管理司。

（二）符合现行法规确定的资本项目管理原则、但相关文件和业务操作规程中无明确规定的个案，由所在地分局根据集体审议会议意见办理，相关批复文件应同时抄报总局资本项目管理司。

（三）境内中资企业短期外债余额指标的核定，由所在地分局根据本年度总局确定的短期外债余额指标核定的原则，在本地区短期外债余额指标内核定。

二、审批权限由分局下放至中心支局（支局）的业务

分局可根据辖区内具体情况，就以下业务对辖内中心支局（支局）进行相应授权：

（一）外国投资者竞标土地使用权的保证类专用外汇账户开立、变更、注销和资金划转的核准。

（二）外国投资者产权交易外汇资金（包括价款及交易保证金）托管及结算专用外汇账户开立、变更、注销和资金划转、结汇的核准。

（三）境内企业境外放款资金付汇及资金汇回入账核准。

（四）境内个人参与境外上市公司员工持股或认股期权计划资金调回及结汇的核准。

三、外汇指定银行可直接办理的业务

（一）外资参股非银行金融机构（不含保险公司，下同）外方利润购付汇的核准，由外汇指定银行办理。外资参股非银行金融机构应在汇出利润之日起5个工作日内，持银行购付汇单据到国家外汇管理局各分支局备案。

（二）境外上市外资股公司从境内支付境外上市费用汇出的核准，由

外汇指定银行办理。境外上市外资股公司应在汇出上述费用之日起5个工作日内将有关数据报备所在地分支局。

四、简化业务审核材料

企业在办理涉及资本项目购汇的业务时，可不再提交"最近5个工作日的人民币账户对账单"。

以上审批权限调整后，外汇局、外汇指定银行应完善相应的内控管理制度，加强人员培训，严格执行有关资本项目外汇业务管理文件和操作规程的规定，并按照相关规定履行报备手续（外汇指定银行办理相关业务操作规程详见附件）。各分支局应加大对有关审批事项的事后监督和检查力度，进一步加强统计监测。在遇到重大情况和政策问题时，应及时向总局反馈。

接到本通知后，国家外汇管理局各分局、外汇管理部应将通知转发辖内中心支局（支局）、外资银行，各中资外汇指定银行应尽快将通知转发至所辖分支机构。

本通知自2010年7月1日起实施。执行中如遇问题，请及时向国家外汇管理局资本项目司反馈。

特此通知。

二〇一〇年六月二十三日

附件（略）

11. 中国人民银行关于昆明市建设区域性跨境人民币金融服务中心实施意见的复函

中国人民银行银函〔2010〕85号

云南省人民政府：

《云南省人民政府关于转报昆明建设区域性跨境人民币金融服务中心实施意见的函》（云政函〔2010〕21号）收悉。经研究，我行意见如下。

2010年4月28日,国务院批准将云南省纳入跨境贸易人民币结算试点范围,云南省的企业将可以按照《跨境贸易人民币结算试点管理办法》(中国人民银行　财政部　商务部　海关总署　国家税务总局　中国银行业监督管理委员会公告〔2009〕第10号)进行货物贸易、跨境服务贸易和其他经常项目人民币结算。我行认为,开展跨境贸易人民币结算试点将有利于推动云南充分发挥区位优势,把昆明建设成云南绿色经济强省的龙头、民族文化强省的枢纽、我国面向西南开放的国际化门户。

我行原则上支持昆明市遵循市场规律,在国家政策的统一部署下开展跨境人民币业务,在区域金融合作方面发挥重要作用。现对《昆明市人民政府　中国人民银行昆明中心支行关于加快推进昆明区域性跨境人民币金融服务中心建设的实施意见》提出两点修改建议:

一是云南省自行建设人民币跨境支付清算系统的必要性应再做考虑。目前,人民银行已建立全国统一的支付清算系统,能够满足开展跨境贸易人民币结算的需求。因此,建议将"推进人民币跨境支付清算系统的建设"的表述修改为"积极探索新的跨境清算模式,畅通清算渠道,提高跨境人民币支付效率"。

二是我国金融衍生产品市场是统一的市场,各种金融衍生品的发展和市场的建设应在国家推进资本市场发展和人民币可兑换的统一部署下推动,建议将"创新人民币衍生品要遵循'即期—远期—互换—期权'交易的顺序,需要加快外汇期权、期货市场的建设;随着人民币可兑换进程的加速,再发展人民币/美元等汇率衍生品,为人民币跨境金融服务搭建更广阔的交易平台"的表述修改为"鼓励金融机构积极开展金融创新,提供更多的汇率避险产品,为人民币跨境结算服务",并相应修改其他有关金融衍生品及结构性金融产品服务区域化的表述。

《昆明市人民政府　中国人民银行昆明中心支行关于加快推进昆明区域性跨境人民币金融服务中心建设的实施意见》中涉及的口岸管理、税务管理、外经管理、外事管理、信息沟通管理等事项,建议征求相关部门意见。

二〇一〇年六月二十四日

12. 境外直接投资人民币结算试点管理办法

中国人民银行公告〔2011〕第1号

为配合跨境贸易人民币结算试点,便利银行业金融机构和境内机构开展境外直接投资人民币结算业务,中国人民银行制定了《境外直接投资人民币结算试点管理办法》,现予公布实施。

中国人民银行
二〇一一年一月六日

境外直接投资人民币结算试点管理办法

第一条 为配合跨境贸易人民币结算试点,便利境内机构以人民币开展境外直接投资,规范银行业金融机构(以下简称银行)办理境外直接投资人民币结算业务,根据《中华人民共和国中国人民银行法》等法律、行政法规,制定本办法。

第二条 本办法所称境外直接投资是指境内机构经境外直接投资主管部门核准,使用人民币资金通过设立、并购、参股等方式在境外设立或取得企业或项目全部或部分所有权、控制权或经营管理权等权益的行为。

本办法所称境内机构是指在跨境贸易人民币结算试点地区内登记注册的非金融企业。本办法所称前期费用是指境内机构在境外设立项目或企业前,需要向境外支付的与境外直接投资有关的费用。

第三条 中国人民银行和国家外汇管理局根据本办法对境外直接投资人民币结算试点实施管理。

第四条 境内机构办理人民币境外直接投资应当获得境外直接投资主管部门的核准。在办理有关境外直接投资核准时,境内机构应当明确拟用人民币投资的金额。

第五条 境外直接投资前期费用汇出或未发生过前期费用汇出的境外

直接投资，境内机构应当向所在地外汇局递交以下材料，办理前期费用汇出或境外直接投资登记手续。

（一）书面申请书；

（二）境外直接投资主管部门的核准文件及其复印件或向境外直接投资主管部门提交的境外直接投资申请文件复印件；

（三）境内机构的营业执照、组织机构代码证等复印件。

境内机构所在地外汇局应当在收到相关申请材料之日起3天内完成相关信息登记手续。

发生过前期费用汇出的境外直接投资，境内机构应当在获得境外直接投资主管部门核准的30天内向所在地外汇局报送有关信息。

第六条 境内机构按照本办法第五条第一款办理前期费用汇出或境外直接投资登记手续后，可以到银行办理境外直接投资人民币资金汇出或前期费用人民币资金汇出。

银行在办理境外直接投资人民币结算业务时，应当根据有关审慎监管规定，要求境内机构提交境外直接投资主管部门的核准证书或文件等相关材料，并认真审核。在审核过程中，银行可登录人民币跨境收付信息管理系统和直接投资外汇管理信息系统查询有关信息。

第七条 审核境内机构向境外直接投资主管部门提交的申请文件和境内机构的组织机构代码证等相关材料后，银行可以为境内机构办理境外直接投资人民币前期费用汇出。境内机构累计汇出的前期费用原则上不得超过其向境外直接投资主管部门申报的中方投资总额的15%。如确因境外并购等业务需要，前期费用超过15%的，应当向所在地外汇局说明并提交相关证明材料。

第八条 银行应当按照《人民币银行结算账户管理办法》（中国人民银行令〔2003〕第5号发布）等规定，通过境内机构的人民币银行结算账户为其办理境外直接投资人民币资金的结算，并向人民币跨境收付信息管理系统报送有关人民币资金跨境收付信息。

第九条 人民币境外直接投资相关业务需要同时使用外汇资金的，境内机构和银行应当按照外汇管理相关规定,办理境外直接投资外汇资金汇出入手续。在办理外汇资金汇出入手续时,银行应当登录直接投资外汇管理信息系统进行业务审核,确保相关业务的合规性。

第十条 银行为境内机构办理的境外直接投资汇出的人民币资金和外汇资金之和,不得超过境外直接投资主管部门核准的境外直接投资总额。

境内机构已经汇出境外的人民币前期费用,应当列入其境外直接投资总额。银行在为该境内机构办理境外直接投资人民币资金汇出时,应当扣减已汇出的人民币前期费用金额。银行应当向人民币跨境收付信息管理系统报送人民币前期费用跨境支付信息。

第十一条 自汇出人民币前期费用之日起6个月内仍未获得境外直接投资主管部门核准的,境内机构应当将剩余资金调回原汇出资金的境内人民币账户。银行应当督促境内机构将剩余资金调回原汇出资金的境内人民币账户。对拒不调回的,银行应当向所在地人民银行备案。

第十二条 境内机构可以将其所得的境外直接投资利润以人民币汇回境内。经审核境内机构提交的境外投资企业董事会利润处置决议等材料,银行可以为该境内机构办理境外直接投资人民币利润入账手续,并应当向人民币跨境收付信息管理系统报送人民币利润汇回信息。

第十三条 境内机构因境外投资企业增资、减资、转股、清算等人民币收支,可以凭境外直接投资主管部门的核准文件到银行直接办理人民币资金汇出入手续。在办理上述业务时,银行应当向人民币跨境收付信息管理系统报送有关人民币跨境收付信息。

第十四条 已登记境外企业发生名称、经营期限、合资合作伙伴及合资合作方式等基本信息变更,或发生增资、减资、股权转让或置换、合并或分立清算等情况,境内机构应当在发生之日起30天内将上述变更情况报送所在地外汇局。

第十五条 银行可以按照有关规定向境内机构在境外投资的企业或项目发放人民币贷款。通过本银行的境外分行或境外代理银行发放人民币贷款的,银行可以向其境外分行调拨人民币资金或向境外代理银行融出人民币资金,并在15天内向所在地人民银行备案。在办理上述业务时,银行应当向人民币跨境收付信息管理系统报送有关人民币跨境收付信息。

第十六条 在办理境外直接投资人民币结算业务时,银行和境内机构应当按照《国际收支统计申报办法》等有关规定办理国际收支申报。

第十七条 银行应当认真履行信息报送义务,及时、准确、完整地向人民币跨境收付信息管理系统报送与境外直接投资相关的各类人民币跨境收付信息。

第十八条 银行在办理境外直接投资人民币结算业务时,应当按照《中华人民共和国反洗钱法》和中国人民银行的有关规定,切实履行反洗钱和反恐融资义务,预防利用人民币境外直接投资进行洗钱、恐怖融资等违法犯罪活动。银行应当收集境内机构境外直接投资目的地的反洗钱和反恐融资信息,评估境外直接投资目的地的洗钱和恐怖融资风险,并采取适当的风险管理措施。

第十九条 中国人民银行与国家外汇管理局、境外直接投资主管部门建立信息共享机制,加大事后监督检查力度,有效监管人民币境外直接投资业务活动。

人民币跨境收付信息管理系统每日向直接投资外汇管理信息系统传输境外直接投资相关的人民币跨境收付信息,直接投资外汇管理信息系统每日向人民币跨境收付信息管理系统传输境外直接投资相关的外汇跨境收付信息。

第二十条 中国人民银行会同国家外汇管理局对银行、境内机构的人民币境外直接投资业务活动进行现场检查和非现场检查,督促银行切实履行交易真实性审核、信息报送、反洗钱等职责,监督境内机构依法开展业务活动。

第二十一条 银行、境内机构违反本办法有关规定的,中国人民银行会同国家外汇管理局可以依法进行通报批评或处罚;情节严重的,可以禁止银行、境内机构继续开展跨境人民币业务。

第二十二条 银行在办理境外直接投资人民币结算业务时违反有关审

慎监管规定的，由有关部门依法进行处罚；违反有关反洗钱、反恐融资和人民币银行结算账户管理规定的，由中国人民银行依法进行处罚。

第二十三条　境内金融机构的境外直接投资人民币结算业务管理，参照本办法执行。相关监管部门对境内金融机构人民币境外直接投资另有规定的，从其规定。

第二十四条　本办法由中国人民银行负责解释。

第二十五条　本办法自发布之日起施行。此前颁布的有关规定与本办法不一致的，按照本办法执行。

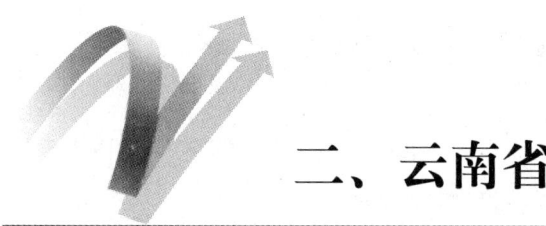

二、云南省

1. 云南省边境贸易外汇管理暂行实施细则

滇外管〔1998〕40号

第一章 总 则

第一条 根据国家外汇管理局制定的《边境贸易外汇管理暂行办法》,为加强和规范边境贸易中的结汇、售汇、付汇及结算行为,促进云南省与毗邻国家之间的边境贸易的健康发展,特制定本实施细则。

第二条 本细则所称"边境贸易"包括边民互市贸易、边境小额贸易和边境地区对外经济技术合作。边民互市贸易,系指边境地区边民在边境线20公里以内,经政府批准的开放点或指定的集市上,在不超过规定的金额或者数量范围内进行的商品交换活动。

边境小额贸易,系指我国边境地区经批准有边境小额贸易经营权的企业,通过国家指定的陆地边境口岸与毗邻国家边境地区的企业或者其他贸易机构之间进行的贸易活动。

边境地区对外经济技术合作,系指我国边境地区经对外贸易经济合作部批准有对外经济技术合作经营权的企业,与我国毗邻国家边境地区开展的承包工程和劳务合作项目。

第三条 本细则所称"边贸企业"包括边境小额贸易企业和对外经济技术合作企业。

边境小额贸易企业,系指我国边境地区经对外贸易经济合作部或者其授权部门批准，有边境小额贸易经营权的企业。

对外经济技术合作企业，系指我国边境地区经对外贸易经济合作部批准，有与我国毗邻国家边境地区开展承包工程和劳务合作项目等对外经济技术合作经营权的企业。

第四条　边境地区边民在互市贸易区内进行互市贸易时，可以以可兑换货币、人民币或者毗邻国家的货币计价结算。

第五条　边贸企业与毗邻国家的企业和其他贸易机构之间进行边境贸易时，可以以可兑换货币或者人民币计价结算。

第六条　边贸企业进行边境贸易，应当按照有关进口付汇核销和出口收汇核销的管理办法办理进口和出口核销手续。

第七条　边贸企业应当在对外贸易经济合作部批准其边境小额贸易经营权和对外经济技术合作经营权之日起30日内到所在地外汇局登记备案，凭工商局颁发的营业执照及云南省周边局根据国家外经贸部批准的边境小额贸易经营权所核发的边境小额贸易许可证领取《边境贸易企业外汇登记证》。

第二章　外汇账户的开立及管理

第八条　边贸企业经常项目下外汇收入，可在外汇局核定的最高金额以内保留外汇，最高金额的核定时间为每年第一季度，该限额一般按照年度核定，不得结转使用。

第九条　边贸企业外汇(自由兑换货币)结算账户可以保留的最高限额为本企业上年进出口总额的50%，该账户的余额不得超过所核定的限额，超出部分必须办理结汇。

银行收到超过边贸企业外汇结算账户最高限额部分的外汇，可以先行予以入账，并自超过限额之日起5个工作日内通知企业办理结汇，企业逾期不办理结汇的，银行应当通知当地外汇局，由外汇局责令企业按照规定办理。

第十条　边贸企业外汇结算账户最高限额的核定统一采用美元核定，对于非美元币种账户的限额，按照核定日"各种货币对美元内部统一折算率"计算。

第十一条 边贸企业开立外汇账户需经当地外汇局批准，由边贸企业向当地外汇局提出书面申请，并提供工商局颁发的营业执照及云南省周边局根据国家外经贸部批准边境小额贸易经营权所核发的边境小额贸易经营许可证，经当地外汇局批准后，持外汇局核发的"外汇账户批准书"和"边境贸易企业外汇登记证"到注册地外汇指定银行开立外汇账户，并于账户开立后15日内持回执到当地外汇局备案，一个边贸企业只能开立一个外汇(自由兑换货币)账户，不得在异地开立外汇账户。

第十二条 边贸企业若需变更外汇账户开户行，应报当地外汇局核准。

第十三条 外汇指定银行和边贸企业应当执行外汇账户管理的有关规定。

第三章 结汇、售汇、付汇

第十四条 边贸企业经常项目下对外支付用汇应当按照《结汇、售汇及付汇管理规定》，持与支付方式相应的有效商业单据和有效凭证，从其外汇账户中支付或者到外汇指定银行兑付。

第十五条 易货贸易项下支付定金或贸易从属费用，经当地外汇局批准后可从其外汇账户中支付或到外汇指定银行办理购汇。

第十六条 外汇指定银行应按照本办法为边贸企业办理结汇、售汇、付汇及结算业务，并按照规定审核相应的有效凭证和有效商业单据。

第四章 边境贸易结算账户的管理

第十七条 外汇指定银行可以为毗邻国家中与我国边贸企业之间进行边境贸易的企业或者其他贸易机构(以下简称"境外贸易机构")开立可兑换货币结算账户或者人民币结算账户，办理边境贸易结算。

有协议互开结算账户的中外银行可椐协议互开存款账户，办理边贸结算业务。

第十八条 外汇指定银行应当凭境外贸易机构本国的经营许可证明、合同，为境外贸易机构开立可兑换货币结算账户或者人民币结算账户。

第十九条 外汇指定银行只能在所在口岸为一个境外贸易机构开立一个可兑换货币结算账户和一个人民币结算账户。

第二十条 境外贸易机构的可兑换货币结算账户或者人民币结算账户仅限于边境贸易结算收付。

第二十一条 境外贸易机构的可兑换货币结算账户余额可以结汇或者汇出。

境外贸易机构的人民币结算账户余额只能在边境地区使用。

第二十二条 外汇指定银行应当按照本办法为境外贸易机构办理可兑换货币结算账户或者人民币结算账户的开立并监督收付，并于每月5日前向当地外汇局报告上月的账户开立和使用情况。

第五章 附 则

第二十三条 违反本实施细则者，外汇局将依照《中华人民共和国外汇管理条例》予以处罚。

第二十四条 本实施细则由国家外汇管理局云南分局负责解释。

第二十五条 本实施细则自发布之日起施行。

2.云南省国家税务局转发财政部、国家税务总局、海关总署关于云南省边境贸易发展中有关税收政策的通知

云国税发〔2000〕233号

各地、州、市国家税务局，大理、个旧市国家税务局：

现将财政部、国家税务总局、海关总署《关于云南省边境贸易发展中有关税收政策的通知》（财税〔2000〕63号）转发给你们，并对有关问题明确如下，请一并遵照执行。

一、国内单位和个人进口属境外罂粟替代种植的农产品（不论是收购或是自己种植），进口后直接销售或用于生产应税货物销售的，应按规定免征增值税。

二、增值税一般纳税人在境外购买后进口属罂粟替代种植的农产品，在国家核定的数量品种范围内并免征进口关税和进口环节增值税的，视同收购免税农产品，按收购免税农产品的有关规定计算进项税额抵扣；增值税一般纳税人自己在境外开展罂粟替代种植并进口的属国家核定的数量品种范围内并免征进口关税和进口环节增值税的农产品，比照自产农产品的有关规定计算抵扣进项税额。

三、增值税一般纳税人进口在国家核定的罂粟替代种植进口数量品种范围以外、海关按规定征收了进口关税和进口环节增值税的农产品，按海关开具的完税凭证上注明的增值税税款作进项税额抵扣。

四、增值税一般纳税人在收购罂粟替代种植的农产品时，要按照实际收购金额和现行政策规定使用国内统一的收购凭证，收购凭证作为国内再销售或加工后再销售时计算进项税额抵扣的依据；纳税人所开具收购凭证的收购价格不能高于国内同类农产品的收购价格，凡是高于国内同类农产品收购价格的，只能按国内同类农产品的收购价格计算进项税额抵扣；凡是没有按规定开具收购凭证的，其进项税额一律不得计算抵扣。

增值税一般纳税人直接在境外开展罂粟替代种植进口的农产品，在国内计算抵扣进项税额时，计算进项税额的购进价格也不得高于国内同类农产品的购买价格。

进口替代种植农产品计算进项税额参照的国内农产品的收购价格，由县（市）国税局根据当地市场同类产品平均收购价格确定。

五、增值税一般纳税人进口属罂粟替代种植的农产品在计算抵扣进项税额时，要提供相关批准文件及手续，并在账务上真实反映企业的购、销情况，认真履行纳税义务。

3. 云南省国家税务局关于印发《以人民币结算的边境小额贸易出口货物办理退（免）税的管理办法》的通知

云国税发〔2004〕22号

德宏、红河、文山、保山、思茅、版纳、临沧、怒江州（地区、市）国家税务局：

根据《财政部、国家税务总局关于以人民币结算的边境小额贸易出口货物试行退（免）税的通知》（财税〔2003〕245号）精神，我局研究制定了《以人民币结算的边境小额贸易出口货物办理退（免）税的管理办法》，现印发给你们，请遵照执行。

一、为促进边境小额贸易健康发展，做好以人民币结算的边境小额贸易出口货物退（免）税在云南省的试点工作，特制定本办法。

二、本办法中的边境小额贸易，是指沿云南省边境线经国家批准对外开放的边境县、边境城市辖区内经批准有边境小额贸易经营权的企业（以下简称边境小额贸易企业），通过国家指定的陆地边境口岸，与毗邻的缅甸、老挝、越南三国边境地区的企业或其他贸易机构之间进行的贸易活动。

三、云南省的边境小额贸易企业由云南省外经贸厅根据相关规定办理审批、认定和年检等工作。

四、边境小额贸易企业应持其边境小额贸易经营权的批件、工商营业执照和税务登记证，于批准之日起三十日内向所在地主管退税业务的国税机关办理出口退税登记证。过去已办理过退税登记证的边贸企业在本办法下达后九十日内到主管退税机关进行重新认定。未办理出口退税登记证或没有重新认定的边境小额贸易企业不得申请退（免）税。

边境小额贸易企业如发生撤并、变更等与原登记内容不符的情况，应于批准撤并、变更等变化发生之日起三十日内向所在地主管退（免）税业务的国税机关办理出口退税登记证注销或变更手续。

五、边境小额贸易企业应设专职办理出口退税人员，并持有国税机关培训考试合格后发给的《办税员证》。没有《办税员证》的人员不得办理出口退税业务。边境小额贸易企业更换办税员，应及时通知主管退税机关注销其《办税员证》。凡未及时通知的，原办税员在被更换后与国税机关发生的一切退税活动产生的后果由企业自行负责。

六、边境小额贸易企业出口货物以人民币方式结算后，除另有规定者外，可在货物报关出口并在财务上作销售后，填报一般贸易申请退（免）税所需的报表，并提供办理出口退（免）税的有关凭证，单独装订成册先报外经贸主管部门稽核签章后，再报主管退（免）国税机关申请办理退（免）税。

七、边境小额贸易企业申请以人民币结算办理出口货物退（免）税时，须提供以下凭证：

（一）购进出口货物的增值税专用发票（抵扣联）。

（二）税收（出口货物专用）缴款书或出口货物完税分割单；申请退消费税的边境小额贸易企业，还应提供出口货物消费税专用缴款书。

（三）出口货物销售明细账。

（四）海关出具的出口货物报关单（出口退税专用），报关单上贸易性质栏应注明"边境小额"或"边境小额贸易"等与其他贸易性质相区别的标识说明。

（五）外汇管理部门出具的出口收汇核销单（出口退税专用），出口收汇核销单（出口退税专用）上加盖"已核销"章并注明收汇金额、币别及结算方式（现钞或转账）。

（六）税务机关监制的出口发票。

（七）主管出口退税机关要求提供的其他凭证。

八、边境小额贸易企业以人民币结算方式出口货物后，按以下公式计算应退税额：

（一）以银行转账方式结算的出口货物的计算公式

应退增值税额=购进出口货物增值税专用发票所列明的进项金额×规

定增值税退税率×70%

应退消费税额=购进出口货物增值税专用发票所列明的进项金额（出口数量）×消费税税率（单位税额）×70%

（二）以现金方式结算的出口货物的计算公式

应退增值税额=购进出口货物增值税专用发票所列明的进项金额×规定增值税退税率×40%

应退消费税额=购进出口货物增值税专用发票所列明的进项金额（出口数量）×消费税税率（单位税额）×40%

九、边境小额贸易出口货物办理退税后，如发生退关、国外退货，边境小额贸易企业须向所在地主管出口退税的国税机关申报补交已退税款，边境小额贸易企业凭国税机关出具的《出口货物退运已补税证明》方可向海关申请办理货物退运手续。

十、边境小额贸易企业在年度终了后，应在国家规定的期限内对上年度的出口货物退税情况进行全面清算，并形成退税清算报告报主管出口退税的国税机关。主管出口退税的国税机关应对边境小额贸易企业的退税清算报告进行审核，多退少补。清算后，主管出口退税的国税机关不再受理边境小额贸易企业提出的上年度出口退税申请。

十一、边境小额贸易企业采取伪造、涂改或从事"四自三不见"等非法手段骗取出口退（免）税的，国税机关按照《中华人民共和国税收征收管理法》有关规定追缴已退税款并予以处罚。对骗取退税情节严重的企业，可由云南省国家税务局批准停止其半年以上的出口货物退（免）税权。企业在停止出口货物退（免）税权期间出口或代理出口的货物一律不予退税。企业骗取退（免）税数额较大或情节特别严重的，由外经贸主管部门撤销其边境小额贸易经营权。对骗取出口退（免）税构成犯罪的，税务机关将移交司法机关依法处理。

十二、主管边境小额贸易企业出口退（免）税的国税机关，对从事边境小额贸易的企业要实行严格的退税登记年检制度，对实际经营、注册地不在八个边境地州市，企业内部管理不规范，财务制度不健全的边贸企业不予通过年检。

十三、边境小额贸易企业不得以任何形式允许其他企业以本企业名义经营边境小额贸易。

十四、对边贸企业出口的享受以人民币结算退（免）税政策的货物，必须通过云南省国家二类以上口岸出关。

十五、对边贸企业出口的享受以人民币结算退（免）税政策的货物，出口抵运国必须是与云南省周边毗邻的缅甸、越南、老挝三国。

十六、其他未尽事项按现行有关出口货物退（免）税管理规定执行。

十七、本办法自2004年1月1日起试行，具体以出口货物报关单（出口退税专用）上海关注明的离境时间为准。

4.云南省边境小额贸易出口人民币结算核销操作规定

汇复〔2004〕42号

为促进边境小额贸易健康发展，配合边境小额贸易出口人民币结算退税试点工作，根据国家外汇管理局《边境贸易外汇管理办法》及相关规定，特制定本操作规定。

第一条 具有边贸进出口经营权的企业在办理边境小额贸易出口中采用人民币结算、核销的，均应按本操作规定办理。

第二条 同周边国家已签订两国间"双边合作协定"，并且银行间已签署"边贸结算协议书"的，边贸企业在办理银行间人民币结算时，银行在确认该笔收入为企业的边贸出口收入后，应在其收入凭证"特种转账贷方传票"上注明核销单号码、国际收支申报号码及"供外汇部门核销用"字样。

第三条 通过境内"边贸结算专用账户"（账户开立办法见昆银发〔2003〕238号文）办理出口货物人民币结算的，银行应当凭边贸出口企业提供的合同、协议、报关单等有效商业凭证为边贸企业出具"转账进账单"。"转账进账单"上应注明核销单号码、国际收支申报号码及"供外汇部门核销用"字样。对于不能提供相应凭证的，银行不得出具核销专用凭证。

第四条 边境小额贸易出口中采用人民币现钞结算的，银行应凭边贸出口企业提供的合同、协议、报关单等有效商业凭证为边贸企业出具"现金进账单"。"现金进账单"上应注明核销单号码、国际收支申报号码及"供外汇部门核销用"字样。对于不能提供相应凭证的，银行不得出具核销专用凭证。

第五条 银行应于次月10日前将人民币现钞结算情况及通过非对应进口方转入的收入款项汇总上报当地外汇局。

第六条 办理边贸企业边境小额贸易出口核销，应提供以下凭证：

（一）出口收汇核销单；

（二）出口货物报关单；

（三）发票；

（四）银行注有核销单号码、国际收支申报号码及"供外汇部门核销用"字样的收入凭证原件；

（五）出口收汇核销报告表。

第七条 外汇局为边贸企业办理出口收汇核销手续后，留存出口收汇核销报告表，并在"出口收汇核销单退税专用联"以及银行出具的注有核销单号码及"供外汇部门核销用"字样的收入凭证上加盖"人民币转账核销"或"人民币现金核销"章后，连同出口货物报关单、发票一并退还边贸企业。

第八条 边贸企业或个人与境外贸易机构进行边境贸易结算时，应当按照《国际收支统计申报办法》及其他有关规定办理国际收支统计申报。

第九条 边境地区外汇局应当加强边境贸易的统计分析，及时汇总辖内边境贸易出口情况，并于每月前6个工作日内将上月《边境小额贸易出口及核销情况统计表》上报云南省分局。

第十条 本操作规定未尽事宜，按照《边境贸易外汇管理办法》及国家外汇管理局其他相关规定办理。

第十一条 本操作规定自2004年1月1日施行。

5.云南省外来投资促进条例

云南省人大常委会公告（第36号）

《云南省外来投资促进条例》已由云南省第十届人民代表大会常务委员会第二十一次会议于2006年3月31日审议通过，现予公布，自2006年6月1日起施行。

云南省人民代表大会常务委员会
2006年3月31日

云南省外来投资促进条例

第一章 总 则

第一条 为了促进外来投资，保障外来投资者的合法权益，营造良好的投资环境，加快经济社会发展，根据有关法律、法规，结合本省实际，制定本条例。

第二条 本条例所称的外来投资是指国外和香港特别行政区、澳门特别行政区、台湾地区以及其他省、市、自治区的自然人、法人和其他组织在本省行政区域内的直接投资。前款自然人、法人和其他组织为外来投资者，其在本省行政区域内依法设立的企业称为外来投资企业。

第三条 本省行政区域内的外来投资活动适用本条例。

第四条 县级以上人民政府制定促进外来投资规划，并将其纳入国民经济和社会发展规划。

省人民政府应当对民族自治地方促进外来投资的工作给予重点支持。

第五条 省人民政府经济合作管理部门负责全省外来投资的协调、组织、管理和服务工作。州（市）、县（市、区）人民政府经济合作管理部门或者招商引资部门按照职权，负责本行政区域内的外来投资工作。县级以上人民政府有关部门根据各自职责，负责相关的外来投资管理和服务工作。

第六条 外来投资企业除享受国家的有关政策外,还可以按照规定享受本省的优惠政策。

外来投资企业应当遵守有关法律、法规,依法经营,诚实守信,不得采取虚假投资或者其他违法手段骗取外来投资待遇。

第七条 县级以上人民政府应当对为经济社会发展作出重大贡献的外来投资企业和招商引资作出显著成绩的单位和个人给予表彰奖励。

当地人民政府应当按照有关规定对招商引资成功的推介人给予奖励。

第二章 投资范围和方式

第八条 除法律、法规和国家、省禁止投资的领域及项目外,均允许外来投资者在本省行政区域内投资。

鼓励外来投资者投资下列领域:

(一)烟草配套产业、矿产业、电力产业、生物资源创新产业、旅游产业;

(二)农业产业、林业产业;

(三)高新技术产业、信息产业;

(四)文化产业;

(五)教育、卫生事业;

(六)基础设施建设、生态环境建设。

省人民政府根据促进外来投资规划适时调整鼓励的投资领域和投资项目,并向社会公布。

第九条 鼓励外来投资企业利用云南的区位条件,参与中国—东盟自由贸易区建设、大湄公河次区域合作等国际区域合作的贸易、投资活动,以及国内区域经济合作组织的有关活动。

鼓励跨国公司来本省投资。

第十条 鼓励外来投资企业与国内外高等院校、科研机构和企业开展交流与合作,发展科技型企业或者建立研究开发机构。

第十一条 鼓励外来投资者依法建立独资或者合资的产业发展基金、风险投资基金、担保机构等。

鼓励外来资本参与国有企业的改革与重组。

第十二条　外来投资者可以根据其具备的法定条件采取下列投资方式或者种类：

（一）独资、合资、合作、合伙经营；

（二）以工业产权和非专利技术等无形资产参与投资；

（三）加工贸易；

（四）以建设—运营—转让和转让—运营—转让等多种融资方式参与项目建设；

（五）以参股、控股、联营、兼并、收购、租赁、托管、承包等多种形式参与企业的改制、改组、改造；

（六）设立企业总部、企业地区总部、研发中心。

第三章　政府服务

第十三条　各级人民政府应当不断加强基础设施建设，为外来投资企业创造优良的投资环境。

各级人民政府及其有关部门应当依法行政、诚实信用，简化对外来投资事项的行政审批手续，提高办事效率，坚持公开、公平、公正的原则，为外来投资企业提供优质服务，保障外来投资企业的合法权益。

各类开发区管理机构应当制定和完善促进外来投资的土地、资金、技术、人才等方面的措施和办法，发挥招商引资基地的示范、辐射作用。

第十四条　省人民政府经济合作管理部门应当组织、协调有关部门和单位开展招商引资、经济合作及区域合作。

省外来投资服务中心应当为外来投资活动提供集中、便捷、高效的服务。

外来投资公共信息服务网络应当及时刊载投资政策、产业发展规划、投资领域和投资项目、合作项目等信息。

第十五条　省、州（市）人民政府商务部门依照有关法律、法规，对外商投资企业的设立、变更和终止进行审批。

商务部门应当为外来投资企业产品进出口、参与国际贸易提供指导和帮助，并对外来投资企业到境外投资给予支持。

第十六条　县级以上人民政府工商行政管理部门依法对外来投资者进行登记注册和监督管理，做好服务工作。

第十七条　县级以上人民政府、发展和改革委员会、经济委员会等部门应当引导外来投资活动，为外来投资企业办理有关的核准和备案事项提供咨询、服务。

第十八条　各级人民政府财政部门应当根据需要和当地财力状况，报同级人民政府批准安排促进外来投资专项资金。

第十九条　省人民政府统计部门会同省人民政府经济合作管理部门和商务部门共同做好外来投资统计工作，建立健全外来投资的统计制度和评价办法。

第二十条　省人民政府民政部门负责国内的外来投资企业发起组建的商会、联合会、促进会的登记、管理工作；省人民政府经济合作管理部门负责国内的外来投资企业发起组建的商会、联合会、促进会的业务管理、服务工作。

第二十一条　县级以上人民政府人事、劳动保障部门根据外来投资企业的需要，在提供人才交流、人事代理、职称评定、劳动用工、社会保障等服务时，应当与本省其他企业同等对待。

县级以上人民政府教育行政部门应当依法制定措施，保障外来投资者子女受教育的权利。

第二十二条　县级以上人民政府文化、广播电视、新闻出版、通讯管理等部门应当充分利用报刊、广播、电视、互联网等媒体开展促进外来投资的宣传。

第二十三条　县级以上人民政府工商、税务、质量技术监督等行政执法部门，对外来投资企业提出的有关执法和服务方面的问题应当按规定时限办理；没有规定时限的，应当在15日内将办理情况告知外来投资企业。

第二十四条　县级以上人民政府专利、商标、著作权等知识产权行政管理部门，以及海关、公安等与保护知识产权有关的行政部门，应当加强对外来投资企业专利权、商标权、著作权等知识产权的保护，查处侵犯知识产权的行为，维护外来投资企业的合法权益。

第二十五条　有关部门在办理外来投资企业的资质评审、经营权限审批以及项目招标、业务承接等方面，应当与本省同类企业同等对待。

第二十六条　有关部门在办理外来投资企业按照规定申请专项资金时，应当与本省同类企业同等对待。

第二十七条　省有关部门对外来投资企业依法上市或者重组省内上市公司的，应当在费用减免、债务剥离、优质资产注入和富余职工安置等方面给予支持。

第二十八条　省人民政府行政监察部门及其改善投资环境投诉中心应当受理、调查和处理外来投资企业的投诉，并将处理结果告知投诉者和相关行政部门。

第二十九条　省人民政府经济合作管理部门、省人民政府行政监察部门应当建立转办制度。在为外来投资企业提供服务或者受理其投诉时，对涉及本部门职责以外的事项，应当按照转办制度的规定交有关部门办理，办理结果应当答复交办者并告知外来投资企业。

第四章　社会支持

第三十条　社会团体、企业事业单位、其他组织和个人应当配合有关部门营造良好的外来投资环境。

第三十一条　中介组织应当创造条件开展与国内外同行的合作，提升服务能力和水平，为外来投资企业提供服务。

第三十二条　水、电、气等公共事业的经营单位应当将外来投资企业的需求纳入同行业、同区域的计划安排。

第三十三条　各类教育机构（学校）应当依法维护外来投资者子女受教育的权利。

第三十四条　工会组织应当加强外来投资企业的工会工作，促进外来投资企业建立协调、稳定的劳动关系，维护职工的合法权益。

第三十五条　融资担保机构应当按照国家规定，为符合条件的外来投资企业提供融资担保服务，拓宽外来投资企业的融资渠道。

第五章　权益保障

第三十六条　县级以上人民政府对所属部门和下级人民政府，上级行政主管部门对下级行政主管部门执行本条例的情况应当加强督促、检查。

第三十七条　行政机关应当将保护外来投资企业合法权益的工作纳入工作责任制，及时、公正地查处侵害外来投资企业权益的案件。

第三十八条　司法机关应当对涉及外来投资企业权益的案件依照法律规定及时处理，公正司法，维护外来投资企业的合法权益。

第三十九条　监察、价格、财政等部门应当依法制止并及时查处对外来投资企业的乱收费、乱罚款、乱摊派、乱检查以及侵犯企业经营自主权等违法行为。

第四十条　外来投资企业有权决定参加、接受或者拒绝各类评比、表彰、捐赠、赞助等活动。

第四十一条　没有法律依据，未经法定程序，任何单位和个人不得责令银行划转或者冻结外来投资企业及投资者的资产。

第四十二条　外来投资企业认为行政机关及其工作人员实施具体行政行为侵害其合法权益的，可以向省人民政府行政监察部门的改善投资环境投诉中心或者其他主管机关投诉，也可以依法申请行政复议或者提起行政诉讼。

外来投资企业认为行政机关制定的规范性文件侵害其合法权益的，可以向制定机关的上级行政机关或者本级人民代表大会常务委员会反映。

第四十三条　外来投资企业因重大自然灾害、重大疫情等不可抗力因素，导致生产经营活动遭受重大损失的，在各种救济、救助方面，享受与本省同类企业同等的待遇。

第六章　法律责任

第四十四条　国家机关工作人员在外来投资促进工作中玩忽职守、滥用职权、徇私舞弊的，依法给予行政处分；构成犯罪的，依法追究刑事责任。

第四十五条 对外来投资企业乱收费、乱罚款、乱摊派、乱检查的,由有关行政主管部门依法处理。

第四十六条 县级以上人民政府工商、税务、质量技术监督等行政执法部门,对外来投资企业提出的有关执法和服务方面的问题,没有在规定时限内办理的,对直接负责的主管人员和其他直接责任人员依法给予行政处分。

第四十七条 外来投资企业采取虚假投资或者其他违法手段骗取外来投资待遇的,由有关部门取消其待遇,追缴非法所得,并依照有关法律、法规的规定予以处罚。

第四十八条 在招商引资活动中弄虚作假,骗取奖励、荣誉称号的,由表彰奖励机关取消该奖励和荣誉称号,追回奖金,并对直接负责的主管人员和其他直接责任人员给予行政处分或者纪律处分。

第七章 附 则

第四十九条 省人民政府应当根据本条例,制定和完善促进外来投资的政策、措施,并向社会公布。

第五十条 本条例自2006年6月1日起施行。1998年9月25日云南省第九届人民代表大会常务委员会第五次会议通过的《云南省外商投资条例》同时废止。

6. 云南省人民政府关于转报昆明市建设区域性跨境人民币金融服务中心实施意见的函

云政函〔2010〕21号

中国人民银行:

近年来,在中国人民银行的大力支持下,云南省金融改革发展不断深化,金融业呈现出蓬勃发展的良好局面。2008年末,国务院常务会议决定对广东和长三角地区与港澳地区、广西和云南与东盟的货物贸易进行人民币结算试点,为促进云南省加快金融服务创新,提升金融改革发展水平,建设中国面向西南开放的桥头堡,促进全省经济社会平稳健康发展提供了重要历史机遇。

昆明作为云南省的政治、经济、文化中心,在全省经济社会发展和对外开放中具有重要作用。为充分发挥金融在促进区域经济社会发展中的核心作用,将昆明打造成为云南绿色经济强省的龙头、民族文化强省的枢纽、中国面向西南开放的国际化门户,经昆明市人民政府与中国人民银行昆明中心支行充分协商,制定了《昆明市人民政府、中国人民银行昆明中心支行关于加快推进昆明区域性跨境人民币金融服务中心建设的实施意见》。为推动在昆明建立区域性跨境人民金融服务中心,现将《昆明市人民政府、中国人民银行昆明中心支行关于加快推进昆明区域性跨境人民币金融服务中心建设的实施意见》(附后)转报中国人民银行,请给予支持。

此函

附件:昆明市人民政府、中国人民银行昆明中心支行关于加快推进昆明区域性跨境人民币金融服务中心建设的实施意见

二〇一〇年三月二十五日

昆明市人民政府、中国人民银行昆明中心支行关于加快推进昆明区域性跨境人民币金融服务中心建设的实施意见

为把昆明建成云南绿色经济强省的龙头、民族文化强省的枢纽、中国面向西南开放的国际化门户和桥头堡城市,充分发挥区位优势,抓住国家开展跨境贸易人民币结算试点的历史机遇,加快推进昆明区域性跨境人民币金融服务中心建设,结合昆明实际,制定以下实施意见。

一、指导思想

以邓小平理论和"三个代表"重要思想为指导,深入贯彻落实科学发

展观，立足西南、面向东盟，充分发挥对外开放的国际化门户和桥头堡城市功能作用，进一步解放思想、实事求是，开拓创新、发挥优势，以促进地方经济增长为根本任务，以金融市场体系建设为核心，以人民币结算、直接投资、人民币金融衍生品和结构性金融产品等跨境人民币金融服务建立为重点，遵循市场规律，循序渐进地开展昆明区域性跨境人民币金融服务中心建设工作，全面推动人民币在东盟的区域化进程。

二、总体目标

通过政府推动和市场导向，打造立足云南，辐射西部，服务东盟，面向南亚、东南亚的区域性人民币跨境金融服务示范区；确立跨境人民币金融服务在昆明经济发展和城市功能优化中的先行作用；争取到2020年，基本建成与昆明经济实力地位相适应的区域性人民币跨境金融服务中心。

三、主要任务和工作措施

建设区域性人民币跨境金融服务中心，是一项复杂的系统工程，必须具有较为完善的人民币跨境结算服务体系、规避汇率风险的金融产品创新以及具有区域性竞争力的金融发展环境。

（一）加强人民币金融跨境结算服务体系建设

加快推进人民币用于跨境贸易结算试点，鼓励周边国家用人民币作为其储备货币，推进人民币跨境支付清算系统的建设。一是通过建立银行间跨境人民币金融清算模式，搭建服务平台，畅通清算渠。二是全面提升清算工作创新能力。通过多种方式，从不同层次和角度积极拓展业务，全面提升金融服务质量和水平，满足人民币贸易结算的需要。三是在清算信息系统等基础设施建设取得新的重要进展基础上，进一步增强昆明跨境人民币清算效率。四是多方联动，紧密配合，有效促进昆明地区金融基础设施建设。建立昆明跨境人民币支付清算工作协调联动机制，进一步加大区域金融基础设施建设力度，联合东盟、南亚、东南亚的国家和地区召开协调会议，降低相互之间跨境人民币结算业务的退票率，对推动支持结算业务产品和服务创新以及人民币清算受理环境建设等工作进行统筹安排，为今后昆明地区跨境人民币结算工作信息的动态交流，研究成果充分共享，提供协调联动平台和组织机制保证。

(二) 创新规避汇率风险的金融产品

人民币金融衍生品市场的发展能够实现人民币汇率的风险分散与风险管理，进而增强人民币的区域化职能。创新人民币金融衍生品要遵循"即期—远期—互换—期权"交易的顺序，需要加快外汇期权、期货市场的建设；随着人民币可兑换进程的加速，再发展人民币/美元等汇率衍生品，为人民币跨境金融服务搭建更广阔的交易平台。

(三) 培育具有区域性竞争力的金融发展环境

实行人民币贸易结算涉及多个职能部门，政策要求高，联动性强，需要在政策支持、硬件设施建设、税收政策配套以及信息交流渠道畅通等方面进一步加强和完善。

1. 建立与之相适应的口岸管理体系。一是制定与人民币跨境金融服务相配套的通关政策，包括在人民币贸易结算不核销的前提下涉外企业使用人民币报关和出口退税的具体操作办法（便利银行、企业和个人大额现钞出入境的管理办法等）；二是要加大口岸的硬件设施建设，建立长期的口岸硬件设施规划，逐步改善硬件环境，满足口岸管理硬件需求，从而更好地服务于跨境金融服务；三是大力提高口岸管理的智能化水平，实现信息共享，使之能更高效快捷安全地实施通关。近期应加大对现有口岸系统的改造和升级，大力推行"一站式"电子验放系统建设，在口岸查验手段及管理的高科技运用方面加大投入，逐步实现口岸电子自动化通关和查验管理信息资源共享，扩大"大通关"的成果。

2. 建立与之相适应的税务管理体系。根据国务院批准云南与东盟国家人民币结算的政策精神，协调相关部门，加快推进出台一般贸易人民币结算全额出口退税政策。将一般贸易人民币结算退税额纳入全年退税指标进行管理。

3. 建立与之相适应的外经管理体系。一是协同外管局共同做好试点企业的筛选工作，制定试点企业管理办法。试点企业应具有进出口经营权和国际贸易的议价能力，产品符合国家的产业政策，信誉好，依法纳税，对东盟国家有一定贸易和投资规模。二是利用商务部门的涉外优势，围绕人民币跨境金融服务大力开展宣传。通过举办各种洽谈会、展览会和商务论坛等方式，积极扩大宣传，营造有利于人民币跨境金融服务的大环境。三是发挥管理部门的优势，以重点项目推动人民币跨境金融服务，充分利用与东盟国家的经济合作优势，在水电站建设、公共设施建设、毒品替代种植等项目中大力推动人民币金融服务。

4.建立与之相关适应的外事管理体系，充分发挥外事部门的窗口作用。一是适当放宽对东盟出入境管理；二是加大与驻外使领馆的联系沟通，充分发挥驻外使领馆的作用，加大人民币跨境金融服务的宣传；三是为昆明涉外企业、银行走出去搭建必要的通道。

5.建立与之相适应的信息沟通管理体系。一是由政府推动，建立中国—东盟金融论坛，每年定期由成员国轮流举办，以论坛的形式扩大对外交流，对相关的金融问题达成共识；二是逐步建立与东盟国家各职能部门的对口磋商机制，解决金融发展过程中的难点和热点问题；三是依托网络搭建面向东盟的多语种开放式信息交流平台，定期发布东盟各国经济、金融的相关数据，为人民币跨境金融服务提供信息保证。

四、实施步骤

主要通过建立区域性跨境人民币结算中心试点先行，分阶段开展跨境人民币直接投资、金融衍生品以及结构性金融产品服务，积极应对国际金融危机挑战，促进我国经济持续健康发展。

第一阶段（2010—2015年）：人民币贸易结算区域化。在现有边境贸易的基础上，搭建与东盟国家人民币贸易结算渠道。由边境贸易扩大到一般贸易，由货物贸易扩大到服务贸易，并推进人民币跨境投资。

第二阶段（2015—2020年）：金融衍生品以及结构性金融产品服务区域化。建立有效的汇率避险机制及市场，形成较为完善的区域性跨境人民币金融服务中心。

五、相关要求

(一) 组织领导

为保障各项工作顺利推进，成立由昆明市委、市政府主要领导为组长、副组长,人民银行昆明中心支行、云南银监局及市发展改革委、市财政局、市商务局、市金融办、市工业和信息化委、市外办、市地税局、市国税局、市政府研究室、昆明出入境检验检疫局和各县(市)区政府主要领导为成员的昆明区域性跨境人民币金融服务中心领导小组,全面组织领导协调推进金融服务中心的建设工作。

领导小组下设办公室,办公室设在市金融办。由市政府分管副秘书长兼任办公室主任,人民银行昆明中心支行分管领导、市金融办分管领导任副主任,各成员单位分管领导作为办公室成员。各成员单位各抽调一位工作人员,具体承办中心建设工作的相关事宜。同时,拟聘请中国人民银行、国家外汇管理局、商务部等国家相关部委领导作为领导小组顾问。

(二)协调配合

各级各部门要充分认识昆明区域性跨境人民币金融服务中心建设的重要性和艰巨性,增强责任感、紧迫感和使命感,精心策划、加强协调、密切配合、扎实推进金融服务中心建设的各项工作。

(三)加强宣传

积极加强与各类媒体的联系,通过省内外媒体、网站进行广泛宣传,使广大企业充分了解区域性跨境人民币金融服务中心的功能和意义。通过专题会和座谈会方式,对金融服务中心建设工作进行广泛的宣传和动员,扩大其影响。同时,积极与境外的中央银行和商业银行开展合作,宣传昆明区域性跨境人民币金融服务中心,进一步扩大对外影响。

三、昆明市

1.昆明市招商引资奖励暂行规定实施细则

昆政复〔2004〕14号

第一条 为了鼓励国内外各界人士参与昆明市的招商引资,进一步扩大利用外资规模,促进开放型经济的发展,根据《昆明市招商引资奖励暂行规定》制定本实施细则。

第二条 奖励对象、范围:

自2001年11月6日我市颁布《昆明市招商引资奖励暂行规定》以后,我市各级审批机关批准(或转报批准)设立的外商投资企业的招商引资中介人的奖励,依据本暂行规定执行。对2001年11月6日以前(至1998年1月1日)我市各级外经贸审批部门批准的外商投资企业招商引资中介人的奖励,依据原《昆明市鼓励招商引资有功人员奖励暂行办法》执行;每个项目只能申报一次奖励,企业增资不再奖励。

第三条 推荐受奖中介人的外商投资企业必须符合以下条件:

(一)项目确由受奖中介人引入;

(二)外资实际到位70%以上,并经合法的评估机构评估和有资格的会计师事务所验资,出具有效验资报告;

(三)企业已开工建设。

第四条 申报中介人奖励必须提供以下文件:

(一)中介人奖励申请书;

（二）中介人确认证明书；

（三）外商投资企业的批准证书和营业执照（复印件）；

（四）外商投资企业的验资报告（复印件）；

（五）中介是自然人的，要出具有效身份证件或护照复印件。中介是法人的，出具其法人资格证明和法人代表身份证复印件；

（六）其他所需文件。

以上文件要求一式四份。

第五条　申报奖励的程序。

（一）外商投资企业在办理设立批准时，其项目中介人应向市便民服务中心市外经贸局窗口申领统一格式的中介人确认证明书，并由项目的外国投资者对中介人进行确认。外国投资者是自然人的，要由投资者亲笔签字；外国投资者是企业法人的，要由投资者法人代表亲笔签字，并加盖投资者企业公章。

（二）外商投资企业资金到位后，中介人向市便民服务中心市外经贸局窗口递交中介人奖励申请书，并提交第四条所列各项文件。

（三）市外经贸局、市外资办、市财政局、市工商局、昆明外管局组成的评审小组到外商投资企业实地核实情况，各部门提出初审意见。

（四）评审小组会审提出初审意见，将招商引资中介人奖励评审意见上报市政府审定后，由市政府对外开放工作小组办公室行文批复，市外资办向招商引资中介人发出奖励确认通知。

（五）凭奖励确认通知书，中介奖励人到市外经贸局、市外资办办理奖金兑付手续。市外经贸局、市外资办代扣代缴个人所得税后，向中介奖励人发放奖金。

第六条　昆明市招商引资中介奖励原则上随时受理，每个季度集中评审一次。

第七条　本实施细则由昆明市人民政府外商投资办公室负责解释。

2. 昆明市招商引资项目管理暂行办法

昆政发〔2008〕79号

第一章 总 则

第一条 为贯彻落实市委九届四次全体（扩大）会议精神，进一步加大我市招商引资的力度，提升招商引资项目的质量，加强招商引资项目的管理，促进招商引资项目"早签约、早落地、早开工、早投产"，结合我市实际，制定本办法。

第二条 本办法所称招商引资项目，是指符合国家、省、市产业政策和产业目录，由市外企业集团、金融投资单位、社会自然人等在我市投资建设对我市国民经济和社会发展有积极影响的项目，其中外商项目包括中外合资、中外合作、外商独资、外商并购境内企业、外商投资企业再投资项目。重点领域是：

（一）基础性资源综合利用开发及特色产业项目；

（二）农业、水利、能源、交通、城建、环保和通信等可市场化运作的基础设施项目；

（三）科技、教育、文化、卫生等可产业化运作的社会发展项目；

（四）农业产业化生产基地建设及农副产品精、深加工项目；

（五）现代工业、主要工业产品精、深加工及工业产业链延伸配套项目；

（六）现代金融、物流、旅游、房地产及服务业项目；

（七）高新技术产业及能带动行业技术进步的高新技术产业化项目；

（八）循环经济及节能减排项目；

（九）在市域外生产，但在昆明市场占有较大贸易额的产销地分离项目；

（十）昆明市尚属空白，但对本市经济结构具有提升作用的新兴产业项目；

（十一）旧城改造及城中村改造项目；

（十二）承接东部地区产业转接项目；

（十三）其他鼓励类项目。

第三条　在昆明市工业突破园区建设招商引资工作指挥部（以下简称"指挥部"）统一领导下，全市招商引资项目由市发改委和市投促局综合平衡、跟踪服务、统一管理。

第二章　征集储备与前期研究

第四条　全市招商引资项目实行分级征集和统一储备制度。

（一）市发改委负责收集先进发达地区招商引资项目信息，及时掌握国家和省重大产业发展动态，结合我市发展实际，综合平衡后，提出市级重大招商引资项目，列入储备。

（二）三个国家级开发（度假）区，呈贡新区、空港经济区和各级开发区，各县（市）区发展改革部门，要按照本办法第二条规定的范围，负责对本地区招商引资项目进行综合平衡，每季度向市发改委提出列入储备的项目。

（三）市发改委负责全市招商引资项目储备库的建立和管理。列入储备的项目应符合全市国民经济和社会发展中长期规划、城市总体规划、土地利用总体规划和市政府批准的各专项规划，以及市委、市政府确定的重点产业发展方向。

第五条　凡列入招商引资储备库的项目，实行前期研究工作制度，由项目提出部门组织编制项目建议书、项目申请报告或项目可行性报告，并在完成后报送市发改委。

（一）备案项目应编制项目建议书，主要内容包括项目名称、建设内容、用地规模、投资概算、资金筹措、建设年限等内容。

（二）核准类项目应编制项目申请报告，主要包括项目概况，发展规划，产业政策和行业准入分析，资源开发和综合利用分析，节能方案分析，建设用地、征地拆迁及移民安置分析，环境和生态影响分析，经济影响分析，社会影响分析等内容。

（三）审批类项目应编制项目可行性研究报告，主要包括项目概况，项目提出的依据和可行性，建设内容和建设规模，建设选址，环境保护和能源、资源消耗评估，外部配套建设条件论证，总投资估算和资金筹措方案，招标方案，风险管理方案，经济和社会效益分析，建设周期及工程进度安排等内容。

第三章　行政许可与包装策划

第六条　凡完成前期研究的储备项目，实行行政许可预批复制度，并在完成后的5个工作日内报送市发改委。

（一）各级发改部门依据管理权限，应在5个工作日内对本部门有权批准的本地区储备项目予以立项预批复，并预留批复文号，供正式批复使用。超越本部门审批权限的项目，应在5个工作日内向上级有权部门报送，并跟踪落实。

（二）各级发改部门负责定期召开行政许可联席会议，召集规划、国土、环保等主要行政许可部门，专题研究已立项预批复项目的行政许可问题，形成会议纪要后，在5个工作日内督促本级主要行政许可部门对项目出具相应的行政许可预批复意见，并预留行政许可批复文号，供正式批复使用。各部门要加强配合协作，确保项目及时取得正式批复。

第七条　对已完成前期研究并获得行政许可预批复的储备项目，由市发改委组织行业专家和有资质的投资咨询专业机构对项目进行评估，并依据评估意见，对可行性强、成熟度高的项目进行统一包装、策划。

第四章　编制发布与宣传推介

第八条　全市招商引资项目实行统一编制发布制，每半年公开发布一次。每年6月和12月由市发改委编制完成项目册，上报指挥部审批，批准后于上年12月和次年6月公开发布。

第九条　市投促局负责将公开发布的招商引资项目及时发送到全市各有招商引资目标任务的单位，并通过推介会、网站、广播、电视、报刊等方式向社会宣传推介。

第五章　信息反馈与动态管理

第十条　市投促局负责全面跟踪项目进展情况，及时掌握项目洽谈、签约、审批、落地、开工、投产的动态信息，汇总后，按月上报指挥部，并抄送市发改委和全市各招商引资单位，做到信息互通，资源共享。

第十一条　凡已签约并正式审批的项目，由审批机关按月将审批和行政许可情况汇总统计后报送市发改委。经市发改委核实后，负责从项目储备库和项目册中予以更新，实行动态管理。

第十二条　凡正式审批项目，由市投促居会同市发改委按月组织召开项目联席会议，按照"早落地、早开工、早投产"要求，将各阶段工作责任分解到相关职能部门，落实到责任人，形成会议纪要上报指挥部，协调解决项目落地、开工、投产中存在的问题，直至项目投资全部到位，建成投产。

第六章　经费保障与组织实施

第十三条　全市招商引资项目管理所需经费，由市发改委提出，报市政府和市人大批准后，由市财政局每年专项安排，纳入市级财政预算，主要用于项目前期、包装策划和动态管理。

第十四条　市发改委和市投促局应根据本办法，按各自分工制定实施细则和经费管理办法，组织实施并负责解释。

第十五条　市发改委和市投促局要加强招商引资项目的监管，对违反本办法和实施细则的行为要提出限期整改意见，对情节严重或整改不力的，及时上报指挥部，按责任追究相关单位和责任人的责任。

第七章　附　　则

第十六条　本办法自印发之日起施行。

3.昆明市人民政府关于印发加快银行业发展实施意见等六个文件的通知

昆政发〔2008〕96号

各县（市）、区人民政府，市政府各委、办、局，三个开发（度假）区，呈贡新区管委会，昆明空港经济区管委会：

现将《昆明市关于加快银行业发展的实施意见》、《昆明市关于加快保险业发展的实施意见》、《昆明市关于加快资本市场发展的实施意见》、《昆明市关于加快担保业发展的实施意见》、《昆明市关于加快典当业发展的实施意见》、《昆明市关于加快融资租赁业发展的实施意见》6个文件印发给你们，请认真遵照执行。

昆明市关于加快银行业发展的实施意见

为加快银行业发展，更好地为我市经济社会的协调发展服务，根据市委、市政府《关于支持金融业发展的若干意见》（昆通〔2008〕65号），现就加快银行业发展提出如下实施意见：

一、充分认识加快银行业发展的重要意义

金融是现代经济的核心，银行、信托业（以下统称银行业）在金融体系中处于主导地位，大力发展银行业，对于转变经济发展模式、优化产业发展结构、促进产业区域化转移，保持经济又好又快发展具有十分重要的意义。建立健全良好的银行业服务体系，加大银行业对经济建设的信贷支持力度，对我市实现追赶前进、超常突破、跨越发展有重要的推动作用。加快银行业发展，有利于促进我市经济社会全面、协调、可持继发展；有利于促进银行资源合理配置；有利于促进经济金融的良性互动，使银行业更好地服务于我市经济社会。

加快昆明银行业发展的总体目标是：围绕昆明市经济社会发展战略和全面建设小康社会的目标要求，着力推进多元化、多层次的现代银行服务体系，着力提升银行创新能力和服务水平，着力增强银行业的集聚和辐射能力，使银行业成为我市现代服务业的重要支柱产业。进一步促进昆明区域战略地位和中心城市功能提升，推动昆明成为金融机构聚集、资源配置高效的区域性人民币结算中心。

二、大力引进银行业金融机构

（一）切实为银行业金融机构提供快捷优质的服务。政府各有关部门对在昆明的银行业金融机构总部和地区总部提供优质、便捷、高效、全面的服务;对在昆明新设和迁入总部和地区总部的银行机构,除工商、税务部门给予办理注册登记提供"一站式"服务外,还通过用地指标、土地规划等优惠政策给予支持。

(二)切实落实引进银行业金融机构的相关政策。对新入驻昆明的银行业金融机构法人总部给予补助:注册资本10亿元(含)以上的补助1 000万元;注册资本10亿元以下、5亿元(含)以上的补助800万元;注册资本5亿元以下1亿元(含)以上的,补助500万元;对新入驻昆明的银行业金融机构地区总部或一级分支机构、银行业配套服务机构给予200万—500万元补助。以上扶持资金分三年均衡拨付。各银行业金融机构的省、市分支机构落户昆明金融商务聚集区的,由当地政府给予相关政策扶持。

三、推动产业资本与银行资本融合,促进经济社会发展

(三)引导银行业金融机构加大对"三农"的信贷支持。鼓励各银行金融机构加大对涉及粮食安全战略的重点项目和重点工程、与新农村建设有关的农村基础建设、农业资源开发相关的现代化农业建设、农村生态环境治理重点工程的投入,进一步引导政策性银行对"三农"可持续有效资金的投入,健全农户贷款工作机制,完善和推广农户联保贷款,创新适应农户需求的金融产品。涉农信贷业务增幅不低于全市贷款平均增幅。

(四)引导对中小企业的信贷支持。推进中小企业信用担保体系建设,改善中小企业融资担保环境和信用环境,促进银行机构与担保机构之间建立风险共担机制,建立和完善适合中小企业的授权授信制度和信用评级制度,银行机构把支持中小企业贷款作为未来发展新的增长点,未来三年中小企业贷款保持20%的年增长率;加大对小企业的扶持力度,对符合促进就业工作要求的劳动密集型小企业,地方财政部门除按中国人民银行公布的贷款基准利率给予小额担保贷款贴息外,同时积极创造条件,鼓励担保基金为其申请小额担保贷款提供担保服务,充分发挥劳动密集型小企业对促进就业工作的辐射带动作用。

(五)引导对重点项目的信贷投放。建立新型的银政企合作关系,进一步形成银行业支持经济、社会发展的合力,营造政府、银行、企业互动的氛围和宽松、良好的合作环境。建立备选项目储备库和分年度融资计

划,引导银行继续加大对基础设施、教育、文化、卫生、农业和环境等方面重大项目的投入。

(六)引导对重点产业和工业园区的投入。充分发挥银行业对地方经济发展、园区建设和产业结构调整等方面的支持和引导作用,提高银行业在产业集聚过程中的重要作用,带动社会资金共同投入电力装备、机床制造、汽车及零部件、光电子信息、生物医药、新材料、磷化工、钛化工八大重点产业及工业园区等领域,促进我市产业结构优化升级。

(七)引导对服务业发展的支持。鼓励银行业多领域开发适应服务业发展的金融产品,紧紧抓住国家产业政策支持服务业加快发展的有利时机,寻求新的利润增长点和发展目标,稳步、有序地开展服务业金融服务。加大对我市休闲旅游业、文化业、商贸物流业、电子政务、电子商务建设及应用、信息服务业和文化创意产业发展的信贷支持力度。

(八)引导对县域经济的信贷投入。引导银行业支持各县域经济建设,促进银行机构每年县域贷款额度应保持一定的增长幅度,适当放宽县域信贷授信额度,扩大审批权限,简化审批手续,逐年提高县域存贷比。配合监管部门对银行机构县域经济信贷投入进行监测分析。

(九)鼓励对环保业发展的支持。鼓励和引导银行业加强社会责任意识,开展绿色信贷,支持环境治理、节能减排、清洁能源、循环经济、生态建设和农业产业的发展。

(十)引导对政府性投融资公司的支持。推进政府性投融资公司深化改革,增强实力,提高投资水平,促进自身发展。加强协调配合,组织好项目的申报审批和储备工作,积极推荐优质项目,形成银行、政府、项目单位和企业良好的合作关系。通过政府类资源的调配和安排,促进银行金融机构加大对政府性投融资公司的信贷力度,增加信贷规模,促进地方经济建设。

四、落实人才政策,加强人才引进与培养

(十一)加大力度引进人才。认真落实《关于印发进一步加强人才引进培养使用工作和加快人力资源服务体系建设两个意见的通知》(昆通〔2008〕29

号,以下简称《通知》)精神。将银行业高级经营管理人才的引进作为我市人才引进的重要内容。引入的银行业高级经营管理人才,可享受昆明市人才引进政策,提供代办人事关系、户籍迁移、子女入学等高效便捷服务。符合《通知》要求的可享受住房、资金补助等方面的政策。银行机构高级管理人才享有参加政府专业工作会议、参与制定有关政策、直接获取政府相关信息的权利。积极为银行业机构高级经营管理人员参与政府组织的各类学习、培训、考察、出访等创造条件。

(十二)创造条件培养人才。支持银行机构在昆明建立人才培训基地,引进境内外金融专业培训机构,建立金融人才培训基地,支持银行金融机构的发展。政府组织建立完善金融咨询服务体系,为银行业人才培训、咨询服务创造条件。

五、加快银行机构集聚、完善服务体系和鼓励金融创新

(十三)支持银行机构集聚和发展。按照"自主选择,互惠互利,诚信合作,共赢发展"的原则,大力引进银行业金融机构,有重点有计划地引导银行金融机构法人总部、地区总部和银行业配套服务机构新设立或迁入昆明。极力营造良好的投资环境,加大对外资银行的引进力度,鼓励外资银行拓展业务规模,支持开展人民币业务。鼓励当地银行机构引进先进的管理理念,提高管理和服务水平,积极稳妥地实现机构规模扩张和经营范围的延伸。

(十四)充分发挥银行业在完善农村金融服务体系中的作用。按照建立多层次、广覆盖、可持续的农村金融体系要求,促进农村信用社在稳固农户小额信用贷款和农户联保贷款健康发展的基础上,积极创新农民创业担保贷款等信贷产品,鼓励涉农银行加大对"三农"的信贷支持,研发适应广大农民需要的服务品种,拓宽服务范围,提高服务水平。鼓励和引导其他国有商业银行支持农村城镇化、农业产业化、农村基础设施建设和县域中小企业的发展。鼓励部分商业银行恢复乡镇的银行网点,多渠道改善农村金融服务,提高银行业对地方经济发展的整体服务实力和水平。大力推进设立新型农村金融机构,利用银监会调整放宽农村地区银行业金融机

构准入政策的机会，鼓励和支持符合条件的银行业金融机构作为主发起人，在昆明市农村地区投资设立村镇银行、小额贷款公司、农村资金互助社等新型的农村金融机构，进一步加快组建的速度，扩大试点范围，以解决农村地区和城乡建设区金融机构网点覆盖率低、金融供给不足的问题，切实为我市"三农"和小企业提供多种金融服务。

（十五）鼓励金融创新，增强银行业金融机构的竞争力。构建完善与银行业合作的创新机制，结合我市经济发展的实际，学习、借鉴和引进国内外银行业的先进经营理念、经营模式和创新品种。积极开展适应我市经济社会发展需要的金融创新尝试，不断完善我市创新机制，提高创新能力。争取国家和省对金融产品创新提供更多的指导与支持，赋予昆明市金融改革和金融创新的试点权。在与银行合作中，鼓励和支持同证券业、保险业、担保业等行业的合作，创新合作模式，推动银行产品和业务的创新。

六、优化生态环境，促进银行业稳定发展

（十六）优化金融服务环境。搭建服务平台，为在昆银行机构提供优质、便捷、高效、全面的服务，逐步建立银行发展联席会议制度和日常沟通联络机制，加强政府部门与银行机构之间的交流沟通，政府在制定银行业经济发展战略和召开项目融资会时，邀请银行机构参与研究论证，为我市经济发展和项目融资提供咨询服务，并向相关管理机构争取有利于我市银行业发展的方针政策。配合做好监管工作，有效防范风险，促进银行业健康快速发展。

（十七）积极扩大金融开放环境。围绕打造金融机构和功能集聚区，鼓励银行业总部、地区总部和知名外资机构入驻昆明，推进金融环境的对外开放，引入金融资源、金融人才、金融产品创新、金融经营及各种新的理念，进一步提升昆明金融业发展水平，推动昆明银行业的发展。

（十八）健全企业和个人征信系统，完善社会信用体系。积极采取措施，将分散在银行、工商、税务、质监、公安、环保等部门的信息，整合成高效的信息平台，建立个人和企业的信息系统。加强银行与公安、检察、司法等执法部门的合作，对恶意逃废银行债务的企业和个人进行公开曝光，并依法进行打击和制裁，加大银行债权的保护力度，营造良好的信用环境。

七、加强对银行业金融机构的考核奖励

（十九）建立银行业金融机构的综合考核评价体系。建立考核评价体系，促进银行业金融机构加大对我市经济社会发展的支持力度。以增量存贷比、信贷增长额、信贷产品创新情况、服务情况以及对我市中小企业、现代农业、节能环保产业、市政基础设施建设的信贷投入规模作为主要指标，每年对在昆银行业金融机构进行考核评价。对考核排名前十位的银行业金融机构给予奖励并授予年度荣誉称号。各级政府根据考核评价结果合理安排财政性存贷款、行政性中间业务等资源，具体办法另行制定。

八、加快发展信托业

（二十）加快引入信托机构。为信托机构及配套服务机构到昆明设立总部及开办分支机构提供便利和优惠政策；鼓励和支持信托机构在昆明开展业务，扩大业务规模；支持信托机构业务创新和管理创新，促进信托机构持续健康快速发展；加强对信托业高级管理人员的人才引进和培养；建立完善的考核评价体系，加强对信托机构的考核评价，推动信托机构加大对昆明各领域的投入。发行信托产品的奖励政策按照《昆明市关于支持金融业发展的若干意见》执行，其他各项鼓励政策，具体参照支持银行业发展的各项政策措施执行。

昆明市关于加快保险业发展的实施意见

为促进昆明保险市场的发展，更好地为我市经济社会的协调发展服务，根据市委、市政府《关于支持金融业发展的若干意见》（昆通〔2008〕65号），现就加快昆明保险业发展提出如下实施意见：

一、充分认识加快保险业发展的重要意义

保险是金融体系和社会保障体系的重要组成部分，在社会主义和谐社会建设中具有重要作用。加快保险业发展，建立市场化的灾害事故补偿机制,对完善灾害防范和救助体系,增强全社会抵御风险能力有着重要的作用,有利于保障生产和流通的安全与稳定,更好地为我市经济持续快速发展服务;有利于完善社会主义市场经济体系,优化金融资源配置;有利于完善社会保障体系,提高全社会的风险管理水平,提升居民的生活品质,实现经济、社会与人的全面协调发展。

加快昆明保险业发展的总体目标是:建设与昆明经济社会发展和人民生活水平提高相适应的现代保险服务体系,形成市场体系健全、服务功能完善、服务质量一流、经营诚信规范、保障能力充足、健康快速发展的现代保险业;力争用10到15年的时间,把昆明建设成为服务和辐射云南、西南、东南亚、南亚的保险中心城市之一。

二、大力引进各类保险市场主体

(一)完善保险市场体系建设。培育本地专业保险法人机构,大力引进国内外保险法人机构、区域性总部和保险配套服务机构,积极发展理念先进、经营规范、资信状况优良的保险中介机构、研发机构,争取国际著名的保险经纪、公估机构在我市设立分支机构,完善保险市场体系,促进我市区域性保险中心城市建设。

(二)提供资金政策支持。保险机构总部新设立或迁入昆明的,按不高于注册资本的1%给予补助;保险机构地区总部、保险配套服务机构总部等,给予不高于200万元的补助。以上补助分三年均衡拨付。在昆明新设、迁入总部和省级保险机构的,除工商、税务部门在为金融机构办理注册登记"一站式"服务外,还通过用地指标、土地规划等多方面给予支持。各保险业金融机构及配套服务机构的省、市分支机构落户昆明金融商务聚集区,由当地政府给予相关政策扶持。

三、大力支持保险业改革创新

(三)积极稳妥推进多形式、多渠道的农村保险。

1.积极稳妥推进试点,建立适应我市特点的农村保险发展模式,进一步发挥保险在农业灾害防御和防疫体系中的作用。开展特色农业产业保险试点,积极探索开展粮食、蔬菜、水果、花卉苗木、禽类、生猪养殖等我市特色农业、林业产业的保险试点,不断扩大种植业、养殖业保险覆盖面和保障范围;逐步建立政策性农业保险与财政补助相结合的农业风险防范与救助机制。逐步在全市范围内建立政府推动、政策支持、市场运作、农民参与的政策性农业保险制度。将农业保险作为支农方式的创新,纳入我市农业支持体系。加大政府扶持力度,完善农业保险巨灾补偿机制。针对地震、泥石流等强自然灾害,改变单一的事后财政补助的农业灾害救助模式,启动政策性农业保险试点工作。切实整合支农资金,优化支农资金结构,对农户投保给予适当保费补贴,对保险机构经营政策性农业保险给予经营管理费补贴,对农业再保险机构给予适当保费补贴,充分发挥保险运作的放大效应,逐步建立和完善促进农业保险发展的长效机制;采取招标等市场化运作模式,积极探索补贴的方式、品种和比例。筹建区域性相互制、合作制等多种形式的农业保险组织,鼓励龙头企业资助农户参加农业保险;支持开发适农保险产品,积极支持保险机构开发符合都市型现代农业发展要求、开发保费低廉、保障适度、保单易懂、理赔简便等适合农村地区销售的农业保险产品,建立适合农村地区的服务网络和销售渠道。鼓励商业保险公司代办农业保险业务,扩大农业保险覆盖面。

2.发展多形式、多渠道的农业保险,积极支持新农村建设。支持拓宽农村保险业务,推行"政府主导推动、龙头企业支持、农民自愿参与、保险公司商业化运作"的经营模式,探索在全市开展以县(市)、区政府为主资助统保的农民房屋保险,探索以县(市)、区政府主导推动的进城务工人员责任保险、农民工意外伤害保险,探索农业、林业部门支持的森林火灾保险、主产区水果保险等,拓宽农村保险服务范围,开办特色农业保险、涉农保险和其他农村保险业务;积极探索保险保障与农村金融支持相结合的新途径。建立保险公司与农村信用合作社的合作机制,发展农民小额信贷保险,解决农民借贷难问题,鼓励农民自主创业;支持保险公司参与新农村建设。积极支持保险公司为农村基础设施建设、城镇化建设、工业园区建设提供配套保险服务,不断拓展其他新农村建设保险。

3.积极支持保险机构参与农民意外、健康、养老、教育等保险保障。

建立多形式经营、多渠道支持的农业保险体系，充分发挥农业、林业、民政、教育、计生等部门在引导农民投保、协调各方关系、推动农业保险、促进农业保险发展等方面的作用，有步骤地建立多形式经营、多渠道支持的农业保险体系。支持商业保险机构参与新型农村合作医疗保险，积极探索商业保险机构参与新型农村合作医疗管理，完善新型农村合作医疗制度，提升运行效率和服务水平，推动新型农村合作医疗的健康发展；支持商业保险参与农村社会保障保险。探索通过商业保险解决农村城镇化过程中的社会保障问题，贯彻执行《昆明市被征地人员基本养老保险办法》；支持保险业开展外来务工人员综合保障业务。探索建立适合农民工特点的养老保险和医疗保障机制，切实保障外来务工人员的合法权益。建立节育手术保险和农村计划生育家庭养老保险制度，将节育手术保险作为计划生育奖励政策的重要内容和方式，探索农村计划生育家庭养老保险，促进农村人口和计划生育工作。支持保险机构与农村信用合作社合作，探索建立教育保贷机制，着重建立九年义务制教育之外的教育保贷机制，促进农村人口素质提高和就业转变。积极探索政府补贴的方式、品种和比例，鼓励保险机构开发适农保险产品。

（四）完善多层次的社会保障体系。

1.积极发展个人、团体养老保险业务，完善多层次社会保障体系。大力发展商业补充医疗、养老等社会保险业务，探索财政补贴的方式、品种和比例，着力提高我市居民健康保障水平。

2.支持保险业参与政府、企事业单位的医疗保险业务。鼓励企业积极投保，建立多层次的医疗保障体系。鼓励和支持有条件的企业通过商业保险建立多层次的养老保障计划，提高员工保障水平。

3.支持相关保险机构投资医疗机构，创新专业健康保险服务模式。

4.探索保险业参与城乡社会救助体系建设，推动低保人群重大疾病救助保险试点，尝试运用市场化手段建立低保人群医疗保障体系。

5.鼓励、提倡个人或团体参加妇女生殖健康、母婴安全健康等计划生育系列保险。

6.充分发挥保险机构在精算、投资、账户管理、养老金支付等方面的专业优势,鼓励保险机构参与企业年金业务,拓展补充养老保险服务领域。逐步探索符合我市市情的企业年金制度。

(五)建立和完善保险业参与社会管理机制建设。

1.积极引入保险机制参与社会管理。按照"服务政府、责任政府、法治政府"的要求,继续深化行政管理体制改革,不断增强运用保险机制进行社会管理的自觉性,积极推行公众责任、安全生产责任、建筑工程责任、环境污染责任等各类责任保险,不断提高城市现代化管理水平。

2.继续支持落实《机动车交通事故责任强制保险条例》。完善驾驶员行车安全状况与保险费率挂钩浮动机制,充分运用保险机制参与交通安全管理,提升城市交通管理水平。

3.建立、健全灾害预警和应急救援机制。加强公安、消防、交通、安全生产、煤矿及非煤矿山、规划建设、卫生医疗、旅游等部门与相关保险机构的沟通和协作,建立合作机制,在认真落实相关法律、法规的基础上,大力发展关系国计民生、与市场经济配套的各种责任保险,构筑我市灾害事故防范救助体系。

4.推行高危行业责任保险。积极支持在建筑、煤矿及非煤矿山、危险化学品等高危行业推行雇主责任保险、安全生产责任、环境污染责任、建筑工程质量责任保险等。积极探索利用保险手段转移高危行业安全生产风险,开展通过保险机构规范管理和运作高危行业风险抵押金的试点。

5.推行公共场所责任保险。积极支持在一定规模的商场、批发市场、休闲娱乐场所、宾馆、饭店等公众聚集场所和易燃易爆危险品专业生产、销售、运输、存储等单位,推行火灾公众责任保险。探索在部分行业开展强制火灾公众责任保险试点。

6.积极支持建立及完善旅游保险合作机制。加快发展旅行社责任、旅游意外伤害、旅游设施安全、新兴与特种旅游、相关旅游经营主体责任等保险,健全旅游风险保障体系,进一步规范我市旅游市场,提升我市旅游城市形象。

7.积极支持建立和完善医疗风险社会分担机制。大力发展医疗责任保险,引导医疗机构加强医疗风险控制与管理,化解医疗风险,保障医患双方合法权益,构建和谐医患关系,维护社会稳定。

8.支持开发职业责任保险。积极探索发展上市公司董事责任、监事责任保险及医师、会计师、律师、评估师等各类职业责任保险,防范执业风险。

9.支持推行特殊岗位保险。积极探索建立消防、公安、保安、城管、押钞、安全生产监督、事故救援、规费征收、环卫等特殊岗位人员意外伤害保险制度。

(六)推进保险自主创新。

1.加快保险创新发展,提升保险服务水平,立足为东南亚、南亚重要国际城市建设提供有力的保险保障与支持。鼓励保险机构开展组织创新、业务创新、产品创新、技术创新、服务创新,提高创新能力。探索建立以保险机构为主体、以市场需求为导向、引进与自主创新相结合的保险创新机制,建立保险创新的激励机制。

2.积极探索保险公司新型组织形式。支持组建专业性保险公司、自保公司、相互保险公司、中外合资保险资产管理公司等。

3.逐步形成资本市场、货币市场和保险市场联动发展的局面。进一步深化保险资金运用体制改革,研究发展产业投资基金和各类资产证券化产品,开展保险资金投资不动产和创业投资企业试点,积极探索保险资金在我市基础设施和重点项目建设中的应用方式和途径,不断拓宽保险资金运用的渠道和范围,建立有效的风险控制和预警机制,提高保险资金运用水平,为地方经济结构调整、国有企业改革、基础设施和重点建设项目提供优质保险服务。大力推动保险在信息技术、生物医药等高新技术产业发展、重大自主创新产品推广、大型项目、建筑工程以及现代物流业、商贸会展业等领域的保险产品研发,提高为经济社会发展服务的水平。

4.充分发挥出口信用政策性保险的促进作用,推动我市外向型经济发展。在中央和省投入的基础上,加大对我市确定的重点产业出口信用保险的保费扶持力度，适当提高财政对投保企业保费补贴的比例。鼓励开发中小型企业一揽子保险产品，并实施相应的优惠政策。

四、加强保险专业人才的引入和培养

（七）加大力度引进人才。认真落实《关于印发进一步加强人才引进培养使用工作和加快人力资源服务体系建设两个意见的通知》（昆通〔2008〕29号，以下简称《通知》）精神。将保险业高级经营管理人才的引进作为我市人才引进的重要内容。引入的保险业高级经营管理人才，可享受昆明市人才引进政策，提供代办人事关系、户籍迁移、子女入学等高效便捷服务。符合《通知》要求的可享受住房、资金补助等方面的政策。保险机构高级管理人才享有参加政府专业工作会议、参与制定有关政策、直接获取政府相关信息的权利。积极为保险机构高级经营管理人员参与政府组织的各类学习、培训、考察、出访等创造条件。

（八）创造条件培养人才。支持保险机构在昆明建立人才培训基地，引进境内外金融专业培训机构，建立金融人才培训基地，支持保险业的发展。政府组织建立完善金融咨询服务体系，为保险业人才培训、咨询服务创造条件。

五、努力营造保险业发展良好的外部环境

（九）重视保险产业规划。重视并积极支持保险业发展，将保险业纳入我市和行业发展规划中。

（十）切实给予法规政策支持。对涉及社会公共服务和保护社会公众利益的领域，积极贯彻法律、法规的有关规定，积极推进地方立法工作，争取国家法律法规支持，为开发适合的保险产品创造良好的法律环境。探索强制保险试点，研究制定鼓励人民群众和企业利用保险管理和转移风险的具体政策。

（十一）充分发挥保险行业自律组织的作用。加强行业自律建设，发挥行业组织自律、维权、协调、交流、宣传等作用，切实提高服务水平，提升公众形象，促进保险业健康发展。

（十二）完善保险市场中介体系。加强保险经纪公司、保险公估公司、保险代理公司等保险中介机构的规范建设，加强国际保险交流与合作，提高昆明保险业的水平。

（十三）加强社会信用环境建设。探索在公安、交通、消防、医疗等领域与保险业建立数据共享平台，建立和完善企业和个人征信体系建设，为保险机构承保、理赔等提供信息支持和制度支持；通过对保险机构进行表彰、建立黑名单，促进保险机构信用建设，切实保障投保人和被保险人的利益。

（十四）营造有利的社会舆论环境。进一步加大保险知识普及力度，培养、增强市民人身、财产保险意识。新闻媒体应坚持以正面报道为主，积极宣传保险业在经济补偿、抗灾减损、维护社会稳定等方面的典型事例。各级政府相关部门提供便利条件，支持保险业开展保险宣传活动。各县（市）区政府、市级各有关部门积极主动提供政策支持和服务，为保险业发展创造良好的环境。

六、加强对保险机构的考核奖励

（十五）建立保险机构的综合考核评价体系。建立考核评价体系，促进保险机构加大对我市经济社会发展的支持力度。以保险机构在我市的保费增长率、地区覆盖率、险种覆盖率、赔付率、理赔期限、资金投放量、利润再投入、税收等为主要指标，每年对在昆保险机构进行考核评价。对考核排名前十位的保险机构给予奖励并授予年度荣誉称号，具体办法另行制定。

七、加强领导协调，为保险行业发展提供保障

（十六）加大政府资源整合力度。统筹协调，建立服务机制，搭建服务平台，为保险业监管部门、在昆保险机构提供优质、便捷、高效、全面的服务。逐步建立保险发展联席会议制度和日常沟通联络机制，做好协调服务工作。邀请国内外专家、本地保险业专业人士共同建立昆明市保险系统研发联席会，制定昆明保险业发展计划，发布昆明市保险发展年度报告，根据昆明市社会经济、保险发展需要，协助其积极向相关管理机构争取有利于我市保险业发展的政策方针。

昆明市关于加快资本市场发展的实施意见

为进一步推动昆明资本市场持续、健康发展,促进产业资本和金融资本良性互动,使资本市场更好地服务于我市经济社会发展,根据市委、市政府《关于支持金融业发展的若干意见》(昆通〔2008〕65号),现就进一步促进资本市场的发展提出以下实施意见:

一、充分认识加快资本市场发展的重要意义

大力发展资本市场,有利于我市提高金融市场效率,推进投融资体制改革,促进金融业和国民经济快速、健康发展;有利于我市完善社会主义市场经济体制,优化资源配置,促进产业结构升级;有利于我市加快国有经济的结构调整和战略性改组,促进非国有经济发展。各地各部门要统一思想、抢抓机遇,利用一切可以利用的资源,进一步调动广大资本市场主体和各金融监管机构的积极性,大力推进昆明资本市场的改革、开放和发展,充分发挥资本市场对促进我市改革开放和现代化建设、提高城市综合竞争力的积极作用,加快建立以资本市场为重点的现代金融体系,为我市经济社会发展作出新的贡献。

加快昆明资本市场发展的总体目标是:大力发展证券市场,努力增加上市公司数量,扩大股票、债券发行等直接融资规模,使上市公司数量、直接融资规模占全省的比重与我市生产总值占全省的比重相适应;大力发展期货市场,努力支持本地期货公司发展,鼓励国内外期货公司来昆明发展,积极鼓励利用期货市场合理规避市场风险,充分发挥金融衍生工具在经济发展过程中的杠杆作用和风险控制作用;大力发展各类风险、创业投资、产业投资基金和产权交易市场,引导各类社会资本和民间资本在昆明投资;完善资本市场中介服务体系,培育一批实力强、信誉好的证券期货经营机构和其他中介服务机构。

二、支持证券市场发展,扩大股票、债券市场融资规模

(一)进一步提升地方证券机构综合实力,拓宽融资渠道。以建设资本充足、内控严密、运营安全、服务和效益良好的现代金融企业为目标,

做大做强本地证券公司,充分发挥本地券商的资源优势和便利性优势,为企业兼并扩张、改制上市提供支持与服务,使得本地券商切实成为本市企业做大做强的助推器。加强对地方证券经营机构的指导和协调,进一步发挥市内证券公司在本地开展项目融资、资产管理等方面的作用,充分拓展本市的融资渠道,推动本市经济又好又快发展。

(二)支持企业在国内外证券市场公开发行股票并上市。

1.建立上市后备资源库,加强对重点企业、重点优势产业的上市培训工作。引入和建立上市企业培育机制,通过对全市范围内有上市条件的企业进行分类培育,形成梯次后备体系。对纳入后备库培育企业占有的划拨土地转出让的,在用地性质不变的情况下,按不超过出让价款总额的80%予以奖励;企业在改组设立股份公司或资产重组过程中涉及的土地、房产、车船等资产的变更,在办理过户手续时,按规定减免有关费用;对符合政策的企业上市募集资金的投资计划项目,优先准予立项并优先安排用地指标;企业成功上市且募集资金用于本地项目投资的,由市或县(市)区政府按有关招商引资政策给予奖励;对启动上市并由国家证券监管机构受理上市申报材料后,由市政府给予申报上市企业不低于50万元的工作经费和补助;对经确认成功公开发行股票并上市的企业,根据其上市融资规模,给予管理和经营班子200万~300万元奖励。

2.结合股票发行上市的核准制度,支持有核心竞争力和持续盈利能力的优势企业发行股票并上市。加强上市培育和推介工作,加强与境内外知名证券公司的联系与合作,及时帮助企业解决上市过程中遇到的各种问题,使更多的支柱产业、基础设施领域的优势企业尽快上市,努力增加上市公司数量,从源头上提高我市上市公司质量。支持我市优秀企业集团采取吸收合并、非公开发行股票购买资产等方式实施集团资源战略性整合,实现集团公司整体上市。

(三)鼓励上市公司创新资本运作模式,增强融资能力。

1.积极鼓励上市公司创新资本运作模式,把股权结构调整作为改善上市公司运行机制的重要手段,在不违反相关法律法规的前提下,促进国有及国有控股上市公司通过股权转让、非公开发行股票等方式积极吸收非国有资本参与上市公司经营管理，实现股权结构多元化，规范法人治理结构，发展壮大上市公司。加快优质资产向优势上市公司集中，鼓励和支持上市公司跨地区、跨行业并购重组，加快培育一批在云南省及国内外有较强经济实力和核心竞争力的优势企业和企业集团，使其成为推动我市产业结构调整和产业升级的市场主体，成为推动我市经济发展和社会进步的重要力量。

2.坚持分类指导，增强融资及再融资能力。以市场运作为主体，政府积极引导，大力推动上市公司分类调整，增强上市公司的再融资能力，促进产业资本和金融资本的结合。运作规范、业绩突出、具有再融资能力的上市公司，鼓励其充分利用资本市场的融资功能，通过公开增发、配股、非公开增发、发行公司债券和发行可转换债券等形式，加大直接融资比例，扩大经营规模，尽快做优做强。对业绩较好，有发展潜力，但达不到公开发行证券条件的上市公司，在投资者认可其未来发展的前提下可非公开发行证券，也可通过资产置换、股权转让或开发新产品、投资新项目、注入优质资产，有效提升其经营业绩，以达到公开发行证券的条件，增强融资能力。对主营业务无竞争优势、经营业绩不好、发展后劲不足的上市公司，要加大实质性重组力度，通过产业整合将原有业务置出后的壳资源形成新的融资平台，引入优势产业，增强核心竞争力和持续盈利能力。

（四）积极培育创业板上市资源，大力发展非公经济。引导中小企业通过兼并重组壮大经济实力，创造条件上市。充分利用中小企业板和即将推出的创业板的有利条件，鼓励具有成长性、科技含量高的中小企业、非公有制企业到中小企业板和创业板进行股票融资，为中小企业融资开辟新的通道。

（五）积极培育债券融资主体，扩大企业债券发行规模。把发行企业债券作为扩大直接融资的重要途径，积极推动各类投资主体做好项目储备和债券发行的前期工作。进一步做大政府投融资主体规模，加强资源整合，提升资产质量，争取发行企业债券；借鉴先进地区经验，通过积极发行企业债券筹集城市交通、城市建设、环境保护等基础设施建设项目所需资金,利用资本市场融资,以社会资金注入城市基础设施建设,加快城市建设步伐;积极鼓励金融机构和企业发行债券、信托等金融产品,成功募集的资金用于本地项目投资的,由市或县(市)区政府按有关招商引资政策给予奖励;推动一批经营稳定、业绩优良、市场信誉良好的地方企业和项目,通过发行信托产品、企业债券、公司债券和短期融资券,优化债务结构,降低融资成本;鼓励和引导资产质量好、现金流量稳定的企业积极争取资产证券化融资试点。地方企业成功发行债券金额在5亿元以上、期限5年以上的,给予成功融资企业不低于50万元的工作奖励。

三、稳步发展期货市场,培育和壮大期货经营机构

(六)调整农业、能源等产业结构,培育当地期货市场。充分利用期货市场的套期保值功能,调整农业产业结构,鼓励涉农企业以及能源企业,加强与商品交易所的联系和合作,利用期货市场合理规避国际国内市场的价格风险,为我市农业增产和农民增收开拓新途径,为我市能源产业增强市场竞争力提供有力保障。

(七)引导和鼓励有实力的大型企业投资期货经营机构,促进期货市场健康发展。创造宽松环境,提供优质服务,引导和鼓励国内外大型投资银行和期货公司到我市设立分支机构或期货营业部并开展业务。大力支持现有期货公司发展,积极培育新的期货公司,壮大期货公司队伍;提高期货公司的市场效率和竞争能力,把期货公司建设成为现代金融企业;鼓励市内期货机构做大做强,提高抗风险的能力;在规范期货公司市场准入的前提下,引导和鼓励有实力的大型企业投资期货经营机构,优化股权结构;努力推进具有云南及昆明特色的期货交易品种,鼓励生产经营企业利用期货市场开展套期保值业务,促进期货市场和现货市场的有机连接,有效防范市场风险。

(八)规范发展地方期货机构,进一步提升地方期货机构综合实力。督促期货经营机构健全治理结构和完善内控机制,积极支持市内有条件的期货公司通过增资扩股、改制上市、兼并重组等方式充实资本,增强实力，做优做强。加强对地方期货经营机构的指导和协调，进一步发挥市内期货公司在本地开展商品期货、金融期货以及非传统期货等业务。

四、积极发展投资基金及产权交易等新兴资本市场，完善资本市场结构

（九）扶持和鼓励创业投资、风险投资、产业投资等投资基金的发展。创新政府资金使用方式，充分发挥民间资本的资源配置作用，推动昆明市创业投资、风险投资及产业投资等基金的成立和建设。鼓励地方政府通过财政出资设立创业投资、风险投资或产业投资资金，支持本地基金事业发展；引导和推动各类水务基金、节能减排基金、产业投资基金、风险投资基金在昆明设立和发展，逐步完善投资服务支持体系；在昆明市辖区内新设立的各类产业、创业、风险投资基金，对市政府重点鼓励发展的产业项目和基础设施投资总额达基金总额的60%以上的，由其所在地政府按下列标准给予一次性奖励：基金投入昆明总额2亿元（含）以上的给予一次性奖励100万元；基金投入昆明总额2亿元以下、1亿元（含）以上的给予一次性奖励50万元。

积极鼓励产业资本与股权金融资本的融合。充分发挥现有上市公司的资源优势，搭建平台，积极鼓励企业吸引风险投资、私募基金参与战略投资，对吸纳风险投资和私募基金投资的项目，凡符合我市产业发展规划的，均列入市新型工业化项目计划，在项目批准、土地供给、优惠政策等方面给予优先支持。

（十）规范发展产权交易市场，疏通资本流转渠道。产权交易市场是资本流转和国有经济战略性重组的重要平台。在完善现有产权交易中心行为规范的基础上，整合本地及外地可整合的产权交易市场资源，逐步形成具有较强集聚和辐射能力、运作规范的产权交易市场；积极探索统一监管下规范的股权转让制度，积极拓展产权交易业务，依靠优惠措施和优质服务吸引更多的企业进场交易，不断扩大产权市场交易规模，增强产权市场的影响力，争取成为中西部地区重要的区域性产权交易市场之一。

加强监管，规范产权交易行为，保护交易双方权益。从交易制度、监管体系、技术、平台和人才队伍建设等多方面,进一步规范产权交易市场,更好地发挥产权交易市场在发现市场价值、引导产权合理流转、优化国有资本配置、防止国有资产流失等方面的作用,建立规范有序、富有效率的产权流转平台;制定全市统一的产权交易管理办法,充分运用产权交易市场功能,促进公司股权规范、有序流动和优化重组。

五、采取综合措施,促进资本市场健康、持续发展

(十一)加大证券、期货、基金等金融机构的引入力度。证券、期货、基金等金融机构总部新设立或迁入昆明的,按不高于注册资本的1%给予补助;证券、期货、基金等金融机构的地区总部、金融配套服务机构总部等迁入昆明的,给予不高于200万元的补助。以上补助分三年均衡拨付。证券、期货、基金等机构的省、市分支机构落户昆明金融商务聚集区,由当地政府给予相关政策扶持。符合现行税收优惠政策的企业,可申请享受相关税收优惠政策。

(十二)加强诚信建设,优化资本市场发展环境。加强社会信用体系建设,建立良好的资本市场秩序。各级政府和有关部门要认真履行职责,坚持依法行政,提高政策透明度,切实维护社会信用,切实提高上市公司信息披露的真实性、准确性、完整性和及时性,杜绝虚假陈述、内幕交易和操纵市场的行为;加强保荐机构及其代表人履约诚信状况的管理;证券期货经营机构要严格遵守各项交易结算制度,正确履行合同义务,防止欺诈、误导、诱导客户交易的行为和现象的发生;强化中介机构诚信执业,支持中介机构独立执业;对损害政府形象的单位和个人,损害上市公司、证券期货公司、投资人、债权人合法利益的高管人员,有关部门要依照相关法律法规追究其责任;发挥监管部门、中介机构、行业自律组织、新闻媒体的监督作用,促进市场主体明确责任,诚实守信。

(十三)规范中介机构服务行为,完善资本市场中介服务体系。促进证券期货投资咨询机构、证券资信评级机构、会计师事务所、律师事务所和资产评估机构的规范发展,强化法人治理力度,明确出资人义务,规范出资人行为,提高专业化服务水平。充分发挥中介机构作用。积极鼓励信誉好、实力强的中介机构为我市资本市场发展提供专业服务,充分发挥证券保荐、投资咨询、会计、法律等中介服务机构在上市保荐、审计评估、财务顾问、法律服务等方面的作用。加强对中介机构的监督管理,强化中介机构责任,规范中介机构服务行为,建立中介机构服务档案,定期进行信用考核。

(十四)加大力度引进人才。认真落实《关于印发进一步加强人才引进培养使用工作和加快人力资源服务体系建设两个意见的通知》(昆通〔2008〕29号,以下简称《通知》)精神。将证券、期货、基金等机构高级经营管理人才的引进作为我市人才引进的重要内容。引入的证券、期货、基金等机构高级经营管理人才,可享受昆明市人才引进政策,提供代办人事关系、户籍迁移、子女入学等高效便捷服务。符合《通知》要求的可享受住房、资金补助等方面的政策。证券、期货、基金等机构高级管理人才享有参加政府专业工作会议、参与制定有关政策、直接获取政府相关信息的权利。积极为证券、期货、基金等机构高级经营管理人员参与政府组织的各类学习、培训、考察、出访等创造条件。

(十五)创造条件培养人才。支持证券、期货、基金等机构在昆明建立人才培训基地,引进境内外金融专业培训机构,建立金融人才培训基地,支持证券、期货、基金等机构的发展。政府组织建立完善金融咨询服务体系,为证券、期货、基金等机构的人才培训、咨询服务创造条件。

(十六)加强考核激励。建立考核评价体系,促进证券、期货、基金等金融机构加大对我市经济社会发展的支持力度。对证券、期货、基金等行业,根据行业分别制定考核指标,每年对在昆证券、期货、基金等机构进行考核评价。对考核排名靠前的机构给予奖励并授予年度荣誉称号,具体办法另行制定。

(十七)加强领导协调,为资本市场发展提供组织保障。建立推动资本市场发展领导协调小组和专题工作组,负责协调土地、税务、环保、工商等相关单位和部门,为企业改制和规范运作建立"绿色通道",提供优质服务。各县(市)、区和有关部门要充分认识加快发展资本市场的重要性，切实加强舆论宣传和引导，营造浓厚的社会氛围，统筹全市资本市场发展。各级各部门要制定切实可行的实施方案和扶持办法，在全市上下统一认识、步调一致，推动资本市场发展。

昆明市关于加快担保业发展的实施意见

为进一步加快担保行业发展，改善中小企业融资条件，完善农村金融体系，加大昆明市产融结合力度，根据市委、市政府《关于支持金融业发展的若干意见》（昆通〔2008〕65号），现就加快担保业发展提出如下实施意见：

一、充分认识加快担保业发展的重要意义

加快担保业的发展、完善融资担保体系对我市经济社会发展有重要意义。加快担保业的发展有利于拓宽融资渠道，解决中小企业融资难题；有利于农村信贷担保机制的建立，促进农村金融改革的发展；有利于促进昆明市的产融结合，进一步推进重点扶持产业的建设；有利于加快社会信用体系的建设，优化投融资环境，创建诚信昆明。

加快昆明担保业发展的总体目标是：在全市范围内建立、完善担保行业机制和行业体系，吸引省外有实力的担保机构入驻昆明；鼓励本地担保机构做大做强，新建较大规模的担保机构及再担保机构；建立形成农村信贷担保机制，完善社会信用担保体系。充分发挥融资担保机构在服务中小企业、农村建设、农民贷款、产业融资等方面的重要作用，为昆明经济社会的发展作出更大的贡献。

二、大力引进各类担保机构

（一）为新设担保机构提供政策支持。对新设立的各类担保机构，工商、税务等部门要简化相关手续，为担保机构办理注册登记提供"一站式"服务。

（二）为新设担保机构提供资金扶持。全面落实《昆明市关于支持金融业发展的若干意见》，大力引进有实力的担保机构，对担保机构进驻给予奖励。对新入驻昆明的担保机构按照不高于注册资本的1%给予补助，以上补助资金分三年均衡拨付。对担保机构的省、市分支机构落户昆明金融商务聚集区的，由当地政府给予相关政策扶持。

三、大力支持担保行业创新发展

（三）鼓励担保行业机制创新。发挥龙头担保机构的作用，形成各级聚集项目资源、共同参与担保、纵向分散风险的行业识别、预防、控制、化解和补偿风险的工作机制。发挥政策性担保的主体作用，联合带动社会商业性、互助性担保力量，共同推动信用担保体系发展。

（四）鼓励担保行业体系创新。鼓励、支持有条件的县（市）区建立信用担保机构，加大对已有担保机构的改造，完善法人治理结构和内部组织结构，积极支持设立股份制、商业化的信用担保机构。引入和建立再担保机制，吸引实力雄厚的投资者设立再担保机构，支持辖区内有实力的担保机构开展再担保业务。

（五）鼓励担保行业模式创新。鼓励担保机构积极探索联户联保、涉农企业联保、龙头企业和农村经济合作组织担保等方式，引导、撬动、黏合各种社会资金向现代农业和农村集聚。探索林权抵押等农业经营权抵押的新模式，进一步密切农村金融机构、农业产业和农户的关系。

（六）鼓励担保行业品种创新。鼓励担保机构创新担保业务品种，参与中小企业集合发债、高新技术开发区发债、收购兼并业务、场外交易市场的私募过程和风险（创业）资本。

（七）鼓励担保行业服务领域创新。鼓励担保机构在促进社会信用制度完善、配合产业结构调整、拓展就业渠道等各个方面发挥作用，拓展担保业覆盖领域，积极服务新农村金融体系建设、城市基础设施和重大项目建设，扩大昆明担保市场。

（八）加大政府对中小企业信用担保体系建设的投入力度。市政府每年安排500万担保专项资金，主要用于担保信息库建设、培育中介服务体系和在中小企业融资、农村金融体系建设、产融结合开展过程中发挥重要作用的担保公司的发展。

四、加强对担保业人才的引进和培养

（九）加大力度引进人才。认真落实《关于印发进一步加强人才引进培养使用工作和加快人力资源服务体系建设两个意见的通知》（昆通〔2008〕29号，以下简称《通知》）精神。将担保机构高级经营管理人才的引进作为我市人才引进的重要内容。引入的担保机构高级经营管理人才，可享受昆明市人才引进政策，提供代办人事关系、户籍迁移、子女入学等高效便捷服务。符合《通知》要求的可享受住房、资金补助等方面的政策。担保机构高级管理人才享有参加政府专业工作会议、参与制定有关政策、直接获取政府相关信息的权利。积极为担保机构高级经营管理人员参与政府组织的各类学习、培训、考察、出访等创造条件。

（十）创造条件培养人才。支持担保机构在昆明建立人才培训基地，引进境内外金融专业培训机构，建立金融人才培训基地。政府组织建立完善金融咨询服务体系，为担保机构的人才培训、咨询服务创造条件。

五、努力营造担保业发展良好的外部环境

（十一）重视担保业产业规划和社会信用环境建设。重视并积极支持担保业发展，将担保业纳入我市行业发展规划中，逐步建立完善的企业资信档案，建立健全民营企业信用评估体系和个人信用制度。

（十二）营造有利的社会舆论环境。进一步加大担保知识普及力度。市政府有关部门要提供便利条件，支持担保业开展担保宣传活动。

（十三）营造良好的政府服务环境。对符合要求并涉及工商、税务、金融、房产、土地、车辆、船舶、设备以及其他动产、股权、林权、商标专用权、专利权等抵押物登记和出质登记，登记部门要严格按照《担保法》有关规定，在办理相关登记手续时简化程序、提高效率，降低登记成本，支持担保机构开展与担保业务有关的信息查询。

（十四）营造多元化发展环境。市外担保机构参股、控股昆明市担保机构，享受昆明招商引资有关优惠、奖励政策；由社会资金投资设立的担保机构，享受与政府出资创办的担保机构同等的政策支持。

（十五）为担保机构与其他金融机构合作营造环境。促进担保机构与其他金融机构的合作和沟通，鼓励其他金融机构与信用良好、运作规范、风险控制能力强的担保机构合作，创新合作模式，拓宽合作领域，扩大担保覆盖面，发展适合重大基础设施和产业项目、中小企业融资、农村经济发展的金融产品。

（十六）鼓励建立行业协会。由规模较大、影响力较强的担保机构牵头成立昆明市信用担保行业协会，通过自律逐步规范业务操作、行业协作，树立信用担保机构的良好社会形象和社会公信力，由相关部门对担保机构进行信用评级和抗风险能力评价。

六、加强对担保机构的考核奖励

（十七）建立担保机构的综合考核评价体系，加大考核奖励力度。建立考核评价体系，促进担保机构加大对我市经济社会发展的支持力度。以担保机构在我市的担保总额、创新能力、服务"三农"和产业建设的金额及其他综合因素为主要指标，每年对在昆担保机构进行考核评价。对考核排名前十位的担保机构给予奖励并授予年度荣誉称号，具体办法另行制定。

七、加强组织领导，为担保业发展提供保障

（十八）加强领导协调。加强对担保行业发展的协调，促进各类担保机构的市场化运作。各级政府不能干预项目决策，不得操作信用担保具体业务。各部门要密切配合，各司其职，依照相关法律、法规对担保机构进行有效的指导、监督，配合银行业金融机构促进担保机构建立科学的风险控制体制、内部控制制度和风险分散制度。逐步建立担保业发展联席会议制度和日常沟通联络机制，做好协调服务工作。

昆明市关于加快典当业发展的实施意见

为支持典当业发展，促进我市中小企业发展，推动非公有制经济健康快速发展，根据市委、市政府《关于支持金融业发展的若干意见》（昆通〔2008〕65号），现就加快典当业发展提出如下实施意见：

一、充分认识加快典当业发展的重要意义

在市场经济条件下,典当作为社会资金融通的辅助工具,成为中小企业和个人创业融资的重要渠道,是金融信贷融资渠道的有益补充。典当业方便、快捷、灵活的特点,在满足短期应急性的融资需求、促进个体私营经济发展等方面发挥了积极的作用。促进典当业健康快速发展,对促进中小企业发展、加快经济发展具有重要作用。

加快昆明典当业发展的总体目标是:紧紧围绕将我市建设成为金融机构集聚、产业发展与金融资源配置高效、金融服务体系健全有效的总体战略部署,积极支持典当业发展,充分发挥典当快速融资的作用,切实解决中小企业融资难问题,促进中小企业发展,为加快我市经济社会发展服务。

二、支持典当行做大做强,发展行业品牌经营

(一)鼓励新设典当行总部,已有典当行增加注册资本、开设分支机构。对新设典当行总部,按不高于注册资本的1%给予补助。从事房地产抵押典当业务,增加注册资本500万元以上或开设分支机构一家以上的,视为新开设,按不高于新增注册资本的1%给予补助;从事财产权利质押典当业务,增加注册资本1 000万元以上或开设分支机构一家以上的,视为新开设,按不高于新增注册资本的1%给予补助。以上补助分三年均衡拨付。

(二)积极支持典当行走品牌经营道路。通过鼓励典当行做大做强、规范经营、提高资金运作能力,积极支持形成品牌化、高信用的典当业龙头企业,带动整个典当业经营水平和社会地位的提升。

三、**推进典当业制度建设,促进行业规范发展**

(三)支持典当行业协会充分发挥作用,推进典当业制度建设。健全完善并督促各典当行落实各项规章制度和管理规定,建立各典当行经营情况季报制度,建立季度经营分析例会制度,建立行业协会定期和不定期的检查制度,建立典当企业诚信档案,积极推进以自我约束、管理为主,行政管理为辅的行业管理体系建设。

（四）强化各典当行的经营风险防范意识，提高合规合法经营意识和行业自律行为。以较完善的内控机制来约束、规范各自的典当行为，防止典当行经营风险的发生。在进一步加强对各类风险防控研究和摸索的基础上，不断优化并调整经营结构和方向，提高风险控制率。

四、实行积极的典当人才战略

（五）加大力度引进人才。认真落实《关于印发进一步加强人才引进培养使用工作和加快人力资源服务体系建设两个意见的通知》（昆通〔2008〕29号，以下简称《通知》）精神。将典当机构高级经营管理人才的引进作为我市人才引进的重要内容。引入的典当机构高级经营管理人才，可享受昆明市人才引进政策，提供代办人事关系、户籍迁移、子女入学等高效便捷服务。符合《通知》要求的可享受住房、资金补助等方面的政策。典当机构高级管理人才享有参加政府专业工作会议、参与制定有关政策、直接获取政府相关信息的权利。积极为典当机构高级经营管理人员参与政府组织的各类学习、培训、考察、出访等创造条件。

（六）创造条件培养人才。支持典当机构在昆明建立人才培训基地，引进境内外金融专业培训机构，建立金融人才培训基地，支持典当业发展。政府组织建立完善金融咨询服务体系，为典当机构的人才培训、咨询服务创造条件。

五、加强对典当行的监管和服务，创造良好发展环境

（七）为典当业发展营造良好环境。加强政府引导，支持行业宣传，扩大影响范围，营造良好舆论环境；依法规范典当市场，营造良好市场环境。

（八）进一步做好典当涉及的抵押登记等相关行政服务。典当所涉及房产、土地、车辆、船舶、设备和其他动产、股权、商标专用权、专利权等抵押物登记和出质登记，凡符合要求的，相关部门按照有关规定为其尽快办理相关登记手续。

（九）加强对典当业的宏观调控和市场准入管理，优化地区布局。积极开展典当风险防范和监管机制研究，切实加强对典当行主体行为和经营行为的规范，加大对非法经营的打击力度；各相关管理部门协调配合，强

化监管，形成合力；行业协会要积极完善行业自律制度，开展行业诚信承诺，不断提高典当业的整体素质，主动营造公平竞争、和谐发展的典当经营环境。积极推进典当从业人员的培训和执业资格认定工作。

六、加强对典当业的考核奖励

（十）建立典当业的综合考核评价体系，加大考核奖励力度。建立考核评价体系，促进典当机构加大对我市经济社会发展的支持力度。以出当率、赎当率、续当率、死当率、房地产典当率、财产权利典当率、资金周转率、对我市中小企业和个人创业融资支持度、信用级别、税收等为主要指标，每年对典当行业进行考核评价。对考核排名靠前的给予奖励并授予年度荣誉称号，具体办法另行制定。

七、加强领导协调，为典当业发展提供保障

（十一）规范对典当行的监督管理。加强对典当业的监管，统筹、协调全市典当业体系建设和发展，规范典当业的政策制度。各部门密切配合、各司其职，依照相关法律、法规、规章对典当行进行有效的指导、监督和管理，建立、规范典当行的"黑名单"制度和典当业从业人员资格认证制度。

（十二）建立健全典当行信用评级制度。市政府负责组织指导社会中介服务机构开展信用评级工作并督察。

（十三）建立联动工作机制。加大政府资源整合力度，统筹协调，建立服务机制，搭建服务平台，为在昆典当行提供优质、便捷、高效、全面的服务。逐步建立典当发展联席会议制度和日常沟通联络机制，做好协调服务工作。根据昆明市社会经济发展需要，协助其积极向相关管理机构争取有利于我市典当业发展的政策方针。

昆明市关于加快融资租赁业发展的实施意见

为进一步支持我市融资租赁业发展，建立完善多层次的金融服务体系，促进全市经济社会发展，根据市委、市政府《关于支持金融业发展的若干意见》（昆通〔2008〕65号），现就加快融资租赁业发展提出如下实施意见：

一、充分认识加快融资租赁业发展的重要意义

融资租赁业是融资体系中的一项重要内容，大力发展融资租赁业有利于刺激消费，促进销售，激活社会的物流和资金流，促进资本合理有效流动；有利于建立起资源、资产、资本之间转化的桥梁；有利于推进技术进步和产业发展，促进高新技术产业发展，增强高新企业的实力；可有效降低中小企业融资门槛和融资条件，有效解决中小企业融资难问题。

经过近年来不断发展，我市融资租赁业取得了一定的成绩。融资租赁企业数量不断增加、融资租赁的规模不断扩大，有力促进了各类企业特别是一些高新企业的发展，一定程度上解决了企业融资难问题，为昆明的经济社会发展作出了一定贡献。在当前昆明推动加快发展、科学发展，大力推进各项建设的重要时期，大力发展融资租赁业，发挥其在金融发展体系中的作用有着十分重要的意义。

加快昆明融资租赁业发展的总体目标是：认真把握当前发展的重要机遇，争取更多的国内外融资租赁企业到昆明设立机构开展业务，支持本地融资租赁企业做大做强，扩大全市各类企业对融资租赁产品的认识和利用，有效控制融资租赁行业的风险，促进行业快速健康发展，充分发挥融资租赁业在推动全市经济社会发展中的重要作用。力争通过3—5年的时间使我市融资租赁业的市场渗透率达到2%，成为投融资体系中的重要组成部分。

二、大力引进和发展融资租赁机构

（一）为各类融资租赁机构提供优质服务。将融资租赁业明确为全市支持和重点发展的行业，将各融资租赁机构明确为全市重点支持的企业。大力支持国内外的各类融资租赁机构在昆明成立总部或开设分支机构，在资金进入、公司登记等各方面简化手续，提供"一站式"服务。

（二）对在昆明设立融资租赁机构给予大力的政策支持和奖励。全面落实《昆明市关于支持金融业发展的若干意见》，大力引进有实力的融资租赁机构，对在昆明新设融资租赁机构的，按不高于注册资本的1%给予

补助,以上补助资金分三年均衡拨付。对融资租赁机构的省、市分支机构落户昆明金融商务聚集区的,由当地政府给予相关政策扶持。

三、大力支持融资租赁机构发展完善

(三)鼓励融资租赁机构加大对重点项目的支持。支持融资租赁机构在全市范围内选择项目有前景、产品有市场、经济效益好的中小企业作为服务对象。鼓励融资租赁机构向以下项目倾斜,扩大业务规模,重点倾斜的行业和项目:一是符合昆明市重点扶持的产业项目;二是以提高企业生产效率和降低能耗、减少污染的工业设备、冶金设备等;三是以改善生产、生活条件的城市公交、污水处理、垃圾处理等环保所需设备;四是为改善昆明市及各县区的医疗环境、医疗条件所需引进的国内、国外先进的医疗设备;五是大型印刷设备及其他大型通用设备的购置和改造;六是中小企业技术改造项目。探索制定重点融资租赁项目的贴息、补助和税收优惠等政策措施。

(四)支持融资租赁业务创新。推动融资租赁行业不断创新,保持活力,促进其在融资租赁理念、行业环境、经营手段、经营风险等方面创新。鼓励推进杠杆租赁、经营租赁、转租赁和回租等租赁业务和其他租赁业务。

(五)支持融资租赁机构加强管理。促进融资租赁机构制定有效的内部制衡机制,完善公司治理结构。指导融资租赁创新业务流程,提高经营效益和服务效率。支持融资租赁机构建立有效的薪酬激励制度。支持融资租赁机构建立科学的风险防范机制,有效控制风险,推动建立出租人、承租人、供货商利益共同体,相互制约、共同发展。

(六)促进融资租赁机构集约化发展。支持现有融资租赁机构进行重组和兼并,建立大型的专业融资租赁机构,发挥规模优势,提高抵御风险能力。

四、积极实施融资租赁行业的人才战略

(七)加大力度引进人才。认真落实《关于印发进一步加强人才引进培养使用工作和加快人力资源服务体系建设两个意见的通知》(昆通

〔2008〕29号,以下简称《通知》)精神。将融资租赁机构高级经营管理人才的引进作为我市人才引进的重要内容。对引入的融资租赁机构高级经营管理人才,可享受昆明市人才引进政策,提供代办人事关系、户籍迁移、子女入学等高效便捷服务。符合《通知》要求的可享受住房、资金补助等方面的政策。融资租赁机构高级管理人才享有参加政府专业工作会议、参与制定有关政策、直接获取政府相关信息的权利。积极为融资租赁机构高级经营管理人员参与政府组织的各类学习、培训、考察、出访等创造条件。

(八)创造条件培养人才。支持融资租赁机构在昆明建立人才培训基地,引进境内外金融专业培训机构,建立金融人才培训基地,支持融资租赁业发展。政府组织建立完善金融咨询服务体系,为融资租赁机构的人才培训、咨询服务创造条件。

五、努力营造融资租赁行业发展良好外部环境

(九)加大融资租赁业务的宣传力度。加大融资租赁知识的普及力度,扩大社会对融资租赁业务的认知。在政府组织的各类金融知识培训等相关培训中,将融资租赁作为重要内容宣传讲授。充分宣传融资租赁的典型成功案例,扩大社会对融资租赁行业的认知度。建立融资租赁项目备选库,通过举办推介会等方式引导融资租赁机构为重点项目、中小企业融资服务。

(十)营造良好的市场经营环境。加强社会信用体系建设,将融资租赁行业的交易信用信息纳入全市诚信体系建设,建立良好的市场秩序。各级政府和有关部门要认真履行职责,坚持依法行政,提高政策透明度,切实维护社会信用;加强诚信社会的宣传和教育,营造良好的诚信社会;强化中介机构诚信执业,支持中介机构独立执业。

(十一)发挥全市融资体系对融资租赁业发展的促进作用。进一步完善全市的金融体系,在促进融资租赁业务的发展中,鼓励银行、担保、保险等金融机构在融资租赁业务中发挥作用,降低风险。

(十二)鼓励融资租赁中介机构的设立发展。支持发展融资租赁中介机构并促进其充分发挥作用,扩大融资租赁的交易范围和规模,促进融资租赁行业健康发展。

六、加强对融资租赁机构的考核奖励

(十三)建立对融资租赁机构的综合考核评价体系,加大考核奖励力度。建立考核评价体系,促进融资租赁机构加大对我市经济社会发展的支持力度。以融资租赁机构的业务发展规模、产品创新能力、资产优良率、对中小企业和高新技术企业的支持力度作为考核的主要指标,每年对融资租赁机构进行考核,对考核排名靠前的给予奖励并授予年度荣誉称号,具体办法另行制定。

七、加强领导协调,为融资租赁行业发展提供保障

(十四)加强领导协调。建立推动金融产业发展的领导协调机制,将融资租赁行业的发展作为研究协调的重要内容。全市各有关部门建立为融资租赁机构服务的协调服务机制,做好对融资租赁机构发展的服务工作。各级各部门要高度重视融资租赁行业促进我市经济发展的重要作用,把支持融资租赁行业的发展作为重要工作,积极主动提供政策支持与服务。

4. 中共昆明市委关于制定国民经济和社会发展第十二个五年规划的建议

中共昆明市委九届七次全体会议,根据党的十七届五中全会精神及中央、省对昆明的要求,在总结经验、分析形势、研究未来的基础上,就制定昆明市国民经济和社会发展第十二个五年规划(2011—2015年),提出以下建议。

一、坚持率先科学和谐发展,推进区域性国际城市建设

(一)"十一五"时期经济社会发展成效显著。"十一五"的五年,是昆明发展历史上极不寻常、极不平凡的五年,是现代新昆明建设取得突破性进展的五年。面对国内外环境的复杂变化和各种考验挑战,在党中央、国务院和省委、省政府的正确领导下,全市坚持以邓小平理论和"三个代表"重要思想为指导,坚定不移推进思想解放、深化改革开放、推动科学发展,有效应对了金融危机的挑战,经受住了旱灾等自然灾害的严峻考验,国民经济持续较快发展,城市品质不断提升,城乡统筹步伐加快,生态环保建设提速、改革开放取得新突破,社会事业全面进步,人民生活进一步改善,社会主义民主政治和精神文明建设继续加强,"十一五"规划确定的主要发展目标提前实现。"十一五"末预计全市生产总值突破2 000亿元,比"十五"末翻一番;全社会固定资产投资突破2 000亿元,是"十五"末的近两倍;地方财政一般预算收入达253.8亿元,是"十五"末的2.75倍。综合实力的显著增强,标志着我市在全面建设小康社会和现代化城市道路上迈出了重要的一步,使我市发展站在一个更高的起点上,为建设区域性国际城市奠定了坚实的基础。

(二)"十二五"时期发展环境。"十二五"时期,是我市率先在全省建成全面小康社会,进而迈向基本现代化的关键时期,也是经济发展黄金期、改革创新攻坚期、对外开放提速期、文化事业繁荣期、社会建设转型期,面临的外部环境较为复杂,但总体来看,全市发展环境总体有利,仍然是我市发展的重要战略机遇期。从世界经济发展的态势看,和平、发展、合作仍是时代潮流,世界多极化、经济全球化深入发展,科技进步日新月异,国际环境总体有利于和平发展。从国内发展的环境看,我国处于工业化、信息化、城镇化、市场化的快速推进期,经济发展长期向好的基本态势不会根本改变,经济社会进入以转型促发展的关键阶段。随着国家新一轮西部大开发战略的实施,以及全省加快我国面向西南开放的桥头堡建设,国家明确把滇中城市经济圈培育成对周边地区具有辐射和带动作用的战略新高地,我市辐射力、带动力、影响力将进一步增强,进入一个新的高速发展惯性期。同时,我们也要清醒看到,昆明经济总量还不大,发展还不充分;经济结构还不合理,调结构、转方式的任务还十分艰巨;自主创新能力还不强,对外开放的水平较低;城乡发展还不平衡,居民收入水平还不高;影响发展的体制机制障碍仍然存在,领导班子和干部队伍建设还存在一些与科学发展要求不相适应的薄弱环节。对此,我们必须以更广阔的视野，冷静观察，沉着应对，统筹国内国际两个大局，在继承中发展，在发展中提高，在提高中创新，在创新中跨越，坚定不移地把区域性国际城市建设不断推向前进。

（三）制定"十二五"规划的指导思想。制定"十二五"规划，必须高举中国特色社会主义伟大旗帜，以邓小平理论和"三个代表"重要思想为指导，深入贯彻科学发展观，牢牢把握重要战略机遇，紧紧围绕富民、强市两大目标，以科学发展为主题，以加快转变经济发展方式为主线，全面深化改革开放，更加注重保障和改善民生，强力推进工业化加速、信息化升级、城市化提升、市场化转型和国际化拓展，着力打造富强昆明、活力昆明、文化昆明、和谐昆明、生态昆明，全面提高城市综合竞争力。通过五到十年的努力，把昆明建设成为全省绿色经济强省龙头、民族文化强省枢纽、我国面向西南开放的国际化门户和重要桥头堡城市，为建设中国面向西南开放的区域性国际城市奠定坚实基础。

制定"十二五"规划必须体现以下总体要求：

一要体现又好又快。加快发展是全市人民的共同期待，要始终坚持发展是第一要务，争取一个更高起点、更高标准、更高质量的发展。在新形势新阶段条件下，要在调结构、转方式的同时，继续实施大投资方略，强化大项目支撑，着力培育大产业，努力扩大消费和投资需求。加速新型工业化，拓展高端信息化，提升全域城镇化，增强昆明在全省的产业支撑力、要素集聚力、人心凝聚力、经济辐射力，不断提升昆明城市综合经济实力和竞争力，实现科学发展新跨越。

二要体现统筹协调。以推进"四区四县一市"城乡一体化为突破口，统筹城乡发展，逐步缩小城乡差距。以推进"一板块"国际化和现代化、"二三板块"工业化和城市化为重点，统筹区域协调发展，实现县域经济繁荣。以全面建设小康社会为目标，统筹经济社会发展，促进社会全面进步。以发挥昆明在云南建设我国面向西南开放的桥头堡中的重要作用为核心，统筹对内对外开放，加快国际化拓展。以建设高原湖滨特色的生态城市为导向，统筹人与自然和谐发展，建设宜居之都。

三要体现创新驱动。积极推动观念创新、制度创新、机制创新、技术创新和管理创新,加快形成有利于经济发展方式转变,促进科学发展的体制机制。注重培育市场引导力、组织社会参与力、强化法制规范力、运用党政推动力,努力把昆明建成西部地区投资环境最好的城市之一,不断增强发展活力。坚持科教兴市引领,鼓励自主创新,促进都市农业、新型工业和现代服务业发展,调优产业结构,真正走上创新驱动、内生增长的发展轨道。

四要体现绿色增长。充分考虑资源环境承载力,坚持环境保护"七个优先",注重发展低碳经济、循环经济和集群经济,加快建设资源节约型和环境友好型城市,做到增加经济总量和转方式、调结构相协调,实现经济建设与生态建设一起推进,产业竞争力与环境竞争力一起提升,物质文明与生态文明一起发展。

五要体现共建共享。坚持以人为本,真正做到发展为了人民、发展依靠人民、发展成效由人民检验、发展成果由人民共享,不断实现好、维护好、发展好最广大人民的根本利益,努力使教育、医疗、就业、住房、收入分配和社会保障等民生问题得到制度化安排、系统化解决、项目化落实、长效化推进,使全市人民成为现代新昆明建设的主导力量和最大受益者。

六要体现改革开放。坚持用改革创新的办法破解发展难题,更加注重改革发展稳定相协调,深化经济、政治、文化、社会等重点领域和关键环节改革,加快构建有利于科学发展的体制机制。实施更加积极的开放合作战略,着力推进云南省桥头堡建设,加快建成我国面向西南开放的国际化门户和重要桥头堡城市。

(四)"十二五"时期经济社会发展主要目标。"十二五"时期要协调推进社会主义经济建设、政治建设、文化建设、社会建设以及生态建设,不断增强昆明城市综合实力。到2015年,在全省率先基本实现全面建设小康社会目标,基本建成绿色经济强省的龙头、民族文化强省的枢纽、中国面向西南开放的国际化门户和重要桥头堡城市。到2020年,率先在全省基本实现现代化,基本建成中国面向西南开放的区域性国际城市。

——经济实力显著增强。经济增长速度持续高于全国和全省水平,地区生产总值年均增长13%以上,人均生产总值比2000年翻两番,全社会固定资产投资年均增长22%以上,地方财政一般预算收入年均增长15%以上,全社会消费品零售总额年均增长16%以上。

——结构调整取得重大突破。现代产业体系加快构建,传统产业得到优化提升,服务业比重进一步提高,战略性新兴产业迅速成长,三次产业协调发展。区域空间布局调整优化,统筹城乡步伐加快,城市化水平进一步提升,城镇化率达70%以上。非公经济比重提高,投资结构更趋合理。

——生态建设与环境保护取得显著成效。单位生产总值能耗和化学需氧量、二氧化硫排放持续降低,城镇污水集中处理率和全市生活垃圾无害化处理率大幅提高,主要污染物排放总量持续减少,能源、资源利用效率持续提高,低碳发展和循环经济取得新进展,自然灾害防治能力明显增强。以滇池为重点的水环境持续改善,成为全省生态文明建设示范区,初步建成生态文明城市。

——社会更加和谐稳定。社会事业全面进步,社会管理规范有序,城镇调查失业率控制在社会可承受范围内,覆盖城乡居民的基本公共服务和社会保障体系进一步完善。民族文化强省枢纽建设取得重大进展,市民思想道德素质、科学文化素质和健康素质不断提高。社会主义民主法制更加健全,人民权益得到切实保障,社会管理制度进一步完善。确保居民收入增长和经济发展同步、劳动报酬增长和劳动生产率提高同步,城乡居民收入高于全国平均水平,社会保持总体和谐稳定。

——对外开放迈上新台阶。中国面向西南开放的国际化门户和重要桥头堡城市建设取得新进展,开放合作平台和机制进一步完善,国际大通道建设全面推进,"引进来"和"走出去"实现重大突破,全方位、多层次、宽领域开放格局进一步形成。力争外贸进出口总额突破250亿美元,实际利用外资达50亿美元,引进市外资金达6 000亿元。

二、构建现代产业体系，建设绿色经济强省龙头

准确把握未来市场需求变化，充分发挥我市产业的比较优势，大力发展新型工业和都市型现代农业，加快发展服务业，实施质量兴市战略，努力构建结构优化、技术先进、附加值高、清洁安全、吸纳就业能力强的现代产业体系，把昆明建设成为绿色经济强省的龙头。

（五）加速新型工业化。加快信息化与工业化的融合，广泛应用科学技术、先进装备和现代管理，推进主导产业高端化、新兴产业规模化、传统产业品牌化，不断提高产业层次和企业核心竞争力，打造先进制造业基地、高新技术产业基地和能源化工基地。推进烟草及配套、冶金、化工、建材等传统产业向精深加工、延伸产业链方向发展，实现从低成本优势向高附加值产业转型升级。充分发挥我市产业发展优势和潜力，集中力量、集中资源、集中政策，着力发展先进装备制造、电子信息、生物医药、环保、石油化工和有市场需求的非烟轻工业等新兴产业，推进特色产业基地建设，使新兴产业成为引领全市经济发展的新动力和最强大的增长点。加快园区基础设施建设，推进工业向园区集中，培育壮大园区主导产业，促进产业集聚集群发展，力争更多的省级工业园区升级为国家级园区。综合运用财政、税收、土地、金融等政策，推动生产要素向优势企业集聚，培育一批规模大、实力强、具有核心竞争力的行业龙头企业。支持优势企业以市场为导向、资本为纽带、品牌为龙头，实行跨地区跨所有制兼并重组，实现低成本扩张。加强与国际大企业的战略合作，推动"央企入滇"取得更大成效，积极引进知名民营企业来滇发展。

（六）加快发展服务业。提升服务业发展规模和水平，拓展新领域，发展新业态，培育新热点，推进生产服务业集聚化、生活服务业网络化，扩大消费需求。合理规划商业网点，构建以中心城区商业网络为龙头，县区中心商圈、综合市场、专业市场、社区商业网点和乡镇商业网点为支撑的商贸流通体系，鼓励发展新兴商贸业态，把昆明建成区域性国际商贸中心。推进旅游业综合改革，促进文化与旅游互动发展，推动旅游业转型升级，努力把昆明建设成为国际旅游集散中心和世界知名的旅游休闲目的

地。保持适度的房地产开发投资规模,调整房地产布局和住宅供应结构,促进房地产业健康发展。加快发展现代物流业,着力打造一批物流园区,推进物流通道及物流信息平台建设,建设昆明国际陆港。大力发展总部经济,把昆明建设成为我国重要的总部经济区。积极发展金融业,规划建设金融集聚区,推动昆明与周边国家金融体系互通融合、联动发展,构建面向东南亚、南亚的区域性国际金融中心。鼓励发展信息、设计、担保、融资、咨询等生产性服务业,以及社区、餐饮、家政养老等生活性服务业。

(七)大力发展都市型现代农业。坚持用工业化理念谋划农业,用产业化方式提升农业,用品牌化战略经营农业,推动传统农业向都市型现代农业转变,促进农业增效、农民增收、农村繁荣。按照环保生态建设和全域城镇化的要求,实施农业产业"东移北扩"战略,推进传统种植养殖业逐步向滇池流域以外区域转移,建设滇池流域生态农业区、东西部高效农业区、北部特色农业区,大力发展设施农业、生态农业、品牌农业、观光农业和开放型农业,抓好优质农产品基地和农业科技示范园区建设。巩固提升粮食、烤烟、畜牧、蔬菜、花卉、林果等特色优势产业,积极培植新兴特色农业。引进和培育一批成长性好、带动力强的龙头企业,加快发展农产品加工业。发展壮大农民专业合作组织,引导和支持各类市场主体参与生产基地建设,形成多样化的产业经营模式。建立健全覆盖全程、综合配套、便捷高效的现代农业产业服务体系,促进农业生产经营专业化、标准化、规模化、集约化、品牌化。

(八)促进信息化与产业的深度融合。加速信息技术与三次产业的渗透融合,拓宽信息技术在经济社会各领域的应用。实现企业管理的自动化、网络化、智能化,增强企业竞争力,提升产业层次,用信息化改造提升服务业,推进信息技术在商贸、旅游、物流、金融等领域的运用。以信息化推动农业产业化,发展面向"三农"的信息服务,建立涉农综合信息服务平台。完善电子政务、电子商务、公众信息网、社区信息网及公共信息库建设。加快发展以互联网、数字有线电视网、3G无线网络为载体的信息服务业,把昆明建成我国对外重要的信息枢纽。

三、加快推进全域城镇化，构筑城乡发展新格局

优化城镇空间布局，强化规划引领和城乡管理，全面推进城乡基础设施一体化，以城镇化带动县域经济发展壮大，加快推进一板块一步城市化、二板块城乡一体化、三板块城乡统筹，实现以城带乡，城乡协调发展，构筑城乡发展新格局。

（九）构筑区域性国际城市城镇体系。围绕建设区域性国际城市，优化提升市域空间总体布局，着力构建"一主四辅"城市发展新格局，形成"中心城市—二级城市—三级城镇（市）--重点镇——般镇"五级城镇体系。以完善功能、彰显特色、提升品质为重点，把"一城四区"打造成为大都市多功能集中区；以优化布局、强化基础、拓展框架为突破，把"一湖四片"建设成为大都市核心区；以分担城市功能、承接人口和产业转移为目的，把安宁、嵩明、宜良、富民四个辅城发展成为大都市拓展区；以资源禀赋和地域优势为依托，把石林、寻甸、东川、禄劝培育成为地区性发展中心和特色职能承载区。完善五级城镇体系，接轨省域、携手周边地区，共同建设滇中城市经济圈；接轨西部、积极参与西南六省区市区域合作，共同打造大西南经济圈；接轨国际、充分发挥"五个面向"优势，共同推动形成泛亚经济圈。

（十）提升城乡规划管理水平。坚持"高起点、高标准、高品位"要求，健全完善综合规划体系。统筹城乡建设总体规划、土地利用总体规划、产业功能布局规划、交通体系建设规划和生态环保建设等规划，完成城镇专项规划和农村地区规划，实现城乡规划全覆盖。把文化元素融入城市规划设计和开发建设，提升城市整体形象。有序进行"撤村并居"、"迁村并点"和"生态移民"，科学规划建设农村新型社区。完善规划管理体系，推进城乡规划管理一体化，维护规划的权威性和严肃性。创新城市管理手段，整合各类资源，建立集监控、调度、指挥为一体的管理服务和应急指挥平台，实现全方位覆盖、全时段监控、网络化管理、人性化服务。深化城市管理体制改革，推进管理重心下移和执法关口前移，推动城市管理由主城向县城、乡镇、社区（村）拓展，形成齐抓共管的"大城

管"格局。把"四创两争"作为提升城市管理水平的重要载体，确保工作有序推进，取得实效。

（十一）加大城乡基础设施建设力度。按照"标准化、规范化、工艺化"要求，加快推进城乡基础设施一体化。建立航空、铁路、公路、城市道路互为补充的现代综合交通体系，把昆明建设成为区域国际交通枢纽。配合做好新机场建设，把新机场建设成为我国重要的门户枢纽机场。推进沪昆高铁长昆段、滇中城际轨道等铁路建设，构建"八出省、四出境"大通道。加强高等级公路、干线公路建设，实现市域县县通高速公路，相邻县（市）区之间高等级公路便捷连通，形成跨区域、连通国内外的通道。抓好县乡村道路等级提升，完善农村地区交通路网。完善城市路网体系，以路网建设带动新区发展。实施公交优先战略，加快推进市域轨道交通和城市地铁、轻轨建设，完善农村公交设施，优化公交线路，提高公交出行分担率。加强信息基础设施和重要信息系统的规划建设，推进电信网、广播电视网、互联网"三网"融合，争取把昆明建设成为我国面向西南开放的重要信息港。强化城镇供水、电力、燃气等公用设施建设，提高城镇承载能力。抓好农田水利基础设施建设，新建一批水源工程，推进病险水库除险加固，全面解决农村饮水困难和饮水安全问题，满足城乡生产生活需要。

（十二）以城镇化带动县域经济发展壮大。以加快城镇化作为突破口，按照因地制宜、分类指导、梯次推进的原则，推进区域间差别竞争、错位发展，带动县域经济发展壮大。实施"主城品质提升行动"，积极稳妥推进城市更新改造，加快中央商务区、北市区山水新城和草海片区开发建设，提升城市品位。实施"县城规模扩张行动"，扩大县城建成区规模、产业规模、人口规模，力争一批县（市）进入全省县域经济强县。实施"新城镇建设行动"，推进农地重新整理、村镇重新规建、要素重新组合，积极探索以土地承包经营权（林权）农村宅基地和住房、农村集体经济所有权置换城镇产权住房、城镇社会保障和股份合作社股权的机制，加快工业向园区集中、商铺向市场集中、居住向小区集中、先富起来的农民向城镇集中，实现农业向现代化转型、农村向城镇转化、农民向城镇居民转变。加快倘甸片区开发建设步伐,带动北部地区尤其是民族和少数民族地区加快发展,使之成为滇中北部崛起的引领区和新的经济增长极。

四、加强社会建设,着力保障和改善民生

坚持以人为本、民生优先的原则,加快发展各项社会事业,构建符合市情、覆盖城乡的基本公共服务体系,完善社会保障制度,加强社会管理能力建设,全力建设"幸福昆明"。

(十三)实施就业优先战略。实施更加积极的就业政策,鼓励和支持非公有制经济发展,引导和促进劳动密集型产业、服务业和小型微型企业、民营企业加快发展,通过扩大经济规模增加就业容量,努力增加就业岗位。全面落实有利于劳动者创业的各项优惠扶持政策,以创业带动就业,支持自主创业、自谋职业。建立由政府、用工单位、职业技能培训机构等各方共担责任、共促发展的培训联动机制,搭建就业、创业培训和服务工作平台,提供"一条龙"创业就业服务。加强就业援助,着力做好城镇就业困难人员、高校毕业生、零就业家庭、农村低收入家庭和失地农民的就业帮扶工作。建立健全劳动保障制度、用工制度,加强劳动执法,科学合理调解劳动争议,维护劳动者合法权益,建立和谐劳动关系。

(十四)努力增加城乡居民收入。深化收入分配体制改革,完善有利于提高劳动报酬的职工工资制度,健全农民工工资福利待遇制度,逐步提高最低工资标准和退休职工基本养老金水平,努力使劳动报酬增长与经济增长同步。增加城乡居民财产性收入,扩大居民投资渠道,完善征地补偿制度和集体建设用地使用制度,建立农村住房产权交易中心,探索多种途径实现居民资产升值、财产增值。规范分配秩序,全面落实税收调节政策,保护合法收入,调节过高收入。加强扶贫开发工作,继续实施整村推进、产业扶贫、劳动转移培训、易地扶贫、挂钩帮助扶贫等措施,加快贫困地区和民族地区发展步伐,使贫困地区和民族地区农民人均纯收入增幅不低于全市。

(十五)完善社会保障体系。按照统一制度、统一标准、统一管理的原则,建立多缴多得、少缴少得的参保激励机制和社会保险关系转移接续机制,逐步实现城乡社会保障并轨对接和应保尽保,逐步提高社会保障水平。推动机关事业单位养老保险制度改革,完善城镇职工和居民养老保险制度,实现新型农村社会养老保险制度全覆盖。着力解决被征地农民和进城务工人员的社会保障问题,全面构建以最低生活保障、五保供养、临时救助和灾害救助为主要内容的城乡社会救助体系。逐步提高基本养老保险、城乡低保、农村五保、优抚群体保障标准。稳步发展社会福利事业,引导和支持慈善事业发展。加大保障性安居工程建设力度,发展公共租赁住房,推进城镇、国有林区(场)、棚户区和农村危房改造,推广节能、节地等环保型住房。

(十六)提高医疗卫生服务能力和水平。深化医疗卫生体制改革,增加财政投入,优先满足群众基本医疗卫生需求。全面加强公共卫生服务体系建设,建立和完善覆盖全市的疾病预防控制、妇幼保健服务、应急医疗救治、食品卫生安全等公共卫生服务网络。加强基层医疗卫生基础设施建设,健全社区卫生服务和农村医疗卫生服务网络。完善城乡基本医疗保障体系,推动实现新型农村合作医疗、城镇居民基本医疗保险、城镇职工基本医疗保险一体化管理。完善城乡医疗救助制度,鼓励和引导各类组织与个人发展社会医疗救助。健全药品供应体系,建立药品安全预警和应急处置机制,确保药品质量和安全。

(十七)全面做好人口工作。加强人口和计划生育公共服务体系建设,进一步完善计划生育家庭奖励优待政策,倡导优生优育,提高人口素质,改善人口结构,引导人口合理分布和有序流动。做好流动人口服务管理工作,加强特殊人群帮教管理和服务。切实保障妇女儿童及未成年人合法权益,促进妇女儿童和未成年人事业全面发展。加快养老设施建设,完善养老服务体系,培育壮大老年服务事业和产业,提高老年人生活质量。健全残疾人社会保障和服务体系,切实保障残疾人合法权益。

(十八)加强和创新社会管理。健全党委领导、政府负责、社会协同、公众参与的社会管理格局,不断提高社会管理能力。加强社区服务设施建设,培育社区服务性社会组织,发展社区志愿服务,不断提高城乡社区服务能力。完善人民调解、行政调解、司法调解联动的大调解工作体系，搭建调处化解矛盾纠纷综合平台。畅通和规范群众诉求表达、利益协调、权益保障渠道，最大限度地把矛盾纠纷化解在基层和萌芽状态。推进"法治昆明"建设，加强和改进地方立法工作，深化行政执法和司法体制改革，加快法治化进程。推进"平安昆明"建设。加大公共安全投入，强化城乡减灾防灾、社区警务、消防安全等设施建设。加强安全生产监督管理，建立健全公共安全事件预防预警和应急处置机制。加强社会治安综合治理，依法规范和严厉打击各类违法犯罪活动，完善社会治安打防控管一体工作机制，高度重视禁毒防艾工作，切实提高城市安全水平，维护社会和谐稳定。

五、实施科教兴市和人才强市战略，建设创新城市

全面贯彻落实国家和省科技、教育、人才规划纲要，推进创新型城市建设，加快教育改革和发展，发挥人才资源优势，为加快转变经济发展方式、实现科学发展新跨越奠定坚实的科技和人才基础。

（十九）增强科技创新能力。坚持自主创新、重点跨越、支撑发展、引领未来的方针，确保政府科技投入实现法定增长。支持重点科技创新项目，激励企业增加研发投入，增强自主创新能力，推动企业成为技术创新主体。把科技进步与产业结构优化升级、改善民生结合起来，选择一批科技含量高、产业带动力强的高新技术项目进行滚动扶持，力争在光电子信息、生物创新、新材料、新能源和环保等新兴战略性产业、现代都市农业以及安全健康等民生领域取得新突破。加快建立以企业为主体、市场为导向、产学研相结合的科技创新体系，鼓励发明创造，完善知识产权保护制度，建立健全科技成果交易市场，推进关键技术攻关和成果转化。推进重大科技基础设施建设和开放共享，广泛开展科技服务，加强科普工作。积极推进标准化和"质量兴市"战略。

（二十）加快教育改革发展。按照优先发展、育人为本、改革创新、促进公平、提高质量的要求，推动教育事业科学发展。深化教育教学改革，全面推进素质教育。提高学前教育普及程度，均衡发展义务教育，大力发展职业教育,突破性发展民办教育,加快发展继续教育,支持民族教育、特殊教育发展。创新人才培养体制、教育管理体制、办学体制,改革教学内容、教学方法、质量评价、考试招生制度。积极调整优化教育布局,合理配置公共教育资源,重点向农村、边远贫困、民族地区倾斜,加快缩小教育差距,促进教育公平。加强教师队伍能力培训和师德师风建设,全面提高教师队伍的整体素质,鼓励优秀人才终身从教。

(二十一)建设人才强市。坚持党管人才的原则,深入实施人才强市战略,培养和造就一支规模较大、结构优化、布局合理、素质优良的高素质人才队伍,努力把昆明建设成为西部人才高地和中国面向西南开放的人才特区。充分发挥政府资金在人才培养、引进和人才结构调整中的导向作用,多渠道加大人才开发投入,完善以企业为主体、职业院校为基础、专业培训机构为补充,学校教育与企业培养紧密联系、政府推动与社会支持相结合的人才培养体系。推进招商引资与招才引智相结合,注重面向国内外引进高层次人才尤其是创新人才和重点产业紧缺人才。创新人才培养开发、评价发现、选拔任用、流动配置、激励保障机制,营造良好的人才工作环境,推动人才事业全面发展。

六、加快民族文化强省枢纽建设,推动文化大发展大繁荣

坚持社会主义先进文化前进方向,切实加强精神文明建设,大力发展文化事业和文化产业,推动民族文化对外交流与融合,全力建设富有活力和创造力的民族文化强省枢纽、多元融合的泛亚国际文化名城。

(二十二)完善公共文化服务体系。强化公共文化基础设施建设,重点实施一批文化馆、博物馆和图书馆等重点项目工程,规划建设一批综合性、多功能、具有民族和地方特色的基层公共文化设施,基本形成覆盖城乡、较为完备的公共文化服务体系。建设基层文化队伍,广泛开展内容丰富、形式多样的群众文化活动,不断丰富群众的精神文化生活。鼓励社会力量兴办公益性文化事业,推动科技馆、图书馆、博物馆等公共文化设施更大程度地向群众免费开放。加强新闻媒体管理,把握正确舆论方向,提高文化传播能力。加强文化市场监管,促进城乡文化市场健康发展。加快建设体育设施、场馆和体育学校，广泛开展群众体育活动。夯实竞技体育项目基础，加强人才梯队建设，提升竞技体育整体实力和水平。

（二十三）大力发展文化产业。以市场为导向，以品牌为带动，以产业基地和重大项目为支撑，促进文化产业做大规模、优化结构、增强实力。加快文化产业与旅游、会展等产业和高新技术产业的互动和融合，改造提升传统文化产业，发展新型文化业态，大力发展创意设计、现代传媒、动漫游戏、新闻出版、演艺娱乐、广播影视、文化旅游、广告会展、艺术培训等文化产业。实施龙头带动战略，扶持一批文化骨干龙头企业，打造一批知名文化品牌，建设一批高水平的文化产业园区和产业基地。发展文化行业组织、中介机构和现代流通组织，构建现代文化市场体系，培育大众性文化市场，更好地满足人民群众精神文化需求。

（二十四）打造多元融合的泛亚国际文化名城。充分发挥昆明历史文化积淀深厚的优势，在保护文物古迹等有形文化遗产的同时，更加注重保护非物质文化遗产和地域文化等无形文化遗产，传承好、利用好历史人文资源，打响昆明历史文化名城品牌。保护和发展有地方和民族特色的优秀传统文化，发掘民俗、民间文化资源，推动民俗、民间文化艺术的继承与创新，推进民族民间工艺品制作、民族节庆活动、民族歌舞、民俗风情展演和民族特色饮食等文化产业发展，加快打造民族文化强省枢纽。创新文化"走出去"模式，扩大文化对外交流，举办好中国昆明国际文化旅游节、昆明泛亚文化艺术节、昆明聂耳音乐节、郑和文化节等活动，打造具有浓郁昆明特色和国际影响力的国际文化交流平台。

（二十五）全面提升城市文明程度。深入开展爱国主义和社会主义理想信念教育，推进社会公德、职业道德、家庭美德、个人品德建设，广泛宣传实践《昆明市民文明公约》，增强公民遵纪守法的自觉性，塑造公民自尊自信、理性平和、积极向上的社会心理。广泛开展文明城市、文明社区、文明村镇、文明单位和文明行业创建活动，进一步提高城乡文明程度。以创建学习型机关、学习型企业、学习型社区、学习型家庭为重点，深入开展学习型城市建设，引导市民确立终身学习理念。加强信用制度建设，建立健全社会信用体系，打造"诚信昆明"。重视未成年人思想道德建设,构建学校、家庭、社会三结合的教育体系。加强对新市民的文明素养、行为规范教育,促使其加速融入现代新昆明城市文明之中。

七、积极推进生态文明建设,增强可持续发展能力

围绕打造"生态昆明"的目标,全面落实环保优先方针,以生态文明建设为抓手,突出滇池流域综合整治,构建资源节约、环境友好的生产方式和消费模式,推进低碳绿色发展。

(二十六)加强环境保护。落实减排目标责任制,严格控制污染物排放总量,有效防治环境污染,改善环境质量,保障环境安全。坚持科学治水、综合治理,以减少污染排放为核心,重点加强对滇池、阳宗海等水环境综合治理,全面收集处理滇池流域工业和生活污水,完成所有工业园区自建污水处理设施和配套管网建设。强化饮用水源保护区的污染防治和保护工作,确保饮用水源水质安全。改善城市大气环境质量,抓好重点行业工业企业废气排放、机动车尾气治理,控制扬尘污染。建立工业固体废物和危险废物监管制度,提高处理能力。强化施工、交通等噪声管理,创造宁静、舒适的人居环境。加强农村污染治理,继续实施农村环境"六清六建"综合整治。建立完善环境监测的长效管理机制,严格环境准入制度,加大对违法排污行为的监督查处力度。

(二十七)推进生态建设。严格按照生态功能区划,实现生态化转型。推进市域生态网络建设,构建城市绿色生态屏障。开展水土流失综合防治、矿山地质环境修复、石漠化土地治理,巩固天然林保护、退耕还林成果,推进水源涵养林建设,提高森林覆盖率。加大自然保护区、森林公园、湿地公园等重点项目建设力度。全面推进市域范围内城镇规划区、交通沿线、河流流经水域、湖泊、饮用水源地、水库的碳汇林建设,最大限度地扩大绿化空间,增加绿化总量,提高绿化质量,创建国家森林城市。加快滇池、阳宗海、清水海湿地修复,形成以天然湿地为主的湖滨生态区域。保护生物多样性,构建生态安全屏障。完善生态补偿机制和水资源有偿使用制度,探索资源使(取)用权、排污权交易等市场化的生态补偿模式。加强滑坡、泥石流等地质灾害的预警预报和防治,提高防灾减灾能力。

（二十八）强化资源节约和管理。全面实行资源利用总量控制、供需双向调节、差别化管理。高效利用能源，以钢铁、化工、建材、电力等行业为重点，大力推进节能降耗，着力发展低耗能产业，鼓励太阳能、地热能、风能等新能源的开发与利用，推广利用节能新技术、新产品、新材料，提高全社会节能水平。完善节水机制，综合运用价格、财税、金融等手段减少新鲜用水总量，促进水资源的节约和高效利用。抓好农业节水，继续强化工业节水，限制高耗水服务业发展，严格控制超采地下水，支持中水回用和工业用水重复利用。集约节约利用土地资源，推行节地型城、镇、村更新改造，加强对城镇内低效用地和零星分散土地的收储、归并和前期开发，加大闲置土地处置力度，充分盘活现有存量建设用地。

（二十九）大力发展低碳和循环经济。推广和应用低碳、循环技术，加快淘汰落后生产设备和工艺，培育生物产业、文化产业、金融保险等新兴低碳产业集群，构建低碳经济体系。大力弘扬生态文化，提倡绿色消费，形成绿色、低碳的生产和生活方式。以提高资源产出效率为目标，加强规划指导和财税、金融等政策支持，完善法律法规，实行生产者责任延伸制度，推进生产、流通、消费各环节循环经济发展。推进循环经济示范区建设，支持循环经济技术研发和推广，建立完善的循环经济体系。鼓励产业废物循环利用，完善再生资源回收体系和垃圾分类回收制度，推进资源再生利用产业化。

八、深化重点领域和关键环节改革，增强经济社会发展的动力与活力

抓住被列为省综合改革试点城市的机遇，加快推进行政体制改革、经济体制改革和社会体制改革，争取在重点领域和关键环节取得实质性突破，为现代新昆明建设提供有力保障。

（三十）推进行政体制改革。加快政府职能转变，全面推行依法行政，减少和规范行政审批，强化社会管理和公共服务职能，继续推进责任、法治、阳光和效能政府建设。有序开展大部门制改革，优化政府组织结构，规范机构设置。继续推进扩权强县、扩权强镇试点，增强县（市）区统筹发展能力。健全科学决策、民主决策、依法决策机制，探索完善决策权、执行权、监督权相互制约又相互协调的行政运行机制。

（三十一）深化经济体制改革。调整完善所有制结构，放宽非公有制企业市场准入，加快非公有制经济与国有经济的融合发展。创造各类市场主体平等使用生产要素的环境，让民营企业在用地、信贷、税收等方面享受与国有企业同等的待遇。深化政府投融资体制改革，增强市属投融资平台自我发展能力和可持续融资能力，推进投融资平台战略转型。完善财政体制，规范财政转移支付制度，建立县级基本财力保障机制，明确界定市与县区级政府事权及财政支出责任，完善市级与三个开发（度假）区财政分配体制。改革资源性产品价格形成机制，建立和完善反映市场供求关系和资源稀缺程度以及环境损害成本的生产要素和资源价格形成机制。

（三十二）加快社会事业改革。转变社会事业发展模式，推进非基本公共服务市场化改革，以增量改革带动存量改革，形成多元化公共服务供给机制。积极推进科技、教育、文化、卫生、体育等事业单位分类改革，理顺事业单位职责关系，提高公共服务配置效率。按照"一保三放开"的原则，加快教育改革步伐。推进公立医院改革，改革以药补医机制，完善公立医院补偿机制。引导社会资本兴办民营医院，落实民营医院享受平等待遇，扩大医疗资源总量。推进文化体制改革，逐步完成国有经营性文化单位转企改制，全面推行公益性文化事业单位全员聘用制、岗位责任制和绩效考评制，加快投资主体多元化改革，深化文化管理体制改革。

九、全力推进桥头堡建设，着力提升对外开放水平

坚持对内对外开放并重，扩大总量与优化结构并举，加快推进中国面向西南开放的区域性国际城市建设进程，加强国内国际区域合作，以更加宽广的国际视野，更加敏锐的战略思维，扩大开放领域，提高开放水平，在云南省建设我国面向西南开放的桥头堡中发挥示范带动作用。

（三十三）加快建设国际化门户和重要桥头堡城市。以"建设大通道、促进大流通、构建大通关"为突破口，形成全方位、多层次、宽领域的对外开放新格局。争取国家支持在昆明设立对外经济合作的试验区或先行区，推进昆明至河内、曼谷、仰光、加尔各答经济走廊建设，构筑立足云南、辐射西部、联通泛亚的交通、油气、电力和信息等国际通道与枢纽，搭建信息、贸易、金融、人力资源开发、公共服务等平台。依托国内外两个市场、两种资源，着力打造出口加工贸易、资源深加工、新型能源等外向型基地。做好空港综合保税区申报工作，加快呈贡国际物流园区和昆明空港口岸等重点项目建设，推动贸易投资便利化，构建具有口岸、保税、物流功能的昆明国际陆港，把昆明建成我国连接东南亚、南亚最便捷的陆上通道，沿边开放最具活力的省会城市。

（三十四）提高利用外资水平。加大招商引资力度，做好项目储备、包装和推进服务等各环节的工作。创新招商引资方式，开展以商招商、中介招商、委托招商、代理招商，推动招商引资由部门招商、政府招商向市场主体招商、社会招商转变，由数量扩张型向质量提升型转变。优化利用外资结构，着力引进符合国家产业政策和环保要求，科技含量高、产业链长、带动能力强的大项目。拓展招商区域，以港台、长三角、珠三角、环渤海区域以及日韩、东盟、南盟、欧美为重点，积极承接境内外产业、资金、技术、人才转移。优化招商环境，简化利用外资审批程序，加强招商引资项目的跟踪服务。积极推进与世界500强、全国500强和省内大集团的合作，力争引进和新建一批重大项目，在利用外资上实现重大突破。

（三十五）加快实施"走出去"战略。建立健全境外投资促进机制，为企业提供政策咨询、金融扶持、法律支持、海外商情、项目信息等服务，鼓励央企和东部地区龙头企业通过昆明开放平台"走出去"。支持企业到东南亚、南亚等周边国家开展资源开发、工程承包、劳务合作、跨国并购，建立境外生产、营销和服务网络，提升参与国际经济分工合作的能力和水平。以替代种植方式，在境外合作建立橡胶、生物柴油、矿产、林产品及农产品基地，加快替代种植向替代产业、替代经济转型升级。加强与周边国家开展政府互访，开展民间交流，对周边国家在昆明设立领事机构给予支持。鼓励和支持各级各类学校、医院和文化经营机构开展技术合作与交流。调整出口产品结构，重点鼓励高新技术产品、特色农副产品、劳动密集型产品出口。

(三十六)全面参与国内外区域合作。抓住国家支持培育滇中城市经济圈的机遇,坚持开放共赢的原则,采取政府搭台、企业唱戏、市场运作的方式,推进滇中城市经济圈建设,建设1小时环昆经济圈,形成对周边地区具有辐射和带动作用的战略新高地。搞好与省内其他地区间的联合协作,开展多形式、多层次、多平台的双(多)边联合协作,促进共同发展。加快与西南六省区市在商贸、旅游、文化、信息、劳务等方面的交流合作,共同打造大西南经济圈。积极推进与长三角、珠三角和环渤海各省区的经济联系与合作,承接沿海发达地区产业转移。充分发挥"五个面向"优势,深度融入中国—东盟自由贸易区、大湄公河次区域合作和孟中印缅区域合作,实现区域间优势互补、信息共享、产业链接与经贸合作,共同推进泛亚经济圈建设。完善区域合作机制,拓宽合作领域,提高合作层次,增强合作实效。

十、全市人民团结起来,为实现"十二五"规划而努力奋斗

(三十七)充分发挥各级党委的领导核心作用。实现"十二五"时期的目标任务,关键在党,关键在人。各级党委要准确把握发展趋势,科学谋划发展蓝图,努力创新发展模式,加强对发展的统筹协调,切实提高发展质量。要加强党的思想建设,坚持立党为公、执政为民,进一步加强党的执政能力建设和先进性建设,形成积极向上、奋发有为的氛围,不断提高党领导经济社会发展的能力和水平。要加强党的组织建设,加强和改进干部教育培训,深化干部人事制度改革,创新和完善干部选拔任用机制,形成有利于科学发展的用人导向。要加强党的作风建设,大兴密切联系群众之风、求真务实之风、艰苦奋斗之风、批评与自我批评之风,努力营造风清气正的环境。全市各级共产党员要充分发挥先锋模范作用,努力作出经得起实践、人民、历史检验的实绩。加强反腐倡廉建设,严格权力运行制约和监督。

(三十八)加强社会主义政治文明建设。坚持和完善人民代表大会制度、中国共产党领导的多党合作和政治协商制度、民族区域自治制度以及基层群众自治制度。充分发挥工会、共青团、妇联等人民团体的桥梁纽带作用。制定和落实支持少数民族和民族地区加快发展的政策措施。切实做好宗教、侨务和对台工作。发展基层民主，推进党务公开、政务公开、厂务公开和村务公开，保障人民群众依法行使选举权、知情权、参与权、监督权。深化全民国防教育，加强后备力量建设，巩固和发展军政军民团结，促进国防建设与经济建设协调发展。推进依法行政、公正廉洁执法，加强普法教育，形成人人学法守法的良好社会氛围，加快推进依法治市进程。

（三十九）充分调动各方面的积极性。加强和改善社会管理，推进社会管理体制创新，营造充满活力、安定有序的社会环境。加强对新经济组织、新社会组织和流动人口的服务与管理，引导社会组织有序发展。全面落实尊重劳动、尊重知识、尊重人才、尊重创造的方针，进一步营造平等竞争、共谋发展的良好环境，最大限度地激发全社会的创造活力。从经济上、政治上平等对待在社会变革中出现的各个阶层，促进社会各阶层、各团体组织和睦相处，共同发展。

（四十）切实把规划确定的目标任务落到实处。高度重视重大项目对经济社会发展的支撑作用，进一步强化重大项目服务与管理，保障重大项目资金需求，加强对重大项目实施的监督考核，确保重大项目的顺利推进。加强和改善政策调控，建立和完善有利于促进政策实施的产业、区域、土地、环保和财政政策，为规划实施提供政策保障。完善决策执行机制和跟踪督办机制，建立贯穿市、县、乡和覆盖各部门、各行业、各领域的目标分解机制、工作落实机制和绩效考核机制，建设目标一致、行动协调的执行文化，形成一抓到底、层层见效的工作链条，提升效能，加快发展，争创一流。

全市共产党员和各族人民要紧密团结在以胡锦涛同志为总书记的党中央领导下，全面贯彻落实科学发展观，在中共云南省委的正确领导下，解放思想，求真务实，锐意进取，奋勇当先，为全面实现我市"十二五"规划目标和全面建设小康社会而努力奋斗！